宋型文化视野中的苏辙研究

The Research of Su Zhe in the
View of Song Style Culture

李天保 著

图书在版编目(CIP)数据

宋型文化视野中的苏辙研究/李天保著.—北京：北京大学出版社，2023.3
（国家社科基金后期资助项目）
ISBN 978-7-301-33928-2

Ⅰ.①宋… Ⅱ.①李… Ⅲ.①苏辙（1039—1112）－人物研究 Ⅳ.①K825.6

中国国家版本馆CIP数据核字（2023）第061201号

书　　名	宋型文化视野中的苏辙研究 SONGXING WENHUA SHIYE ZHONG DE SU ZHE YANJIU
著作责任者	李天保　著
责任编辑	周　粟
标准书号	ISBN 978-7-301-33928-2
出版发行	北京大学出版社
地　　址	北京市海淀区成府路205号　100871
网　　址	http://www.pup.cn　新浪微博：@北京大学出版社
电子信箱	dj@pup.cn
电　　话	邮购部010-62752015　发行部010-62750672　编辑部010-62756449
印刷者	北京溢漾印刷有限公司
经销者	新华书店
	720毫米×1020毫米　16开本　17.25印张　270千字 2023年3月第1版　2023年3月第1次印刷
定　　价	70.00元

未经许可，不得以任何方式复制或抄袭本书之部分或全部内容。
版权所有，侵权必究
举报电话：010-62752024　电子信箱：fd@pup.pku.edu.cn
图书如有印装质量问题，请与出版部联系，电话：010-62756370

国家社科基金后期资助项目
出版说明

　　后期资助项目是国家社科基金设立的一类重要项目，旨在鼓励广大社科研究者潜心治学，支持基础研究多出优秀成果。它是经过严格评审，从接近完成的科研成果中遴选立项的。为扩大后期资助项目的影响，更好地推动学术发展，促进成果转化，全国哲学社会科学工作办公室按照"统一设计、统一标识、统一版式、形成系列"的总体要求，组织出版国家社科基金后期资助项目成果。

全国哲学社会科学工作办公室

南薰殿旧藏苏辙画像

欒城集序目錄

物之顯晦各有其時故荆山之王侯卞和而始獻豐城之劍待雷煥而始出鹽車之驥須伯樂而始重况文章為天地間至寶弗遇其人則空歷年所湮沒無聞曾謂顯晦不有時乎有宋文運弘開五星再聚故三蘇並出於眉山若文定者天性高明資禀渾厚既有父文安以

《四部叢刊》影印明嘉靖蜀藩活字本《欒城集》書影

欒城應詔集第一卷

進論五首

夏論

聖人之道苟可以安於天下不求夫為異也堯舜傳之賢而禹傳之子天下以為禹無聖人之而後授之其子孫也夫聖人之於天下不從其所安而為之而求異夫天下之人何其用心之淺邪昔者湯有伊尹武王有周公而周公文王之子武王之弟也湯之太甲武之成王皆可以為天下而湯不以與其臣武王不以與其弟誠以為其子之才不至於亂天下

目　录

序 …………………………………………………………… 1
绪论 ………………………………………………………… 1
　　一、苏辙研究述评 ………………………………………… 1
　　二、研究价值及其意义 …………………………………… 17
第一章　从宋型文化到苏辙意义的再发现 ………………… 20
　　第一节　宋型文化概念的提出 …………………………… 20
　　第二节　苏辙与宋型士人文化 …………………………… 33
　　　　一、宋型士人文化概念的阐释 ……………………… 33
　　　　二、苏辙在宋型文化中的意义 ……………………… 50
第二章　苏辙承载的文化渊源与时代背景 ………………… 54
　　第一节　苏辙的家学及其渊源 …………………………… 54
　　　　一、苏辙的家世 ……………………………………… 55
　　　　二、苏辙的家学渊源 ………………………………… 59
　　第二节　苏辙的时代 ……………………………………… 68
　　　　一、北宋中后期的社会政治 ………………………… 69
　　　　二、北宋中后期的社会文化性格 …………………… 82
第三章　苏辙与士大夫政治 ………………………………… 88
　　第一节　北宋中后期的政治文化类型：士大夫政治 …… 88
　　　　一、士大夫政治溯源 ………………………………… 88
　　　　二、北宋士大夫的精神风貌和政治品格 …………… 94
　　第二节　辉煌与落寞的两极人生——苏辙的政治生涯 … 97
　　　　一、初涉政坛与几遭挫折 …………………………… 97
　　　　二、仕途蹭蹬与熙宁变法 …………………………… 100
　　　　三、政治际遇与元祐政坛 …………………………… 102
　　　　四、屡遭贬谪与党争政治 …………………………… 104
　　第三节　苏辙的政治思想和政治态度 …………………… 106
　　　　一、苏辙青年时期的政治思想 ……………………… 107

二、苏辙熙丰时期的政治态度 …………………………… 114
　　三、苏辙元祐时期的政治态度 …………………………… 119
　第四节　苏辙与北宋中后期的党争 …………………………… 126
　　一、北宋朋党观念形成的渊源 …………………………… 126
　　二、苏辙与北宋中后期的党争 …………………………… 129

第四章　苏辙与宋代学术 ……………………………………… 141
　第一节　蜀学的形成及特点 …………………………………… 142
　　一、蜀学的形成 …………………………………………… 142
　　二、蜀学的"杂" ………………………………………… 145
　第二节　苏辙对儒、释、道三家的会通 ……………………… 147
　　一、苏辙对儒、释、道三家的态度 ……………………… 149
　　二、苏辙《老子解》的成书 ……………………………… 153
　　三、苏辙《老子解》对儒、释、道三家思想的会通 …… 156
　第三节　苏辙与宋代士大夫的学术精神 ……………………… 162
　　一、苏辙与士大夫的义理之学 …………………………… 163
　　二、苏辙与士大夫的经世致用之学 ……………………… 174

第五章　苏辙与宋型文学 ……………………………………… 180
　第一节　苏辙的文论及其文章 ………………………………… 180
　　一、苏辙的"养气"说 …………………………………… 181
　　二、苏辙的议论性文章 …………………………………… 185
　第二节　苏辙的诗歌创作与北宋中后期的士风 ……………… 190
　　一、苏辙讲义理的诗论 …………………………………… 190
　　二、北宋中后期士风对苏辙诗歌创作的影响 …………… 193
　　三、苏辙诗歌中"不以谪为患"的士人精神 …………… 200
　第三节　苏辙的辞赋创作与宋代士大夫文化 ………………… 204
　　一、苏辙辞赋创作的主要体制形式 ……………………… 204
　　二、苏辙的辞赋创作与宋代文人生活 …………………… 211
　第四节　苏辙《龙川略志》与宋代文人生活 ………………… 214
　　一、苏辙贬谪循州与《龙川略志》的成书 ……………… 214
　　二、《龙川略志》与宋代文人生活 ……………………… 217
　　三、《龙川略志》的价值 ………………………………… 223

第六章　苏辙在文化史上的地位和影响 ……………………… 228
　第一节　苏辙的士人精神 ……………………………………… 228
　　一、苏辙士人精神的经世性 ……………………………… 228

二、苏辙士人精神的道德性 …………………………………… 230
　第二节　苏辙的文化品格 ………………………………………… 233
　　一、苏辙对白居易思想的接受 ………………………………… 234
　　二、苏辙与苏轼文化品格之比较 ……………………………… 236
　第三节　苏辙在文化史上的地位和影响 ………………………… 239
　　一、文学史："其高处殆与兄轼相迫" ………………………… 239
　　二、政治史："其齿爵优于兄" ………………………………… 243
　　三、学术史："颍滨经术，过其父兄" ………………………… 247

参考文献 ……………………………………………………………… 251
　一、苏辙著作 ……………………………………………………… 251
　二、古代典籍 ……………………………………………………… 251
　三、近现代研究著作 ……………………………………………… 255
　四、论文 …………………………………………………………… 257
　五、外国学者研究著作 …………………………………………… 258

后记 …………………………………………………………………… 259

序

　　李天保博士毕业转眼已八个年头了，当年他的博士学位论文是《苏辙与宋型士人文化》。这个题目虽然是我提议的，但说来惭愧，我对苏辙其实毫无研究，对宋型文化更是一知半解，因此事实上我对他的论文的指导是很有限的，只是因为他的硕士学位论文是在导师雷恩海教授指导下完成的《曾巩文学思想研究》，我是想让他对宋代文学的研究更深入下去，且由个案扩展到一个时代，由文学层面扩大到文化层次，并充分发挥他的古代文论的理论功底。可以说，天保很好地完成了当初的设想，论文获得一致好评，因而也顺利地完成了学业。现在这本书准备出版，易名为《宋型文化视野中的苏辙研究》，虽然是在当年博士论文的基础上完成的，但许多地方的论述已经比当初深入得多，视野也宽阔得多，且增加了一些章节，如对《龙川略志》的研究等，这些都是不可与当初同日而语的，使得我再次阅读时，亦有刮目相待之感。

　　此书当然是以苏辙研究为主，然将苏辙放在宋型文化的大背景中，不仅论述了宋型文化怎样造就了苏辙其人，而且又论述了在苏辙身上怎样凸显了宋型文化的特点，又是怎样影响了后世的士人文化以及中国传统知识分子的品格塑造。正如本书所言，宋代文人士大夫阶层迅速崛起，并主导北宋政坛；宋代文人士大夫大部分集官僚、文人、学者于一身，因此他们的文化活动具有"政治文化"的特点，即是政治活动、学术思想、文学创作（主要指诗文，词也不同程度地参与其中）的相互交叉与融合。宋代文人极少有游离于政治之外的，身份特征即是文人的士大夫化，学术特征即是实用性与思辨性强烈。文人的这种身份与品格自然极大地影响到宋代的文学创作，故表现为宋文是平易晓畅的，诗是对俗情排抑的，词也是逐渐雅化的。

　　关于宋型文化观点虽然不是本书首先提出的，但敏锐地观察到苏辙是这种文化特点颇有代表性的人物，并将其与宋型文化紧密地联系在一起，则是本书的突出特点。纵观整个宋代，苏辙在政治活动、学术思想、文学创作诸方面综合指数与影响，皆相当彰显，恐怕只有王安石居其右，其兄苏轼亦当让一头地（苏轼缺乏系统的学术著作），故从宋型文化的角度来说，苏辙无疑具有典型意义。在宋代文人中，苏轼当是名气最大的一位。苏辙与苏轼的政治立场是相同的，正如《宋史·苏辙传》所说："辙与兄轼进退出处，无不相同。"然二人的性情却很不相同，正如阙名《瑞桂堂暇录》载张方平评兄弟二人："皆天才，长者明敏尤可爱，然少者谨重，成就或过之。"（以上本书中皆引及）当然，对苏辙的政治文化活动和取得的成就进行整体研究，又要时刻兼顾当时的文化环境，难度是很大的，好在天保知难而进，可以说是相当成功地完成了这一任务。

所谓宋型文化应该说也包括宋代的市民文化，而此书所说的宋型文化则专指宋代士人文化，即是指由士人群体主导的一种文化范型。其实在我看来，一个时代的文化特征，知识分子群体具有某种程度上的引领性，当然不是说这种引领都是正面的、应该肯定的，但这种文化特征具有主导性与覆盖性，当是没有疑义的。我同时也认为，对宋型文化如何评价是另外一个问题，恐怕不仅要放在中国历史文化的发展长河中，还要放眼世界的历史；即使与唐型文化相比，它有优势也有劣势。宋型文化应该是优势和劣势共存的，这是一个说来话长的话题。

以上我的关于宋型文化以及苏辙的一些话，读者完全可以不必过分留意。宋仁宗至徽宗朝前期的社会政治情况、苏辙及其他一些著名人物在当时历史舞台上的各种表现，以及苏辙与宋学的关系、苏辙的诗文创作等诸多内容和精彩的论述，只要认真地读一读李天保的这本书，就能领略得到，并能得到有益的启示。我想我在这里做过多的重复是多余的。也许有人在读完本书之后对某些章节有意犹未尽的感觉，而我觉得这本书是关于苏辙与宋型文化关系的综合性研究，不是仅仅着眼于苏辙个人，而是将苏辙放在当时的政治文化的大环境当中，给予苏辙在宋型文化中一个准确的定位，因此宏观上的把握非常重要，这个任务完成了，目的也就达到了。本书在这些方面做得很好，所以我认为，此书是值得大力推荐的。

天保取得博士学位后又去清华大学做了三年的博士后，在刘石教授的指导下做《唐诗鼓吹》汇校汇注汇评的工作，此期间不仅开阔了眼界，更重要的是充实了自己的学术基础，拓展了自己的研究领域。后来便回到西北师范大学担任教师工作。天保是工作踏实、做事认真的人，无论是平时的教学和指导研究生，或做学问，都是一丝不苟、勤勤恳恳。作为他的研究生导师，我对他所取得的每一项学术成果都感到由衷的欣慰，故当他约请我为他新出版的这部著作写一篇序言时，我也就义不容辞地答应下来。最后，我想用苏轼的一首诗作为此序的结束，就是那首哲理无穷的《题西林壁》，我对中国文化就有这种感觉。这首诗说：

横看成岭侧成峰，远近高低各不同。不识庐山真面目，只缘身在此山中。

尹占华
2020 年 12 月于西北师范大学寓所

绪　　论

一、苏辙研究述评

苏辙是"唐宋八大家"之一，他在宋代是一位极具实力和影响力的文学家，又是一位出色的学者和政治家，他在北宋中后期的文坛、学界和元祐政治当中，均扮演着重要的角色。苏辙一生著述颇丰，留下了《栾城集》《诗集传》《春秋集解》《古史》《老子解》等著作，在宋代的文学、经学、史学、哲学诸方面，做出了突出的成绩，他将自己的生命延伸到北宋文化生活的每个角落，扩展了他的文化触觉和文化视野，为北宋文化的发展做出了自己的贡献。可以说，苏辙的文化活动，从一个侧面真实地展现了北宋中后期的政治面貌、文学运动和学术思潮，以及他试图以文化活动影响生活、改变现状的思想与行动的轨迹。

关于百年以来苏辙的研究，大致可分为三个阶段：民国时期是第一阶段，苏辙研究领域几乎处于空白的境地，这个时期没有专门对苏辙研究的专著和论文，出现的有关苏辙的4本专著和1篇论文[①]，都是针对"三苏"或"唐宋八大家"的，而且专著都是普及型的读本，水平不是很高。中华人民共和国成立后至1979年为第二阶段，这个时期的苏辙研究处于起步和徘徊阶段，虽然出版的有关苏辙专著有12本，论文有13篇，但总体上对苏辙的研究处于起步阶段。1979年至今的40年间是第三阶段，这个时期是苏辙研究的春天，在国内最权威的检索工具中国知网CNKI当中，以"苏辙"为关键词检索，短短40年间（1979～2019），有关苏辙研究的期刊论文就有182篇，硕博论文有33篇。在2006年，有人统计有关研究苏辙的专著就超过90本[②]，如今研究专著的数量越来越多。40年间，对苏辙的研究向纵深发展，不论是对苏辙文学、经学、史学的研究，还是对苏辙与北宋政治的研究，都出现了一系列重要成果。令人振奋的是，在苏辙研究领域，也出现了一批专家学者，如以曾枣庄、

[①] 数据来源参见李冬梅：《苏辙〈诗集传〉新探》附录二《20世纪以来苏辙研究论著目录举要》，成都：四川大学出版社，2006年。

[②] 同上书。

孔凡礼、舒大刚、马德富、陈正雄、吴淑华、谷建、李冬梅等为代表的研究队伍，在近年来的研究中，对苏辙研究做出了很大的贡献，尤其是曾枣庄先生，把毕生的精力都用在了三苏研究和宋代文学文献的整理中，2018年，成都巴蜀书社出版了《曾枣庄三苏研究丛刊》①，其中有关苏辙的著作有《苏辙评传》《苏辙年谱》《三苏选集》《苏洵苏辙论集》《三苏文艺理论作品选注》等，可谓是曾先生四十多年对三苏研究的集成，在三苏研究学界产生了重要的影响。另外，2018年《苏辙资料汇编》② 出版，也在文献资料方面为苏辙研究提供了便利，将对苏辙研究产生一定的影响。关于近现代对苏辙研究的文献回顾，李冬梅曾就苏辙的生平、学术思想、文学理论和作品研究，简要作了学术综述③。而北京大学谷建则对苏辙的学术研究方面的文献作了回顾④。因此，本论文根据选题的研究思路与进程，着重考察近40年来苏辙与宋型文化方面的研究现状。

（一）苏辙所承受文化渊源的研究

苏轼曾言："合抱之木，不生于步仞之丘。"⑤ 苏辙与其兄早年处在相同的生活环境里，坚厚的家学渊源，是他们成为文化名人的重要因素。苏辙曾在《颍滨遗老传》篇首简单提到了父亲苏洵、母亲程氏对自己的教导⑥。其后历代年谱、传记之类的研究多提到苏辙的生平情况，如宋人孙汝听编《苏颍滨年表》、清人龚煦春编《苏文定公年谱》等，但这两个年谱对苏辙少年活动事迹记载却极为简略。对于宋人所撰三苏年谱，王水照先生做了大量基础文献工作，早在1989年，他整理出版了《宋人所撰三苏年谱汇刊》⑦，此书收有何抡《眉阳三苏先生年谱》、施宿《东坡先生年谱》两种整理本，以及影印傅藻《东坡纪年录》、孙汝听《苏颍滨年表》、王宗稷《东坡先生年谱》等3种年谱。2015年王水照先生

---

① 曾枣庄：《曾枣庄三苏研究丛刊》，成都：巴蜀书社，2018年。
② 杨观、陈默、刘芳池编：《苏辙资料汇编》，北京：中华书局，2018年。
③ 李冬梅：《苏辙研究综述》，《许昌学院学报》2002年第3期。
④ 谷建：《苏辙学术研究》，北京：光明日报出版社，2009年，第4～9页。
⑤ [宋]苏轼：《仁宗皇帝御飞白记》，曾枣庄、舒大刚主编：《三苏全书》第14册，北京：语文出版社，2001年，第474页。
⑥ 《颍滨遗老传》篇首言：先生既不用于世，有子轼、辙，以所学授之，曰："是庶几能明吾学者。"母成国太夫人程氏，亦好读书，明识过人，志节凛然，每语其家人："二子必不负吾志。"（曾枣庄、舒大刚主编：《三苏全书》第18册，北京：语文出版社，2001年，第398页。）
⑦ 王水照编：《宋人所撰三苏年谱汇刊》，上海：上海古籍出版社，1989年。

又编《宋人所撰三苏年谱汇刊》影印本①，其中收有何抡的《眉阳三苏先生年谱》与施宿的《东坡先生年谱》。这几种年谱对于研究三苏家族及其生平，有重要的资料意义。

今人所编的一些年谱，其中最早的是曾枣庄先生撰写的《苏辙年谱》②。此谱颇为详细，订正了《苏颍滨年表》的一些疏漏与讹误，不但详细罗列了苏辙家世世系表，还按年代一一列出时事状况和苏辙的事迹，如年谱所载苏辙十岁时的情况③，从中可以得知苏辙少时的家学情况和时事状况，对于了解苏辙少时从学的情况很有帮助。其后，孔凡礼《苏辙年谱》④ 出版，又出《三苏年谱》⑤。孔著《苏辙年谱》内容丰富，资料翔实，此书是作者在出版《苏轼年谱》之后的续作，苏辙与苏轼行实相共者，两谱资料可以互为补充，其中亦可见苏辙家学之情况。

一些传记资料也涉及苏辙的家世与文化渊源。关于父兄对苏辙的影响，苏辙自己曾说过："幼学无师，受业先君。兄敏我愚，赖以有闻。"⑥ 而具体的学习情形，金国永在《苏辙》⑦ 的第一章中，记叙苏辙"少年真学力"，具体记载了父兄对苏辙的影响。而蒋立文在其《苏辙传》中，详细介绍了父、母、兄对苏辙的具体教导，其中认为："苏辙两弟兄受苏洵教益和影响最深的，主要还是在文论创作与学术研究方面。"⑧ 此书还提到苏辙二伯父苏涣对苏辙的影响。此外，台湾陈正雄的《苏辙学术思想述评》⑨ 从师承、交游、家学等方面，也讨论了苏辙的学术思想渊源。

一些学术期刊论文和硕、博士论文也对苏辙所受的文化渊源进行了研究。马斗成在这方面用力颇深，连续发表3篇论文进行讨论，他在《眉山苏氏家族教育探析——以三苏时代为中心》一文中认为，在宋代

---

① 王水照编：《宋人所撰三苏年谱汇刊》影印本，北京：中华书局，2015年。
② 曾枣庄：《苏辙年谱》，西安：陕西人民出版社，1986年。
③ 《年谱》13~14页载：……[时事]王则起义失败。夏主赵元昊卒，其子谅祚立。苏洵杜门家居，精心教育二子。……苏辙《藏书室记》（《栾城集》三集卷一〇）："予幼师事先君，听其言，观其行事。今老矣，犹志其一二。先君平居不治生业，有田一廛，无衣食之忧；有书数千卷，手缉而校之，以遗子孙。曰：'读是，内以治身，外以治人，足矣。此孔氏之遗法也。'"《年表》："庆历八年戊子，父洵以家艰闭户读书，因以学行授二子，曰：'是庶几能明吾学者。'"
④ 孔凡礼：《苏辙年谱》，北京：学苑出版社，2001年。
⑤ 孔凡礼：《三苏年谱》，北京：北京古籍出版社，2004年。
⑥ [宋]苏辙著，曾枣庄、马德福校点：《祭亡兄端明集》，《栾城集》后集卷二〇，上海：上海古籍出版社，2009年，第1388页。
⑦ 金国永：《苏辙》，北京：中华书局，1990年。
⑧ 蒋立文：《苏辙传》，长春：吉林文史出版社，1998年，第14页。
⑨ 陈正雄：《苏辙学术思想述评》，台北：文史哲出版社，2000年。

科举制度进一步完善的时候，蜀中眉山苏家作为一个普通地主家庭，由于时势、得法、家庭教育的成功而崛起。苏家良好的家庭教育，培养了苏涣、苏洵、苏轼、苏辙等学者，这为苏氏家族的文学、政治事业铺平了道路①。在《宋代眉山苏氏家族与风水试探》一文中认为，苏家人对风水特别重视，在眉县也产生了许多关于苏氏家族和风水的俚语和传说，但风水却不是苏氏家族兴盛的原因。在科举制度较为完善的宋代，良好的家族教育才是眉山苏氏家族振兴的文化保障②。马斗成还认为："以文学、政事彰显于史的宋代眉山苏氏家族，在传统宗族社会建设方面也做出了有影响的贡献。眉山苏氏家族重视宗法礼制教育，素有孝友传统，其族人多忠信孝友、乐善好施，形成代代相承的苏氏孝友家法，它传达了两宋的时代精神和文化共识，这对眉山苏氏后代的发展和家族的昌隆是一个积极的推动。"③谷建《苏辙学术研究》④第一章讨论了苏辙生平及学术概貌，又以"学术背景""仕宦生涯""家学传统""师承与交游""苏辙之学术研究历程"五节分别论之。王毅在《论苏氏文学家庭》⑤一文中，重点从家庭情况、地域文化、"诗穷而后工"等方面研究了眉山苏氏家族兴旺发达的原因。郑婕在《苏辙经学成就研究》⑥一文中谈到了苏辙的生平与苏辙时代的学术背景。惹琼在《苏辙散文理论及其创作》⑦第一章中，除了讨论苏辙的儒、释、道思想和父兄对苏辙文学思想的影响，还就苏辙与蜀地文化与学术的关系做了一些剖析。由此可见，虽然学术界对苏辙的文化渊源关系考察较多，但一般是借助于三苏之关系的研究，或是三苏之家世的研究，尚缺乏时代社会风尚对苏辙学术熏染的研究，因此，有必要全面考察苏辙所受文化之渊源。

（二）苏辙与宋代政治的研究

苏轼、苏辙兄弟都是在宋型文化背景下成长起来的文人，在政治方面，苏辙的成就高于苏轼，吕申公云："只谓苏子由儒学，不知吏事精详如此。"⑧《宋史》亦言："苏辙论事精确，修辞简严，未必劣于其兄。王

---

① 马斗成、李希运：《眉山苏氏家族教育探析——以三苏时代为中心》，《史学集刊》1998年第3期。
② 马斗成：《宋代眉山苏氏家族与风水试探》，《青岛大学师范学院学报》2004年第1期。
③ 马斗成：《宋代眉山苏氏家法试探》，《山东大学学报（哲学社会科学版）》2001年第1期。
④ 谷建：《苏辙学术研究》，北京大学2004年博士论文。
⑤ 王毅：《论苏氏文学家庭》，《中国文学研究》2007年第1期。
⑥ 郑婕：《苏辙经学成就研究》，华东师范大学2004年硕士论文。
⑦ 惹琼：《苏辙散文理论及其创作》，西北师范大学2010年硕士论文。
⑧ ［宋］苏籀：《栾城先生遗言》，《丛书集成初编》本，北京：商务印书馆，1936年，第3页。

安石初议青苗，辙数语柅之，安石自是不复及此，后非王广廉傅会，则此议息矣。辙寡言鲜欲，素有以得安石之敬心，故能尔也。"① 这也是苏辙为政才能高于苏轼的一个原因。苏辙前期仕途蹭蹬，47 岁以前，长期沉于下僚。元祐中，苏辙入京，短短六年间，从一县令升至尚书右丞，位居相位而一展政治抱负。元祐八年，新党执政，尽黜元祐大臣，苏辙被贬谪外放。直至徽宗即位，苏辙得以北还。元符三年，苏辙闲居颖昌，直至病故。关于苏辙的从政历程和行动轨迹，在有关苏辙的年谱和传记都有记载，这里不再一一叙之。苏辙作为北宋中后期的重要政治人物，与当时的"变法"和"党争"息息相关，因此这里主要对苏辙政治思想、苏辙与变法、苏辙与党争的研究成果进行梳理。

1. 苏辙政治思想的研究

吴叔桦在《苏辙学术思想研究》②中有系统的论析。吴叔桦认为苏辙的政治思想的理论体系主要体现在"道体儒用"和"治国以术"两个方面。对于苏辙熙宁时期的政治思想，范为之认为："苏辙的政治思想与熙宁新政中的王安石和元祐更化中的司马光的观点不同。他批评新政借用各种名义盘剥庶民私财，控扼富民经济的发展，利用国家权力干扰正常的经济运行秩序。苏辙的目的是为实现老子的'无为境界'。"③ 杨胜宽则对苏辙的军事思想与边防策略做了研究，认为苏辙在军事上"为了使军队增强战斗力，同时节省开支，应该重用士兵，削减禁军，改革宋朝用禁军戍边的体制"④。而且认为苏辙"边防策略是以退守为主的"。此外，舒大刚《三苏政治思想述评》⑤对苏辙的政治思想也进行了研究。

2. 苏辙与熙宁变法关系的研究

"文化大革命"时期，受当时政治风气的影响，学术界对苏辙在变法中的表现有错误的认识，如武汉师范学院中文系古典文学教研组的老师集体署名的文章认为，苏辙兄弟和王安石同属于"唐宋八大家"，但他们是"两股跑车"，走的是两条截然相反的政治道路。王安石坚持改革，反对倒退，代表中小地主阶级的利益，实行法家的政治路线；苏氏兄弟是政治投机者，后来成为司马光顽固派的忠实走狗。他们疯狂地反

---

① ［元］脱脱等：《宋史》卷三三九《苏辙传》，北京：中华书局，1985 年，第 10837 页。
② 吴叔桦：《苏辙学术思想研究》，台湾高雄师范大学 2006 年博士论文。
③ 范为之：《试论熙宁元祐期间苏辙的政治思想》，《上海师范大学学报（哲学社会科学版）》1990 年第 1 期。
④ 杨胜宽：《苏轼兄弟的军事思想及边防策略》，《乐山师范学院学报》2004 年第 7 期。
⑤ 舒大刚：《三苏政治思想述评》，《南充师范学院学报》1988 年第 3 期。

对改革,顽固地维护大地主、大官僚、大商人的利益,坚持儒家的政治路线倒退复古。由于他们善于投机、善于伪装,特别是善于用黑笔杆制造反动舆论、颠倒是非、煽动和篡改历史,因而处于北宋反改革的逆流之中。他们所发挥的作用,一般顽固派无法发挥,并对后世产生了极其恶劣的影响。很长一段时间以来,他们的两张脸都没有显露出来。他们喜欢"文名",掩盖反动政客,混淆是非,造成历史误解;对封建文人、资产阶级学者和反动政治家的赞扬,不仅冲淡了对他们的指责,而且给他们一个又一个光环①。近30年以来,学术界对苏辙逐渐有了客观的认识。吴晓萍认为苏辙"变法思想和主张,既不像苏轼那样过于保守,又不像王安石那样过于偏激,尤其是他关于'立法'的思想,在某种程度上比苏轼、王安石等人更深刻、更合理。苏辙的变法思想和主张,是北宋社会政治的产物,也是他对社会现实的深刻观察和了解的结果,具有较多的合理成份,因而他在元祐时提出许多建设性变革意见,进行一些有益的尝试,获得最高统治者的肯定,维护社会稳定,一定程度促进了社会的发展"②。

苏辙在熙丰变法时,曾参与新法的决策与制定,任制置三司条例司属官,后来因对变法的具体做法不满,与王安石意见不合,于是被迫离开制置三司条例司,因此,苏辙被人认为是保守派阵营中的主要人物。但陈安丽的研究认为:"对苏辙的反对新法必须作具体分析。苏辙的主张并非全错,其中仍不乏合理因素的存在,应作实事求是的评价。他对变法的态度主要反映在其对青苗法、免役法、市易法的看法上,而对变法的其它内容如科举制、学校制等方面则很少或没有涉及。"③ 对于苏辙离开变法阵营的原因,吴琳认为有三方面:"一是与'熙宁变法'的反对者欧阳修、张方平的恩怨关系;二是与变法执掌者王安石在变法的方式、方法、立场上存在根本分歧;三是受道家、道教的自然无为哲学思想和与民无争的政治思想的影响。"④

3. 苏辙与党争关系的研究

北宋中后期文人党争激烈,根据变法态度的不同,分为新旧两党。神宗去世后,太后临朝,新党失势,旧党得意。然而旧党因政见不同、

---

① 武汉师院中文系古典文学教研组:《苏轼、苏辙的庐山真面目》,《武汉师院学报》1974年第1期。
② 吴晓萍:《苏辙的变法思想及其实践》,《安徽师范大学学报(哲学社会科学版)》1997年第1期。
③ 陈安丽:《评苏辙对熙丰变法的态度》,《江西社会科学》2003年第5期。
④ 吴琳:《苏辙离开变法阵营的原因》,《社会科学研究》1999年第3期。

地域不同，寻复分裂且组合为洛、蜀、朔三派。"哲宗即位，宣仁后垂帘同听政，群贤毕集于朝，专以忠厚不扰为治。和戎偃武，爱民重谷，庶几嘉祐之风矣。虽然，贤者不免以类相从，故当时有洛党、川党、朔党之语。洛党者，以程正叔侍讲为领袖，朱光庭、贾易等为羽翼；川党者，以苏子瞻为领袖，吕陶等为羽翼；朔党者，以刘挚、梁焘、王岩叟、刘安世为领袖，羽翼尤众，诸党相攻击不已。"① 苏辙是蜀党的主要人物，自然被卷入到北宋后期的党争之中。对苏辙与党争的研究主要集中在一些专著和硕、博士论文中，李真真认为："蜀党作为宋代文人参与现实政治的典型代表，不仅有着突出的文化成就，而且在政治中也发挥着重要的作用。蜀党与熙丰时期逐渐发展起来的学者群体'苏门'有着密切的关系，虽然它在元祐时期作为一个政治派别出现在历史舞台上。苏学作为蜀党的代表思想，苏门作为蜀党的主要成员，在时间和逻辑上存在着一致性。"② 李佩如在《北宋党争对苏辙文学创作的影响》一文中还讨论了北宋党争对苏辙文学创作的影响③。萧庆伟在《北宋新旧党争与文学》中，以北宋时期新旧党争的时代特征和特殊性作为切入点，研究北宋党争与苏门关系，以及与江西诗派崛起的关系等④。罗家祥在《朋党之争与北宋政治》第四章"元祐时期的洛、蜀、朔"中，专门提到了蜀党与其他两党斗争的起因、性质，还就蜀党与新旧两党的关系做了辨析⑤。刘学斌的《北宋新旧党争与士人政治心态研究》从政治文化的角度，探讨了党争激烈、彼此倾轧、国是屡变、政局动荡的原因，其中讨论了蜀党在党争中与新、旧两党之关系⑥。由此可见，学者对苏辙与政治的研究成果多是零散的，缺乏系统性。因此，对苏辙的政治思想，以及苏辙与蜀党的关系、苏辙与党争的关系，尚有完整考察之必要。

(三) 苏辙与佛、道的研究

苏辙生活的年代，儒、释、道三教在理论上逐渐融合。儒家的"致君尧舜上"、佛家的"性空与出世"、道教的"外无可欲之境，内无能欲之心"，都使苏辙的思想变得极为复杂。这种三教融合的复杂思想，影响了苏辙的人生态度和处事方式。虽然苏辙与佛、道关系引起了学术界的关注和研究，但发表的成果和论文不是很多。

---

① [宋] 邵伯温：《邵氏闻见录》，北京：中华书局，1983年，第146页。
② 李真真：《蜀党与北宋党争研究》，山东大学2010年博士论文。
③ 李佩如：《北宋党争对苏辙文学创作的影响》，台湾政治大学2004年硕士学位论文。
④ 萧庆伟：《北宋新旧党争与文学》，北京：人民文学出版社，2001年。
⑤ 罗家祥：《朋党之争与北宋政治》，武汉：华中师范大学出版社，2002年。
⑥ 刘学斌：《北宋新旧党争与士人政治心态研究》，保定：河北大学出版社，2009年。

在已经发表的有关期刊论文中,主要是苏辙与佛教关系方面的研究,对此进行评述的有舒大刚、张煜、王煜、刘固盛等人。舒大刚认为:"如果说'老苏'是杂糅先秦各家而以儒学为主的思想的话,那么,'大苏'和'小苏'则是以儒学统释、道而成的'三教合一'思想。在辙与轼二人中,辙又以其沉静寡欲、汪洋淡泊之资,乐于析文玩句,潜心学术。"① 张煜认为:北宋文人苏辙一生与佛教有着密切的关系。如果说他早期对佛教的态度更多的是一种文化欣赏,那么中年因新旧党争而几遭贬谪,佛教已经越来越成为他的精神支柱。晚年,苏辙隐居颍川,著书立作,三教和谐的思想更加明显。他的《老子解》一书宣扬"复性"论,融儒、佛、道于一体。这些在他的诗歌中都有所体现。他的佛教信仰与文化、宗教、哲学和实践相结合,这与他的遭遇、交游和个性生活密不可分②。王煜则认为:苏辙佛教思想的特征是融合了老、庄和禅宗,尤其是惠能和他南宗禅的思想,他对梦、药和病很感兴趣③。刘固盛还讨论了苏辙佛教思想对《老子解》的影响,认为苏辙等人"以佛、禅解《老》,不仅反映了宋、元《老》学发展的独特风貌,具有鲜明的时代特征,而且从一个侧面说明了佛学对中国文化发展所产生的深刻影响"④。对苏辙与道教关系做了深入探索的是李俊清,他在《苏辙与道教有关的活动编年》⑤ 中对苏辙与道教的有关活动作了简要的编年,还在《苏辙与道教》⑥ 一文中就"苏辙一生与道教的关系""苏辙学道的几个阶段"以及他"三教合一的思想"做了深入分析。舒大刚还就苏辙"三教合一"哲学思想进行了述评⑦。

同时,学者们在一些专著和硕、博士论文中,对苏辙与佛、道的关系也进行了比较全面的讨论。吴叔桦在《苏辙学术思想研究》⑧ 一书的"思想渊源"一节中,简要阐述了苏辙的佛、道思想。苊琼在《苏辙散

---

① 舒大刚:《苏辙"三教合一"哲学思想述评》,《南充师院学报(哲学社会科学版)》1987年第4期。
② 张煜:《苏辙与佛教》,《宗教学研究》2006年第3期。
③ 王煜:《论苏辙的佛家思想》,《韶关学院学报(社会科学版)》2001年第8期。
④ 刘固盛:《宋元老学中的佛禅旨趣》,《人文杂志》2001年第6期。
⑤ 李俊清:《苏辙与道教有关的活动编年》,李裕民主编:《道教文化研究》第一辑,北京:书目文献出版社,1995年。
⑥ 李俊清:《苏辙与道教》,李裕民主编:《道教文化研究》第一辑,北京:书目文献出版社,1995年。
⑦ 舒大刚:《苏辙"三教合一"哲学思想述评》,《南充师院学报(哲学社会科学版)》1987年第4期。
⑧ 吴叔桦:《苏辙学术思想研究》,台湾高雄师范大学2006年博士论文。

文理论及其创作》① 中讨论了苏辙的儒、释、道思想对其文学思想的影响。刘金柱《唐宋八大家与佛教》② 一书也提到了苏辙与一些僧友交往的情况。从以上情况看,学术界对苏辙与佛、道关系的研究主要集中在苏辙与佛教的关系上,而对苏辙与道教的关系方面有所疏漏。

(四) 苏辙与宋代学术的研究

名列"唐宋八大家"的苏辙,不仅以文学驰名于世,而且以学术名扬一时。苏辙是苏氏蜀学中的核心人物之一。苏氏蜀学包括经学、史学、哲学、文学、艺术学等,苏辙在这方面成就颇大,他留下了许多著作,如《春秋集解》《诗集传》《古史》《老子解》《栾城集》等。由于苏辙文学成就颇大,故另章别论,这里主要对苏辙与经学研究、苏辙与史学研究、苏辙与哲学研究作一简要梳理。

1. 总论

宏观上对苏辙学术进行研究的成果,主要集中在苏辙的学术思想方面,对此,吴叔桦、陈正雄和谷建几位学者的研究最为深入。吴叔桦《苏辙学术思想研究》③ 从苏辙的"生平与著述"入手,系统地对苏辙的"哲学思想""史学思想""经学思想""经世思想""文艺思想"一一作了探析。陈正雄《苏辙学术思想述评》④ 以北宋为大时代背景,从苏辙的师承、交游、家庭等方面,论述了他的学术思想渊源,分析了他的政治、军事、财政、文艺思想,这对于了解苏辙的学术思想大有裨益。谷建《苏辙学术研究》⑤ 一书立足于文本文献,对苏辙的学术著作进行了深入的分析,是一本很有特色的学术图书。王书华对苏氏蜀学的学术渊源进行了探析,认为:"苏氏蜀学的学术渊源是以儒为宗、援佛入儒、援道入儒、援诸子以入儒。它最大的学术特点是驳杂。"⑥ 冷成金在《试论"三苏"蜀学的思想特征》⑦ 一文中,论述了以苏氏父子为代表的"三苏蜀学"的思想涵义,并通过对《东坡易传》的分析,阐述了"三苏蜀学"的一些基本特征。王莹认为苏辙蜀学的儒学思想是以

---

① 蒠琼:《苏辙散文理论及其创作》,西北师范大学 2010 年硕士论文。
② 刘金柱:《唐宋八大家与佛教》,北京:人民出版社,2004 年。
③ 吴叔桦:《苏辙学术思想研究》,台湾高雄师范大学 2006 年博士论文。
④ 陈正雄:《苏辙学术思想述评》,台北:文史哲出版社,2000 年。
⑤ 谷建:《苏辙学术研究》,北京:光明日报出版社,2009 年。
⑥ 王书华:《苏氏蜀学的学术渊源》,《中华文化论坛》2005 年第 3 期。
⑦ 冷成金:《试论"三苏"蜀学的思想特征》,《福建论坛(人文社会科学版)》2002 年第 3 期。

"'圣人之道，不求为异'为核心，探讨儒学经典"①。此外还有郝明工《苏氏蜀学之经学考察》②、王书华《苏轼苏辙对荆公新学的批判》③、叶平《三苏蜀学的"人情为本"论》④ 等论文涉及苏辙与蜀学关系的研究。

2. 苏辙经学研究

《诗集传》作为苏辙的代表性著作，一直是苏辙经学研究的重点。李冬梅的硕士论文《苏辙〈诗集传〉新探》⑤ 对此进行了深入的研究。向熹认为《诗集传》最突出的特点是："《小序》只取首句，其余一概删去；另一特点是着重阐释诗义；另外该书注释比较简略，不作繁琐的考证。"⑥ 魏明明关注苏辙《诗集传》的训诂特点，认为："其名物训诂条例完备，词语释义大部分承袭旧注，也有自作新解的部分。整部传注的名物训诂简洁明了。训释体例上采用分章阐释和整章阐释的方式，对前人有所超越。"⑦ 郑婕在《苏辙经学成就研究》⑧ 一文中，以《诗集传》《春秋集解》为主要研究对象，对苏辙的经学成就作初步的探讨。此外，郝桂敏《欧阳修与苏辙〈诗〉学研究比较论》⑨、黄忠慎《宋代之〈诗经〉学》⑩、陈明义《苏辙〈诗集传〉在〈诗经〉诠释史上的地位》⑪ 对苏辙《诗集传》都有研究，兹不一一赘述。

苏辙的另外一部著作《春秋集解》，也引起了学人的关注。葛焕礼《论苏辙〈春秋〉学的特点》一文认为："苏辙的《春秋》学表现出显明的特点，以《左传》为本：迁经以就传，'不专为例'，尊王而又是霸，持绝然对立却又渐进'楚'的夷夏观。"⑫ 张高评对苏辙《春秋集

---

① 王莹：《论苏氏蜀学的儒学思想》，《湖北社会科学》2010 年第 8 期。
② 郝明工：《苏氏蜀学之经学考察》，《成都大学学报（社会科学版）》1998 年第 3 期。
③ 王书华：《苏轼苏辙对荆公新学的批判》，《河北大学学报（哲学社会科学版）》2005 年第 3 期。
④ 叶平：《三苏蜀学的"人情为本"论》，《河南理工大学学报（社会科学版）》2009 年第 3 期。
⑤ 李冬梅：《苏辙〈诗集传〉新探》，四川大学 2003 年硕士论文。
⑥ 向熹：《苏辙和他的〈诗集传〉》，《乐山师范学院学报》2003 年第 5 期。
⑦ 魏明明：《苏辙〈诗集传〉训诂特点》，《淮北职业技术学院学报》2010 年第 2 期。
⑧ 郑婕：《苏辙经学成就研究》，华东师范大学 2004 年硕士论文。
⑨ 郝桂敏：《欧阳修与苏辙〈诗〉学研究比较论》，《辽宁大学学报（哲学社会科学版）》2001 年第 3 期。
⑩ 黄忠慎：《宋代之〈诗经〉学》，台湾政治大学 1984 年博士论文。
⑪ 陈明义：《苏辙〈诗集传〉在〈诗经〉诠释史上的地位》，《经学研究论丛》第二辑，台北：圣环图书公司，1994 年。
⑫ 葛焕礼：《论苏辙〈春秋〉学的特点》，《孔子研究》2005 年第 6 期。

解》以史传经的特色进行了研究，认为其"特色大抵有三：一、解读《春秋》，专主《左传》叙事；二、据史为断，批驳'以意说经'；三、事据《左传》，义兼《公》《穀》，权衡诸家，发挥经旨隐微"①。而刘茜则把苏辙的《春秋集解》和《诗集传》放在一起研究，对于了解苏辙的经学成就，大有裨益②。此外，顾永新《二苏"五经论"归属考》③、江湄《北宋诸家〈春秋〉学的"王道"论述及其论辩关系》④ 等论文也涉及苏辙《春秋》学的研究。

3. 苏辙史学研究

宋代史学发达，陈寅恪称"中国史学莫盛于宋"⑤。苏辙自称"皆以古今成败得失为议论之要"⑥。苏辙的史学成就主要体现在《古史》一书中，牟乃霞认为，《古史》"无论是对《史记》相应部分的改动，还是作者的论述和注释，无不贯穿着经世致用的思想。《古史》的经世思想核心是强调有德之君与贤良之臣相守共治"⑦。张伟的研究认为，《古史》是北宋中叶义理之学兴起后的一部重要的古史著作。这本书不仅纠正了"史记"中存在的一些疏略和讹舛，而且弥补了史书记载中的一些错误，并从侧面反映儒家学者治史的风尚，对研究宋代史学的演变，有其不可忽视的价值⑧。桑海风的硕士论文对苏辙《古史》进行了研究⑨。此外，苏辙的史论也是苏辙史学的组成部分，也有这方面的研究成果，如粟品孝《宋代三苏的史论》⑩ 等论文。

4. 苏辙哲学研究

苏辙的哲学成就体现在《老子解》当中。除了吴叔桦、陈正雄、谷建的研究外，李进对苏辙《老子解》有深入的研究，其硕士论文是《苏

---

① 张高评：《苏辙〈春秋集解〉以史传经初探》，《南京师范大学文学院学报》2007年第3期。
② 刘茜：《苏辙的〈春秋〉学和〈诗经〉学》，浙江大学2007年博士论文。
③ 顾永新：《二苏"五经论"归属考》，《文献》2005年第4期。
④ 江湄：《北宋诸家〈春秋〉学的"王道"论述及其论辩关系》，《哲学研究》2007年第7期。
⑤ 陈寅恪：《陈垣明季滇黔佛教考序》，《金明馆丛稿二编》，北京：生活·读书·新知三联书店，2001年，第272页。
⑥ [宋] 苏辙著，曾枣庄、马德福校点：《历代论一》，《栾城集》后集卷七，上海：上海古籍出版社，2009年，第1212页。
⑦ 牟乃霞：《苏辙〈古史〉及其经世思想研究》，山东大学2010年硕士论文。
⑧ 张伟：《苏辙与〈古史〉》，《史学史研究》2003年第3期。
⑨ 桑海风：《苏辙〈古史〉研究》，四川大学2000年硕士论文。
⑩ 粟品孝：《宋代三苏的史论》，《西华大学学报（哲学社会科学版）》2010年第1期。

辙〈老子解〉研究》①。陈文苑对苏辙《老子解》中的"性"作了剖析，认为："苏辙提出'性'的目的在于阐释老子的'道'，但是它兼容了佛儒的思想，本质上超出了'道'的哲学范畴。"② 日本学者佐藤鍊太郎把苏辙与李贽的《老子解》作了对比研究，认为苏辙《老子解》的特点是孔子与老子之间没有根本的对立，儒家与佛教，特别是南宗禅是一致的。其精华之处在于无心和精神的解脱。因此，可以说苏辙的《老子解》往往成为一种鲜欲寡心的修身理论③。此外，熊铁基等著《中国老学史》第六章中专列"苏辙的老子思想"一节，分别讨论了苏辙"论道的性质""论对道的认识"④。

从以上可以看出，学术界对苏辙学术的研究主要集中在他的学术思想及其著作《诗集传》《古史》上，并且取得了不小的成就，但是对苏辙的其他学术著作如《孟子解》《论语拾遗》和《栾城集》中的一些"经论""史论"却很少涉及，甚至在宋型文化的大背景下，对苏辙学术与宋代经学、史学、哲学的关系在整体上的认识也有些不到位和模糊。因此，从宏观上对苏辙与宋代学术的关系作系统的考察，以此来凸显苏辙学术的特点是非常必要的。

（五）苏辙文学研究

真正给苏辙带来千古声誉的，还是他那非凡的文学成就。苏轼曾云："子由之文实胜仆，而世俗不知，乃以为不如。其为人深不愿人知之，其文如其为人。故汪洋淡泊，有一唱三叹之声，而其秀杰之气终不可没。"⑤ 苏门弟子秦观甚至认为苏辙之文胜过苏轼，他说："中书（苏轼）之道如日月星辰，经纬天地，有生之类，皆知仰其南明；补阙（苏辙）则不然，其道如元气，行于混沦之中，万物由之而不知之。故中书尝自谓'吾不及子由'。仆窃以为知言。"⑥ 这也代表了宋人的一种看法。实际上，苏辙在文学上虽然难以超越苏轼，但也取得了不小的成绩。苏辙

---

① 李进：《苏辙〈老子解〉研究》，湖北大学1997年硕士论文。
② 陈文苑：《析苏辙〈老子解〉的核心概念——"性"》，《乐山师范学院学报》2008年第8期。
③ 〔日〕佐藤鍊太郎：《苏辙与李贽〈老子解〉的对比研究》，《首都师范大学学报（社会科学版）》2002年第6期。
④ 熊铁基、马良怀、刘韶军：《中国老学史》，福州：福建人民出版社，2005年，第349~372页。
⑤ ［宋］苏轼：《答张文潜县丞书》，曾枣庄、舒大刚主编：《三苏全书》第12册，北京：语文出版社，2001年，第365页。
⑥ ［宋］秦观撰，徐培均笺注：《答傅彬老简》，《淮海集笺注》卷三〇，上海：上海古籍出版社，1994年。

的文学成就主要在散文和诗歌方面，文学理论和小说创作方面也颇有建树，下面就以上诸方面的研究作简要概述。

1. 作品整理

苏辙文学成就主要体现在九十六卷的《栾城集》四集中，还有《龙川略志》十卷、《龙川别志》二卷。目前，对苏辙作品进行系统整理的有曾枣庄、马德富校点的《栾城集》①、陈宏天、高秀芳校点的《苏辙集》②，这两个本子校勘严谨，是比较权威的研究读本。由曾枣庄、舒大刚主编的《三苏全书》③，是三苏文献及其研究资料的汇编，收录了苏洵、苏轼、苏辙的所有作品，此书存在很多疏漏，出版后受到一些学者的非议，但仍然不失为目前三苏研究当中比较全面的文本资料。关于苏辙作品的选本、普及本也很多，如曾枣庄、曾涛编的《三苏选集》④以及王拾遗、唐骥编著的《苏辙散文精品选》⑤等多种。

2. 苏辙文学思想研究

苏辙文学思想最主要的贡献是其"文者气之所形"说。早在20世纪80年代，曾枣庄《苏辙的文艺思想》⑥就对其进行了评述。近年来，对苏辙此说的研究形成了一个热点，引起了广泛的讨论。杨隽《从"养气"说看苏辙的文艺思想》⑦认为苏辙的"养气"说，其远源是孟轲，其近源则为韩愈。张振谦认为，苏辙首次以"奇气"论文，"其渊源并非出自孟子、韩愈，而是来自庄子'养气'说。苏辙'奇气'说在内涵指向上，主要包含追求疏宕平淡的文风、抒发不平之气和强调生活阅历对文学创作的重要性三个方面"⑧。周楚汉《"文者气之所形"——苏辙文章论》⑨认为苏辙的文气理论承前启后，在我国古代比较全面系统，具有较高的理论价值。魏崇武《"外游"与"内游"——宋元时期"文气"说略论》⑩认为"外游"说以北宋苏辙、马存为代表，偏于强调

---

① ［宋］苏辙著，曾枣庄、马德富校点：《栾城集》，上海：上海古籍出版社，1987年。
② ［宋］苏辙著，陈宏天、高秀芳校点：《苏辙集》，北京：中华书局，2004年。
③ 曾枣庄、舒大刚主编：《三苏全书》，北京：语文出版社，2001年。
④ 曾枣庄、曾涛选注：《三苏选集》，哈尔滨：黑龙江人民出版社，1993年。
⑤ 王拾遗、唐骥编著：《苏辙散文精品选》，西安：陕西人民出版社，1995年。
⑥ 曾枣庄：《苏辙的文艺思想》，《文艺理论研究》1986年第1期。
⑦ 杨隽：《从"养气"说看苏辙的文艺思想》，《四川师范学院学报（哲学社会科学版）》1989年第1期。
⑧ 张振谦：《苏辙"奇气"说的内涵及其影响》，《中南民族大学学报（人文社会科学版）》2010年第2期。
⑨ 周楚汉：《"文者气之所形"——苏辙文章论》，《中国文学研究》1998年第4期。
⑩ 魏崇武：《"外游"与"内游"——宋元时期"文气"说略论》，《社会科学研究》2009年第6期。

"江山之助"。对苏辙"文气说"的研究还有李春青《从人学价值到诗学价值——论苏辙"养气说"的深层含蕴》①、李凯《苏辙文论的价值及地位——兼论古代"文气"说》②、李凯《苏辙的文艺观》③等论文。此外，一些硕、博士论文对其也进行了深入的探究，如王彩梅《苏辙文艺思想研究》对苏辙的"文道观""文气说""人情说""作家论"等文艺思想进行了全面的探讨④。

3. 苏辙散文研究

苏辙在文学上的成就主要在散文，这也是他名列"八大家"之一的主要原因。20世纪80年代，曾枣庄先生《苏辙对北宋文学的贡献》⑤对苏辙散文、诗歌的成就及其地位作了评述。刘乃昌《苏洵、苏辙文学简评》也有简要的评论⑥。台湾学者高光惠《苏辙文学研究》⑦、李季《三苏散文研究》⑧、王素琴《苏辙古文研究》⑨等都对苏辙散文有全面深入的考察。近年来，学术界对苏辙散文的类型、内容、特色也进行了深入的研究。孙虹《论苏辙和他的散文》⑩较全面地介绍了北宋文学家苏辙的政治生涯和政治思想，以及他在北宋文化背景下形成的散文理论和取得的散文成就。陈德福《浅论苏辙散文的演变和特色》⑪依据苏辙生平经历，把苏辙散文分四个时期加以论述，并归结其散文特色。洪本健《苏洵苏辙散文创作比较论》⑫比较了苏洵、苏辙散文的不同之处。潘玉洁《苏辙旅游诗文研究》⑬在文本的基础上，借助宋代的笔记、诗歌、地方志等资料，结合时代背景和诗人的生平，深入研究了苏辙的游历情况。其他的研究成果还有唐骥《浩然之气，一以贯之——苏辙散文特色

---

① 李春青：《从人学价值到诗学价值——论苏辙"养气说"的深层含蕴》，《社会科学辑刊》1998年第3期。
② 李凯：《苏辙文论的价值及地位——兼论古代"文气"说》，《社会科学研究》1997年第1期。
③ 李凯：《苏辙的文艺观》，《内江师范学院学报》1995年第3期。
④ 王彩梅：《苏辙文艺思想研究》，河北大学2010年博士论文。
⑤ 曾枣庄：《苏辙对北宋文学的贡献》，《四川师院学报（社会科学版）》1984年第4期。
⑥ 刘乃昌：《苏洵、苏辙文学简评》，《齐鲁学刊》1985年第6期。
⑦ 高光惠：《苏辙文学研究》，台湾大学1989年硕士论文。
⑧ 李季：《三苏散文研究》，台湾文化大学1992年博士论文。
⑨ 王素琴：《苏辙古文研究》，台湾政治大学1995年硕士论文。
⑩ 孙虹：《论苏辙和他的散文》，《江南学院学报》1999年第1期。
⑪ 陈德福：《浅论苏辙散文的演变和特色》，《福建论坛（人文社会科学版）》2006年专刊。
⑫ 洪本健：《苏洵苏辙散文创作比较论》，《江海学刊》1996年第4期。
⑬ 潘玉洁：《苏辙旅游诗文研究》，上海师范大学2009年硕士论文。

略论》①、徐正英《苏辙史论散文的舒缓平和之美》②、金成礼《触处成春，修然超妙——苏辙记叙文浅析》③ 等论文。

4. 苏辙诗歌研究

《宋史》言："辙与兄进退出处，无不相同，患难之中，友爱弥笃，无少怨尤，近古罕见。"④ 苏轼、苏辙兄弟情义深厚，一生唱和时间极长，留下了许多脍炙人口的佳作，因此对其唱和诗进行研究尤为必要。卓瑞娟《二苏唱和诗研究》⑤ 以苏轼、苏辙兄弟之唱和诗研究为主，考察了二苏昆仲情感之笃厚，政治和人生思想之转变，作品艺术风格之异同。李艳杰《二苏唱和次韵诗研究》⑥ 对二苏之间彼此的唱和次韵诗进行文本、内容、创作方法及动机、艺术风格等方面的考察。徐宇春的博士论文《苏轼唱和诗研究》⑦ 也对苏辙、苏轼唱和诗进行了深入探讨，认为二苏的唱和诗不同于一般的社会酬唱，它主要表现的是兄弟间亲情的抒怀，他们的知识和身份使他们的文学价值得以体现。二苏唱诗具有以诗抒情、以诗代信的功能，在某种意义上类似于家庭书信。此外，莫砺锋《苏轼苏辙唱和诗浅析》⑧、黄莹《苏轼苏辙兄弟唱和诗研究》⑨、付定裕《夜雨对床：苏轼与苏辙的诗歌对话》⑩、魏建嘉《试论苏轼、苏辙唱和诗（一）》⑪、王连儒《苏轼与苏辙嘉祐年间赠答诗简论》⑫ 也对苏辙兄弟之唱和诗进行了研究。

苏辙诗歌内容丰富，深刻反映了北宋中晚期的经济、政治、文化的特点。因此，一些学者对苏辙不同内容的诗歌展开了研究，如在刘宾红的硕士论文《"三苏"咏史怀古诗研究》⑬ 中，就有对苏辙咏史怀古诗的

---

① 唐骥：《浩然之气，一以贯之——苏辙散文特色略论》，《求索》1997 年第 5 期。
② 徐正英：《苏辙史论散文的舒缓平和之美》，《殷都学刊》1988 年第 2 期。
③ 金成礼：《触处成春，修然超妙——苏辙记叙文浅析》，《成都大学学报（社会科学版）》1986 年第 1 期。
④ ［元］脱脱等：《宋史》卷三三九《苏辙传》，北京：中华书局，1985 年，第 10837 页。
⑤ 卓瑞娟：《二苏唱和诗研究》，兰州大学 2007 年硕士论文。
⑥ 李艳杰：《二苏唱和次韵诗研究》，郑州大学 2007 年硕士论文。
⑦ 徐宇春：《苏轼唱和诗研究》，陕西师范大学 2006 年博士论文。
⑧ 莫砺锋：《苏轼苏辙唱和诗浅析》，《中国典籍与文化论丛》第二辑，北京：中华书局，1995 年。
⑨ 黄莹：《苏轼苏辙兄弟唱和诗研究》，广西大学 2008 年硕士论文。
⑩ 付定裕：《夜雨对床：苏轼与苏辙的诗歌对话》，《文史杂志》2007 年第 3 期。
⑪ 魏建嘉：《试论苏轼、苏辙唱和诗（一）》，《昌吉学院学报》2005 年第 4 期。
⑫ 王连儒：《苏轼与苏辙嘉祐年间赠答诗简论》，《聊城师范学院学报（哲学社会科学版）》1990 年第 4 期。
⑬ 刘宾红：《"三苏"咏史怀古诗研究》，陕西师范大学 2008 年硕士论文。

研究，论文指出，苏辙这类诗歌是在中国文人崇古传统思想、忧患时代文化背景下出现的北宋特殊时期的产物，与他们的生活经历和社会交往有着很大的关系。而中唐时期的白居易，他的人生行为范式和诗歌创作对北宋文人影响颇大。张立荣的研究认为，苏辙的七律上溯欧阳修，是白体当中的正体①。林岩专门研究了苏辙晚年退居之后的诗歌创作，认为苏辙晚年退居之后，其诗歌创作表现出日常化的特征，并对南宋陆游等诗人的诗歌创作产生影响②。这类研究还有诸葛忆兵《论苏辙的奉使诗》③、朱刚《论苏辙晚年诗》④。黄俊燊《论苏辙的禅悦诗》⑤、薛爱华《论苏辙的赠和诗》⑥、唐骥《"少公峭拔千寻麓"——熙丰变法时期的苏辙诗》⑦、林伟星《苏辙绍圣以后诗歌的文本分析》⑧ 等。

5. 苏辙其他文学类型的研究

苏辙创作的辞赋篇章不多，因此相关的研究文章不多，曾枣庄先生认为，"苏辙现存赋仅 9 篇，远较苏轼为少，作《缸砚赋》时年仅 17 岁，比《赤壁赋》的写作时间早 25 年"⑨。刘培认为苏辙词赋思想与苏轼相似，十分重视词赋在文人思想的培养和表现上的价值⑩。曹栓姐对苏门文人的辞赋创作非常关注，其硕士论文《苏轼兄弟及"苏门四学士"辞赋研究》⑪ 对苏辙绍圣以后的诗歌也作了简略的文本分析，认为苏辙在以文为诗上有温雅高妙的趣味，涵融浑凝的诗境。

宋哲宗元符元年，苏辙谪居循州期间，著有笔记体小说《龙川略志》十卷、《龙川别志》二卷，对后世颇有影响。在文本的整理方面，俞宗宪点校《龙川别志　龙川略志》⑫、李郁校注《龙川别志　龙川略

---

① 张立荣：《苏辙的七律诗风与北宋元祐诗坛》，《江西社会科学》2016 年第 7 期。
② 林岩：《一个北宋退居士大夫的日常化写作——以苏辙晚年诗歌为中心》，《华东师范大学学报（哲学社会科学版）》2017 年第 6 期。
③ 诸葛忆兵：《论苏辙的奉使诗》，《江海学刊》2005 年第 3 期。
④ 朱刚：《论苏辙晚年诗》，《文学遗产》2005 年第 3 期。
⑤ 黄俊燊：《论苏辙的禅悦诗》，《漳州师范学院学报（哲学社会科学版）》2007 年第 1 期。
⑥ 薛爱华：《论苏辙的赠和诗》，《忻州师范学院学报》2007 年第 1 期。
⑦ 唐骥：《"少公峭拔千寻麓"——熙丰变法时期的苏辙诗》，《宁夏大学学报（哲学社会科学版）》1999 年第 3 期。
⑧ 林伟星：《苏辙绍圣以后诗歌的文本分析》，福建师范大学 2004 年硕士论文。
⑨ 曾枣庄：《苏赋十题》，《清华大学学报（哲学社会科学版）》2006 年第 6 期。
⑩ 刘培：《论苏辙的辞赋创作》，《成都理工大学学报（社会科学版）》2005 年第 2 期。
⑪ 曹栓姐：《苏轼兄弟及"苏门四学士"辞赋研究》，安徽师范大学 2006 年硕士论文。
⑫ ［宋］苏辙撰，俞宗宪点校：《龙川别志　龙川略志》，北京：中华书局，1982 年。

志》①、胡先酉译注《龙川略志译注》② 出版，为阅读和研究文本提供了方便；在具体内容研究方面，萧相恺《小说家的苏辙和他的小说》③ 一文，对苏辙的生平思想作了述评，指出其笔记小说《龙川别志》主要反映了苏辙的政治主张，其主张平和稳妥，有时趋于保守，而其政治主张的哲学基础则是儒家的以民为本和黄老的无为而治。

40 年来对苏辙文学的研究，多集中在文学理论、散文和诗歌的创作之中。在其文学理论的研究中，苏辙的"文气说"是关注的热点，而对苏辙其他文学理论的关注不够，如苏辙"文道观""经世观""创作观"的研究并不多见。在对苏辙的创作研究中，学术界对苏辙散文的研究集中在某一类型方面、或者将"三苏"文学作品放在一起对比研究，都取得了很大的成就。

总的看来，近年来的苏辙研究，取得了很大的成绩，但在"唐宋八大家"的研究中，苏辙仍然是一个薄弱点。而且在现有的成果中，还存在研究不平衡的问题，如学者对苏辙文学关注的热情很高，而对其政治、学术的研究则不够；对苏辙文学的研究也多集中在文学理论、散文的创作之中，而对苏辙的诗歌、小说、辞赋等文学体裁关注不够。苏辙是宋代士大夫的代表人物，在政治、学术、文学三个方面都有突出成就，因此，在宋代文化的大背景下，对苏辙的文化成就进行全面观照，这是今后苏辙研究的一个必然趋势。

二、研究价值及其意义

苏辙富有个性的诗文创作和其他卓有成效的文化活动，奠定了他在北宋政治史、学术史、文学史上的地位，同时，也决定我们对苏辙进行深入、系统、全面研究的必要性。在现今的研究中，与"唐宋八大家"中的其他几位相比，苏辙明显遭受到了冷落，尤其在政治、学术等文化活动等方面。毋庸讳言，这种对待苏辙的偏失态度，既不利于全面、准确地揭示、概括苏辙的全部文化成就，亦无益于公正、合理地把握、评价苏辙在宋代文化中的表现。正是基于这样一种思考，笔者认为，我们有必要关注多年来为学界所忽视、淡忘的苏辙的全部文化活动，进而深入推进苏辙的研究工作。虽然对苏辙的文化活动和成就进行整体研究的难度很大，但是，由于苏辙是"唐宋八大家"研究中的薄弱点，更由于

---

① [宋] 苏辙撰，李郁校注：《龙川别志 龙川略志》，西安：三秦出版社，2003 年。
② [宋] 苏辙撰，胡先酉译注：《龙川略志译注》，成都：西南交通大学出版社，2018 年。
③ 萧相恺：《小说家的苏辙和他的小说》，《学海》2002 年第 4 期。

这是一项有价值的工作，所以，我们就必须知难而进。正是基于这样一个动机，笔者试图对苏辙与宋代士大夫政治、苏辙与宋学、苏辙与宋型士人文学等方面的关系加以详细解读、研究，以期抛砖引玉，引起学界对苏辙文化意义的重新审视。

不论在"三苏"当中，还是在"唐宋八大家"中，学界对苏辙的研究都处于相对冷寂的状态，而这种对待苏辙不公正的态度与苏辙在宋型士人文化方面所取得的成就是不匹配的。实质上，在宋型文化的视野中研究苏辙，具有极为重要的价值：

首先，本论文是完善苏辙学术史的重要一环。我们知道，苏辙是"唐宋八大家"之一，其文名掩盖了其政治才能和学术成就，实际上，苏辙在北宋文学史、政治史和学术史上，都留下了重重的一笔。倘若我们只关注苏辙的文学创作，而将苏辙的学术、政治活动完全排除在研究视野之外，那么对苏辙的研究必然是非客观的，这样导致我们对苏辙的认识也不是清晰、完整的。所以，把苏辙统摄于"宋型文化"的视阈以作观照，对他作全方位的研究，从而最大可能地还原历史的真实，揭开苏辙的真实面纱，更由此而推演出与苏辙类似的其他北宋文人，如欧阳修、王安石、苏轼、黄庭坚等人对宋代文化发展做出的贡献，这本身就是一件非常有意义的工作。

其次，苏辙与宋代政治、文学、学术等文化方面的关系有系统研究的必要性。对苏辙这位大家来说，学界尚未出现过对其文化成就全面研究的成果。从现存的一些研究资料看，学者大都从文学的角度，或从学术的角度、或从政治的角度对苏辙进行研究，没有出版过一本从整体上全面观照苏辙与宋型文化诸方面的专著。这种研究状况对准确确立苏辙在北宋文化史的地位是极其不利的。在对苏辙的研究中，大部分的研究集中在苏辙的文学或学术方面，而忽略了他在北宋政治、党争中的重要活动，这是非常遗憾的。实际上，苏辙在宋代的政治史、文学史、学术史上都占有一定的地位。然而，现今的研究非常单调，甚至有些地方是一片空白，这样导致的一个不良后果是：苏辙被现今的有些人单纯地认为是一个文学家，甚至仅仅是一个古文作家。这样，苏辙在北宋文化史上的地位和作用究竟是什么？似乎没有得到全面而深入的观照。因此，有必要对苏辙与宋代文化的关系进行全面研究。

再次，"宋型文化视野中的苏辙研究"这个课题本身具有值得深入挖掘的价值。宋型文化是一种成熟的文化范型，在两宋时期得到发展成熟。北宋时期，宋型文化主要表现在士大夫政治文化、宋学和宋型文学三个方面。而苏辙,不仅体现在他作为"唐宋八大家"之一或"三苏"之一当中的文化意义,而具有更深层次的宋型文化主体的典型意义。苏辙的文学创作、学术活动、政治活动,典型地反映了北宋中后期的文化生态,有助于我们从文化类型的层面认识北宋文人的文化成就。苏辙的这些文化活动,不仅是北宋中后期士大夫文化的一个缩影,而且我们从中可以洞察北宋中后期文化发展的一些特点,譬如苏辙与宋学的研究,揭示出苏辙学术会通儒、释、道三家思想,在治学中疑古惑经,体现了北宋中后期的思想潮流。他的学术既讲义理,又讲实用,体现了宋代士大夫的学术精神。

最后,苏辙在北宋中后期的政治生活中扮演着重要的角色。由于宋代的崇文制度,文人地位较高,他们有较高的社会历史责任感,一般都有积极参与社会现实政治的理想。苏辙自嘉祐以后,逐渐登上政治舞台,又在元祐时期一展政治才能,官至尚书右丞,执掌朝政。苏辙的主要活动时期几与北宋新旧党争相始终,他的命运沉浮可以说是与党争息息相关。无论是新党执政,还是旧党当政,苏辙都在党争中不同程度地受到了打击。因此,苏辙在党争中的命运,同样是北宋新旧党人命运的一个缩影,从中可以了解北宋中后期文人在党争中的命运,也有助于我们了解党争政治对北宋文人创作的影响。

苏辙在嘉祐二年考中进士,他和其兄苏轼很快进入世人的视野,并对当时的文坛、学术产生了一定的影响。有明一代,苏辙的影响都很大,被茅坤名列"唐宋八大家"之中。然而,到了近现代,苏辙及其文学的接受却发生了奇异的变化:研究现状与其盛名不符。这主要是其父兄,尤其是他的兄长苏轼的光辉掩饰了他的盛名。在现今的研究中,人们往往将研究的焦点更多地关注于大文豪苏轼,而忽略了苏轼背后的这位兄弟。诚然,苏轼是那个时代的风标,他的人生价值取向对后世文人影响深远,因而得到了全面的关注。但是从整体上看,苏辙在宋型士人文化方面,也取得了非凡的成就。虽然他在文学上步趋苏轼,但在政治上一度青云直上,官至宰辅而超越苏轼,在学术方面苏辙也堪与苏轼比肩,他的《诗集传》《春秋集解》《老子解》《古史》等堪称杰作。由此可见,苏辙在政治、文学、学术方面都取得了很高的成就,是宋型士人文化中的典型文人。因此,从宋型文化视野中对苏辙进行整体关注,具有特殊的价值和意义。

第一章 从宋型文化到苏辙意义的再发现

第一节 宋型文化概念的提出

"文化"是什么？不同的人有不同的理解。在现实生活中，说某人有"文化"，意味着某人有修养素质，或其掌握的知识达到一定的层次。而本文所说的"文化"，是学术、文化领域内经常讨论的一个词，它具有高于现实生活中"文化"的涵义。尽管如此，这个"文化"的概念，古今中外，众说纷纭，没有一个统一的说法。譬如"文化"一词，在中国古代早期的文献里就有，汉代刘向《说苑·指武》有："圣人之治天下，先文德而后武力。凡武之兴，为不服也。文化不改，然后加诛。"显然，这里的"文化"的涵义比较单一，与今天我们所说意蕴丰富的"文化"，在意义上有很大的差别，它只是指一种用文德教化的手段。而在西方社会，现在所说的"文化"一词，最初来自拉丁文"Colere"，它最初是指耕种、培育、教养的意思。后来，随着西方社会文化的发展，在人们的认知观念中，有一个与物质生产紧密联系的人类精神方面的总和，这个"总和"，就是西方社会所谓的"文化"观念，而且这个观念一经形成，就是一个热门的争论不休的话题，有很多的西方学者，试图解释"文化"是什么？文化的准确定义及其内涵是什么？但都众说纷纭，莫衷一是。有英国学者说："对人类学家和历史学家来说，'文化'一词包含了所有非本能的行为，是有意识地创造和传递的行为的总和。因此，任何通过学习得来的行为都属于文化。"[1] 而英国著名文化学者弗雷德·英格利斯在其《文化》一书中认为："我们在梳理核心概念'文化'的历史时，不能简单地从探索其最早的用法开始，这可能会有帮助，也可能适得其反。"[2] 因此，他借助了一些哲学研究的方法，探讨了文化概念的起源，其中有：

---

[1] 〔英〕伊恩·克夫顿、〔英〕杰里米·布莱克著，于非译：《简明大历史》，长沙：湖南文艺出版社，2018年，第59页。

[2] 〔英〕弗雷德·英格利斯著，韩启群、张鲁宁、樊淑英译：《文化》，南京：南京大学出版社，2008年，第3页。

认为文化具有使人类行为明显且各有特色的有效力量是确定文化概念和意义的方法之一。个体完成某个动作，观众解读这个动作并归纳该动作的特点和性质，然后也再现这个动作：文化使这个过程成为可能。……换言之，文化教给我们如何区分，比如说，英国与意大利的礼节，阿根廷和日本的艺术，美国和印度尼西亚的管理方式以及中国和埃及的医学。①

文化区别是确定文化概念的手段之一。不同国家的民族群体，他们的文化也不尽相同，这是文化的复杂性之一。近代以来，受西方文化概念的影响，中国的一些文化名人，也阐述了自己对文化概念的理解。如梁启超说："文化者，人类心能所开释出来之有价值的共业也。"② 胡适也认为"文化（culture）是一种文明所形成的生活的方式"③。从梁启超、胡适的言语来看，他们对文化的认知，已经不同于刘向《说苑·指武》中"文德教化手段"之意。在现代中国人的观念里，"文化"一词意蕴深刻，内涵丰富，亦是诸家争鸣的问题之一，如梁漱溟、宗白华、费孝通、冯天瑜、葛兆光、王岳川等先生对文化的涵义都有自己独到的见解。其中王岳川先生说：

> 无论从物质方面还是精神方面，文化都不能等同于某个或某些具体文化产品，我们应该重视文化动态方面的意义，将其视为人类在世界上的独特存在方式，人类和其他动物的区别在于它是"文化"地生存于这个世界之上。人总是处身于某种文化的人，文化也总是处于某个人群中的文化。文化不是外在于人的某种物件，而是承载着人类生存理想的有机生命体，是具体与抽象、个人与群体、历史与现实的结合。④

任何群体和个人必然存在于一定的文化氛围之内，所以此说重视文化动态方面的意义，但也概括了文化的一些基本特征。由于文化概念的复杂性和多义性，在现今的研究中，文化的概念还有广义和狭义之分。郑师

---

① 〔英〕弗雷德·英格利斯著，韩启群、张鲁宁、樊淑英译：《文化》，南京：南京大学出版社，2008年，第7页。
② 梁启超：《什么是文化》，《梁启超全集》第七册，北京：北京出版社，1999年，第4060页。
③ 胡适：《我们对于西洋近代文明的态度》，《现代评论》1926年第4卷第38期。
④ 王岳川、胡淼森：《文化战略》，上海：复旦大学出版社，2010年，第8页。

渠先生说:"广义的文化就是人化,即人类所创造的一切东西构成了文化。具体讲,它包括三个层面:物质文化、制度文化、精神文化。其中,精神文化是文化结构中最深层的部分。狭义的文化就是指精神文化,即观念形态的文化,包括思想、观念、意识、情感、意志、价值、信仰、知识、能力等等人的主观世界的活动及其物化的形态或外烁的成果,如典籍、语言、文字、科技、文学、艺术、哲学、宗教、道德、风习,等等。"① 郑先生基于学术视角,对"文化"内涵与外延,进行了深刻解读。本次研究的核心内容之一,便是宋型文化,这主要是由宋代士人所创造,而宋士,常常同时兼有官吏、学者、文人身份,所以,他们的文化活动,与政治环境就有了极为紧密的关系。所以,本论文所提到的"文化"一词,其内涵并非局限于郑先生所界定的狭义文化,而是在狭义文化概念的基础上,进一步融入了政治文化。

要讨论"宋型文化",首先要对这一概念的产生及影响做一梳理。在中国历史上,唐宋时期是一个非常重要的时期,中国此期取得的许多重要科技、文化成就,为世人所瞩目,而且发生在这一时期的许多重要事件,也是今天人们津津乐道的话题。再加上唐宋两个朝代,相去不远,中间隔了一个很短的五代时期,仅仅50余年。因此在以往的学术研究中,尤其是中国文学史的教学研究中,很多学者是把唐宋文学作为一个整体,作为中国文学史的第三段而进行分期研究的。然而也有一些学者注意到,尽管唐宋是中国历史上的辉煌时期,但是中国古代社会的历史,也在此期间发生了巨大变化②,而这种改变,主要体现在文化层面。亦即是说,唐宋两代,在文化层面上,有着鲜明的特点,而唐宋文化,亦是我国历史长河上巍峨高耸的两座文化高峰。在这一时期,唐宋文化内涵存在着明显的变迁,20世纪以来,这种变迁无疑是学术界的研究热点之一。对有关"唐宋变革"文献资料进行梳理,日本汉学家内藤湖南的研究,在我国学术界颇受关注。1910年,这位汉学家在其所著的《概括的唐宋时代观》一文中言道:"唐和宋在文化的性质上有显著差异,唐

---

① 郑师渠总主编,吴怀祺分册主编:《中国文化通史·两宋卷》,北京:北京师范大学出版社,2009年,第4页。
② 关于中古时期的变革,除了以内藤湖南为代表的唐宋变革论,还有以王瑞来等人所持的宋元变革论。"唐宋变革论讲的并不是唐宋之际发生的变革,而是指中唐以后的时代变化,这是向上看,跟中唐以前相比较得出的认识。而宋元变革论讲的也并不是宋元之际发生的变革,而是指自南宋开始的时代变化,这是向下看,跟明清的联系上得出的认识。"(王瑞来:《近世中国:从唐宋变革到宋元变革》,太原:山西教育出版社,2015年,第1页。)

代是中世的结束，而宋代则是近世的开始，期间包含了唐末至五代一段过渡期。"① 内藤湖南从文化的角度出发，认为唐和宋之间有明显的不同，这样的划分，比朝代的划分更有必要。

另外，近几年国内学术界在唐宋社会的研究方面也有一些新的看法，譬如四川师范大学张邦炜教授认为，"唐宋变革论"的首倡者应该是南宋史学家郑樵，而非日本的内藤湖南。他认为南宋郑樵已提出自五代以来，中国社会科举不论门第，婚姻不问阀阅之说，此可谓唐宋社会变革论者②。其实，对于唐宋时期发生的一些变化，早在宋代，中国的士人在文学艺术领域内有一些局部、琐碎的认识，譬如滥觞于南宋时候的唐宋诗之争③，其本质也是士人对唐宋两朝诗歌不同特征的一些认识，而且这种认识一直延续，直到今天，我们还认为唐诗和宋诗是两种不同类型的诗歌。又如在书法领域，宋高宗赵构有言："本朝士人自国初至今，殊乏以字画名世。纵有，不过一二数，诚非有唐之比。"④ 尽管赵构此言是论唐宋书法水平的优劣，但隐含了把宋代书法作为一个整体和唐代书法比较的意味。而明代董其昌直接将晋唐宋书法概括为："晋人书取韵，唐人书取法，宋人书取意。"⑤ 董其昌认识到宋代书法有独特的美学形态，可以和晋唐书法并呈于世，在他的认知中，实际上也隐含了宋代书法是一种不同于晋唐书法的书法艺术。当然，这些局限于文化领域内的零散、片段式的认识，虽把宋代的某种文化艺术当作一个独立的美学对象，但还没有上升到对整个社会文化的认知层面。

而现今研究唐宋社会变革的学者，特别关注明代史学家陈邦瞻的一

---

① 刘俊文主编，黄约瑟译：《日本学者研究中国史论著选译》第一卷《通论》，北京：中华书局，1992年，第10页。关于"内藤命题"及"宋型文化"的提出，王水照主编：《宋代文学通论》（郑州：河南大学出版社，1997年。）、刘方：《宋型文化与宋代美学精神》（成都：巴蜀书社，2004年。）、李建军：《宋代〈春秋〉学与宋型文化》（四川大学2007年博士论文）等著作已有论述，基本形成了学术界的一些共识。本文的部分论述参考其论，特此注明。

② 张邦炜：《"唐宋变革论"的首倡者及其他》，《中国史研究》2010年第1期。

③ 南宋张戒《岁寒堂诗话》卷上有言："国朝诸人诗为一等，唐人诗为一等，六朝诗为一等，陶、阮、建安七子、两汉为一等，《风》《骚》为一等，学者须以次参究、盈科而后进，可也。黄鲁直自言学杜子美，子瞻自言学陶渊明，二人好恶自不同，鲁直学子美，但得其格律耳。"此首将宋诗作为一体与诸体并列，并把以苏黄为代表的宋诗与唐诗做了对比。张戒之后，严羽《沧浪诗话》宛然把江西诗派作为宋诗的代表，并与盛唐诗作对比，推崇盛唐诗，贬抑江西诗派。

④ ［宋］赵构：《翰墨志》，《历代书法论文选》下册，上海：上海书画出版社，1979年，第367页。

⑤ ［明］董其昌：《容台集》下册，杭州：西泠印社出版社，2012年，第598页。

段话，他说：

> 宇宙风气，其变之大者有三：鸿荒一变而为唐虞，以至于周，七国为极；再变而为汉，以至于唐，五季为极；宋其三变，而吾未睹其极也。变未极则治不得不相为因。今国家之制，民间之俗，官司之所行，儒者之所守，有一不与宋近者乎？①

陈邦瞻高屋建瓴，从宏观上总结了上古至他所处时代的天下大势，他所谓的宇宙风气，概指天下大势或社会变迁，认为从上古至他生活的明代，中国的社会发生了三次大的变迁，形成了四个明显的不同阶段：即鸿荒时期、唐虞至战国时期、汉唐以至五代时期、宋明时期（宋至陈邦瞻生活的时代）。陈邦瞻生活在离宋不远的明朝，他认识到了唐宋五代之际的变化和宋明两朝的相似特点，把唐和宋分属在两个不同的阶段，实难可贵，这也是当今学者研究唐宋社会变革重视陈氏论说的原因。事实上，在中国文化史上，宋代的确是一个特殊的朝代，宋学与汉学相对而言，而宋明理学也是并称于世的。

今人对唐宋文化的变化，无疑有了更为准确的认知，历史学家柳诒徵先生认为："故自唐室中晚已降，为吾国中世纪变化最大之时期。前此犹多古风，后则别成一种社会。"② 陈登原先生亦言："所谓近古者，盖指宋以迄明季（非明之亡）。"③

从以上三人的论述看，陈邦瞻、柳诒徵先生均认为唐宋时期我国社会发生了重大变化；而柳诒徵、陈登原两先生的论述，均隐含了宋代社会不同于以往社会的看法。钱穆先生也论：

> 单论我国古今社会的变迁，宋代无疑是最为关键的朝代，在此之前，当称华夏为古代，而宋后，当称为后代中国。先秦时期，属于典型的贵族社会，东汉之后，门阀士族开始崛起，魏晋隋唐，皆为典型的门第社会。而这些实际上也是一种变相的贵族社会。宋代之后，平民社会崛起，除了短暂的蒙元、满清入主中原，重新回到特权阶级之外，其它朝代统治层，寒门庶族基本上都能够跻身统治阶层，基本上没有门第、贵族门阀观念。所以，宋代的社会、经济、

---

① ［明］陈邦瞻编：《宋史纪事本末》叙，北京：中华书局，1977 年，第 1191 页。
② 柳诒徵：《中国文化史》，上海：上海古籍出版社，2001 年，第 549 页。
③ 陈登原：《中国文化史》，沈阳：辽宁教育出版社，1998 年，第 411 页。

政治等等，相较于前代，都有极为显著改变。①

钱穆先生从古代的政治经济和社会制度出发，重点着眼于古代社会的分层，认为"宋以下，始是纯粹的平民社会"，这是宋代不同于以往社会的地方。而一个时期的士人的社会文化生活，往往与其时代的政治、经济等密切相关，甚至受其影响很大。因此社会时代的不同，其文化亦有不同的差别。唐宋时期不同的社会政治、经济等因素，造就了不同的文化类型。现代学者冯天瑜先生认为：

> 如果将远古至秦汉时期的文化称之上古文化，秦汉至唐中叶时期的文化则为中古文化，从唐中叶至明中叶，中国文化开始了一轮变迁，可称之近古文化。唐中叶以降，汉唐时代的雄浑气象已不复现，雅文化层面走向精致内敛，俗文化层面则呈现市井式的热闹与繁华；此一时期最重要的文化动向，一是形成了禅宗等中国化的佛学；二是传统儒学融通佛学，衍生出体系庞大、影响深远的新儒学——理学。②

冯先生将中国古代文化分为三个历史分期，即"上古文化""中古文化""近古文化"，并对三个时期的文化特征作了总结，认为在中唐时期，中国文化发生了重大变迁，这一论述与陈寅恪先生的观点相同。

有关中唐时期社会的变化，诸家所论颇丰，此处无需赘述，但毫无疑问，他们都意识到在唐宋时期，中国社会发生了重要的变化。以这种变化为界，形成了两种有显著特征的历史文化，前者学术界称之为唐型文化，后者称之为宋型文化。

而宋型文化的概念，现在公认的看法是台湾学者傅乐成先生最早提出的③。

傅氏在其所著的《唐型文化与宋型文化》一文中，较为详细地论述了唐型文化的由来，并认为它滥觞于魏晋时期，其原因就是唐型文化融合了释、道思想与胡人习俗。其中，佛教与胡人习俗，都有别于我国传统文化。而宋代文化，则是基于我国传统儒家文化发展起来，属于典型

---

① 钱穆：《理学与艺术》，《宋史研究集》第七辑，台北：台湾书局，1974年，第2页。
② 冯天瑜、杨华、任放编著：《中国文化史》，北京：高等教育出版社，2005年，第245页。
③ 王水照言："据我们的见闻，台湾学者傅乐成教授可能是此说的首倡者。他在1972年发表的《唐型文化与宋型文化》一文，从'中国本位文化建立'的角度，论证了唐宋文化的'最大的不同'。"参见王水照主编：《宋代文学通论》，郑州：河南大学出版社，1997年，第2页。

的本位文化，其核心要素体现在民族意识、科举制度与儒家思想。这篇学术论文在最后，还将这两种文化进行了总结：

> 大体说来，唐代文化以接受外来文化为主，其文化精神及动态是复杂而进取的。唐朝后期的儒学复兴运动，只是始开风气，在当时并没有多大作用。到宋，各派思想主流如佛、道、儒诸家，已趋融合，渐成一统之局，遂有民族本位文化的理学的产生，其文化精神及动态亦转趋单纯与收敛。南宋时，道统的思想既立，民族本位文化益形强固，其排拒外来文化的成见，也日益加深。宋代对外交通，甚为发达，但其各项学术，都不脱中国本位文化的范围；对外来文化的吸收，几达停滞状态。这是中国本位文化建立后的最显著的现象，也是宋型文化与唐型文化最大的不同点。①

傅乐成先生的论述，有三个方面值得注意：一是他认识到唐宋时期存在两种明显差异的文化；二是他把唐型文化和宋型文化放在一起论述，因此他提出的"宋型文化"的概念，是相对于"唐型文化"而言的；三是他对这两种文化的理解，可归结为唐代文化的精神是"复杂、开放"的，而宋代文化精神是"单纯、内敛"的。傅乐成先生从中国本位文化发展的角度，把唐代文化和宋代文化的总体特征作了高度概括，并进而上升为类型（或范型）文化，提出了唐型文化和宋型文化之说，在学术界产生了深远的影响。当然，唐宋时期这两种文化的差异，在文人身上表现得最为明显，这个时期的文人，都有积极进取的精神，但唐人崇尚武功，"功名只向马上取"（岑参《送李副使赴碛西官军》），"宁为百夫长，胜作一书生"（杨炯《从军行》）的精神，这与宋代文人的崇文观念形成鲜明的对比。当然，造成这种文化风尚差异的原因，是宋代的科举制较唐代有了很大的完善，录取的名额增加了许多，录取的机会相对公平，即使是寒门子弟，也能通过科举得到仕进。

王水照先生在《宋代文学通论》中高度赞扬傅乐成先生的看法，而且进一步发挥此说，他认为，"安史之乱"是唐代由盛转衰的重要转折点，也是我国封建社会由盛转衰的重要转折点。从文化层面来看，唐代是整个封建文化的重要上升期，至宋，则是我国封建文化的成熟期。所以，在文化史研究领域，如果从文化类型层面进行划分，那么其意义与

---

① 傅乐成：《汉唐史论集》，台北：联经出版事业公司，1977年，第380页。

价值就更为显著。宋型文化已经发育成型,并达到成熟阶段,这在学术界已经得到公认①。王水照先生主要从事宋代文学研究,且饶有建树,因此他的观点在宋代文学研究领域引起了广泛的关注。

由上观之,诸家学者,对这两种文化的分期,大多是以"安史之乱"为分水岭,前后构筑成不同的发展分期。之所以如此,就是在"安史之乱"之后,我国社会产生了极大的变化。"安史之乱"爆发之前,唐朝刚刚开创了开元盛世,整个王朝的国力空前强盛,疆域极其广阔,版图最大时,东至朝鲜半岛,西接中亚咸海,北至西伯利亚,南接越南顺化。幅员如此辽阔之下,少数民族众多,唐朝有着一种海纳百川的气度与胸襟,使得各方来朝,诸多民族以依附唐朝为荣。而唐朝更以开放的心胸,包容不同民族所创造的文化,在此背景下,广大的汉民族与少数民族共同交往与融合,使得唐朝在政治、经济、文化等诸多方面,都取得了巨大的成就。除了玄宗时期的开元盛世,还有高宗时期的永徽之治、太宗时期的贞观之治。然而,"安史之乱"后,盛唐迅速转入衰败,过去的荣耀也一去不返,杜甫就曾经饱含赞美之情,歌颂一代盛世,写道"忆昔开元全盛日"。而衰败的唐王朝,虽然经历了元和中兴,可是再也回不到过去的盛世,在衰亡过程中,以韩愈为代表的儒家士人,以复兴之名,大力推行"儒学复兴运动",而这也是我国汉民族本位文化重振的一个标志。

甚至对最高统治者而言,唐代的李氏皇室有胡人血统,皇帝也是境内众多民族的统治者,因而其统治也并非纯汉族政权。朝廷为官者,也有很多胡人,安禄山、哥舒翰等等,就是典型的胡人将领。而宋朝则是纯正之极的汉族政权,疆域领土萎缩严重,而且国家时刻面临着诸多少数民族政权的威胁,比如契丹、党项、女真等等,国人饱经忧患。实际上,中唐之后,唐人思想观念也开始有了显著改变,盛唐时期的进取精神开始消磨殆尽,白乐天亦官亦隐的思想,开始对士大夫产生影响。而此时的版图,也开始显著缩小,中唐之后的儒士,开始坚守本民族的文化,在相对狭小的疆域内趋于固守,在思想上少了许多唐时的热情与浓烈,多了一份冷静与沉潜。这就是说自"安史之乱"起,由非纯汉族掌权的李唐王朝逐渐衰亡,其文化也逐渐衰落,在这发生渐进的过程中,华夏大地上也萌芽出宋型文化的种子,并在赵宋时期得到发展、成熟。

当然,对于唐宋时期发生的这种变化的性质和程度,以及是否有文

---

① 王水照主编:《宋代文学通论》,郑州:河南大学出版社,1997年,第2页。

化范型的产生，也有一些不同意见①，但这并不妨碍"宋型文化"这一命题的提法得到不少学者的赞同，并在唐宋文化研究中逐渐得到应用。但是宋型文化作为一种文化范型，学者对其理解却是众说纷纭，仁者见仁，智者见智。这不难理解，作为一种范型文化概念的产生，其本身是抽象多义的，是建立在对研究对象之上的一种理想框架结构。从文艺心理学来讲，范型概念本身也是抽象多义的②。因此，在学术界，对宋型文化的理解也有不同的看法。从宋型文化概念的产生来看，傅乐成先生是把唐型文化、宋型文化放在一起，是作为一种区别的文化类型来论述的。刘方先生这几年一直关注宋型文化与宋代美学的关系，对宋型文化也进行了深入的研究，他认为在唐代，我国传统文化就已经进入到儒、释、道融合阶段，宋型文化则成功地进行了融合，并使之达到成熟，进而形成民族本位文化理学思想。该学者还指出，宋型文化的关键特征之一，就是文化传承与创造的主体，由广大士大夫群体所构成的社会结构，有了本质上的改变。那就是构成士大夫群体的不再是名门望族子弟，而是广大寒门学子，他们通过科举，走向仕宦之途，并最终成为宋廷核心权力的关键主体，这些士大夫，通常身兼政治家、文学家、学者等诸多身份③。

　　循着刘方的思路思考：从物质层面讲，宋代虽然疆域较唐朝大大缩小，但是人口却超过唐朝，在崇宁元年（1102）已经突破1亿④，劳动

---

① 譬如胡如雷先生认为发生在唐宋时期的社会变革不应夸大，他说："我们是历史发展的阶段论者，因而主张根据唐宋之际的社会变革把中国封建主义时代划分为前后两个不同的历史时期。但无论前期或后期，都还是封建社会，因此不应过分夸大这种变革，两个时期间不存在绝对不可逾越的鸿沟。"（胡如雷：《隋唐五代社会经济史论稿》，北京：中国社会科学出版社，1996年，第340页。）

② "范型"是指接受者内心对艺术作品以及通过欣赏所获得的特定感受的一种理想化衡量的框架。通常，接受者很少会感到内心的范型和审美对象完全吻合了，换句话说，范型总要略微高于实际的对象及其特定感受。范型作为一种框架，其抽象程度远在一般的审美理想之上。正因为比较抽象也比较虚，因而可以在很多场合无意识地进行评价、对比和权衡。大到整个作品，小至某个细部（如人物的外貌），都可能是范型的印证对象。与此同时，尽管范型比较抽象，比较虚，但是它又不像审美理想那样具有充分的理性色彩。在很多情况下，范型的存在和作用很少是接受者自身意识到的，或者是自始至终意识到的。对于不少接受者来说，范型效应只是一种朦胧的意识而已，很难诉诸明确的言语。范型具体到每个接受者并不是一成不变的，不过它的变异潜隐而又漫长，是和接受者的整个心理素质的变化与发展联系在一起的。范型效应一方面是审美活动在内心深度层次上的悄然延伸，另一方面也影响着未来的艺术及其活动的发展方向。（鲁枢元、童庆炳、程克夷等主编：《文艺心理学大辞典》，武汉：湖北人民出版社，2001年，第481页。）

③ 刘方：《宋型文化与宋代美学精神》，成都：巴蜀书社，2004年，第5页。

④ 李宝柱：《宋代人口统计问题研究》，《北京大学学报（哲学社会科学版）》1982年第4期。

力的数量较唐代大大增加了。由于均田制已被破坏,封建的土地私有制得到了很好的发展,土地制度的变化,使众多的人口获得了相对的人身自由,可以从事各种生产活动,也促使了城市经济的发展。同时,魏晋以来的门阀制度在宋朝已经得到彻底的破坏,新兴士族阶层的兴起,通过科举和其他方式进入官僚队伍,主导了新的士大夫文化,城市经济的发展,也产生了新兴的市民文化,这些文化已经不同于唐代的贵族文化,而是庶族的平民文化;从制度上讲,宋朝的崇文政策激发了士人读书的激情。据张希清先生考证:两宋通过科举共取士 115427 人,平均每年 361 人。若除武举、宗室应举之外,尚有 110411 人,平均每年 345 人,若再除特奏名之外,正奏名者仍有 60059 人,平均每年 188 人。……有唐 290 年间,共开科开科取士 268 榜,其中进士 6646 人,明经诸科 1596 人,进士及第者平均每榜 25 人,每年 23 人①。这就表明,北宋取士的数量远远超过了唐朝,数量的增多,意味着考中进士的机率大大提高了,这也刺激了士人积极参与现实政治的信心。宽松的政治环境和成熟的科举制度为士人登上政治舞台提供了条件和机遇。同时,皇帝、宰辅系统、台监机构三者构成了宋代特殊的上层统治系统,虽然它不同于今天西方国家的"三权分立"制度,但在宋朝的政治生态中,宰辅系统、台监机构确实分享了一部分皇权。程颐曾云:"臣以为,天下重任,唯宰相与经筵;天下治乱系宰相,君德成就责经筵。"② 宰相与经筵帝师,皆出自士大夫,程颐的言语,其实体现了士大夫在政治生活中的重要作用。而且这三者之间有时候互相牵制,宋人罗大经在《鹤林玉露》记载:"朝廷每立一事,则是非蜂起,哗然不安。"③ 譬如英宗时期著名的"濮议之争",就是英宗为尊生父濮王礼,引起了宰辅大臣韩琦等人与台谏大臣吕诲等人之间的争议。又如元祐五年,宰相大臣吕大防欲启用新党平息,当时垂帘听政的高太后一时未决,而时任御史中丞的苏辙上书强烈反对,言:"亲君子,远小人,则主尊国安;疏君子,任小人,则主忧国殆。此理之必然。"④ 最终吕大防的"调停"计划破产。这说明宋廷要立一件事,往往会引起群臣间的争论,这一方面说明宋代士大夫意气用事,另一方面也说明他们能自由上书言事,发表不同的政见,这不能不说是一

---

① 张希清:《论宋代科举取士之多与冗官问题》,《北京大学学报(哲学社会科学版)》1987 年第 5 期。
② [宋]李焘撰,上海师范大学古籍整理研究所、华东师范大学古籍研究所点校:《续资治通鉴长编》卷三七三,北京:中华书局,1995 年,第 9031 页。
③ [宋]叶适著:《习学记言序目》,北京:中华书局,1977 年,第 709 页。
④ [元]脱脱等:《宋史》卷三三九《苏辙传》,北京:中华书局,1985 年,第 10829 页。

个历史的进步。而宰辅系统和台监机构的官僚乃是士大夫群体，他们在宋廷的政治生活中扮演着重要的角色。由此，中国历史上"皇帝—士大夫"的政治体系在宋朝正式确立，正如宋人蔡襄所言："今世用人，大率以文辞进。大臣，文士也；近侍之臣，文士也；钱谷之司，文士也；边防大帅，文士也；天下转运使，文士也；知州郡，文士也。"① 以士大夫为代表的文官占据了宋朝的统治系统，宋朝的政治也成为所谓的"士大夫政治"。从宋代士大夫群体的思想精神方面讲，他们明显趋于冷静，善于理性地思考，不论是宋学探索"天人之际"的关系，还是宋诗"以议论为诗""以才学为诗"的特点，都是宋代士大夫沉潜于理性的体现。

李建军的博士论文《宋代〈春秋〉学与宋型文化》，沿用了傅乐成的对比研究方法，认为唐型文化是一种极为典型的外向型文化，极具进取性与豪迈性，属于典型的贵族文化，是一种明朗开阔的暖色调文化；而宋型文化则极为内敛细腻，极具单纯性和保守性，是雅俗和谐的平民文化，洋溢着幽深舒雅的冷色调文化②。事实上，一个时代的文化，往往受其时代的思想影响很深。在唐代的时候，儒学的发展受到佛教、道教的排斥，不能独树一帜，因而唐代是儒、释、道三教并举的时代，在中唐时期，韩愈、李翱等人兴起的"儒学复兴"运动，虽然没有取得彻底的胜利，但成为宋学的渊源之一，吹响了儒家思想再次振兴的号角，这是民族本土文化再次复兴的标志。到了宋代，又兴起了重振儒学的运动，出现了一大批儒学复兴的健将，如宋初的"理学三先生"的胡瑗、石介、孙复等人，为振兴儒家文化而做出了不懈努力。但宋代时期的社会思想已大大不同于唐代，儒释道三教思想渐趋融合，诞生了著名的宋代理学，理学是深究"人性与天道"的关系，范围涉及道德、教育学术、宗教等问题。理学也是一种中国本位文化，其文化思想精致收敛，对宋代的思想、学术、文学、艺术影响深远，这种影响一直波及元明时代。然而在宋代，理学并非宋学的全部，荆公新学、苏氏蜀学、二程洛学等学派同为宋学的组成部分。宋学可以追溯韩愈、李翱等人的影响，正式形成于宋代，一直绵延于元明清三代，其发展痕迹与宋型文化的历史脉络大体相同。从傅乐成先生最初对宋型文化的意义指向看，中国本位文化是否在社会文化中占主流的地位，是唐宋两种文化范型最重要的区别，而宋学以儒为主，虽然借鉴了佛、道思想，但却是中国本位文化

---

① ［宋］蔡襄撰：《蔡忠惠公文集》卷一八《任材》，北京：线装书局，2004 年，第 88 页。
② 李建军：《宋代〈春秋〉学与宋型文化》，四川大学 2007 年博士论文，第 23 页。

的产物，而且宋学的思想、方法影响了整个宋代的社会文化生活，因而在宋型文化中处于非常重要的地位。

傅乐成之后，有关宋型文化的研究层出不穷，而且从未来角度来看，有关宋型文化的研究必然还将继续发展，其中一些学者的研究，正在积极地促使宋型文化概念得到明确。然而，由于宋型文化这一概念是建立在"范型"的基础之上，因此对"宋型文化"概念的具体阐释，也就不尽相同，如刘方先生所言："对'宋型文化'的研究，困难之处不在于一般地确定其作为成熟型的特质，而在于揭示其区别于'唐型文化'的具体特点。"① 刘先生认为在阐释宋型文化的具体特点是有困难的，其实宋型文化的概念本身就是抽象复杂的，不同的学者有不同的理解。所以，针对宋型文化概念的准确表述，以及此概念的内涵，都有相应的探究空间，然而在具体探究时，不能脱离已经达成的共识，即宋型文化是相对于唐型文化而言的，唐型文化是一种开放、粗放、包容的文化类型，而宋型文化是是一种内敛的、精细、纯正的成熟文化，在宋代得到最明显的体现。宋型文化与宋代文化既有紧密的关系，又有区别。宋型文化概念的内涵和外延远远大于宋代文化，宋型文化是从文化范性的角度出发，而宋代文化是基于历史时间的文化概念。从历史时间看，宋型文化肇自中唐，而宋代文化仅仅局限于有宋一代；从内容看，宋代文化是宋型文化的具体内容，而宋型文化是对宋代文化的高度概括，在内容上涉及了宋代文化的各个方面，其内涵精神远远丰富于宋代文化。因此，从宋型文化"范型"的角度出发，可以在宏观的历史发展视野中认识宋代文化。然而宋型文化这一文化"范型"概念，具有很大的宽泛性和模糊性，没有一个明确的意义指向，这对研究宋型文化的主体与其本身的关系，带来了很大困难。同时我们在研究过程中发现，在唐宋这一历史转型时期，士人群体在这一社会历史进程当中扮演了重要的角色，成为宋型文化发展演变的主导力量，唐宋转型时期士人社会身份的变化，往往与宋型文化的发展一致，而且由士人群体主导的士人文化是宋型文化的重要表现，在具体的研究中有明确的概念指向，因而有很强的操作实践性。

尽管如此，宋型文化还有继续探讨的必要，譬如宋型文化作为一种文化范型，究竟有没有时代的限制，是局限于有宋一代，还是与元明清时期的文化也有一定的关系？如果实际考察，我们发现宋型文化作为一

---

① 刘方：《宋型文化：概念、分期与类型特征》，《湖州师范学院学报》2005年第3期。

种内敛、精细的文化范型，似乎在明清时期也有此种文化的影子，尤其是在宋代发展成熟的科举制和儒学，这是中国本位文化当中的关键要素，在明清时代虽具有强足的生命力，然文化中的某些内敛因素却愈演愈烈，如科举制中的八股文、清代中期的考据之学、对外来文化的态度，甚至妇女之缠足现象，都可视为内敛性文化的一个缩影。唐君毅曾说："中国民族之精神，由魏晋而超越纯化，由隋唐而才情汗漫，精神充沛。至宋明则由汗漫之才情，归于收敛。"① 从这里看，唐先生也是把宋明时期的民族精神文化统一为内敛。事实上，宋明理学也是并称于世的，可见宋明文化确也有相同的地方。另外，就内藤湖南所持的唐宋变革论而言，"唐代是中世的结束，而宋代则是近世的开始"②，也就是说，宋元明清都属于"近世"社会的范畴。20世纪70年代，傅乐成在《唐型文化与宋型文化》一文中也认为，从宋代开始建立的中国本位文化，虽然经过蒙元时期，但蒙古本身的文化对汉人毫无影响，到明室建立，汉官威仪随即恢复，至清入主中原，大开科举，但囿于科举自身的局限，已经无法抵御外来文化的侵入，中国本位文化已是衰弱不堪③。傅乐成先生是宋型文化的倡导者，在他的论说中，在宋代发展成熟的中国本位文化，如科举制、儒家思想、民族意识等，在宋型文化中占据着核心地位，然而在明清时期，这些文化大致处于一个不断衰退的过程，但在明清士人的生活中，仍然占据着重要的地位。

从文化的保守、内敛、精细方面讲，宋、元、明、清各代的文化确实有一脉相承之处，但在政治文化方面却大不相同，宋代的政治文化有近代民主政治的色彩，如"与士大夫共天下"的理念与实践，但是在元、明、清时代，皇权专制制度愈演愈烈，与宋代的士大夫政治背道而驰，走的是下坡路。因此，宋代与元、明、清时期的政治文化是一对矛盾，难以在宋型文化的范围内解释清楚。这就要进一步考察，宋型文化作为一种范型文化，与明、清时代的文化有怎样的关系？其次，宋朝在文化以及政治制度方面很先进，但是在军事方面表现软弱，因此被文化上落后的蒙古族政权消灭。通常，政治制度越先进、文化水平越高，那么国家就会表现越强大。然而，宋朝之后国力却越来越弱，在随后的千

---

① 唐君毅：《中国文化之精神价值》，台北：正中书局，1994年，第70页。
② 〔日〕内藤湖南：《概括的唐宋时代观》，刘俊文主编，黄约瑟译：《日本学者研究中国史论著选译》第一卷《通论》，北京：中华书局，1992年，第10页。
③ 傅乐成：《唐型文化与宋型文化》，《唐代研究论集》（第一辑），台北：新文丰出版公司，1992年，第270~280页。

年时间里，对外关系始终处于下风（蒙元应作别论）。其中一个因素当属科举制，在宋代，采用崇文抑武政策，这使得两宋文化经济取得巨大发展，而军事能力却始终落于下风。到了明、清时期，士人们热衷于科举制，对应试的主要内容"八股文"精研不疲，而对能够增强国力的科学技术却持冷淡的态度，甚至讥讽其为奇技淫巧，这导致能增强国力的相关科技备受冷落，尤其是在中国的民族本位文化中，盛行于宋、元、明、清时期的儒家思想似乎对内特别有效，而对外却表现为保守或退让，尤其当外族入侵之时，经常无补于国事，唯求和一条路而已。到了清朝中叶，这种现象就日益凸显，让人深思。

表 1-1 唐型文化和宋型文化的比较

名称	唐型文化	宋型文化
社会类型	贵族社会	庶民社会
思想学术	儒学以训诂为主	宋学阐发义理
开放程度	开放、粗放、包容的外向型文化	精细、纯正的内敛型文化
科举制	正在发展	发展成熟
文化层次	贵族文化流行	都市文化兴起
妇女	妇女思想活跃，穿着开放，可以再嫁	受儒学影响，重视妇女贞操问题，缠足出现
文化类型	多民族融合的文化	典型的中国本位文化
代表性文化	以盛唐诗歌为代表的唐诗 书法（颜真卿书法） 唐代的文人画 唐代的儒学 唐代的绫罗等	以江西诗派为代表的宋诗 宋词（婉约词、豪放词） 书法（瘦金体） 书画（院体书画、山水画） 程朱理学 宋代瓷器、宋代绸缎等

第二节 苏辙与宋型士人文化

一、宋型士人文化概念的阐释

"士"是中国古代对特定人群的一种称谓，类似于今天的知识分子[①]，但是由于时代的不同，其所指代的意义也不同。在先秦时期，"士"处于贵族阶层的最下面，仅仅从政治层面，高出平民一层，不过

---

① 余英时：《士与中国文化》引言，上海：上海人民出版社，1987年，第1页。

士人皆有一技傍身，常常可以分成文士与武士，是社会力量的重要构成。这一时期，各个诸侯国相互攻伐，为了提升本国的竞争力，诸侯国统治阶层就会通过各种优惠政策，招揽天下能"士"，"夫争天下者，必先争人"（《管子·霸言》），士人也由此拥有了发挥自身价值的空间。随后，各种士人竞相奔走于不同诸侯国，以兜售自身的学术与政治主张，譬如儒家二圣孔孟、道家之祖老子等，以主张执政理念、兜售学术为本，苏秦、张仪等文士，则以口舌之利，游走各个诸侯，以售合纵连横之策。当然也有很多武士，如聂政、荆轲等人，则以"一诺千金"的信义、"千里不留行"的武功，行侠仗义，彰名于后世。此时政治环境相对特殊，士人受到各个诸侯国统治阶层的高度重视，除了君主任用士人管理社稷之外，一些贵族子弟，在身居要职之际，大量供养士子，为自己出谋划策。在这些贵族中，号称"战国四公子"的赵国平原君、齐国孟尝君、楚国春申君、魏国信陵君，都豢养大量门客，孟尝君更是以食客三千而出名。而这些食客常常各具其能，在政治领域作用颇大，因此统治者常常会礼贤下士，将他们视作一股重要的政治力量为己所用，从而显著提升自身的政治、军事力量。秦始皇统一中国之后，皇权政治正式登上历史舞台，士人的人身自由开始受到一定的约束，他们与政治的关联度变得更为紧密，只有通过出仕，才能展现他们的才能。至汉，特别是武帝刘彻提倡独尊儒术之后，越来越多的士人开始重视儒学的学习，此时，那些儒家学人，就是所谓的"儒士"。魏晋时期，门阀制度开始成为主流，此时，"士"与"庶"形成上下两个不同的阶层，而且"士族"大多来自名门望族子弟，且具有世袭制度夹持，寒门子弟难以晋升"士"层。隋唐时期，科举制度开始出现并得到发展，士人与仕进的关系开始变得紧密。至宋，科举制度发展到成熟阶段，开始面向天下广大读书人选录，士人日益平民化。唐宋期间，魏晋年间形成的门阀制度开始没落，"士"不再是某一特定阶层的专属称谓，而是指代天下学子，所以本次研究所提及的宋士，就是所谓的天下学子。

士人有着一定的特性，易中天对其总结道："就是有风骨、有气节、有担当、有肝胆，再加'爱羽毛'。"[①] 从本质上来说，士人应该有自己的人格尊严，有独立的政治思考和价值取向，甚至要与权力中心保持距离，但在古代的中国，士人的生存环境限制了他们，使他们成为社会中

[①] 易中天：《斯文：帮忙、帮闲、帮腔、帮凶及其他》，桂林：广西师范大学出版社，2013年，第34页。

的一个特殊的群体。先秦之时，士人崇尚精神、人身的自由，可以自由立言、立行，然而，秦汉之时，专制皇权得到确立和发展，士人言行开始受到政权的制约，譬如始皇帝就为了控制士人的言行，发起了"焚书坑儒"运动，汉武帝也认为儒学有助于统治，开始推行"罢黜百家，独尊儒术"之策，这使得"士"的生存环境遭受破坏，广大士人开始与国家政权密切相连。秦汉之后，士人与皇权政治的关联变得更为密切，至唐宋时代，这种现象更是达到顶峰。唐代诗人杜甫就是一个典型的代表，他"一饭未尝忘君"（苏轼《王定国诗集叙》评杜甫语），时刻想着"致君尧舜上"（杜甫《奉赠韦左丞丈二十二韵》），即使是那些崇尚山水之间的隐士，如孟浩然，约在四十岁时，还想通过捷径迈入仕途。有宋一代，士人与政治的关联度更为紧密，在此之时，不仅统治层大力推行崇文之策，同时还极力推动科举制度发展，这使得天下士子参政议政的热情空前高涨，范文正公的"先忧后乐"精神，对无数宋士产生了极大的影响，他们满怀理想，心系天下，积极入世，实现自身的政治理想。

士人仕进之后，即为官僚系统成员，也就是所谓的士大夫。这意味着，士大夫的身份地位，要比士人高出一层，他们已经是皇权政治的重要构成。然而，如今有关士大夫的概念，学术界还有着颇大的争议。吴晗认为，封建社会的官僚、绅士、知识分子以及士大夫，他们在本质上都是一致的，只是在某些场合，这些人常常有多种身份。通常，我们在研究士大夫时，常常将其与现代的知识分子进行联系，这意味着他们之间有着颇为紧密的关系，绅士，体现了士大夫的社会身份，当士大夫在皇权政治系统中，取得官位时，也就成了所谓的官僚[1]。吴晗先生所说士大夫的概念比较广泛，因此把官僚、士大夫、绅士、知识分子认同是一回事。余英时先生在《士与中国文化》说："所谓'知识分子'，除了献身于专业工作以外，同时还必须深切地关怀着国家、社会以至世界上一切有关公共利害之事，而且这种关怀又必须是超越于个人（包括个人所属的小团体）的私利之上的。"[2] 余先生指出了士大夫（传统知识分子）除了具备自身的专业技能之外，还有"关怀国家、社会、现实的精神"，这种精神也就是士大夫积极的淑世精神。葛荃先生认为，士大夫的

---

[1] 吴晗、费孝通等：《皇权与绅权》，天津：天津人民出版社，1988年，第66页。
[2] 余英时：《士与中国文化》引言，上海：上海人民出版社，1987年，第2页。

"基本要点是作为知识载体的士人与官僚的合二为一"①，这就意味着，士人如果同时还拥有官僚身份，才能上升为士大夫，这样士人就拥有了更高的政治地位。宋代大力推行崇文抑武之策，士大夫有着高度的热情，积极地服务于宋朝统治者，而皇帝也自觉践行"与士大夫共天下"的治国方略，所以柳诒徵对宋代政治概括为"士大夫政治"②。

与士人紧密相关的是文人，我们常说文人士大夫，似乎这两者是一回事。虽说这两者在意义上有很大的重合之处，但还是有一定的区别。平常论及士人，多谈及士人的风骨，以及他们敢于担当社会责任的勇气，如春秋战国时期的士人，大多为了某种社会责任或个人道德信仰奔走于各国之间，或游说于各诸侯国，为君主出谋划策，或著书立作、授徒传艺。不管是何种情况，士人都带有明显的"社会责任性"的特点；而言及文人，则多从文艺修养的角度出发，谈论他们的思想、情怀、才华、艺术修养等。唐宋时期的一些著名文人，如李白、杜甫、白居易、欧阳修、苏轼等人，都以文学才能名扬天下，这说明，平素讲到文人，多侧重于他们在艺术方面的技能。历史上也有一些文人，艺术才情并茂，然而言及他们，却很难将他们视作士人，譬如唐伯虎、郑板桥等人。因为这些文人囿于自身的生活圈，基本没有关心现实之心。而宋代文人大多注重名节道德，而且有着强烈的匡扶社稷之心，所以，这一时期的文人与士人，从本质上而言基本一致，当他们仕进之后，就是典型的文人士大夫。

在宋代，士人通过科举考试，成功迈入仕宦之途，进而成为名副其实的士大夫。唐代之前，官吏阶层基本上是由贵族牢牢把持，只有极少的寒门士子能够进入。春秋时期的官吏基本为贵族成员。战国时期，官僚制度开始出现，部分才能之士或以口才，或以霸术，或以军事才华成为士大夫，如苏秦、吴起等。此后，到了秦汉时期，士人在政治舞台上的作用开始不断提升，而在魏晋时期，门阀制度成为政治主流，那些名门望族在政治生活中占据主流，而普通士人则很难进入官吏阶层。唐宋之时，科举制度得到极大发展，尤其是宋时，活字印刷术使图书得以大范围传播，与此同时，终宋一代，统治阶层都始终贯彻崇文抑武之策，清流文人深受朝野钦重，大量文人进入官僚队伍，这使得士大夫阶层得到迅速发展。李华瑞先生表示，这一时期的士大夫存在着两种鲜明特征：

---

① 葛荃：《权力宰制理性：士人、传统政治文化与中国社会》，天津：南开大学出版社，2003年，第13页。
② 柳诒徵：《中国文化史》，上海：上海古籍出版社，2001年，第580页。

第一，中唐之后，南方经济取得逐渐发展，到了北宋中期，南方经济更是全面超越北方。此时，南方新兴的地主阶层势力开始不断扩大。第二，中唐之后，一些儒士，开始擎起复兴儒学大旗，至北宋中叶开始形成巨大影响，形成荆公新学、苏门蜀学、二程洛学以及张载理学等。这些学派，都不同程度地以儒学为核心，对儒、释、道进行融合，创新研究儒家经典，大张内圣外王大旗，重筑社会秩序，而这也是士大夫的共同理想①。宋士在此过程中，他们智才极高，文学、学术、吏事极为精熟，还有部分士大夫，还有极高的艺术造诣，如音乐、绘画等，这些使得宋代文化成为我国封建文化顶峰的重要驱动力，同时也使得宋代士大夫文化极具独特性。

两宋三百余年，文化在此期获得了极好的发展，而且盛极一时，形成了独特的宋代文化。王国维、陈寅恪、邓广铭三位先生是 20 世纪中国文化领域内的卓越学者，他们都极力称颂宋朝在文化科技方面的成就，已为学术界熟知②。中国文化之所以在赵宋时代大放光彩，不仅是前代文化不断积累演进的结果，也是宋代特殊的文化制度所孕育。"两宋文化对世界文化的意义，除了人文方面，还要特别提出的是科技文化。中国人民四大发明中有三项，即火药、指南针、活字印刷术是宋代人民的创造。宋代科学技术，在当时世界上占据领先的地位。这些科技发明传播，对世界历史的进步产生了积极的作用。两宋文化的丰富多样性、变古特征，以及忧患意识、理性精神、人文精神，在中国文化史上留下了光辉的一页。宋代文化对世界发生过不同程度的影响，有些是巨大的影响。"③ 一些外国汉学家也对宋代文化极力赞扬，譬如日本著名汉学家宫崎市定说：

---

① 李华瑞：《北宋士大夫与王安石变法的兴起》，《史学集刊》2006 年第 1 期。
② 王国维在《宋代之金石学》一文中，极力称颂宋朝在哲学、科学、史学、绘画、诗歌、考证方面的显著成就，认为"故天水一朝，人智之活动与文化之多方面，前之汉唐，后之元明，皆所不逮也"。（《王国维遗书》第五册《静庵文集续集》，上海：上海古籍出版社，1983 年，第 70 页。）陈寅恪在《邓广铭〈宋史职官志考证〉序》一文中曾云："华夏民族之文化，历数千载之演进，造极于赵宋之世。后渐衰微，终必复振。"（《金明馆丛稿二编》，上海：上海古籍出版社，1980 年，第 245 页。）著名宋史学家邓广铭也说："两宋期内的物质文明和精神文明所达到的高度，在中国整个封建社会历史时期之内，可以说是空前绝后的。"（邓广铭：《谈谈有关宋史研究的几个问题》，《社会科学战线》1986 年第 2 期。）
③ 郑师渠总主编，吴怀祺分册主编：《中国文化通史·两宋卷》，北京：中共中央党校出版社，2000 年，第 5 页。

如上所述，经济上的良好条件、好景气以及高度成长为背景，使得在文化方面也看出革命性的进步。号称世界三大发明的火药、罗盘、活字印刷的使用，在宋代已经普遍化。在文学、经学方面，则呼吁古代的复兴，绘画特别是山水画达到了世界最高水平。在当时的世界，恐怕可以说与其他任何地域相比，宋代的文化都更有资格矜夸先进和优秀。①

总之，在这个文化发达的历史潮流中，有许多惊人的成就。甚至有人认为，北宋时代可以和欧洲的文艺复兴时期以至近代相比②。从这些高度评价的结果来看，中外学者都认为宋代文化在中国历史上达到了相当高的文明程度，非常辉煌灿烂。

两宋时期，随着社会经济和城市商业的发展，反映城市世俗文化的市民文化也应运而生，具体表现在反映城市市民日常生活的音乐、舞蹈、小说、戏剧、杂技、酒肆等俗文化方面；而当时的雅文化是以传统伦理思想为基础，大多在社会上层和士人中间流传，具体表现为以诗文、学术、琴、棋、书、画为代表的传统文化，因此，宋代的士人文化主要表现为雅文化。当然雅、俗文化的界限只是相对而言的，如"小说、戏曲相对于诗词文而言，属于俗文学，但其内部也可有雅俗之分"③，即使是繁盛的宋词，也有雅俗之辨。至于论文所要研究的对象苏辙，是集官僚、学者、文学家于一身的士大夫，他的文化活动主要体现在北宋的政治、学术、文学方面，因此这里主要谈谈宋型士人文化在这三个方面的体现。

1. 士大夫政治文化

这里要解读宋型士人文化在政治方面的体现，不免涉及一个概念——政治文化。朱日耀先生说："我认为，政治文化应该含有与政治相关的各个层次的文化。其中主要的应该是支配和规范人的政治行为的政治思想，代表社会政治运行过程中起着潜在作用的社会政治心理。以此为基点，中国传统政治文化的研究对象也应该以这三个方面为重点。不过从不同的角度去研究中国传统政治文化，将从中国传统政治文化中发现不同的问题。重视思想文化的人，在研究中国传统政治文化时，必然

---

① 〔日〕宫崎市定著，邱添生译：《中国史》，台北：华世出版社，1980 年，第 70 页。
② 〔日〕薮内清著，梁策、赵炜宏译：《中国·科学·文明》，北京：中国社会科学出版社，1988 年，第 100 页。
③ 王水照主编：《宋代文学通论》，郑州：河南大学出版社，1997 年，第 60 页。

把基点放在中国传统政治思想上,重视政治运行机制和政治行为,则将把着眼点放在传统的政治制度和政治行为方式上。"① 在朱先生的论说中,政治思想和社会政治心理在政治文化中占有重要地位。余英时先生在《宋明理学与政治文化》中有一段讲话值得注意:"'政治文化'一词则大致指政治思维的方式和政治行动的风格。……'政治文化'还有另一涵义,即兼指政治与文化两个互别而又相关的活动领域。这毋宁是题中应有之义,因为宋代士大夫的政治文化(political culture)本来便是政治与文化两系列发展互动的最后产品。概括地讲,在政治领域内,赵宋王朝的特殊历史处境为士大夫阶层提供了较大的政治参与的空间。"② 余英时先生所讲的"政治文化",兼指政治与文化两个互别而又相关的活动领域。但就宋代的"政治文化"而言,显然,余先生强调了宋代"政治文化"与前代及后世的不同,而且指出宋代特殊的历史环境为宋代的政治主体——士大夫参与政治提供了机会,因此,余先生所论的宋代"政治文化"的概念,与本文所指宋代士大夫政治文化在内涵上没有大的差别。所谓的士大夫政治文化,是两宋时期社会奉行的政治制度、政治信仰、政治态度等政治诸要素的总和,是一种建立在文官政治基础之上的政治文化范型,核心基础是士大夫政治。在这种政治文化中,文人的社会政治地位特别优越,他们参与皇权政治,掌握和分享了很大的国家政治权力。

宋太祖赵匡胤在立国之初,鉴于历代武臣可以乱政夺权和自己黄袍加身的经验教训,制定了崇文抑武的基本国策,重用文臣治理国家。宋太祖言:"五代方镇残虐,民受其祸。朕今选儒臣干事者百余,分治大藩,纵皆贪浊,亦未及武臣一人也。"③ 宋太祖还立下誓碑,言"不杀士大夫及上书言事人"④,立于太庙,以示后世。王夫之言:"自太祖勒不杀士大夫之誓以诏子孙,终宋之世,文臣无欧刀之辟。张邦昌躬篡,而止于自裁;蔡京、贾似道陷国危亡,皆保首领于贬所。"⑤ 宋太祖重用文人,制定了有宋一代重文轻武的基本方针,"文臣无欧刀之辟",可谓使宋代士大夫的人身尊严得到了最低的保障和尊重。南宋陈亮说:"艺祖(宋太祖)皇帝用天下之士人,以易武臣之任事者,故本朝以儒立国,

---

① 朱日耀:《论中国传统政治文化》,长春:吉林大学出版社,1987 年,第 3 页。
② 余英时:《宋明理学与政治文化》,长春:吉林出版集团有限责任公司,2008 年,第 13 页。
③ [宋] 李焘撰:《续资治通鉴长编》卷一三,北京:中华书局,1995 年,第 253 页。
④ 丁靖辑:《宋人轶事汇编》,北京:中华书局,1981 年,第 7~8 页。
⑤ [清] 王夫之著,舒士彦点校:《宋论》卷一,北京:中华书局,1964 年,第 6 页。

而儒道之振，独优于前代。"① 太祖之后，宋朝的历代君王基本继承了这一治国的方针，重用文臣，使文臣的地位高，俸禄高、赏赐多。清代赵翼考论宋代士大夫的待遇之厚言："俸禄之制，京朝官宰相枢密使月三百千，春冬服各绫二十匹，绢三十匹，绵百两。参知政事枢密副使月两百千，绫十匹，绢三十匹，绵五十两。其下以是为差。……凡俸钱并支一分见钱，二分折支。此正俸也。其禄粟，则宰相枢密使月一百石，三公、三少一百五十石，权三司使七十石。其下以是为差。节度使一百五十石，观察防御使一百石。其下以是为差，凡一石给六斗，米麦各半。熙宁中，又诏县令录事等官，三石者增至四石，两石者增至三石，此亦正俸也。俸钱禄米之外，又有职钱。御史大夫、六曹尚书六十千，翰林学士五十千，其下以是为差。元丰官制行，俸钱稍有增减。其在京官司供给之数，皆并为职钱。如大夫为郎官者，既请大夫俸，又给郎官职钱，视国初之数已优。至崇宁间，蔡京当国，复增供给食料等钱。如京仆射俸外，又请司空俸，视元丰禄制，更倍增矣。俸钱职钱之外，又有元随傔人衣粮，宰相枢密使各七十人，参知政事至尚书左右丞各五十人，节度使百人，留后及观察使五十人，其下以是为差。衣粮之外，又有傔人餐钱，朝官自二十千至五千凡七等，京官自十五千至三千凡八等，诸司使副等官九等。此外又有茶酒厨料之给，薪蒿炭盐诸物之给，饲马刍粟之给，米麴羊口之给。其官于外者，别有公用钱，自节度使兼使相以下，二万贯至七千贯凡四等，节度使自万贯至三千贯凡四等，观察防团以下，以是为差。公用钱之外，又有职田之制。两京大藩府四十顷，次藩镇三十五顷，防团以下，各按品级为差。选人使臣、无职田者，别有茶汤钱。建炎南渡，以兵兴，宰执请俸钱、禄米权支三分之一。开禧用兵，朝臣亦请损半支给，皆一时权宜，后仍复旧制。此宋一代制禄之大略也。"② 如此丰厚的俸禄待遇，可谓历代少见。同时，宋朝科举制度的完善发展，使许多庶族、寒士通过科举得到入仕的机会大大增加。有宋一代，科举录取的名额较唐代有很大的增多，因此有更多的庶族学子有机会加入文士的行列。苏辙说："今世之取人，诵文书，习程课，未有不可为吏者也。其求之不难而得之甚乐，是以群起而趋之。凡今农工商贾之家，未有不舍

---

① ［元］脱脱等：《宋史》卷四三六《陈亮传》，北京：中华书局，1985 年，第 12940 页。
② ［清］赵翼著，王树民校证：《廿二史札记校证》卷二五"宋制禄之厚"，北京：中华书局，1984 年，第 533 页。

其旧而为士者也。"① 一大批庶族文人进入仕途，成为文人与官僚相结合的士大夫，便与皇帝一起来治理国家，形成了所谓"皇帝与士大夫共天下"② 的局面，连宋真宗自己也说"天下至大，人君何由独治也"③。由于宋太祖开创了这种崇文抑武的国策，以后的皇帝也容忍士大夫分享自己的权力，这使宋朝建立了牢固的文官政治基础，其实也就是文人士大夫掌权，文人的社会政治地位处于优势。这样一来，刺激了更多的寒门、庶族子弟埋头苦读，以求仕进，故《宋史》说："自古创业垂统之君，即其一时之好尚，而一代之规模，可以豫知矣。艺祖（宋太祖）革命，首用文吏而夺武臣之权，宋之尚文，端本乎此。……自时厥后，子孙相承，上之为人君者，无不典学；下之为人臣者，自宰相以至令录，无不擢科，海内文士彬彬辈出焉。"④ 由于宋朝的统治基础建立在文官政治系统之上，因此，避免了武人篡权，外戚、宗室干政之祸，使统治集团内部没有发生大的祸乱。因此柳诒徵说，宋代的政治，纯出自士大夫之手。纵观历代的政治，惟宋代政治是士大夫政治⑤。

然而在这种士大夫政治之下，不可避免地出现了文人相争、结党的现象。在宋朝之前，中国早就有"文人相轻"的现象，三国曹魏曹丕曾言："文人相轻，自古而然。"⑥ 北宋文人党争的出现，给人的印象是在北宋的中晚期，其实在处于宋型文化萌芽阶段的中唐时期，就有著名的"牛李党争"，两党相争持续了四十多年。到了北宋初期，也有文人的争斗现象，譬如：北宋之初以赵普为首的一派与卢多逊为首的一派之间的争斗，真宗时期以寇准为首的北人党和王钦若为首的南人党之间的斗争，只不过北宋这个时候的文人结党争斗的现象，不是很严重，还没有发展成不受控制的程度。到了北宋中期，范仲淹的"庆历革新"，揭开了真正意义上北宋文人党争的一幕。熙宁时期，新旧两党围绕变法展开了攻

---

① [宋] 苏辙著，曾枣庄、马德富校点：《上皇帝书》，《栾城集》卷二一，上海：上海古籍出版社，2009 年，第 465 页。
② 神宗熙宁四年，宋神宗在资政殿与二府大臣议事，枢密使文彦博对神宗说："祖宗法制具在，不须更张，以失人心。"神宗说："更张法制，於士大夫诚多不悦，然於百姓何所不便？"文彦博的回答是："为与士大夫治天下，非与百姓治天下也。"（[宋] 李焘撰：《续资治通鉴长编》卷二二一，北京：中华书局，1995 年，第 5370 页。）
③ [宋] 李焘撰：《续资治通鉴长编》卷八六，北京：中华书局，1995 年，第 1972 页。
④ [元] 脱脱等：《宋史》卷四三九《文苑传》序，北京：中华书局，1985 年，第 12999 页。
⑤ 柳诒徵：《中国文化史》，上海：上海古籍出版社，2001 年，第 581 页。
⑥ [三国·魏] 曹丕：《典论·论文》，《文选》卷五二，上海：上海古籍出版社，1998 年，第 435 页。

评与争斗，而且这种斗争愈演愈烈，发展到不可收拾的地步，一直持续到了北宋末期。

北宋文人党争复杂多变，不仅限于新旧两党，而是党中有党，旧党之中就有洛党、朔党、蜀党之争。而且在不同时期，党争的性质也不同。如果说前期的党争，以范仲淹、吕夷简分别为首的两派之间的斗争，以及王安石为首的新党与司马光为首的旧党之间的斗争，都是君子之间的争斗，是士大夫为了自己的政治理想而争，那后期的党争则完全变为两派的相互倾轧，而且残害不择手段，甚至影响到赵宋王朝的江山社稷。王夫之言："朋党之兴，始于君子，而终不胜于小人，害乃及于宗社生民，不亡而不息。宋之有此也，盛于熙、丰，交争于元祐、绍圣，而祸烈于徽宗之世，其始则景祐诸公开之也。"① 北宋时期出现严重的文人党争，是文官政治的一个直接后果。文官政治系统和文人党争，是北宋士大夫政治的一大特点。苏辙所处的时代，正是北宋中后期，是一个文人党争激烈的时代，他是蜀党领袖之一，自然不可避免地卷入其中。

2. 宋代士大夫的思想学术文化：融会与精熟

从宋型文化概念的提出看，它是相对唐型文化而言的。因此，在宋型文化的成熟时期——两宋时期，它的思想学术文化也与唐代有明显的不同。在唐朝时期，佛学达到了历史上的鼎盛时期，同时，唐朝的皇帝是李姓，因而对道教也持提倡的态度，道教在李唐时期得到长足发展，而这一时期的儒学受到佛道的排斥与抵制，发展缓慢，于是在隋唐时期出现了三教并举的局面，传统的儒学受到佛道两家的制约，不能一枝独秀。在中唐时期，面对社会的纷乱与儒学的颓废，韩愈等人掀起了儒学的复兴运动。然而韩愈没有调合儒释道三家的矛盾，而对佛教的排斥不遗余力。因此，韩愈这位在宋型文化肇始初期的学者也不大可能为儒学的发展指明方向。退之思想的局限，实际上就是先秦儒学思想自身所存在着的缺陷，也就是这一时期的儒学思想，缺乏精密的形而上哲学框架。孔儒之学，仅仅提出了一些道德方面的规范，而孟子，则为心理情感提供了一个粗疏的框架，并没有对其进行系统严密的论证。然而，道德规范，与道德哲学显然并不一致。也就是说，先秦儒学并没有哲学性，所以它并不属于哲学体系，然而，宋明理学的出

---

① ［清］王夫之著，舒士彦点校：《宋论》卷四，北京：中华书局，1964年，第86页。

现，使得这种问题得到有效解决①。到了宋代，由于崇文的原因，统治阶级特别重视儒家，提倡儒学，重视儒士，同时，佛教、道教也得到统治阶级的重视，宋代的学者在重新构建儒家学说时，也吸收了佛、道两家的一些思想精神，"两宋诸儒，门庭径路，半出入于佛老"②，以三苏为核心的蜀学，也是以儒为主，融通三教的蜀学体系。苏轼在对苏辙的祝寿诗中写道，"君少与我师皇坟，旁资老聃释迦文"③，说的就是苏辙、苏轼兄弟的思想融会了释、道两家的思想。由此可见，宋学深深打上了儒、释、道三教融合的烙印。

宋学是宋代思想学术文化中的核心内容，在宋代文化中占有重要的地位。宋学的思想、方法影响深远，对宋代及后世的思想、学术产生重大影响。宋学是我国儒学发展的一个里程碑，宋学中虽然以理学为主，但绝非单纯为理学④，它包括蜀学在内的各学派和各地区的儒学。胡昭曦先生认为，宋代的蜀学，是否真正成为一个具有体系性的

---

① 胡军：《儒释道：纷争与融合》，《普门学报》2004年第24期。
② ［清］全祖望撰：《题真西山集》，《鲒埼亭集》外编卷三一，《四部丛刊》影印清姚江借树山房刻本。
③ ［宋］苏轼：《子由生日以檀香观音像及新合印香银篆盘为寿一首》，曾枣庄、舒大刚主编：《三苏全书》第9册，北京：语文出版社，2001年，第129页。
④ 宋学、理学、道学的概念在学术界有分歧。本文采纳的观点有：邓广铭先生《略谈宋学》指出："如果把萌兴于唐代后期而大盛于北宋建国以后新儒家学派称为宋学，我认为是比较合适的。……理学是宋学中衍生出来的一个支派，我们却不应该把理学等同于宋学。"（邓广铭、徐规等主编：《宋史研究论文集》，杭州：浙江人民出版社，1987年，第2~3页）。漆侠先生在《宋学的发展和演变》中认为：宋学是包括理学的，宋学的一个支派是理学，这是宋学和理学之间的关系。在北宋初年，安定先生胡瑗在宋学的建立中，起了重要的奠基作用。在过去，一些研究者把胡瑗的学术思想作为理学来研究，这样一来，宋学的奠基人成为了理学的附庸，这是不对的，也是违背历史实际的。从宋学派生出来的理学，把内心反省工夫放在首位，脱离社会现实的实践，以静、诚、敬等向自己身上使劲，这大概是理学之异于宋学的一个基本点。（漆侠：《宋学的发展和演变》，《文史哲》1995年第1期。）胡昭曦等人认为，我国古代儒学发展的一个重要阶段是宋学，它包括了宋代各学派和各地区的儒学，理学是宋学的主要部分，但不是宋学的全部。（胡昭曦、张茂泽：《宋代蜀学刍论》，《四川大学学报（哲学社会科学版）》1993年第4期。）许总先生认为，理学也叫道学，而且道学之名为早。仔细研究，两者有很大的不同。北宋时二程的洛学可以称之为道学，到了南宋时期，道学发生分化，只有程朱一系的学说可以称之道学。因此从总体上看，理学较道学的范围大得多，具有指向性意义，即作为对二程朱理学一派的特指，这也是所谓的正统派。而理学的主体，而且包括了理学分化后的诸多学派。到了明代，道学的名称逐渐被理学所取代。（许总：《宋明理学与中国文学》，南昌：百花洲文艺出版社，2010年，第8页。）综言之，虽然宋学原来是相对汉学而讲，但在宋代，宋学并不特指理学，而是包括理学在内的各家学术。其中"新学""洛学""关学""蜀学""温公学派""心学"等都属于宋学的范围之内。北宋时候的理学称之为道学，但南宋时道学专指二程一派的学术，因此范围更为狭窄。

学派，目前还有所争议，然而蜀学在当时的影响力极高，却是不争的事实①。而漆侠先生说，与蜀学同一时期的理学，仅仅处于形成时期，此时在影响力、声誉方面，能否与蜀学比肩，如今亦是众说纷纭，但是形成期的理学，与荆公新学，自然不能同日而语。所以，理学在北宋时期的地位问题研究，值得学术界去深入研究②。因此在苏辙的时代，理学还不是学术的主流，对苏辙发生和产生影响的，是包括理学在内的宋学的一些流派。宋学在北宋的阶段，除蜀学外，还有新学、朔学、洛学、关学等。显然，苏辙在宋学中从属于蜀学，而且是苏氏蜀学的中坚人物，而且从整体上讲，苏氏蜀学与二程的学术思想是有对立的。

　　宋学在思想、方法上与汉学有很大的不同。按照一般的说法，汉学是以文字训诂、辑补、校勘为主的研究儒家经典的方法，而宋学则是讲究义理之学，解寻经典的微言大义。从宋型文化的发端开始，一些学者开始抛弃了汉学的章句之学，啖助、陆淳、韩愈等人，开始舍传求经，根据己意来阐明己说。到了宋代，中唐以来的这种学风被传承下来了，形成了与汉学不同的治学模式。张国刚先生认为，北宋之初，承袭五代之乱时期的南方学风，所使用的解经之法，颇为驳杂繁琐。到了太宗之时，大力兴办学校、追求文治，科举取士规模显著增大。在仁宗时期，学术领域开始变得活跃，相关的研究学风，也有了显著改变，并最终形成了与汉学有着截然不同的注释经典之法，也就是所谓的宋学。这种解经的关键特征体现在：不再穷究训诂章句的细枝末叶，而是以领会经典核心之意作为基础，探索其中所包含的义理。因此又常常将宋学称作义理之学③。宋儒在治经方法上与前代有很大的不同，因此宋代被皮锡瑞称为"经学变古时代"④。宋学在方法上以己意注经，疑古惑经，突破了过去经学"疏不破注"的藩篱，在解经时对经典的理解有了高层次、多方位的解读，而且宋儒都有经世致用之心，强调为社会现实服务。因此，他们在解经时对义理的探究很是精深，这自然比汉学的钻在故纸堆里的

---

① 胡昭曦：《巴蜀历史文化论集》，成都：巴蜀书社，2002年，第272页。
② 漆侠：《宋学的发展和演变》，《文史哲》1995年第1期。
③ 张国刚、乔治忠等：《中国学术史》，上海：东方出版中心，2002年，第332页。
④ ［清］皮锡瑞著，周予同注释：《经学变古时代》，《经学历史》，北京：中华书局，2004年，第156页。

学问精熟一些①。由此可见，宋学在思想上以儒为主，参涉佛道，是儒释道三教融会的结果，而在方法上以探究精深的义理为主，这是宋代思想与学术方面最明显的体现。

3. 宋型文学

从现有的资料来看，宋型文学的概念最初是由郭英德先生提出的，他认为，宋型文学是蕴含着极为突出的道德化、政治化思想的文学。宋型文学，不仅蕴含着浓郁的思辨与超越精神，极具理性化，而且还散发着醇厚的书卷与学问之气，同时还存在着典型的个人化、生活化与闲适化特点。这些特征的交相辉映，使得宋型文学形成了"光风霁月"般的审美面目②。郭英德先生对宋型文学概念提出有首创之功。考察郭先生的论述，其所指宋型文学的发展历程并非与宋型文化的历史延伸同步，而在时间上仅仅局限于宋代，是宋代文学在总体类型上的精辟概括。由于本文此处所论宋型文化的时间也局限于宋代，因此本文所指宋型文化的概念，就是宋型文化在文学方面的具体表现，与郭英德先生所指宋型文学的概念大体吻合，但也有一些不同的意义指向。宋型士人文学主要表现在宋代的诗歌、散文、词三个方面，但由于苏辙词作很少，词并不是苏辙文学的主要成就和特色，因此，论文主要就宋型士人文学中诗文的特点略作阐述。

中国诗歌发展到盛唐之后，有了一个新的变化，那就是盛唐时代的"雄浑气象"在中唐的诗歌里陡然不见，而此时"元白诗派"与"韩孟诗派"把中唐诗歌引向另外两条新路，赵翼说："中唐诗以韩、孟、元、白为最。韩、孟尚奇警，务言人所不敢言；元、白尚坦易，务言人所共

---

① 关于汉学与宋学作为方法上的优劣，学界也有分歧，本人赞同张国刚先生的说法："宋学作为一种解经和治学的方法，是对汉学改造的结果，但在宋代学者那里这并不是一种先破后立的批判行为，没有明显的宋学与汉学之争，这可能是宋代学者一种自信，不屑与汉学家争高下。直到清朝初年才将汉学与宋学完全对立起来了。甚至连'宋学'这个术语也不是宋代学者的自我设定，而是后人追溯学术史时为宋儒的治经方法界定的概念，以与汉学相对称。其实，两种治经方法不应当对立，应当是递进式、互补式的。所谓'递进'，汉学重视训诂，虽然是技术层面的操作，却是做学问的基础，连经典的字词真假都弄不清楚，是不可能进一步谈认识的；宋学探求义理，是研究层面的工作，是必须深化的一步，却必须以训诂文字为基本功。所谓'互补'，汉学严谨而失于呆板，宋学灵活却常流于空疏。两者的优点结合起来才是最为理想的治学方法。事实上，宋代有名望的学者很少偏执一端，大都是以宋学为方向，以汉学为基础的。所以，宋学对汉学改造任务的完成不是其使命的终结和衰落；汉学虽然被改造了，也不是从此消失；作为成熟的经学学术风格，是把宋学与汉学结合起来的学术风格。"（张国刚、乔治忠等：《中国学术史》，上海：东方出版中心，2002年，第337页。）

② 郭英德：《光风霁月：宋型文学的审美风貌》，《求索》2003年第3期。

欲言。"① 这两派诗歌在语言风格上与盛唐诗歌迥然不同，元白诗派的语言平淡浅易，与宋诗的平淡风格相似，而韩孟诗派追求奇崛险怪的诗风，可以说是宋代江西诗派追求新奇，崇尚瘦硬奇拗的诗风的渊源之一，甚至韩愈的诗歌喜欢在诗歌里面融入佛理，把议论引入诗歌，把散文句也引入诗歌，也开宋诗"以议论为诗""以文为诗"的先声。到了宋代，宋人面对的唐诗是一座难以企及的巍巍高峰，于是另辟蹊径，追寻新变，宋诗的"议论化""散文化"应运而生，因此严羽说："国初之诗尚沿袭唐人……至东坡、山谷始自出己意为诗，唐人之风变矣。……近代诸公乃作奇特解会，遂以文字为诗，以才学为诗、以议论为诗。夫岂不工，终非古人之诗也。"② 同时，宋代禅学兴盛，士大夫及诗人都以参禅为乐，把禅门的机锋渗入到诗歌的创作中，于是，宋诗便又多了一份理趣。其中苏轼的《和子由渑池怀旧》："人生到处知何似，应似飞鸿踏雪泥。泥上偶然留指爪，鸿飞那复计东西。老僧已死成新塔，坏壁无由见旧题。往日崎岖还记否，路长人困蹇驴嘶。"③ 就是宋诗理趣、议论化的典型之作。钱锺书论及宋诗说："唐诗、宋诗，亦非仅朝代之别，乃体格性分之殊。天下有两种人，斯分两种诗。唐诗多以丰神情韵擅长，宋诗多以筋骨思理见胜。"④ 缪钺亦在《论宋诗》论到："宋诗虽殊于唐，而善学唐者莫过于宋……变唐人之所已能，而发唐人之所未尽。……唐诗以韵胜，故浑雅，而贵蕴藉空灵；宋诗以意胜，故精能，而贵深折透辟。唐诗之美在情辞，故丰腴；宋诗之美在气骨，故瘦劲。唐诗如芍药海棠，秾华繁采；宋诗如寒梅秋菊，幽韵冷香。唐诗如啖荔枝，一颗入口，则甘芳盈颊；宋诗如食橄榄，初觉生涩，而回味隽永。譬诸修园林，唐诗则如叠石凿池，筑亭辟馆；宋诗则如亭馆之中，饰以绮疏雕槛，水石之侧，植以异卉名葩。譬诸游山水，唐诗则如高峰远望，意气浩然；宋诗则如曲涧寻幽，情境冷峭。唐诗之弊为肤廓平滑，宋诗之弊为生涩枯淡。虽唐诗之中，亦有下开宋派者，宋诗之中，亦有酷肖唐人者，然论其大较，固如此矣。"⑤ 缪钺把唐诗、宋诗放在一起比较，其实更好地凸显了宋诗别树一帜的具体特点。以唐宋两朝国运的不同，造成了诗歌上的差异。

---

① [清] 赵翼著，霍松林、胡主佑等校点：《瓯北诗话》卷四《白香山诗》，北京：人民文学出版社，1963年，第36页。
② [宋] 严羽撰：《沧浪诗话·诗辩》，[清] 何文焕辑：《历代诗话》，北京：中华书局，1981年，第688页。
③ 曾枣庄、舒大刚主编：《三苏全书》第6册，北京：语文出版社，2001年，第392页。
④ 钱锺书：《谈艺录》，北京：中华书局，1984年，第2页。
⑤ 缪钺：《诗词散论》，上海：上海古籍出版社，1982年，第36页。

唐朝国势强大，社会文化氛围和诗人心理的不同，成就了著名的"盛唐气象"；宋朝积贫积弱，国势衰弱，诗人们多了一份沉潜与理性，使得诗歌出现"散文化""议论化"的特点，这也是宋诗善于思理的明显表现。

宋代散文是中国散文发展的重要阶段，相对于宋诗而言，宋文更是取得了很高的成就，金代王若虚称："杨雄之经，宋祁之史，江西诸子之诗，皆斯文之蠹也。散文至宋人始是真文字，诗则反是矣。"① 王若虚对宋文给予了很高的评价。宋文流派众多，杨庆存在《宋代散文研究》一书中将宋文的流派分为五代派、复古派、西昆派、古文派、文章派、经术派、议论派、苏门派、太学派、道学派、文采派、抗战派、事功派、理学派、永嘉派、道学辞章派、民族爱国派等②。如此众多的散文流派，在中国历代的散文史上，的确是前所未有。如果根据库恩的"范型"理论，归纳出宋型文化中宋文的表现特点，却非易事。在理论上，宋型文化相对于唐型文化而言，是一个宏观上的文化范型，因而建立的这一范型文化的概念具有模糊性。而宋诗、宋文相对具体，在宋型文化中扮演着什么角色，特点是什么，顺着范型理论的这一思路去考虑，自然是宋文的范型意义是什么，它留给后世的深刻印象是什么？从后世对宋文的评价来看，往往是唐宋散文并称，如明代唐宋派、公安派及清代桐城派推崇的唐宋散文，实际上指的就是唐宋古文，再具体一点，就是指以"唐宋八大家"为代表的唐宋古文。而就宋型文化这个范畴之内的散文创作而言，当然是以宋六家（欧阳修、王安石、曾巩、苏洵、苏轼、苏辙）的古文分量最重，最为典范。因此，从这个意义上讲，宋型文化在散文方面的表现，以宋代的古文的表现最为重要，尤其是"宋六家"之文。

从内容上来看，宋代散文大多是以讲学的言道之文和经世之文。宋代"古文运动"继承了韩愈"文以载道"的口号，如欧阳修言："道胜者，文不难而自至也。"③ 甚至苏轼亦云："我所谓文，必与道俱。"④ 这样，古文以"言之有物"的踏实文风战胜了骈文，并成为宋代散文的主流。宋代古文与儒学的发展有很大的关系，儒家学者往往借古文的形式阐明自己的学术观点，而儒学的发展是残唐五代以来，社会政治衰落的

---

① ［金］王若虚撰：《滹南遗老集》卷三七《文辨四》，北京：中华书局，1985年，第239页。
② 杨庆存：《宋代散文研究》，北京：人民文学出版社，2002年，第77~189页。
③ ［宋］欧阳修著，李逸安点校：《答吴充秀才书》，《欧阳修全集》第二册，北京：中华书局，2001年，第664页。
④ ［宋］苏轼：《祭欧阳文忠公文一首》，曾枣庄、舒大刚主编：《三苏全书》第15册，北京：语文出版社，2001年，第440页。

背景下呼唤出来的,牟宗三先生说:"残唐、五代衰乱,世道人心败坏。人无廉耻,这是最大的惨局。在这个背景下才要求儒家的复兴。宋、明儒家完全是道德的觉醒。宋儒的兴起就是对着残唐、五代的人无廉耻而来的一个道德意识的觉醒。道德意识的觉醒就是一种存在的呼唤,存在的呼唤就是从内部发出的要求。"① 古文的发展是与儒学的复兴紧密相连的。在北宋"古文运动"时期,重建儒学是一种社会内在的需求,而古文是外在的表现形式,宋学的发展,使众多的学者也借助于古文的形式进行论学论道,不管是北宋的古文派、经术派、议论派、苏门派、太学派、道学派,还是南宋的理学派、道学辞章派,都以论学讲道而擅名于世,如欧阳修、曾巩、苏氏父子、朱熹等人,他们往往以古文的形式作文,阐明自己的学术观点。

周必大在《皇朝文鉴序》云:

> 天启艺祖,生知文武,取五代破碎之天下而混一之,崇雅黜浮,汲汲乎以垂世立教为事,列祖相承,治出于一。援毫者知尊周孔,游谈者羞称杨墨,是以二百年间,英豪踵武,其大者固已羽翼六经,藻饰治具,而小者犹足以吟咏情性,自名一家。盖建隆、雍熙之间,其文伟,咸平、景德之际,其文博,天圣、明道之词古,熙宁、元祐之词达。虽体制互异,源流间出,而气全理正,其归则同。嗟乎,此非唐之文也,非汉之文也,实我宋之文也,不其盛哉。②

周必大把宋文分为四大阶段,虽然在不同的时期有不同的特点,但总的特点是"气全理正"。宋文深受宋学的影响,讲理论道,好发议论,有很强的理性精神,这也是不同于汉唐之文的地方。两宋三百余年,宋廷常处于内忧外患之中,因而,文人士大夫具有强烈的责任使命感,表现在散文创作中,则以北宋时期三苏的政论文、史论文最具代表性,南宋时则是以辛弃疾、陆游、杨万里、范成大、陈亮的爱国之文为代表。从宋文的发展历程看,还有一类文人士大夫的笔记、小品文,如北宋苏轼《东坡志林》、苏辙《龙川略志》,南宋陆游《老学庵笔记》、洪迈《容斋随笔》、罗大经《鹤林玉露》等,都有一定的学术性和趣味性。即使是这样的小品文,也往往隐藏着作者的致用之心,如苏辙《龙川略志》,

---

① 牟宗三:《宋明儒学的问题与发展》,上海:华东师范大学出版社,2004年,第74页。
② [宋]周必大撰:《文忠集》卷一〇四,影印文渊阁《四库全书》本。

虽是记载当时社会的逸闻趣事，但是对宋代的一些政治状况也有反映，暗含了苏辙的经世之心。在宋文的发展过程中，除了不占主流的骈文和笔记小品文，宋文大都是讲道之文、经世之文。

以"唐宋八大家"为代表的古文家把六朝以来的四六骈文转为注重自由表现的散体文，这是唐宋古文并称于世的重要原因，虽然如此，唐宋古文在风格上却有一些差异。袁枚言："大抵唐文峭，宋文平；唐文曲，宋文直；唐文瘦，宋文肥；唐人修词与立诚并用，而宋人或能立诚，不甚修词。"① 洪本健也总结了唐宋散文的主要差异是："唐文奇崛，宋文平易，唐文硬直，宋文柔婉；唐文清瘦，宋文丰腴；唐文古雅，宋文通俗；由唐至宋，变体趋多。"② 的确，唐宋时代的不同，造就了古文创作的不同。唐文古雅奇崛，宋文平顺自然，这是唐宋散文的主要差异，在两者的对比中，实际上凸显了宋文自身的特点：平顺自然。在宋文发展初期，王禹偁言："能远师六经，近师吏部，使句之易道，义之易晓，又辅之以学，助之以气，吾将见子以文显于时也。"③ 王禹偁提出了通俗平易的文风，后来在嘉祐二年，文坛宗主欧阳修以知贡举的身份，力黜艰涩难懂的太学体之文，而提拔了以平易流畅为文的曾巩、苏轼、苏辙等人，实际上以官方的权威确立了古文的地位。在欧阳修、王安石、曾巩、苏洵、苏轼、苏辙等古文家的不断努力下，宋文终于走向平顺自然的路子。朱熹云："欧公文章及三苏文好，说只是平易说道理……"④ 正是由于以欧阳修、三苏为代表的古文平顺自然、通俗易懂，赢得了理学家朱熹的高度评价。从散文发展的历程来看，宋文的平顺自然是比唐文的古雅奇崛高明一些，而且宋文的数量也超过唐文⑤，唐宋八大家中，宋代就占有六位，可见宋文确实取得了很高的成就。故陈寅恪先生言："六朝及天水一代，思想最为自由，故文章亦臻于上乘。"⑥

---

① ［清］袁枚：《与孙俌之秀才书》，《小仓山房诗文集》卷三五，上海：上海古籍出版社，1988年。
② 洪本健：《从韩柳欧苏文看唐宋文的差异》，《文史哲》1990年第3期。
③ ［宋］王禹偁撰：《答张扶书》，《小畜集》卷一八，《四部丛刊》影印经铟堂钞本。
④ ［宋］黎靖德编，王星贤点校：《朱子语类》卷一三九，北京：中华书局，1986年，第3306页。
⑤ 曾枣庄先生的研究统计认为："宋文数量很大，四川大学古籍研究所编纂的《全宋文》现已出齐，全书共360册，8345卷；含作者9178人，接近一万；收宋文178292篇，近十八万篇；字数达一亿一千多万字，是九百多万字的《全唐文》的十一倍，是先秦至宋以前文章总和的七倍。"（曾枣庄：《宋文通论》，上海：上海人民出版社，2008年，第2页。）
⑥ 陈寅恪：《寒柳堂集》，上海：上海古籍出版社，1980年，第65页。

总之，以上所论，虽是宋代士大夫的文化的一些主要表现，但天水一朝的文化创造主体，乃是文人士大夫阶层，他们通常集学者、官僚、文士于一身，如范仲淹、欧阳修、王安石、曾巩、苏轼、苏辙、陆游、范成大、辛弃疾等人，在宋代的政治、思想、学术、文学等方面发挥了重要作用。他们大多精于儒术，在宋廷的崇文政策下，具有强烈的儒家道德的自律意识；他们满怀忧患和经世之心，用以天下为己任的热情参与政治，而且又大都通于文学，一旦出仕为政，便又精于吏才，往往造诣很高。德国哲学家恩斯特·卡西尔认为："人只有在创造文化的活动中才成为真正意义上的人，也只有在文化活动中，人才能获得真正的自由。"① 在发达的宋代文化中，文人士大夫这一创造主体，便成为文化活动中相对自由活跃的精神因素，而他们鲜明的时代特征——集学者、官僚、文士于一身的特殊身份，使他们成为一种文化的范型，也是一类人的范型。人的范型，其创造出来的文化也必然是一种文化的范型，即宋型士人文化。

二、苏辙在宋型文化中的意义

苏辙（1039~1112），字子由，北宋著名的文学家、政治家和学者。由于其兄苏轼光芒四射的文化成就以及显露的性格特征，掩盖了他这位弟弟的成就。事实上，在北宋文化史上，苏辙也取得了非凡的成就，在一些士人的心目中有重要的地位，譬如在宋代何伦的《眉阳三苏先生年谱》中，虽题名是"三苏年谱"，但重点是苏辙，对苏辙生平经历的编述，明显多于苏洵、苏轼，而且在《年谱》结尾，何伦沿用了司马迁《史记》的"太史公曰"评论的写法，曰：

> 呜呼！公以弱冠之年，登进士第，仕至太中大夫、门下侍郎，勋至护军，爵至栾城，县开国伯，食邑至五百户，食实封至二百户，亦可为得君矣。……公自废弃以来，不得参与国政者，凡二十五年，此有识之士犹以用公未尽为叹。②

这个评论所指的"公"是苏辙，而非苏洵、苏轼，可见苏辙在部分宋人当中的地位。

---

① 〔德〕恩斯特·卡西尔著，甘阳译：《人论》序，上海：上海译文出版社，1985年，第4页。
② 王水照编：《宋人所撰三苏年谱汇刊》影印本，北京：中华书局，2015年，第15页。

苏辙所处的时代，是北宋的中晚期，正是文化上的变古时代，苏辙作为"士大夫与皇帝共天下"中的一员，积极参与政治，一度在元祐时期进入宋廷的权力中心，提出了许多有建设性的政治主张，在元祐政治中，苏辙是一个举足轻重的政治人物，他的政治思想和实践对当时的政坛产生了重大影响。苏辙的时代，尤其是苏辙的青年时期，宋代学术、思想文化正发生着巨大的变化，原来的经学已经不能适应日益变革的时代要求，众多宋学流派的耸立与疑经惑经风气的兴起，使苏辙的学术思想发生了重大变化。作为苏氏蜀学的中坚人物，苏辙在经学、史学、哲学方面均取得了令后人仰视的成果，对蜀学的发展做出了卓越的贡献。苏辙的时代，也是文学发生重大变化的时期，他的文学活动，与北宋的"诗文革新运动"紧密相连，他与苏轼一道积极创作古文，发展和巩固了欧阳修领导的"古文运动"的成果。苏辙在古文方面取得的非凡成就，使他名列"唐宋八大家"之列，成为后人仰视唐宋古文中的一道风景。从士大夫文化的主体特征来看，苏辙是集官僚、学者、文士一身的文人士大夫。下面列举几位宋代著名的文人士大夫，对比他们与苏辙在宋代政治、学术与思想、文学方面的差异。

表1-2　宋代著名士人在官僚、学者、文士三位一体的士大夫文化特征中所占突出位置比较①

文士	政治	学术与思想	文学	所占领域数量
晏殊	政治家，官至宰相		著名词人，有《珠玉词》	＊　＊
范仲淹	政治家，官至参知政事	思想家、学者	文学家，有《范文正公集》	＊　＊　＊
柳永			著名词人，有《乐章集》	＊
欧阳修	政治家，官至参知政事	史学家，有《新五代史》等	文学家，有《欧阳文忠公集》	＊　＊　＊

---

① 因为宋代士大夫都是复合型人才，因此本表入选的标准是，政治方面：曾经位居宰辅且有一定政治思想的文人士大夫，或在政治方面取得杰出成就的士大夫；学术与思想方面：有代表的学术著作，且是公认的有学术影响力的学者；文学方面：在宋代文学的某一领域取得显著成就的文人。凡能入选某一领域者，在所占领域数量一栏内加一"＊"号。值得注意的是，"＊"数量并不代表某个文人的总体成就和影响，只是大致反映在某一领域内有突出成就所占位置的数量。

续表

文士	政治	学术与思想	文学	所占领域数量
张载		思想家,有《正蒙》《张子语录》等		*
王安石	政治家,官至宰相	思想家,主持编订《三经新义》	文学家,有《临川先生文集》等	* * *
曾巩		学者,编校《战国策》《说苑》等书	文学家,有《元丰类稿》	* *
苏轼		学者,有《东坡易传》《东坡书传》等	文学家,有《东坡乐府》等	* *
苏辙	政治家,官至尚书右丞	学者,有《诗集传》《春秋集解》《老子解》《古史》等	文学家,有《栾城集》	* * *
李纲	政治家,官至尚书右丞		作家,有《梁溪集》	* *
范成大	政治家,官至参知政事	学者,有数部地理学著作	文学家,有《石湖诗集》	* * *
辛弃疾	政治家、军事家		词人,有《稼轩长短句》	* *
陆游		史学家,有《南唐书》等	诗人《剑南诗稿》《渭南文集》	* *
朱熹		著名思想家、学者	诗人	* *
刘克庄		学者	著名诗人、词人	* *

　　上表虽不能精确反映这些著名的宋代士大夫在各领域内的实际成就,但是可以大致看出他们在士大夫文化的主体特征中所占显著位置的数量。宋代士大夫几乎都是复合型人才,集政治、学术、文学于一身,但真正在三个领域内都取得突出成就的人并不多,在上表当中,只有北宋的范仲淹、欧阳修、王安石、苏辙,南宋的范成大在这三个方面有杰出的成就。当然,这并不是说上述四人的个人总体文化成就一定高于他人,而是说这些文化名人在士大夫文化的主体特征中存在一些差异。譬如本文研究的主要对象苏辙,其总体文化涵量和影响远远逊于其兄苏轼,文学成就和影响也不及苏轼,但是他在政治、学术方面的显著成就显然超过了苏轼。这说明,在宋代士大夫文化的主体特征中,苏辙较苏轼更典型一些。从这个方面的意义上讲,苏辙在宋型文化中的意义就不仅体现在苏辙作为古文家的文学意义和苏辙作为"三苏"文化中的意义,而具有

更深层次的文化主体的典型意义。这个文化主体的典型意义，既是本书的研究起点，也是横穿本书的一条主线。然而把握与认识苏辙与宋型士人文化的关系并非易事，这需要认识苏辙的士人精神和文化品格，并在北宋宏阔的文化背景中采取多种研究方法来还原苏辙作为一个文化创造者的本来面目。

第二章 苏辙承载的文化渊源与时代背景

中国古代的家族文化是在特定的社会伦理、家学传统、国家政策和一定的社会政治条件共同作用下产生和发展的,它对于古代士人的思想、品行、气节的形成是至关重要的。同时,古人所处一定时代的思想、政治、文化等社会背景,也影响着士人的文化思想行为。而本文要研究苏辙与宋代士大夫文化的关系,必然要对苏辙所处时代的社会风貌作一次考察,正如清代章学诚说:"不知古人之世,不可妄论古人文辞也。知其世矣,不知古人之身处,亦不可以遽论其文也。"① 因此有必要从历史的角度客观解析苏辙承载的文化渊源与时代背景。冯友兰先生也在《中国哲学小史》中谈到怎样研究哲学史时提到两个重要的方法,即探索时代背景和审查哲人身世,他说:"我们以为研究各时代内各宗派各哲人的哲学应当先研究他们的时代背景,所以我们以为探索时代背景是研究中国哲学的一个办法。……哲人的身世,是哲人的品性决定者。一个哲人的哲学,不但是他的时代背景的反映,而且是他独有品性之反映。"② 这两个研究方法,其实放到文学研究领域也是适用的。因此,本章从苏辙的家世、家学来探讨苏辙承载的文化渊源,并且通过考察北宋中后期的政治、文化状况来了解苏辙所处时代的社会背景。

第一节 苏辙的家学及其渊源

家学在古代士人的家族文化中,占有重要的地位,而且在中国的学术文化中,家学也占有一席之地。陈寅恪先生云:"东汉以后学术文化,其重心不在政治中心之首都,而分散于各地之名都大邑,是以地方大族盛门乃为学术文化之所寄托,中原经五胡之乱,而学术文化尚能保持不

---

① [清]章学诚著,叶瑛校注:《文史通义校注》卷三《文德》,北京:中华书局,1985年,第278~279页。
② 冯友兰:《中国哲学小史》,北京:中国人民大学出版社,2005年,第137页。

堕者，固有地方大族之力。而汉族之学术文化变为地方化及家门化矣。放论学术，只有家学之可言，而学术文化与大族盛门常不可分离也。"①唐宋时期，科举制和学校教育的发展对传统的家学文化形成一定的冲击，但家庭教育仍然在士人的教育中处于至关重要的地位。宋人赵雄《苏文定公谥议》说苏辙"所学所行皆本原乎家传"②。事实上也是这样，苏辙能成为北宋文化名人，这与他的家族——北宋眉山苏氏的家学是分不开的，要考察苏辙与其家学的关系，首先得从他的家世说起。

一、苏辙的家世

关于三苏的家世，现今的研究成果很多③，因此本文主要着眼于苏辙的家世，探讨苏辙与苏氏家族文化的关系。苏辙的父亲苏洵曾撰《苏氏族谱》《族谱后录》称：

> 苏氏出于高阳，而蔓延于天下。唐神龙初，长史味道刺眉州，卒于官，一子留于眉，眉之有苏氏自是始。
>
> 苏氏之先出于高阳，高阳之子曰称，称之子曰老童，老童生重黎及吴回。……至汉兴而苏氏始徙入秦。或曰：高祖徙天下豪杰以实关中，而苏氏迁焉。其后曰建，家于长安杜陵。武帝时为将，以击匈奴有功，封平陵侯，其后世遂家于

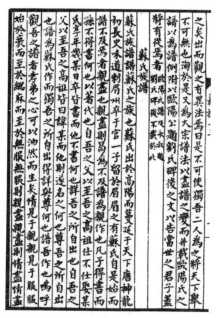

图2-1　《四部丛刊》影印宋钞本《嘉祐集》

---

① 陈寅恪：《崔浩与寇谦之》，《金明馆丛稿初编》，上海：上海古籍出版社，1980年，第329页。
② ［宋］赵雄撰：《苏文定公谥议》，曾枣庄、马德富点校：《栾城集》附录，上海：上海古籍出版社，2009年，第1764页。
③ 代表性的研究成果有曾枣庄、冷成金、木斋等人的研究，可参看：曾枣庄：《三苏后代考释》，《三苏研究》，成都：巴蜀书社，1999年，第48～76页；冷成金：《眉山苏氏家族与文学》，邹重华、粟品孝主编：《宋代四川家族与学术论集》，成都：四川大学出版社，2005年，第148～196页；木斋：《苏东坡研究》，桂林：广西师范大学出版社，1998年，第5～9页。

> 其封。建生三子：长曰嘉，次曰武，次曰贤。嘉为奉车都尉。其六世孙纯为南阳太守。生子曰章，当顺帝时为冀州刺史，又迁为并州，有功于其人，其子孙遂家于赵州。其后至唐武后之世有味道者。味道，圣历初为凤阁侍郎，以贬为眉州刺史，迁为益州长史，未行而卒。有子一人不能归，遂家焉。自是眉始有苏氏。故眉之苏，皆宗益州长史味道。①

从苏洵的族谱推演中可以看出，苏氏一姓最先出自高阳氏颛顼。汉代苏建、苏武父子也是其祖先。而苏洵对于东汉苏章以下、唐代苏味道以上的世系无可稽考，因此唐代以前的苏姓对眉山苏氏一族来说是一个模糊的概念。真正给眉山苏氏家族增添光环的是唐代诗人苏味道。根据苏洵的记载，苏味道为眉州刺史，将赴益州为长史，还没有起程就病卒了，有一子留在眉山为家。《新唐书》也称："张易之败，坐党附，贬眉州刺史。复还益州长史，未就道卒，年五十八，赠冀州刺史。"② 根据苏洵的说法，在苏味道之前，眉山是没有苏氏一姓的，因此"故眉之苏，皆宗益州长史味道"。

但这是苏洵自己的说法，有时候难免让人怀疑。因为古人常有借用历史上的同姓名人来抬高自己家族的例子。为了消除这种疑问，我们来看看宋人自己说的，傅藻在《东坡纪年录》开头就载：

> 公姓苏，讳轼，字子瞻，一字和仲，眉州眉山县人也。苏氏出高阳而蔓延于天下。唐神龙初长史味道刺眉，一子留眉，眉有苏氏自此始。公高大父祐、曾大父迪（杲）、大父序，三世皆不显。序三子曰澹、曰涣、曰洵。洵字明允，公父也。③

傅藻生卒年不详，但《东坡纪年录》最早刊本是宋黄善夫家塾刻《百家注分类东坡先生诗》本。关于黄善夫，瞿冕良编著《中国古籍版刻辞典》有载："黄善夫，南宋庆元间建安人，字宗仁。刻印过刘宋裴骃等《史记集解索隐正义》130卷，唐颜师古《汉书注》100卷……苏轼《王

---

① 曾枣庄、舒大刚主编：《三苏全书》第6册，北京：语文出版社，2001年，第261～265页。
② [宋] 欧阳修、宋祁：《新唐书》卷一一四《苏味道传》，北京：中华书局，1975年，第4203页。
③ 王水照编：《宋人所撰三苏年谱汇刊》影印本，北京：中华书局，2015年，第133页。

状元集百家注分类东坡先生诗》25卷附《东坡纪年表》1卷（13行22～23字）。”① 庆元是宋宁宗赵扩的年号，起讫时间1195年至1200年。因此，傅藻生活的时代约在1200年之前，而三苏当中最后一个离世的是苏辙，卒于1112年，这就是说傅藻的生活时代与三苏的时代相去不远，他与苏洵皆称眉州在苏味道之前没有苏姓人，宋代眉州苏姓人皆是苏味道后人，是可信的。

另外，一些方志也有这样的记载，如《（雍正）四川通志》：

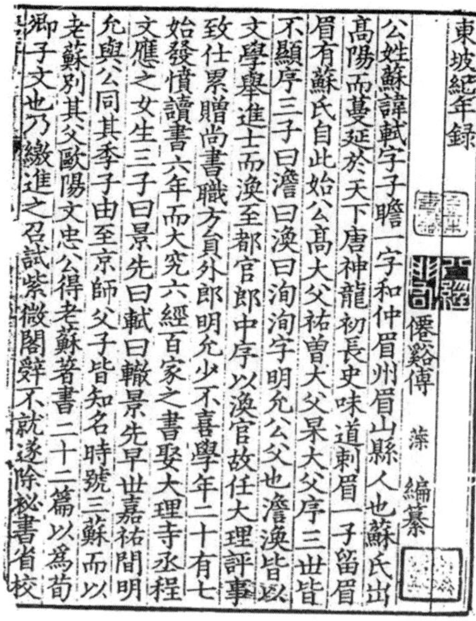
東坡紀年録
傒谿傅　藻　編纂
公姓蘇諱軾字子瞻一字和仲眉州眉山縣人也蘇氏出
高陽而蔓延於天下唐神龍初長史味道刺眉一子留眉
眉有蘇氏自此始公高大父祐曾大父杲大父序三世皆
不顯序三子曰澹曰渙曰洵洵字明允公父也澹渙皆以
文學舉進士而渙至都官郎中序以渙官故任大理評事
致仕累贈尚書職方員外郎明允少不喜學年二十有七
始發憤讀書六年而大究六經百家之書娶大理寺丞程
文應之女生三子曰景先曰軾曰轍景先早世嘉祐間明
允與公同其季子由至京師父子皆知名時號三蘇而以
老蘇别其父歐陽文忠公得老蘇著書二十二篇以爲荀
卿子文也乃繳進之召試紫微閣辭不就遂除秘書省校

图2－2　宋黄善夫刻《百家注分类东坡先生诗》本《东坡纪年录》

> 苏祐，刺史味道之后，家于眉，父釿，唐末隐居行义，祐自少极力问学，颖悟过人，尝至成都，遇道士异之，屏人谓曰：吾能变化百物，将以授子，祐固辞。道士笑曰：是果有以过人矣。子杲以施予显名，杲子序读书通大义，为诗务达志，教其子詹、涣、洵，皆有成。②

苏味道为赵州栾城人，而苏辙自称自己的诗文集为《栾城集》，苏轼有时也称自己为“赵郡苏轼”，可见，三苏一方面重视郡望“赵郡”，另一方面尊崇先祖苏味道，而苏味道是“赵郡”，由此可见苏味道对三苏家族的影响。清《栾城县志》也载：“苏味道贬眉州刺史，一子留眉。至宋三苏俱以文章显。子由《栾城前集》五十卷，《后集》二十四卷。其孙籀亦有《栾城遗言》。子由父子兄弟兴于眉，犹惓惓以栾为念，可谓不忘本矣。”③ 苏味道曾两度入朝为相，而其后裔苏辙也官至副相；味道为“文章四友”之一，以文辞名于后世，其后裔苏洵、苏轼、苏辙亦以文而名闻天下，这说明先祖苏味道的遗风对三苏的成长有一定

① 瞿冕良编著：《中国古籍版刻辞典》，济南：齐鲁书社，1999年，第536页。
② ［清］黄廷桂撰：《（雍正）四川通志》卷九，影印文渊阁《四库全书》本。
③ 中共栾城县委党史办公室编：《栾城县志》（校注本），石家庄：河北新华印刷二厂制版，1986年，第262页。

的影响。

自苏味道之后到苏洵高祖之间的两百余年的苏氏世系,苏洵已无从考稽,他在《族谱后录》言:

> 苏氏自迁于眉而家于眉山,自高祖泾则已不详。自曾祖钊而后稍可记。曾祖娶黄氏,以侠气闻于乡间。生子五人,而吾祖祜最少最贤,以才干精敏见称,生于唐哀帝之天祐二年,而殁于周世宗之显德五年,盖与五代相终始。……洵闻之,自唐之衰,其贤人皆隐于山泽之间,以避五代之乱。及其后,僭伪之国相继亡灭,圣人出而四海平一,然其子孙犹不忍去其父祖之故以出仕于天下。是以虽有美才而莫显于世,及其教化洋溢,风俗变改,然后深山穷谷之中,向日之子孙,乃始振迅相与从宦于朝。然其才气,则既已不若其先人质直敦厚,可以重任而无疑也。而其先人之行,乃独隐晦而不闻,洵窃深惧焉。于是记其万一而藏之家,以示子孙。至和二年九月一日。①

在苏洵的记载中,只有从他的高祖苏泾起,有足信的世系和一些简略事迹。其世系顺序为:苏泾—苏钊—苏祜—苏杲—苏序。在这期间,苏氏先人"有美才而莫显于世",一直"隐晦而不闻"。苏洵认为在唐末是"以避五代之乱",在宋代,先人是"子孙犹不忍去其父祖之故以出仕于天下"的原因。前一个原因犹可以讲得通,但在宋代,苏杲、苏序没有出仕之因,恐怕不止于此。因为在他们的时代,正值太祖、高祖、真宗年间,虽然宋廷的崇文政策得以实行,但西蜀偏于西南,刚经历了五代的战乱,又有民众的暴乱②,国家的政策还没有完全激起蜀人对仕进的进取之心,因此他们对于朝廷的取士制度,还抱着一种观望的态度。同时,他们又缺少像欧阳修、张方平这类名人的知遇和提携,这使苏杲、苏序父子缺少机遇。更为重要的是苏序少时"虽然为善而不好读书"也是其中的原因。对于眉山苏氏家族来说,这种"隐晦而不闻"的局面直到仁宗年间,由苏辙的二伯父苏涣改写。在这期间,国家已经基本稳定,赵宋的崇文政策对眉山苏氏产生了一定的影响,但是苏序已经年老,于是他的三个儿子苏澹、苏涣、苏洵先后开始了求仕之路,然而只有苏涣

---

① 曾枣庄、舒大刚主编:《三苏全书》第6册,北京:语文出版社,第269~270页。
② 993年,西川大旱,官逼民反,王小波率众在青城起义,攻占青城县,又转战邛、蜀各州县,攻克眉山县。其后李顺攻占成都,自称大顺王,蜀中大乱。

在天圣二年（1024）一举考中进士，并官至提点利州路刑狱，累赠太中大夫，这为眉山苏氏家族带来了莫大的荣耀与鼓舞。

二、苏辙的家学渊源

（一）苏序、苏涣对苏辙的影响

对于苏辙而言，他对祖父苏序应该有一些幼时的记忆，因为苏序去世时，苏辙已经九岁，但是现今的研究没有发现苏辙有关祖父的一些追忆文章，倒是年长苏辙两岁的哥哥苏轼有《苏廷评行状》一文，记载了苏序的生平大略，而且苏轼还请曾巩为祖父写过墓志铭。苏序少时虽然不喜欢读书，然而"晚乃为诗，能自道，敏捷立成，凡数十年得数千篇，上自朝廷郡邑之事，下至乡闾子孙畋渔治生之意，皆见于诗。观其诗虽不工，然有以知其表里洞达，豁然伟人也"①。由此可见，苏序早年不喜读书，晚年才为文，而其子苏洵也是二十七岁以后发愤苦读，终有所成，父子俩早年的经历有些相似，不过苏序晚年作诗下笔很快，累计诗歌也有数千篇，可见他是有一些文学才能的，然而他对庆历年间的立学取士抱着谨慎的态度，苏轼在为祖父撰写的行状中写道：

> 公幼疏达不羁。读书，略知其大义，即弃去。……庆历中，始有诏州郡立学，士欢言，朝廷且以此取人，争愿效职学中。公笑曰："此好事，卿相以为美观耳。"戒子孙，无与人争入学。晚好为诗，能自道，敏捷立成，不求甚工。闻之，自五代崩乱，蜀之学者衰少，又皆怀慕亲戚乡党，不肯出仕。公始命其子涣就学，所以劝导成就者，无所不至。及涣以进士得官西归，父老纵观以为荣，教其子孙者皆法苏氏。自是眉之学者，日益至千余人。然轼之先人少时独不，已壮，犹不知书。公未尝问。或以为言，公不答，久之，曰："吾儿当忧其不学耶？"既而，果自愤发力学，卒显于世。②

苏轼对祖父这样的记载，与曾巩为苏序所撰的墓志铭所记大体一致，当然曾巩并不曾与苏序有过交游的记载，这或许是曾巩根据苏轼《苏廷评行状》提供的一些事迹资料所撰。虽然苏序不愿出仕，但他的次子苏涣、

---

① 曾枣庄、舒大刚主编：《三苏全书》第6册，北京：语文出版社，2001年，第269～270页。

② 曾枣庄、舒大刚主编：《三苏全书》第15册，北京：语文出版社，2001年，第320～322页。

三子苏洵却为他赢来了荣耀。天圣二年，苏涣考中进士的消息传来，在眉山引起了不小的轰动。苏轼认为自此以后，蜀地之人开始喜欢读书出仕，眉山的学者也多至千人。曾巩在《赠职方员外郎苏君墓志铭》中也记载："至涣以进士起家，蜀人荣之，意始大变，皆喜受学。及其后，眉之学者至千余人，盖自苏氏始。"① 这样的说法虽然有些夸张其辞②，但是苏涣的确是苏氏播迁至眉州之后第一个中进士的人，意义自然不同凡响，在眉州当地及其家族内部产生的影响不小。苏辙《伯父墓表》记载："公于是时独勤奋问学，既冠，中进士乙科。及其为吏，能据法以左右民，所至号称循良。一乡之人欣而慕之，学者自是相继辈出。至于今，仕者常数十百人，处者常千数百人，皆以公为称首。……明年登科，乡人皆喜之，迓者百里不绝。"③ 的确，自唐朝苏味道以后，眉山苏氏在三百余年间一直默默无闻，而苏涣此举一光门庭，乡人为之钦慕，甚至苏序也亲往剑门迎接中考回来的苏涣。

对于苏辙而言，大伯父苏澹虽然也苦读追求功名，但不幸在景祐四年（1037）去世，而此时他还没有出生，因此也就没有受到直接影响。而二伯父苏涣的影响是深刻的，他不但激发了苏辙的功名事业心，而且对苏辙的读书、为人处事也产生了一定的影响。苏辙在《伯父墓表》中记道：

> 辙幼与兄轼，皆侍伯父，闻其言曰："予少而读书，师不烦。少长，为文日有程，不中程不止。出游于途，行中规矩。入居室，无惰容。非独吾尔也，凡与吾游者举然。不然，辄为乡所摈，曰：'是何名为儒？'故当是时，学者虽寡而不闻有过行。自吾之东，今将三十年，归视吾里，弦歌之声相闻，儒服者于他州为多，善矣。尔曹才不逮人，姑亦师吾之寡过焉可也。"皆再拜曰："谨受教。"及长，观公行事，循循若无所为，动以律令为师，而见义辄发，未尝处人后。政事审可为者，力为之不疑。郑子产有言："政如农功，日夜思之。行无越思，如农之有畔。"公为政近之，故其所至必有功，其去

---

① ［宋］曾巩撰，陈杏珍、晁继周点校：《曾巩集》，北京：中华书局，1984年，第586页。
② 王水照、朱刚的研究认为：对苏涣的这种表彰有着很大的夸张性，因为在苏涣之前，眉州就有进士及第的士人，人数是九位。参见王水照、朱刚：《苏轼评传》，南京：南京大学出版社，2004年，第50页。
③ ［宋］苏辙著，曾枣庄、马德富校点：《栾城集》卷二五，上海：上海古籍出版社，2009年，第518~519页。

必见思。自诸父没，后生不闻老成之言，无所师法，而流于俗。辙惧子弟之日怠也，故记其所闻以警焉。①

从苏辙的记载来看，苏涣对他的影响包括三个方面：其一，就是读书的问题，苏涣以自身读书的经历启迪苏轼、苏辙兄弟，读书学习要不耻下问，写作文章要在规定的时间内完成，不能半途而废；其二，是为人处世的道理，做人做事要遵循儒家的行为规矩，严于律己，不要有轻佻的举止，这样才能对得起儒生的称号。苏辙一生为人小心谨慎，即使入朝于宰执之列，也是沉稳行事，这或是受到伯父的一些影响；其三，是苏辙从旁观察到苏涣的为政之道，苏涣为政行事循规蹈矩，看似无所作为，实则是遵循国家的律令来处理事务，而且为政勤勤恳恳，踏踏实实，颇用心思，因此所到之处皆留美名。苏涣的这些处理政务的经验特点，自然会对苏辙产生一定的影响。

(二) 父母对苏辙的影响

苏洵（1009～1066），是苏序的第三个儿子，后被列为"唐宋八大家"之一。苏洵生有三子三女，长子景先，次子苏轼，三子苏辙。由于景先早年夭折②，所以苏轼实为长子。宋仁宗宝元二年（1039），苏辙出生，其父苏洵三十一岁，已经发愤读书了。苏辙自小受到其父苏洵的教导，他说："予幼师事先君，听其言，观其行事……先君平居不治生业，有田一廛，无衣食之忧；有书数千卷，手缉而校之，以遗子孙。曰：'读是，内以治身，外以治人，足矣。此孔氏之遗法也。'"③ 在他的幼年时期，苏洵除了上京赶考和游历之外，一直在家埋头苦读，同时也担负起了教育苏辙兄弟的任务。苏辙多次说："幼学无师，受业先君。"④ "惟我与兄，出处昔同。幼学无师，先君是从。"⑤ 庆历七年（1047）苏洵又一次落第归乡，在此后的十年间，苏洵闭门读书，更有充裕的时间来教育子女，而此时的苏辙兄弟已经十余岁，一起跟随父亲学习。对于苏辙兄

---

① ［宋］苏辙著，曾枣庄、马德福校点：《栾城集》卷二五，上海：上海古籍出版社，2009年，第522页。
② 苏辙《次韵子瞻寄贺生日》言："弟兄本三人，怀抱丧其一。"［宋］苏辙著，曾枣庄、马德福校点：《栾城集》后集卷二，上海：上海古籍出版社，2009年，第1134页。
③ ［宋］苏辙著，曾枣庄、马德福校点：《藏书室记》，《栾城集》三集卷一〇，上海：上海古籍出版社，2009年，第1565页。
④ ［宋］苏辙著，曾枣庄、马德福校点：《祭亡兄端明文》，《栾城集》后集卷二〇，上海：上海古籍出版社，2009年，第1388页。
⑤ ［宋］苏辙著，曾枣庄、马德福校点：《再祭亡兄端明文》，《栾城集》后集卷二〇，上海：上海古籍出版社，2009年，第1390页。

弟而言，父亲苏洵对他们的影响是不言而喻的。司马光在《苏主簿夫人墓志铭》中研究苏洵说：

> 府君年二十七，犹不学。一旦慨然谓夫人曰："吾自视，今犹可学。然家待我而生，学且废生，奈何？"夫人曰："我欲言之久矣，恶使子为因我而学者！子苟有志，以生累我可也。"即罄出服玩鬻之以治生，不数年遂为富家。府君由是得专志于学，卒成大儒。①

欧阳修也在《故霸州文安县主簿苏君墓志铭》说：

> 年二十七，始大发愤，谢其素所往来少年，闭户读书，为文辞。岁余，举进士，再不中。又举茂材异等，不中。退而叹曰："此不足为吾学也。"悉取所为文数百篇焚之，益闭户读书，绝笔不为文辞者五六年，乃大究六经、百家之说，以考质古今治乱成败、圣贤穷达出处之际，得其粹精，涵畜充溢，抑而不发。久之，慨然曰："可矣。"由是下笔，顷刻数千言。②

从上面的资料可以一窥苏洵读书求学的特点。第一，苏洵早年是"少年不学"③，但"年二十七，始大发愤，谢其素所往来少年，闭门读书，为文辞"。第二，在经历了科场的失败之后，苏洵终于又回到读"古人之书"的路上，而且特别推崇《论语》《孟子》及韩愈之文，所为文章，也是不合时宜的古文。苏洵早年所学，乃是应付科举考试的科目，他在庆历七年之前参加过科举考试，奈何时运不济，屡次落第。至于落第的原因，主要是苏洵读书为文与当时的应试政策不合，他后来在《衡论·广士》一文中发泄了对当时取士政策的不满，他说："人固有才智奇绝而不能为章句、名数、声律之学者，又有不幸而不为者，苟一之以进士、制策，是使奇才绝智有时而穷也。"④ 也就是说当时应试重"章句、名数、声律"，而他却从小不善此道，因而成为"不幸者"之一。苏洵自

---

① ［宋］司马光撰，李之亮笺注：《司马温公集编年笺注》，成都：巴蜀书社，2009年，第533页。
② 曾枣庄、刘琳主编：《全宋文》第18册，成都：巴蜀书社，1994年，第361页。
③ ［宋］曾巩撰，陈杏珍、晁继周点校：《曾巩集》，北京：中华书局，1984年，第586页。
④ 曾枣庄、舒大刚主编：《三苏全书》第6册，北京：语文出版社，2001年，第159页。

己曾言："吾后渐长，亦稍知读书，学句读、属对、声律，未成而废。"①苏洵的读书与治学方式，深深地影响了苏辙兄弟。

在庆历七年之后的数年间，苏洵不再赴京应考，而是专心于自己喜欢的学术研究，"遂绝意于功名，而自托于学术，实亦有得而足恃"②。而这期间，苏洵所要研究的对象很广，诸子百家、历代史书都在其研读的范围之内，如在上文，欧阳修就说到，他是"大究六经、百家之说，以考质古今治乱成败、圣贤穷达出处之际，得其精粹，涵蓄充溢，抑而不发"。而此时的苏辙正跟随父亲学习，耳濡目染，苏洵治学的方式无疑会影响到苏辙，其研究历史往往"考质古今治乱成败"，苏辙也自言"以古今成败得失为议论之要"③，父子的学术思想一脉相承，都注重史学的研究，以总结历代兴衰的原因为研究的重点，正如宋人孙友仁在《两苏先生神道碑阴记》一文中所言："初，老泉先生之未第也，闭户十年，贯穿诸子之书，研究百代之史。而二先生侍侧，得于心传面命之际，莫不自家法中出来。"④ 在苏洵治学研读的过程中，苏辙兄弟还帮助父亲做一些辅助工作，苏轼在给苏辙的信中回忆说："君少与我师皇坟，旁资老聃释迦文。"⑤ 苏洵的思想很复杂，不仅融会儒释道，而且杂取各家之说，他在研读佛道典籍的过程中，必然汲取其中的一些思想，而苏辙兄弟从小受学于父亲，自然也影响到他们的思想。作为父亲，苏洵对其子的影响是广泛的，苏辙兄弟的文学创作和学术研究有共同之处，这都是从苏洵继承下来的，可以说，苏洵是苏辙兄弟走上文坛的先导。

苏辙母亲程夫人，是眉山大理寺丞程文应之女。程夫人出于书香门第，虽不是才华横溢，却是知书达理，苏辙赞扬其母："生而志节不群，好读书，通古今，知其治乱得失之故。"⑥ 苏洵、苏轼、苏辙父子三人能

---

① 曾枣庄、舒大刚主编：《三苏全书》第6册，北京：语文出版社，2001年，第112页。
② 同上书，第91页。
③ ［宋］苏辙著，曾枣庄、马德福校点：《历代论一》，《栾城集》后集卷七，上海：上海古籍出版社，2009年，第1212页。
④ 郏县档案馆编：《三苏坟资料汇编》，郑州：河南大学出版社，1986年。
⑤ ［宋］苏轼撰：《子由生日以檀香观音像及新合印香银篆盘为寿一首》，曾枣庄、舒大刚主编：《三苏全书》第9册，北京：语文出版社，2001年，第128页。
⑥ ［宋］苏辙著，曾枣庄、马德福校点：《坟院记》，《栾城集》三集卷一〇，上海：上海古籍出版社，2009年，第1568页。

成为文化名人，与程夫人有很大关系①。苏辙兄弟从小受到母亲的悉心抚育和教导，苏辙在写给苏轼的墓志铭《亡兄子瞻端明墓志铭》中说到："公生十年，而先君宦学四方，太夫人亲授以书。"② 而此时苏辙八岁，也得以受教于其母，尤其在苏洵外出游学和应试期间，程夫人独自担当起了教育苏辙兄弟的重任，苏洵记载了程氏对其子的教育："教以学问，畏其无闻。……二子告我：母氏劳苦。今不汲汲，奈后将悔。"③ 程氏教子有方，希望二子通过读书来砥砺名节，而苏辙兄弟果不失母望，兄弟俩一生品行端直，深得世人赞评，司马光在《苏主簿夫人墓志铭》一文中言："轼、辙之幼也，夫人亲教之，常戒曰：'汝读书勿效曹耦，止欲以书自名而已。'每称引古人名节以励之曰：'汝果能死直道，吾无戚焉已。'"④ 曹耦乃晋人，虽阅书很多，但名节不高，行为也不为世人称道。而后来苏辙举直言策，入第四等，考官以为不可，时司马光正知谏院，言"辙于同科四人中，言最切直，有爱君忧国之心，不可不收"⑤。苏辙切直的行为，显然与程氏的家庭教育有关，这也深得史学家司马光的赞扬。程氏如此看重儿子品行名节的培养，可以一窥宋人在家庭教育中对士人道德行为的重视。

傅斯年在《中国学术思想界之基本谬误》一文中尝云："中国学术，以学为单位者至少，以人为单位者转多，前者谓之科学，后者谓之家学。家学者，所以学人，非所以学学也。"⑥ 从苏辙的家世来看，祖父苏序、叔父苏涣、父亲苏洵都是品德端正之人，都懂得为诗作文，而母亲程夫人也知书达理，在他们的身上，体现了宋代士人特有的崇道德、重气节的品格特征。所有这些，无疑使苏辙从小就受到良好的品德教育。

---

① 司马光在为其撰写的《苏主簿夫人墓志铭》中记载程夫人激励苏洵立志读书的事情：府君（苏洵）年二十七，犹不学，一旦慨然谓夫人曰："吾自视，今犹可学。然家待我而生，学且废生，奈何？"夫人曰："我欲言之久矣，恶使子为因我而学者！子苟有志，以生累我可也。"（［宋］司马光撰：《温国文正公文集》卷七六，《四部丛刊》影印宋绍兴刻本。）苏洵《祭亡妻文》也有同样的记载："昔予少年，游荡不学，子虽不言，耿耿不乐。我知子心，忧我泯没。"（曾枣庄、舒大刚主编：《三苏全书》第 6 册，北京：语文出版社，2001 年，第 275~276 页。）
② ［宋］苏辙著，曾枣庄、马德福校点：《栾城集》后集卷二二，上海：上海古籍出版社，2009 年，第 1411 页。
③ 曾枣庄、舒大刚主编：《三苏全书》第 6 册，北京：语文出版社，2001 年，第 275 页。
④ ［宋］司马光撰：《温国文正公文集》卷七六，《四部丛刊》影印宋绍兴刻本。
⑤ 曾枣庄、舒大刚主编：《三苏全书》第 15 册，北京：语文出版社，2001 年，第 304 页。
⑥ 傅斯年：《人生问题发端：傅斯年学术散论》，上海：学林出版社，2000 年，第 24 页。

（三）苏轼对苏辙的影响

纵观中国文化史，以兄弟身份同时留名于文学史的有曹氏兄弟（曹丕、曹植）、陆氏兄弟（陆机、陆云）、苏氏兄弟（苏轼、苏辙）等，而其中最以手足情谊为后人称道的则是苏氏兄弟，他们如同北宋文学史上两颗璀璨夺目的明星，照亮了历史的天空。苏辙本有兄弟姊妹六人，两个哥哥，三个姐姐，苏洵在《极乐院造六菩萨记》一文中曾言及自己家庭成员病亡情况："始予少年时，父母俱存，兄弟妻子备具，终日嬉游，不知有死生之悲。自长女之夭，不四五年而丁母夫人之忧，盖年二十有四矣。其后五年而丧兄希白，又一年而长子死，又四年而幼姊亡，又五年而次女卒。至于丁亥之岁，先君去世，又六年而失其幼女，服未既，而有长姊之丧。悲忧惨怆之气，郁积而未散，盖年四十有九而丧妻焉。"① 这就是说嘉祐二年（1057），在苏辙的母亲离世之时，苏洵的子女就只剩下苏轼、苏辙兄弟了。治平三年（1066），苏洵溘然长逝，苏轼和苏辙相濡以沫，在患难与共的人生当中谱写了一曲人间亲情长曲。

苏轼与苏辙相差两岁，兄弟俩从小一起长大，互相学习。苏辙在《祭亡嫂王氏文》中言："幼学于兄，师友实兼，志气虽同，以不逮惭。"② 这是苏辙的自谦之词，显然在苏辙看来，自己和兄长一起学习，虽然读书的志向一样，但是在学业上赶不上兄长。苏辙在《祭亡兄端明文》中还言："手足之爱，平生一人。幼学无师，受业先君。兄敏我愚，赖以有闻。寒暑相从，逮壮而分。"③ 可以说，从苏辙幼时一直到嘉祐六年，苏轼赴凤翔府任判官，兄弟俩才第一次分开。在这差不多二十年间，兄弟俩几乎都在一起，苏辙经常回忆跟随苏轼学习的情形，在《逍遥堂会宿二首》序中尝云"辙幼从子瞻读书，未尝一日相舍"④，在《子瞻和陶渊明诗集引》中亦云"辙少而无师，子瞻既冠而学成，先君命辙师焉"⑤。这就是说兄弟俩在小时候是一起学习的。虽然后来苏轼师友、门生很多，但他在二十岁以前没有离开过家乡，只有苏辙和他既亲既友，

---

① 曾枣庄、舒大刚主编：《三苏全书》第6册，北京：语文出版社，2001年，第256页。
② [宋]苏辙著，曾枣庄、马德福校点：《栾城集》后集卷二〇，上海：上海古籍出版社，2009年，第1386页。
③ 同上书，第1388页。
④ [宋]苏辙著，曾枣庄、马德福校点：《栾城集》卷七，上海：上海古籍出版社，2009年，第158页。
⑤ [宋]苏辙著，曾枣庄、马德福校点：《栾城集》后集卷二一，上海：上海古籍出版社，2009年，第1402页。

"我年二十无朋俦,当时四海一子由"①,说的就是这个事实。后来苏轼长大成人,在学业上有了一定的成绩,于是苏洵就让苏辙跟从苏轼学习。

如果说苏洵是苏辙登上文坛的先导,那么苏轼则是苏辙人生当中的榜样与知己。在文学创作上,兄弟俩留下了一篇篇交相辉映的唱和诗文,其中有很多篇章是人间亲情的流露,苏轼《满江红》便是这类词中比较著名的一篇:

> 清颍东流,愁目断、孤帆明灭。宦游处、青山白浪,万重千叠。辜负当年林下意,对床夜雨听萧瑟。恨此生、长向别离中,添华发。一尊酒,黄河侧。无限事,从头说。相看恍如昨,许多年月。衣上旧痕馀苦泪,眉间喜气添黄色。便与君、池上觅残春,花如雪。②

翻检唐圭璋编《全宋词》,编入苏轼流传下来的词作共有362首,其中有4首是专门写给苏辙的。而苏辙虽然词作很少,但在他的诗文中也是经常提到苏轼,苏辙曾在《亡兄子瞻端明墓志铭》中总结了苏轼对自己人生的帮助:"我初从公,赖以有知,抚我则兄,诲我则师。"③ 在文学历史上,以真情载入诗文的一般是儿女之情,以兄弟之情留入史册的虽然也有,但以如此眷恋兄弟之情的还是少见。在学术上苏轼也常给予苏辙指导意见,例如苏辙与苏轼相遇于藤州,虽然同处于逆境当中,两人还互相切磋学术,苏辙《题老子道德经后》记载:

> 予昔南迁海康,与子瞻邂逅于藤州,相从十余日,语及平生旧学,子瞻谓予:"子所作《诗》《春秋传》《古史》三书,皆古人所未至,惟解《老子》,差若不及。"予至海康,闲居无事,凡所谓书,多所更定。④

在短短的十余日,兄弟俩相互交流学术看法,苏轼对苏辙的一些学术著作,尤其是《老子解》提出了中肯的意见,苏辙虚心地接受了兄长的意

---

① [宋]苏轼撰,《送晁美叔发运右司年兄赴阙》,曾枣庄、舒大刚主编:《三苏全书》第9册,北京:语文出版社,2001年,第63页。
② 曾枣庄、舒大刚主编:《三苏全书》第10册,北京:语文出版社,2001年,第278页。
③ [宋]苏辙著,曾枣庄、马德福校点:《栾城集》后集卷二二,上海:上海古籍出版社,2009年,第1423页。
④ 曾枣庄、舒大刚主编:《三苏全书》第5册,北京:语文出版社,2001年,第483页。

见，回来之后进行了多番的修订。

以上可以明显看出苏轼对苏辙文学与学术的影响，但影响不止于此，苏氏兄弟在政治上也患难与共，尤其在"乌台诗案"① 中苏辙与苏轼共进退，不仅是他们政治倾向一致的表现，也是手足之情的体现。苏轼在狱中写给苏辙的诀别诗《狱中寄子由》："圣主如天万物春，小臣愚暗自亡身。百年未满先偿债，十口无归更累人。是处青山可埋骨，他年夜雨独伤神。与君世世为兄弟，更结人间未了因。"② 也成为千古传诵的好诗。从苏辙幼时到苏轼去世的建中靖国元年（1101），在这漫长的大约六十年当中，苏轼充当了苏辙人生当中最重要的兄弟和朋友，他们亦亲亦友，亦师亦生，在文学上互相唱和，在政治上共同进退，在学术上互相切磋，成为中国历史上少有的文坛双星。古来兄弟相亲相乐者，代不乏人，而相爱相知共难者，唯有苏氏兄弟。因此，《宋史·苏辙传》说："辙与兄进退出处，无不相同，患难之中，友爱弥笃，无少怨尤，近古罕见。"③

从苏氏家族传承的文化来看，在家族内部来说是一脉相承的，但也与当时的社会文化相统一。孙中山曾说："由个人放大便是国家，在个人与国家之间，再没有很坚固很普遍的中间社会。"④ 对宋代眉山苏氏家族来说，以苏序、苏涣、苏洵、苏轼、苏辙为代表的苏氏族人，虽然在文化才能上各有差异，但他们生命中最重要的东西——个人的道德品格基本相同，宋代文人注重修身养性、砥砺风节的风气在他们身上可见一斑。就"三苏"（苏洵、苏轼、苏辙）而言，他们的文化成就也不是孤立的，他们取得的文化成就和影响，后人习惯称之为"三苏文化"。正如丹纳在讲"艺术品的本质"时说："艺术家本身，连同他所产生的全部作品，也不是孤立的。有一个包括艺术家在内的总体，比艺术家更广大，就是他所隶属的同时同地的艺术宗派或艺术家家族。例如莎士比亚，初看似乎是从天上掉下来的奇迹，从别个星球上来的陨石，但在他的周围，我们发现十来个优秀的剧作家，如韦白斯忒、福特、玛星球、马洛、本·

---

① "乌台诗案"：北宋中期的一场文字狱，因苏轼作诗讽刺新政，御史中丞李定、舒亶、何正臣等人以谤讪新政的罪名逮捕了苏轼，在御史台（乌台）受审，史称"乌台诗案"。苏辙积极营救其兄，愿以一切官位赎兄长罪，最后苏辙受到牵连，被贬高安，任筠州祭酒。
② ［宋］苏轼撰：《东坡七集·续集》卷二，清光绪重刊明成化刻本。
③ ［元］脱脱等：《宋史》卷三三九《苏辙传》，北京：中华书局，1985年，第10837页。
④ 中国社会科学院近代史研究所中华民国史研究室编：《孙中山全集》，北京：中华书局，1986年，第238~240页。

琼生、弗来契、菩蒙,都用同样的风格,同样的思想感情写作。"① 这不难理解,作为出自同一个家庭中的成员,苏辙与苏洵、苏轼在文化品位与艺术个性上,有着千丝万缕的联系,他们的文化活动及其成果,在思想和模式上也有很多共同点,因而,他们在散文创作中同属议论派的创作②,在学术上共同隶属蜀学一派,在党争中苏氏兄弟同属蜀党。对于苏辙来说,当苏氏家族在日积月累中形成的文化心理和精神价值一旦确立起来,便对所有的家族内部成员产生很大甚至终身的影响。譬如苏涣中举的成功,唤醒了苏氏成员积极仕进的思想,也鼓舞了苏辙兄弟早年积极进取的决心,而苏辙兄弟在嘉祐二年的中举成功,也带动了后来苏迈、苏籀等人参加科举应试的举动。同时,以苏洵、苏轼、苏辙为主体创造的"三苏文化",对苏氏家族的影响更加深远,不管是在它的草创初期,还是在发展过程当中,它都逐渐积淀为家族文化心理的一种存在。而家族文化作为家族成员之间的一种共同体,从来就存在于家族成员的观念心态中,并对其社会行为产生影响。这就是说,苏氏家族文化中的道德伦理规范、政治倾向、文学观念、学术思想等也会上升为家族文化观念,对包括苏辙在内的成员产生潜移默化的影响,并逐渐在宋代广阔的社会生活中付诸实践。

综上所述,眉山苏氏文化与苏辙家学作为幼年师承的主要内容,以其独特的风貌对苏辙的思想、政事、学术、文学产生了至为深远的影响,这既让他具备了宋代士大夫特有的注重个人修养的思想品格,又为他的学术、文学创作奠定了坚实的基础。

第二节 苏辙的时代

苏辙生于仁宗宝元二年(1039),卒于徽宗政和二年(1112),历经仁宗、英宗、神宗、哲宗、徽宗五帝,苏辙生活的时代,正值北宋中后期,是一个风云激荡和复杂多变的时代,一方面,宋王朝处在内忧外患之中,国家出现"积贫积弱"的局面,社会经历了"庆历新政""熙丰变法"两次大的变革,然而两次声势浩大的变革并没有革除各种弊病、调和社会矛盾,反而在各种保守和反对的意见中归于失败,而熙丰变法之后,北宋政权也逐渐走向衰弱,社会更加黑暗,直至苏辙去世的十五

---

① 〔法〕丹纳著,傅雷译:《艺术哲学》,合肥:安徽文艺出版社,1991年,第44页。
② 杨庆存将三苏散文创作归为"议论派",参见杨庆存:《宋代散文研究》,北京:人民文学出版社,2002年,第142页。

年后,即 1127 年,金人攻陷汴京,俘虏徽宗、钦宗,北宋宣告灭亡;另一方面,在苏辙的时代,正是士大夫政治长足发展的时候,两次变法,为宋代士大夫主导的各种政治力量提供了舞台,出现了激烈的党争。同时这一时期的学术思想发展迅猛,影响深远的宋学学派林立。伴随着社会的巨大变革,文学也掀起了声势浩大的"诗文革新"运动。

一、北宋中后期的社会政治

公元 960 年,后周大将赵匡胤发动陈桥兵变,黄袍加身,建立赵姓政权,是为北宋。之后,北宋政权陆续消灭了其他割据势力,在形式上建立了中央集权王朝,结束了五代时期动荡的社会状况。宋朝从立国之始起,历位皇帝一直奉行"崇文抑武"①的国策。经过太祖、太宗、真宗三位皇帝的苦心经营,到了仁宗一朝,宋代社会进入了一个鼎盛的阶段,社会相对稳定,在经济、文化方面出现前所未有的勃勃生机。以人

---

① 陈峰在《北宋武将群体与相关问题研究》一书中提出了"崇文抑武"的概念,并对此做了以下相关论述:学者们对宋代历史上"重文学、轻武功"的问题给予了高度关注,并几乎成为学术界的一个耳熟能详的概念。著名宋史研究专家邓广铭先生指出,虽然赵匡胤"依重兵而为国",但另一方面他也害怕如果没有限制,军事力量会凌驾于一切之上,会再次"黄袍加身"。因此,他特别提高了文官的地位,在朝代内外和全国范围内创造了一种强调文高于武的势头,使一些根本没有反叛能力的文人和官员凌驾于将领和其他军官之上。漆侠先生认为:"重文轻武的涵义是,重文事,轻武略,把文臣放在第一位,武将第二位,丝毫不重视养兵这一武事的最根本方面。"邓广铭和漆侠两位先生的论述可谓切中要害,抓住了问题的本质。不过,学术界虽对"重文轻武"的概念大致认同,但仍有持不同看法的学者,并撰文对此提出了批评。对以往提出的"重文轻武"概念,学者都注意到宋朝重视文官及文事,轻视武将及武略这样的事实。但是,从总体上看,当阅读这一概念中的"轻武"的语义时,往往很容易扩展对"轻武"的理解,认为宋代具有轻视军事准备甚至军队的意义。军队一直是国家生存的重要保证,即使是愚蠢的统治者也不能忽视军队的重要性。因此,有学者对这一概念进行了论证,指出宋代"重文"是符合现实的,而"轻武"则不是。还列举了宋太祖以后历位皇帝重视军队,导致产生兵员庞大、军费惊人等问题,以及几乎所有政治家都谈"兵"的事实,认为宋代最高统治者对朝臣进行了重新划分,采取措施约束将领,接受唐末五代的历史教训,这就是对"兵"的重视。这正是"惧武",同时也是"重武"。因此,最后得出的结论为:宋朝是"重武"不是"轻武"。宋代文官与将领权力失衡,大量制约将领,更重要的是宋代统治者不仅重视文化教育事业,轻视武略,而且长期以来,国家以儒家的道德思想和文化,刻意抑制军事将领和军事因素对国家政治和社会生活的影响。这种实施治国方略贯穿于宋代历史和各个方面。因此,他在前人对"重文化轻武术"认识的基础上,根据历史发生的实际全过程,提出了"崇文抑武"的概念。他认为,"崇文抑武"概念的提出,不仅是个别词语的变化,也是"重文轻武"概念的发展,以避免误解宋代对军队的认识和军事战备。同时,我们可以对宋代的治国思想和治国方略有一个更深刻的认识,在更高的层次上,可以看到当时"抑武"的动机和影响。以上参见:陈峰:《北宋武将群体与相关问题研究》,北京:中华书局,2004 年,第 251~253 页。

口的急速增长为例,可以说明仁宗一朝社会的发展。包拯曾对仁宗言:"陛下御宇以来,天圣七年户一千一十六万二千六百八十九;庆历二年,增至一千三十万七千六百四十;八年,又增至一千九十万四千四百三十四。拯以谓自三代以降,跨唐越汉,未有若今之盛者。"① 人口户数是衡量社会繁荣的一个重要标志,因此苏轼在《国学秋试策问二首》中曾说:"古者以民之多寡,为国之贫富。"② 仁宗一朝人才辈出,名臣如范仲淹、富弼、韩琦、包拯、狄青等聚于一朝,又是北宋文化发展的鼎盛时期,北宋古文六家欧阳修、曾巩、王安石、苏洵、苏轼、苏辙都活跃于此。因此,《宋史》极力称赞仁宗及其盛治:"(仁宗)在位四十二年之间,吏治若偷惰,而任事蔑残刻之人;刑法似纵弛,而决狱多平允之士。国未尝无弊倖,而不足以累治世之体;朝未尝无小人,而不足以胜善类之气。君臣上下恻怛之心,忠厚之政,有以培壅宋三百余年之基。子孙一矫其所为,驯致于乱。"③ 然而在仁宗时期,北宋社会在兴盛繁荣的背后,也隐藏着各种危机,欧阳修《本论》言:

  今宋之为宋,八十年矣。外平僭乱,无抗敌之国;内削方镇,无强叛之臣。天下为一,海内晏然。为国不为不久,天下不为不广也。语曰:"长袖善舞,多钱善贾。"言有资者其为易也。方今承三圣之基业,据万乘之尊名,以有四海一家之天下,尽大禹贡赋之地莫不内输,惟上之所取,不可谓乏财。六尺之卒,荷戈胜甲,力彀五石之弩、弯二石之弓者数百万,惟上制而令之,不可谓乏兵。中外之官居职者数千员,官三班吏部常积者又数百,三岁一诏布衣,而应诏者万余人,试礼部者七八千,惟上之择,不可谓乏贤。民不见兵革者几四十年矣,外振兵武,攘夷狄,内修法度,兴德化,惟上之所为,不可谓无暇。以天子之慈圣仁俭,得一二明智之臣相与而谋之,天下积聚,可如文、景之富;制礼作乐,可如成周之盛;奋发威烈,以耀名誉,可如汉武帝、唐太宗之显赫;论道德,可兴尧、舜之治。然而财不足用于上而下已弊,兵不足威于外而敢骄于内,制度不可为万世法而日益丛杂,一切苟且,不异五代之时,此

---

① [宋]张邦基撰,丁如明校点:《墨庄漫录》卷二,上海:上海古籍出版社,2012年,第78页。
② 曾枣庄、舒大刚主编:《三苏全书》第14册,北京:语文出版社,2001年,第306页。
③ [元]脱脱等:《宋史》卷一二《仁宗本纪》,北京:中华书局,1985年,第250页。

甚可叹也。①

这就是说,在苏辙出生的时候,北宋社会已经是矛盾重重,内忧外患交织在一起,国家出现了积贫积弱的局面。宋代文人士大夫针对国家的前途提出了各种解决办法,而且不同的士大夫集团围绕变法的问题结党成派,展开了尖锐的斗争,这种争斗一直持续到北宋灭亡。因此,苏辙所处的时代,最主要的社会问题是国家的内忧外患,以及变法与后变法时期的党争。这一时期,北宋社会由兴盛走向衰落。

(一) 北宋中后期的内外矛盾和积贫积弱的局面

北宋中期,虽然表面上社会繁荣,文化事业发达,但暗藏的各种矛盾逐渐显露,而且宋廷在对西夏的战争中接连失败,宋廷已经陷入内忧外患的局面,各种社会矛盾交织在一起,促使社会产生变革的力量,不同的文人政治群体,由于政见或利益的不同结成政治联盟进行争斗,这样更加加剧了社会矛盾的激化。

1. 北宋中期的三冗问题

北宋中期的社会问题主要表现为三冗问题。仁宗宝元二年,也即苏辙出生的这一年,宋祁上疏言:

> 朝廷大有三冗,小有三费,以困天下之财。财穷用褊,而欲兴师远事,诚无谋矣。能去三冗、节三费,专备西北之屯,可旷然高枕矣。
>
> 何谓三冗? 天下有定官无限员,一冗也;天下厢军不任战而耗衣食,二冗也;僧道日益多而无定数,三冗也。三冗不去,不可为国。请断自今,僧道已受戒具者姑如旧,其他悉罢还为民,可得耕夫织妇五十余万人,一冗去矣。……
>
> 何谓三费? 一曰道场斋醮,无有虚日,且百司供亿,至不可赀计。彼皆以祝帝寿、奉先烈、祈民福为名,臣愚以为此主者为欺盗之计尔。陛下事天地、宗庙、社稷、百神,牺牲玉帛,使有司端委奉之、岁时荐之,足以竦明德、介多福矣,何必希屑屑之报哉? 则一费节矣。二曰京师寺观,或多设徒卒,添置官府,衣粮率三倍他处。居大屋高庑,不徭不役,坐蠹齐民,其尤者也。而又自募民财,

---

① [宋] 欧阳修著,李逸安点校:《欧阳修全集》第三册,北京:中华书局,2001年,第59页。

> 营建祠庙，虽曰不费官帑，然国与民一也，舍国取民，其伤一焉，请罢去之，则二费节矣。三曰使相节度，不隶藩要。夫节相之建，或当边镇，或临师屯，公用之设，劳众而飨宾也。今大臣罢黜，率叨恩除，坐糜邦用，莫此为甚。请自今地非边要、州无师屯者，不得建节度；已带节度，不得留近藩及京师，则三费节矣。①

宋祁提到的三冗三费，总结起来即冗兵、冗官、冗费。北宋冗兵的问题，并非宋祁所处时代独有。事实上有宋一代，统治者虽然实行崇文抑武的国策，但实际上面对内忧外患，也一直重视军队数量的建设，而且数量增长很快："枢密院奏：开宝之籍总三十七万八千，而禁军马步十九万三千；至道之籍总六十六万六千，而禁军马步三十五万八千；天禧之籍总九十一万二千，而禁军马步四十三万二千；庆历之籍总一百二十五万九千，而禁军马步八十二万六千。视其所募兵浸多，自是稍加裁制，以为定额。英宗即位，诏诸道选军士能引弓二石、弝弩四石五斗送京师阅试，第升军额。明年，并万胜为神卫。三年，京师置雄武第三军。时宣毅仅有存者，然数诏诸路选厢军壮勇者补禁卫，而退其老弱焉。盖治平之兵一百十六万二千，而禁军马步六十六万三千云。……盖熙宁之籍，天下禁军凡五十六万八千六百八十八人；元丰之籍，六十一万二千二百四十三人。"② 从以上看，宋军的数量非常庞大，而且兵额递增的速度也很快。蔡襄曰："今天下大患者在兵，禁军约七十万，厢军约五十万，积兵之多，仰天子衣食，五代而上，上至秦汉无有也。"③ 在宋神宗时期，禁军的数量一度减少，但仍旧很庞大。北宋的冗兵问题，是唐宋社会转型时期的产物，"唐宋之际是中国封建社会土地占有关系和人身依附关系变动较大的时期。当这种变动作用于军事领域，并最终导致了征兵制的崩溃和募兵制的确立时，'兵农分离'，士兵的'不耕而食'，'仰食天子'和职业化、终身化以及由此而产生的'积兵之多'的现象也就随之必然地出现了"④。而且宋廷的冗兵大都是供力役之急的非作战士兵，这样造成了北宋军队"衣食天子""不耕而食"的现象，因此苏辙在《进策五

---

① [元] 脱脱等：《宋史》卷二八四《宋祁传》，北京：中华书局，1985年，第9594~9595页。
② [元] 脱脱等：《宋史》卷一八七《兵志一》，北京：中华书局，1985年，第4576~4579页。
③ [宋] 蔡襄著，[明] 徐㶿等编，吴以宁点校：《蔡襄集》卷一四，上海，上海古籍出版社，1996年，第380页。
④ 王育济：《北宋"冗兵"析》，《文史哲》1989年第2期。

道》中言:"天下非有田者不可得而使,而有田者之役,亦不过奔走之用,而不与天子之大事。天下有大兴筑,有大漕运,则常患无以为使,故募冗兵以供力役之急,不知击刺战阵之法,而坐食天子之奉。由是国有武备之兵,而又有力役之兵。"① 虽然在那个以人丁为主,装备为辅的时代,军队数量的多少是国防力量强弱的一个标志。而宋军战斗力的低下,不是兵不多,而是与宋廷的制将用兵有关。脱脱有此感慨:

> 嗟乎!三代远矣。秦、汉而下得寓兵于农之遗意者,惟唐府卫为近之。府卫变而召募,因循姑息,至于藩镇盛而唐以亡。更历五代,乱亡相踵,未有不由于兵者。太祖起戎行,有天下,收四方劲兵,列营京畿,以备宿卫,分番屯戍,以捍边圉。于时将帅之臣入奉朝请,犷暴之民收隶尺籍,虽有桀骜恣肆,而无所施于其间。凡其制,为什长之法,阶级之辨,使之内外相维,上下相制,截然而不可犯者,是虽以矫累朝藩镇之弊,而其所惩者深矣。②

军队数量虽有增加,但在实际战事中却不中用,养兵所需费用,成了国家财政的一大负担。富弼在宝元二年称:"自来天下财货所入,十中八九赡军。军可谓多矣,财可谓耗矣。今始用武,遽称乏人,即不知向时所赡之军何在,所耗之财何益?"③ 富弼所言反映了宋廷养兵用兵与大量军费开支的尖锐矛盾。

冗官是中国历朝常见的一种现象,但北宋的冗官,"四海之广,不能容滥官;天下物力,不能供俸禄"④,成为宋廷的一个社会问题。北宋的冗官问题在立国之初就出现了,但到仁宗一朝变得严重起来。"恩荫制"是北宋冗官的主要原因,宋代的恩荫名目繁多,造成大量官员人数的增加,如皇祐二年(1050),何郯上奏言:"总计员数,上自公卿,下至庶官子弟,以荫得官及他横恩,每三年为率,不减千余人。"⑤ 神宗熙宁时期,知谏院吴申言:"今卿监七十余员,将来子孙尽奏京官。少卿监、郎中、带职员郎共五百余员,员外郎八百员,数年之后,尽迁郎中,将来

---

① [宋] 苏辙著,曾枣庄、马德福校点:《栾城集》应诏集卷一〇,上海:上海古籍出版社,2009年,第1685页。
② [元] 脱脱等:《宋史》卷一八七《兵志一》,北京:中华书局,1985年,第4569页。
③ [宋] 李焘撰:《续资治通鉴长编》卷一二四,北京:中华书局,1995年,第2928页。
④ [宋] 欧阳修著,李逸安点校:《论使臣差遣劄子》,《欧阳修全集》第四册,北京:中华书局,2001年,第1638页。
⑤ [宋] 李焘撰:《续资治通鉴长编》卷一六九,北京:中华书局,1995年,第4055页。

奏荐复倍于今。"① 张希清先生推算，宋代平均每年门荫补官者恐不下五百人②，宋代荫补人员由于是荫补除官，因此大都素质低下，才能平庸，大量荫补人员进入官员队伍，使机构臃肿，办事效率极低。苏洵《上皇帝书》言："今之用人，最无谓者，其所谓任子乎？因其父兄之资以得大官而又任其子弟，子将复任其孙，孙又任其子，是不学而得者尝无穷也。夫得之也易，则其失之也不甚惜。以不学之人而居不甚惜之官，其视民如草芥也。"③ 清代赵翼论宋代的荫补冗官曰："荫子固朝廷惠下之典，然未有如宋代之滥者。文臣自太师及开府仪同三司（从一品），可荫子若孙及期亲、大功以下亲，并异姓亲及门客。太子太师至保和殿大学士，荫至异姓亲，无门客。中大夫至中散大夫（正五品上），荫至小功以下亲，无异姓亲。武臣亦以是为差。凡遇南郊大礼及诞圣节，俱有荫补。……此外又有致仕荫补。……此外又有遗表荫补。……由斯以观，一人入仕，则子孙亲族俱可得官，大者并可及于门客、医士，可谓滥矣。然此犹属定例，非出于特恩也。……朝廷待臣下固宜优恤，乃至如此猥滥，非惟开倖进之门，亦徒耗无穷之经费。"④ 荫补不仅导致官员人数增加，而且还产生大量的冗费。其次，科举取士名额的增多也是北宋冗官产生的一个原因。有宋一代，科举科目不断增多，录取名额也一再放宽。

表 2-1　北宋取士名额统计表

	太祖建隆元年	太宗太平兴国二年	真宗咸平三年	仁宗天圣八年	仁宗皇祐元年	英宗治平四年	神宗熙宁三年	神宗元丰八年	哲宗元符三年	徽宗崇宁二年	徽宗政和二年
进士	19	109	409	249	498	250	295	485	561	538	713
诸科		207	1129	573	550	36	472				

（数据来源：马端临《文献通考》卷三二《选举考五》）

从上表来看，北宋除了太祖时期取士名额较少外，其他时期的取士数量都很多，"宋代平均每年取士人数约为唐代的 5 倍，约为元代的 30

---

① ［宋］杨仲良撰：《皇宋通鉴长编纪事本末》卷六七，北京：北京图书馆出版社，2003 年，第 2169 页。
② 张希清：《论宋代科举取士之多与冗官问题》，《北京大学学报（哲学社会科学版）》1987 年第 5 期。
③ 曾枣庄、舒大刚主编：《三苏全书》第 6 册，北京：语文出版社，2001 年，第 47 页。
④ ［清］赵翼著，王树民校证：《廿二史札记校证》卷二五"宋恩荫之滥"，北京：中华书局，1984 年，第 536 页。

倍，约为明代的 4 倍，约为清代的 3.4 倍"①。科举制自隋实行以后，宋代取士的数量位列历朝之冠，远远超过了唐、元、明、清各朝，大量中举者陆续加入各级官员的队伍，成为宋代冗官产生的一个原因。此外，宋代胥吏出职、进纳买官等也使大量人员进入官员队伍。在仁宗一朝，北宋的冗官问题变得严重起来，包拯《论冗官财用等》曰："臣伏见，景德、祥符中，文武官总九千七百八十五员；今内外官属总一万七千三百余员，其未授差遣京官、使臣及守选人不在数内，较之先朝，才四十余年，已逾一倍多矣。……是食禄者日增，力田者日耗，则国计民力安得不窘乏哉！"②北宋冗官问题一直持续到后期，在哲宗年间，监察御史上官均言："士大夫列于版籍者，可谓至冗矣！京官自承务郎至朝议大夫，凡二千八百余人，选人（候补）一万余人，大使臣二千五百余人，小使臣一万三千余人；举天下之员阙，不足以充入仕之人。"③

冗费也是困扰北宋中后期的一大问题。自宋辽、宋夏议和以后，北宋政府每年要"赏赐"给辽和西夏大量的白银和绢，每次郊祀也产生大量的冗费，曾巩《上神宗乞明法度以养天下之财》言："景德郊费六百万，皇祐一千二百万，治平一千三百万。以二者较之，官之众一倍于景德，郊之费亦一倍于景德。"④内外赏赐、各种冗费增大了财政支出。叶适言："太宗、真宗之初，用度自给，而犹不闻以财为患。及祥符、天禧以后，内之蓄藏稍已空尽。而仁宗景祐、明道，天灾流行，继而西事暴兴，五六年不能定。夫当仁宗四十二年，号为本朝至平极盛之世，而财用始大乏，天下之论扰扰，皆以财为虑矣。"⑤司马光亦云："吾太祖初得天下之时，止有一百一十一州耳。……当是之时，内给百官，外奉军旅，诛除僭伪，赏赐钜万，未尝闻财用不足如今日之汲汲也。陛下承祖宗之业，奄有四百余州，天下一统，戎狄款塞，富饶之土贡赋相属，承平积久百姓阜安，是宜财用羡溢，百倍于前。奈何竭府库之所蓄，罄率土之所有，当天下无事之时，遑遑焉专救经费而不足。"⑥ 严重的"三

---

① 张希清：《论宋代科举取士之多与冗官问题》，《北京大学学报（哲学社会科学版）》1987 年第 5 期。
② ［宋］张田编：《包拯集》卷一，北京：中华书局，1963 年，第 14~15 页。
③ ［宋］李焘撰：《续资治通鉴长编》卷一三，北京：中华书局，1995 年，第 9401 页。
④ ［宋］曾巩撰，陈杏珍、晁继周点校：《曾巩集》，北京：中华书局，1984 年，第 451 页。
⑤ ［宋］叶适撰，刘公纯、王孝鱼、李哲夫点校：《叶适集·水心别集》卷一一《财总论二》，北京：中华书局，1961 年，第 772 页。
⑥ ［宋］李焘撰：《续资治通鉴长编》卷一三，北京：中华书局，1995 年，第 4756 页。

冗"，使北宋中期的财政入不敷出，政府的国库越来越穷，而且越到北宋后期，这种状况越严重。

2. 北宋中后期的外患

苏辙所处时代的外患主要是西北方的西夏和北方的辽。西南地区也有一些复杂的少数民族和部族政权，如在云南有白族建立的大理政权，在云南、川蜀一带有蛮人部族，广西一带也有壮族、瑶族、苗族等部族。在北宋政权建立后的一百年间，政府基本没有与大理政权有过交往，而别的少数民族和部族大都居于地形复杂的西南边疆之地，人口分散，力量弱小，不足以与宋廷中央政权抗衡。《宋史》说："自黔、恭以西，至涪、泸、嘉、叙，自阶又折而东，南至威、茂、黎、雅，被边十余郡，绵亘数千里，刚夷恶獠，殆千万计。自治平之末讫于靖康，大抵皆通互市，奉职贡，虽时有剽掠，如鼠窃狗偷，不能为深患。"① 即使发生侬智高那样的反宋行动，也很快被镇压下去。因此，在苏辙的时代，北宋的边患主要来自西夏和辽。

西夏是党项族在中国西部建立的一个少数民族政权。党项原本是羌人的一支，在唐初生活在青藏高原一带，后来受到吐蕃的威胁，才逐渐内迁。在唐僖宗时期，首领拓跋思恭帮助朝廷平定黄巢起义，因功被赐李姓，封夏国公，其势力范围在夏、绥、宥、银一带。到了五代时期，群雄蜂起，战火连绵不断，党项族政权则偏安一隅，获得了长足发展。到了北宋时期，赵匡胤想削释李氏的兵权，把李氏亲族诏至京城，党项族人李继迁知道其中有诈，借故逃走，并发展自己的势力。太宗时期，李继迁势力日盛，先是占据银州，攻陷会州，而且请降于辽，被辽封为夏国王。至道二年（996），宋太宗派五路大军出征李继迁，结果失败。真宗时期，党项族时常侵扰边境，并向宋朝索要夏州，真宗授李继迁为夏州刺史、定难军节度使、夏银绥宥静五州观察处置押蕃落等使，事实上承认了西夏的独立地位。此后，党项族势力不断发展，到了宝元元年（1038），也就是苏辙出生的前一年，党项族首领李元昊自称皇帝，国号大夏。此后数年，西夏军队与宋军发生了三川口之战、好水川之战、麟府丰之战、定川寨之战等战役，宋军几经失利，士气低落，无力再战，以至于宰相吕夷简对人说"一战不及一战，吁！可骇也"②，后来虽有范仲淹、韩琦等名将主持边政，对西夏采取坚壁清野的策略，使其在军事

---

① ［元］脱脱等：《宋史》卷四九六《蛮夷传四》，北京：中华书局，1985 年，第 14244 页。

② ［宋］田况撰：《儒林公议》卷上，北京：中华书局，1985 年，第 4 页。

上不能屡屡得手，但宋廷难以从根本上消除西夏对边境的威胁。宋夏双方都被战争搞得筋疲力尽，双方百姓怨声载道，后来宋夏之间的局势有所缓和，并于庆历四年（1044）达成合议：元昊取消帝号，由宋册封为夏国主，对宋称臣；宋每年赐给西夏银七万两，绢十五万三千匹，茶三万斤；重开互市贸易，恢复民间商旅往来。自此以后，宋夏之间虽未有大的战事，但北宋对敌战争的主动性大大降低，虽然宋廷不承认元昊的帝位，但元昊在国内依旧行皇帝事。宋夏之战给宋廷带来了财政危机，北宋的国力进一步被弱化，"及元昊背恩，国家发兵调赋以供边役，关中既竭，延及四方，东自海岱，南逾江淮，占籍之民，无不萧然，苦于科敛。自其始叛，以至纳款，才五年耳，天下困敝，至今未复"①。"北宋对西夏战争的失败，标志着北宋'积弱'局面的正式形成"②。双方无力再发动大的战争，庆历合议之后，北宋和西夏之间维持了将近四十余年的和平。

宋神宗时期，西夏外戚梁太后与其弟梁乙埋当权，帝党与母党矛盾激化，国内局势混乱，宋神宗认为有机可乘，遂派五路大军讨伐西夏，遭到西夏各处抵抗，结果宋军伤亡惨重，无功而返。元丰五年，李宪鼓动宋神宗再伐西夏，神宗命给事中徐禧、鄜延道总管种谔于九月带兵进攻西夏。徐禧等人率军攻入西夏境内，在永乐川筑永乐城（今宁夏境内），一度威胁西夏首府。但由于选址不当，永乐城内缺水，西夏梁氏派军兵三十万围攻永乐城，截断流经城中的水源，沈括等人的援军受阻，永乐城终被攻破。此役史称"永乐城之战"，"是役也，死者将校数百人，士卒、役夫二十余万，夏人乃耀兵米脂城下而还。宋自熙宁用兵以来，凡得葭芦、吴保、义合、米脂、浮图、塞门六堡，而灵州、永乐之役，官军、熟羌、义保死者六十万人，钱、粟、银、绢以万数者不可胜计。帝临朝痛悼，而夏人亦困弊"③。此后双方元气大伤，北宋无力发动大规模攻势，西夏也处于困弊不堪的境地。

宋哲宗即位以后，宋夏之间虽没有大的战事，但西夏时常骚扰宋朝边境。宋徽宗对西夏采取强硬政策，双方的战争互有胜负。公元1098年二月，西夏遣使向宋朝谢罪，宋朝不受，又在神堆（今陕西米脂西）大

---

① [宋] 司马光撰，李之亮笺注：《司马温公集编年笺注》，成都：巴蜀书社，2009年，第516页。
② 何忠礼：《北宋政治史》，杭州：浙江大学出版社，2007年，第142页。
③ [元] 脱脱等：《宋史》卷四八六《外国传二》，北京：中华书局，1985年，第14012页。

败夏兵。后来，宋廷在辽朝的斡旋之下，同意与西夏媾和，于是宋朝继续对西夏"赏赐"。但是夏、宋两国在边界上仍然时有冲突，这种状况一直持续到北宋末年。可以说，宋夏关系是北宋中晚期宋廷最重要的对外关系之一，西夏与宋廷的和战贯穿了整个北宋中晚期，宋廷被西夏交缠得筋疲力尽，连年赏赐给西夏的岁币和绢帛，加重了国家财政的支出，成为北宋人民的一大负担。

居于宋廷北面的辽，是契丹族建立在北方的政权。北宋建国后，宋太宗先后于979年、986年两次对辽用兵，想要恢复被辽占领的幽蓟地区的统治，结果皆被辽打败。宋真宗景德元年（1004），辽军大举南下，宋真宗在寇准的力主下北上亲征，在澶州一带与辽决战，挫败辽军前锋，辽提出讲和。1005年，宋廷与辽订立和约，主要内容是：宋每年给辽岁币银十万两、绢二十万匹，双方各守疆界，互不骚扰，成为兄弟之邦，史称"澶渊之盟"。这次盟约，虽是在宋军军事上有利而辽军失利的形势下订立的，但仍让辽在财物方面占了很大的便宜，宋廷则威风扫地。之后，宋与辽在一百年间没有战争，两国之间还有贸易往来，这对促进汉族和契丹族之间的经济文化交流很有意义。然而"澶渊之盟"中宋廷贡辽的岁币和布，是背负在北宋人民身上的一大包袱。宋仁宗庆历二年（1042），正当宋与西夏交兵之时，辽趁火打劫，向宋廷索取瓦桥关南十县地。此时，宋仁宗正处于内外交困之际，无奈只得在"澶渊之盟"的基础上，每年再增加岁币十万两、绢十万匹结束了这次争端。在苏辙的时代，由于"澶渊之盟"，宋、辽长期处于和平状态，根据盟约，宋辽双方也有一些善意的外交活动。哲宗元祐四年（1089），苏辙就曾受命为贺辽国生辰信使，出使辽国，为辽道宗祝贺生日。尽管如此，辽仍是宋廷的威胁。

北宋的外患主要是西夏与辽，但是宋廷明显的积弱始于对西夏的斗争。因为宋廷与辽的战争主要集中在北宋前期，即太宗、真宗时期，这个时候北宋在军事上处于战略主动的地位，而且时刻准备北伐收复被辽占领的幽蓟地区，即使在澶州之战中，宋军在军事上也取得了重大胜利。然而，在北宋中期仁宗庆历年间，宋廷在与西夏的战争中，屡次战败，宋廷在军事上逐渐转入战略防御地位，即使有范仲淹、韩琦等名将想力挽狂澜，也难以挽回宋廷在军事上的主动性。宋廷在对西夏战争上的失利，造成了宋廷"积弱"局面的形成。庆历四年，枢密副使韩琦、参知政事范仲淹向宋仁宗上奏说：

> 昨元昊叛命，王师数出不利，而北敌举数十万众，谓元昊是舅甥之邦，中国不当称兵。国家以生民之故，稍增金缯，以续盟好。今元昊虽暂求通顺，后如物力稍宽，则又有长驱深入、并吞关辅之心。何以知之？昨定川之战，彼作伪诏，诱胁边人，欲定关中。盖汉多叛人陷于穷漠，必以刘元海、苻坚、元魏故事，日夜游说元昊，使其侵取汉地，而以汉人守之，则富贵功名，衣食嗜好如其意。乃知非独元昊志在侵汉，实汉之叛人日夜为贼谋也。朝廷若从其和，则北敌要功，下视中国；若拒绝之，则元昊今秋必复大举，北敌寻亦遣使，问所以拒绝元昊之故，或便称兵塞外，张势胁我。国家必于陕西选将调兵，移于河北，河北未战而西陲已虚，元昊乘虚而来，必得志于关辅。此二敌交结之势，何以御之？臣等思和与不和，俱为大患。①

西夏与辽，在宋廷的西面和北面形成了威胁，由于边境线太长，宋廷的兵力无法满足每一个地方的需要，只好根据战事的需求来回调动兵力，事实上已经反映出宋廷在军事上处于战略防御的劣势。宋廷在对外军事上的失利，逐渐使自己沦为一个至弱之国，以致叶适论曰："天下之弱势，历数古人之为国，无甚于本朝者。"②

（二）变法与后变法时代

北宋中期，面对宋廷的内困外扰，一些文人士大夫萌生出"通变救弊"的思想，他们自觉地把国家的前途与个人命运紧密联系在一起。刘安世说："盖有说矣，天下之法未有无弊者。祖宗以来，以忠厚仁慈治天下，至于嘉祐末年，天下之事似乎舒缓萎靡不振，当时士大夫亦自厌之，多有文字论列。"③钱穆先生也说，"宋朝的时代，在太平景况下，一天一天的严重，而一种自觉的精神，亦终于在士大夫社会中渐渐萌苗。所谓'自觉精神'者，正是那辈读书人渐渐自己从内心深处涌现出一种感觉，觉到他们应该起来担负着天下的重任"④。在这些文人士大夫中，以范仲淹、王安石的行为表现最为突出，范仲淹《岳阳楼记》"先天下之忧而忧，后天下之乐而乐"、王安石"天变不足畏，祖宗不足法，人言

---

① ［宋］李焘撰：《续资治通鉴长编》卷一四九，北京：中华书局，1995年，第3579页。
② ［宋］叶适撰，刘公纯、王孝鱼、李哲夫点校：《叶适集·水心别集》卷一四《纪纲三》，北京：中华书局，1961年，第815页。
③ ［宋］马永卿编：《元城语录》卷上，影印文渊阁《四库全书》本。
④ 钱穆：《士大夫的自觉与政治革新运动》，《国史大纲》，北京：商务印书馆，1996年，第558页。

不足恤"① 的精神，成为那个时代士大夫自觉精神的最强音。宋代文人的这种自觉的政治精神的渊源在于宋代的"崇文"国策，在"与士大夫共天下"政策的感召之下，士大夫已经把国家、个人的命运融为一体，面对国家的"内困外弊"，他们先后发起了"庆历革新""熙宁变法"的运动。

虽然"庆历革新""熙宁变法"在时间上一前一后，但针对的社会矛盾基本相同，即解决北宋政府所面临的各种危机，建立一种长治久安的社会秩序，以此来巩固赵宋政权。围绕革新与变法，文人士大夫群体中间产生了持有不同政治主张的派别，虽然这些文人对待革新与变法的态度不同，但目的却相同，就是要巩固赵宋政权。基于政治主张和利益的不同，这些文人政治群体相互争斗，互不相让。最后的结果是两次变法都在文人的党争中归于失败。在"庆历革新"的党争中，范仲淹、富弼、韩琦、蔡襄、欧阳修、余靖、王素等革新派和吕夷简、章得象、张方平、夏竦等保守派相互争斗，各不相让，导致新政流产，李焘在《长编》中说：

> 始，范仲淹以忤吕夷简，放逐者数年，士大夫持两人曲直，交指为朋党。及陕西用兵，天子以仲淹士望所属，拔用护边。及夷简罢，召还倚以为治，中外想望其功业，而仲淹亦感激眷遇，以天下为己任，遂与富弼日夜谋虑，兴致太平。然规模阔大，论者以为难行；及按察使多所举劾，人心不自安；任子恩薄，磨勘法密，侥幸者不便。于是谤毁寖盛，而朋党之论，滋不可解。然仲淹、弼守所议弗变。②

由于范仲淹忤逆吕夷简，于是"士大夫持两人曲直，交指为朋党"。之后，范仲淹被寄予重望，仁宗把他召入朝廷，想使其有所作为。范仲淹上疏《答手诏条陈十事》，宋仁宗同意了范仲淹的上疏，并以诏令的形式颁布全国，于是"庆历革新"开始了。但是由于革新派操之过急的措施和新政的不当之处，损害了大贵族、大官僚的利益，遭到他们强烈的反对，最后归于失败。

"庆历新政"失败后，社会危机依旧存在。仁宗之后，即位的英宗

---

① ［元］脱脱等：《宋史》卷三二七《王安石传》，北京：中华书局，1985 年，第 10550 页。

② ［宋］李焘撰：《续资治通鉴长编》卷一五〇，北京：中华书局，1995 年，第 3637 页。

在位仅四年就去世了，到了神宗时期，积贫积弱的局面仍没有改变，三冗问题依旧存在，要求变革的呼声日趋高涨。朱熹说："只当是时非独荆公要如此，诸贤都有变更意。"① 连神宗也说："天下弊事至多，不可不革。"② 于是，在士大夫群体要求变革的呼声中，在神宗的支持下，王安石推行新法，史称"熙宁变法"。在变法的过程中，士大夫群体在对待变法的问题上产生分化，以王安石为代表的新党与司马光为代表的旧党产生，新旧两党的成员基本都是文人士大夫群体，他们围绕变法的问题各抒己见，争论不已。王安石领导的"新法"，遭到司马光、韩琦、富弼、文彦博等大臣的抵制，连范仲淹之子范纯仁也对新法展开攻击，称："王安石变祖宗法度，搊克财利，民心不宁。"③ 王安石感到困难重重，先后两次辞去相位，元丰八年，神宗病死，高太后立赵煦为帝，是为哲宗，她立即召司马光上台执政，废除新法，"熙宁变法"彻底失败。

"熙宁变法"失败了，各种社会问题却仍旧存在，由变法引发的新旧党争愈演愈烈，这种情况一直持续到北宋末年，因此可称之为后变法时代。元祐年间，阻挠新法的旧党得势，高太后陆续召回被新党排斥在外的刘挚、韩维、吕大防、程颢、苏轼、苏辙、朱光庭、范纯粹、梁焘、范祖禹、傅尧俞、刘安世等旧党人士，这些人虽然在反对和打击新党人士时同出一气，但是由于政治主张、学术观点、师友、地域的不同又分为洛党、朔党、蜀党等派，相互进行争斗，史称"元祐党争"。元祐八年，高太后去世，哲宗亲政，次年改元绍圣，以绍述神宗熙宁时期新法，章惇执政，陆续召回新党人士，旧党成员纷纷被打击报复。《宋史》称："哲宗亲政，有复熙宁、元丰之意，首起惇为尚书左仆射兼门下侍郎，于是专以'绍述'为国是，凡元祐所革一切复之。引蔡卞、林希、黄履、来之邵、张商英、周秩、翟思、上官均居要地，任言责，协谋朋奸，报复仇怨，小大之臣，无一得免，死者祸及其孥。……然重得罪者千余人，或至三四谪徙，天下冤之。"④

哲宗在位时间不长，元符三年病死，端王赵佶即位，是为宋徽宗，北宋进入历史上最黑暗的时期。宋徽宗拜蔡京为相，还与蔡京打着新法的旗号迫害元祐党人，《宋史》载：

---

① [宋] 黎靖德编，王星贤点校：《朱子语类》卷一三〇，北京：中华书局，1986 年，第 3111 页。
② [清] 毕沅：《续资治通鉴》卷六六，北京：中华书局，1957 年，第 1617 页。
③ [元] 脱脱等：《宋史》卷三一四《范纯仁传》，北京：中华书局，1985 年，第 10823 页。
④ [元] 脱脱等：《宋史》卷四七一《章惇传》，北京：中华书局，1985 年，第 13711 页。

> （徽宗）命之曰："神宗创法立制，先帝继之，两遭变更，国是未定。朕欲上述父兄之志，卿何以教之？"京顿首谢，愿尽死。……时元祐群臣贬窜死徙略尽，京犹未慊意，命等其罪状，首以司马光，目曰奸党，刻石文德殿门，又自书为大碑，遍班郡国。初，元符末以日食求言，言者多及熙宁、绍圣之政，则又籍范柔中以下为邪等凡名在两籍者三百九人，皆锢其子孙，不得官京师及近甸。①

这时，蔡京等人对元祐党人打击是不择手段。徽宗一朝是绍圣要臣得势，苏辙退居颍昌，终日默坐不出，直至病卒。

总之，苏辙时代的政治复杂多变，面对北宋王朝的各种社会危机，宋型文化的主体——士大夫主导了"庆历新政""熙丰变法"两次变革。虽然两次变革都失败了，但显示了此期的政治是士大夫政治。士大夫群体不但是北宋中期社会变革的主导力量，而且还导演了北宋中后期的文人党争。苏辙就是生活在这样一个变法与后变法的时代，他的政治思想和行为都与这历史背景息息相关。

二、北宋中后期的社会文化性格

就宋型文化的发展来说，北宋中期是一个重要的发展时期，此期"经历着文风变革、学风变革、政风变革三方面矛盾的推演与激荡，造成的影响也是多方面的，其中之一便造就了宋代士大夫成为集官僚、学者、文人三种身份交相呼应并集于一身的特殊群体，使北宋中后期无论是政治斗争、学术之争，亦或是文学之争都呈现出一种更为复杂的局面"②。这种复杂、多变的局面，在仁宗一朝发生，贯穿整个北宋中后期，是宋型文化的发展成型时期，也是北宋文化的变古时期。

（一）学术变古思潮

梁启超在《清代学术概论》开篇即言："凡文化发展之国，其国民于一时期中，因环境之变迁，与夫心理之感召，不期而思想之进路，同趋于一方向，于是相与呼应汹涌，如潮然。始焉其势甚微，几莫之觉，浸假而涨—涨—涨，而达于满度，过时焉则落，以渐至于衰熄。凡'思'非皆能成'潮'，能成'潮'者，则其'思'必有相当之价值，

---

① ［元］脱脱等：《宋史》卷四七二《蔡京传》，北京：中华书局，1985 年，第 13723 ~ 13724 页。
② 李真真：《蜀党的立党及成员》，《西华师范大学学报（哲学社会科学版）》2009 年第 5 期。

而又适合于其时代之要求者也。凡'时代'非皆有'思潮',有思潮之时代,必文化昂进之时代也。"① 梁启超认为时代思潮是一个发达文化时代的标志,只有从思潮入手,才能真正把握住某一时代的文化本质。因此,要了解北宋的社会文化性格,必然要考察这个时代的文化思潮。"有宋一代,武功不竞,而学术特昌。上承汉、唐,下启明、清,绍述创造,靡所不备。"② 发达的宋代文化,亦有思想潮流引领文化发展之趋向。

北宋文化上的新思潮体现在学术上,则是宋学的发展。中唐以来,随着社会的发展和生产方式的变革,宋型文化也随之兴起发展。在学术上,中唐的啖助、陆淳等人开始"弃传求经",这与两汉以传注为中心的经学传统大不一样,但是却开创了宋学经学方法的先河。北宋以来,孙复等人在《春秋》学的研究上与啖助的学风一致,表现了很强的继承性,他"舍传以求经"的治学方法,得到世人的推崇,欧阳修说:"先生治《春秋》,不惑传注,不为曲说以乱经。其言简易,明于诸侯大夫功罪,以考时之盛衰,而推见王道之治乱,得于经之本义为多。"③ 这种在学术上的变古思潮形成于北宋庆历年间。陆游说:"唐及国初,学者不敢议孔安国、郑康成,况圣人乎!自庆历后,诸儒发明经旨,非前人所及。然排《系辞》,毁《周礼》,疑《孟子》,讥《书》之《胤征》《顾命》,黜《诗》之《序》,不难于议经,况传注乎!"④ 皮锡瑞在《经学历史》中也说:

  经学自唐以至宋初,已陵夷衰微矣。然笃守古义,无取新奇,各承师传,不凭胸臆,犹汉、唐注疏之遗也。宋王旦作试官,题为"当仁不让于师",不取贾边解师为众之新说,可见宋初笃实之风。乃不久而风气遂变。《困学纪闻》云:"自汉儒至于庆历间,谈经者守训故而不凿,《七经小传》出而稍尚新奇矣。至《三经义》行,视汉儒之学若土梗。"据王应麟说,是经学自汉至宋初未尝大变,至庆历始一大变也。⑤

---

① 梁启超:《清代学术概论》,北京:中国书籍出版社,2006 年,第 2 页。
② 柳诒徵:《中国文化史》,上海:上海古籍出版社,2001 年,第 564 页。
③ [宋]欧阳修著,李逸安点校:《孙明复先生墓志铭》,《欧阳修全集》第二册,北京:中华书局,2001 年,第 457 页。
④ [清]皮锡瑞著,周予同注释:《经学变古时代》,《经学历史》,北京:中华书局,2004 年,第 156 页。
⑤ 同上书。

可见在仁宗庆历年间，学术上已经进入"变古"的时代，至于在学术上形成的新思潮、新风尚的情形，司马光在神宗熙宁时期批评了王安石：

> 窃见近岁公卿大夫好为高奇之论，喜诵老庄之言，流及科场，亦相习尚。新进后生，未知臧否，口传耳剽，翕然成风。至有读《易》未识卦爻，已谓《十翼》非孔子之言；读《礼》未知篇数，已谓《周官》为战国之书；读《诗》未尽《周南》《召南》，已谓毛郑为章句之学；读《春秋》未知十二公，已谓《三传》可束之高阁。循守注疏者谓之腐儒，穿凿臆说者谓之精义。且性者，子贡之所不及；命者，孔子之所罕言。今之举人，发言秉笔，先论性命，乃至流荡忘返，遂入老庄。纵虚无之谈，骋荒唐之辞，以此欺惑考官，猎取名第。禄利所在，众心所趋，如水赴壑，不可禁遏。①

这虽然是司马光对新进后生的批评，但实际上描绘了当时学术界的时尚潮流，即一是喜诵老庄之言，二是疑经惑传，三是不守注疏、探究义理，四是好言性命之学。由于公卿大夫的示范作用，这一学风成为潮流，青年学子也纷纷相习为尚。

庆历学术思潮的活跃主要表现在儒学繁盛，学派纵横，学统四起。黄宗羲在《宋元学案》中总结了庆历年间的学术思潮时，说："庆历之际，学统四起。齐、鲁则有士建中、刘颜夹辅泰山而兴。浙东则有明州杨、杜五子，永嘉之儒志、经行二子，浙西则有杭之吴存仁，皆与安定湖学相应。闽中又有章望之、黄晞，亦古灵一辈人也。关中之申、侯二子，实开横渠之先。蜀有宇文止止，实开范正献公之先。筚路蓝缕，用启山林，皆序录者所不当遗。"②庆历时期，学术流派风起云涌，之后张氏关学、二程洛学、荆公新学、苏氏蜀学等学派、学人如树林立，宋学呈现出一派勃勃的生机。而在治学方法上与前代学者迥异，他们在疑古惑经思潮的影响之下，先儒之说不以全信，对儒学作了一次新的革新，不守注疏，探求义理便成为新的治学途径，在此种风气的熏染下，学者治经，多有创见发明。"自庆历后，诸儒发明经旨，非前人所及"③，说

---

① [宋] 司马光撰：《论风俗劄子》，《温国文正公文集》卷四五，《四部丛刊》影印宋绍兴刻本。
② [清] 黄宗羲原著，[清] 全祖望补修：《宋元学案》第一册《士刘诸儒学案》，北京：中华书局，1986年，第251页。
③ [清] 皮锡瑞著，周予同注释：《经学变古时代》，《经学历史》，北京：中华书局，2004年，第156页。

的就是这种情形。同时，宋代儒、释、道三教融合，儒家学者中兼具释、道思想者甚多，引释、道入儒，也成为当时学者治学的一种倾向，这些新的学术因子和学术特征，成为北宋中期文化变古思潮的重要体现。

（二）文学的变革时代

虽然中唐至北宋是宋型文化转型发展期，但北宋初期的文学，基本是唐末五代文学的延续。当时诗坛中的"白体""西昆体"和"晚唐体"都是唐人诗歌的余风，宋初的文风也是五代以来的浮靡之风。尽管也有一些作家如柳开、王禹偁等也创作古文想扭转文风，但由于时代和个人的局限，一时无法转变局面。直到北宋中期，在庆历以后，宋型文化发生了彻底的转变，进入一个全面成型时期，由官僚、学者、文士三位一体的文化主体主导了文化的发展，这也是宋文化发生变古的时期。宋代的经学、文学发生了巨大的变化，正如皮锡瑞所论，经学进入一个"变古的时代"，而文学则进入了变革的时代，产生了"诗文革新"运动。

在这个文学变革的时代，最能反映文学领域内变化的则是经世致用的思潮与诗文革新运动。文学思潮本来是源于西方文学的一个范畴，苏联文艺理论家波斯彼洛夫在其《文学原理》一书中论述"文学思潮"问题时说："文学思潮是在某一个国家和时代的作家集团在某种创作纲领的基础上联合起来，并以它的原则为创作自己作品的指导方针时产生的。这促进了创作的巨大组织性和他们作品的完整性。但是，并不是某一作家团体所宣布的纲领原则决定了他们创作的特点，正相反，是创作的艺术和思想的共性把作家联合在一起，并促使他们意识到和宣告了相应的纲领原则。"① 这就是说，文学思潮具有民族性和时代性，是某一时期创作艺术和思想的共性的表现，因此，文学思潮在概念上比文学思想要宽泛一些，它反映了一定时期的时代精神，是社会思潮在文学领域内的"回声"。就宋型士人文化的发展而言，北宋中期"变革"的社会思潮反映在文学方面，最主要的是经世致用思潮引领着当时文坛的变化发展。宋型政治文化在北宋中期，尤其在仁宗一朝达到了顶峰，文人在"与士大夫共天下"的感召下，大多数作家都充满了政治热情和社会责任感，他们面对社会的现实问题，自觉地用文学的创作方式为当时变革的时代服务。于是，儒家的道统观念重新被提起，为社会现实服务的诗文创作受到重视。欧阳修在《与张秀才第二书》中阐述了当时的这一文学发展

---

① 〔苏联〕波斯彼洛夫著，王忠琪、徐京安、张秉真译：《文学原理》，北京：生活·读书·新知三联书店，1985年，第173页。

要求，他说：

> 寻足下之意，岂非闵世病俗，究古明道，欲拔今以复之古，而翦剥齐整凡今之纷淆驳冗者欤？然后益知足下之好学，甚有志者也。然而述三皇太古之道，舍近取远，务高言而鲜事实，此少过也。君子之于学也务为道，为道必求知古，知古明道，而后履之以身，施之于事，而又见于文章而发之，以信后世。①

作为这一时期的文坛巨擘，欧阳修的论述代表了当时的创作倾向，认为"知古明道""履之以身，施之于事"是文学创作的条件，只有文学为社会现实服务，才能"见于文章而发之"，这种创作倾向，实际上是当时经世致用思潮的驱动，这种思潮"是促成宋代诗文革新运动产生和发展的重要因素"②。

北宋初年文学的发展，主要以"诗歌"的发展为主旋律，但是由于还处在唐音的影响之下，因此没有形成自己的特色。而到了北宋中期，以欧阳修为主将的诗文革新运动已轰轰烈烈展开，传统的诗文领域回荡着强大的"变革"之音，在这之前，梅尧臣已经开宋调之先声，其诗歌与宋初学唐音不同，诗风以"平淡"而著称，叶燮称他和苏舜钦为"开宋诗一代之面目者"③。经过革新运动中诸多诗人的不断努力，宋诗在苏轼的时代，发展为成熟的"宋调"。因此，严羽在《沧浪诗话·诗辩》说："梅圣俞学唐人平淡处，至东坡、山谷始自出己意以为诗，唐人之风变矣。"④而宋文创作领域内也发生了变化，如《宋史》云："国初，杨亿、刘筠犹袭唐人声律之体，柳开、穆修志欲变古，而力弗逮；庐陵欧阳修出，以古文倡，临川王安石、眉山苏轼、南丰曾巩起而和之，宋文日趋于古矣。"⑤北宋的诗文领域发生的这种深刻变化，是在一场声势浩大的"诗文革新运动"中完成的，而且这种变化，由宋初柳开、王禹偁、穆修、石介提倡古文开始，一直延续到哲宗一朝。至此以后，以"唐宋八大家"为代表的唐宋古文，被后世奉为文章正宗，宋诗的"以

---

① [宋]欧阳修著，李逸安点校：《欧阳修全集》第三册，北京：中华书局，2001年，第978页。
② 张毅：《宋代文学思想史》，北京：中华书局，1995年，第56页。
③ [宋]叶燮著，霍松林校注：《原诗》外篇下，北京：人民文学出版社，1979年，第67页。
④ [清]何文焕辑：《历代诗话》，北京：中华书局，1981年，第688页。
⑤ [元]脱脱等：《宋史》卷四三九《文苑传》，北京：中华书局，1985年，第12999页。

议论为诗""以才学为诗"的理性精神,也成为区别于唐诗的显著标志。北宋中期诗文的这种"变革"与此期"变古"的时代精神相统一。因此,它也是这一时期社会文化性格的反映。苏辙作为"古文运动"的健将之一,他的主要文学活动,就是处在这一文学发展背景之下。

总之,苏辙时代的文化,正处于"变古"时期,也是宋型文化成熟发展时期,伴随着社会的巨大变革,学术上的变革思潮产生,文学也响起了声势浩大的"诗文革新"运动。

第三章 苏辙与士大夫政治

柳诒徵先生说:"盖宋之政治,士大夫之政治也。政治之纯出于士大夫之手者,惟宋为然。故惟宋无女主、外戚、宗王、强藩之祸。宦寺虽为祸而亦不多,而政党政治之风,亦开于宋。"① 此论精辟地概括了宋代政治为"士大夫政治"的特点。苏辙生活的时代,正值士大夫政治文化发展成熟时期,处于此期的苏辙,在"与士大夫共天下"政策的感召之下,以自觉的政治热情参与社会政治,不仅一度参加了北宋中期的"熙丰变法",而且在元祐政坛发挥了重要作用。

在北宋以士大夫为主体的政治类型中,苏辙和其他士大夫群体成员,兼任着"士人"和"官僚"两种角色,他们处于皇帝和平民之间,构成北宋社会的统治主体,操纵着庞大的国家机器,发挥着十分重要的作用,从而使北宋社会政治文化在许多方面表现出独特的性质和风貌。以苏辙为例,他在士大夫政治文化中的活动和作用,可以归结为三个部分的考察结果:苏辙的仕宦生涯,苏辙的政治思想和政治态度,以及苏辙与北宋中后期的党争。要讨论这些问题,首先得从北宋中后期的政治文化说起。

第一节 北宋中后期的政治文化类型:士大夫政治

一、士大夫政治溯源

如柳诒徵先生所言,宋代政治乃"士大夫之政治",然而这一政治范性的产生却不是在唐宋这一历史转型时期一蹴而就的,而是经历了一个漫长的历史演变过程。

论文的绪论部分,引述余英时先生的观点,认为士类似于今天的知识分子,但士在古代不仅仅是知识的传播者,而且还有特殊的伦理道德意义,冯友兰先生在《中国哲学史新编》中说:"士和知识分子阶层,这两个名词并不完全相当。后者只有社会学,前者兼有伦理学的意义。

---

① 柳诒徵:《中国文化史》,上海:上海古籍出版社,2001年,第580页。

在中国的文化传统中,有一个士的道德标准。这个标准各家不同。因为儒家是中国封建社会的正统思想,所以中国文化传统中士的道德标准,就是儒家的标准。"① 这个儒家的道德标准,就是士的一种理想境界。这说明,仅仅埋头读书还不是士的终极理想目标,士还应该具有儒家的一些思想境界,比如"士可杀不可辱",是为维护士人个人尊严的一种儒家思想境界。儒家积极进取,担负一定的社会责任是士人的一个重要理想境界,曾子说:"士不可以不弘毅,任重而道远。仁以为己任,不亦重乎!死而后已,不亦远乎?"(《论语·泰伯》)"仁"是孔子思想的核心,古往今来,无数受过儒家思想沾溉的士人,为实现"仁"的理想,无不关心社会民生,寄心于国家安危。这说明,从士的传统来看,它就有传承社会文化的责任,有担负一定社会现实任务的历史使命。在中国古代社会,士人通过一定途径由士而仕,跻身宦海,进而变成"士大夫",其参与社会政治的程度更加深入,担负的社会责任更加重大。

士大夫政治在宋代成熟定型之前,经过了一个长期的发展演变过程,阎步克先生说:"在中华帝国的历史上,士大夫政治并不是自初已然。知识文化角色和职业官僚角色之间,曾经有过相当充分的分化与分离,并且确实出现过以颇为纯粹的职业文官担负行政的体制,这就是秦王朝的帝国政府。那种一身二任的士大夫,是较晚的时候才出现的,并非自初如此。"② 在战国时期,各国出于变法的需要,一大批以职业为行政人员的"吏"活跃在各国的政务当中,虽然此期也有"士人"参与各国政治,处理一些政务,但有时候士与吏的角色混为一体,很难有明确的界限划分。因为"士"在进入具体的行政事务当中,冲淡了它作为文化传播者的角色。到了秦王朝时期,大一统集权帝国的建立,随之官僚政治出现,此时的"士"与"吏"有了明确的概念划分,秦始皇"焚书坑儒"事件的发生,就是针对现在所谓的"士"的势力,而不是"文吏",这说明"士"与"吏"有了明确的意义指向。汉代吸取了秦朝灭亡的教训,汉高祖开始"下诏求士",特别是汉武帝时候,设立五经博士,重视儒生。经学的繁盛,产生了一大批儒生,在汉代的政府运转机构中,既有饱读经书的儒士,也有专门从事行政职能的文吏,如武帝时期著名的酷吏张汤。因此,"就战国、秦汉皇权—官僚专制体制的实际情况而言,大体经历了一个从'皇权—吏员'体制向'皇权—士大夫'体制的

---

① 冯友兰:《中国哲学史新编》(下卷),北京:人民出版社,1999年,第10页。
② 阎步克:《士大夫政治演生史稿》,北京:北京大学出版社,1996年,第11页。

演生过程"①。魏晋时期，士族制度盛行，九品中正制品评士人的权利到了政府手里，但是选拔官吏要看其德行和门阀出身，因此，普通知识分子很难以自己的才能进入政府的管理部门。

在中国历史上，唐宋时期是中国社会发生转型的时期。这一时期，门阀士族势力逐渐消亡，贵族政治转变为君主专制，大臣的任免完全由君主裁决。科举制的实行，为士人进入官僚机构打开了方便之门，士人真正开始与官僚合流。冯友兰先生说："从隋唐以后，士就不是地主阶级的贵族，而是'四民之首'了。他们掌握知识，继承文化，其中一部分可以凭藉科举的渠道上升为掌握国家机器的官僚，是封建官僚的预备军或后备军。其不愿应科举考试或者考试中失败的，留在民间，或从官场中退出来，回归乡里，成为一种在野派。在野派是政府的反对派，时常对政府提出批评、表示异议，当时称为'清议'，这种士当时称为'清流'。"② 通过科举的渠道上升为统治阶级的人，就是士大夫。但是在隋唐时期，由于士族势力还没有完全瓦解，士族观念还根深蒂固，唐太宗曾感叹："比有山东崔、卢、李、郑四姓，虽累叶陵迟，犹恃其旧地，好自矜大，称为士大夫。每嫁女他族，必广索聘财，以多为贵，论数定约，同于市贾，甚损风俗，有紊礼经。既轻重失宜，理须改革。"③ 唐朝后期以"五姓七家"④ 为代表的士族观念还广泛流行，唐文宗曾道："民间修婚姻，不计官品而上阀阅。我家二百年天子，顾不及崔、卢耶？"⑤ 说明在唐朝后期，士族观念还十分盛行。即使在五代时期，以门第郡望用人的情况还延续存在，张全义"家非士族，而奖爱衣冠，开幕府辟士，必求望实"⑥。隋唐五代时期科举的名额也有限，广大寒士进入官僚机构的几率不是很大，这种情况到了宋代才有了彻底的转变。一是大批寒士通过考试直接授予了官职，据统计，太宗、真宗、仁宗庆历四年前共开科26次，录取进士5337人，诸科进士11877人，特奏名5807人；三朝平

---

① 郭学信：《士与官僚的合流：宋代士大夫文官政治的确立》，《安徽师范大学学报（人文社会科学版）》2005年第5期。
② 冯友兰：《中国哲学史新编》（下卷），北京：人民出版社，1999年，第12页。
③ [唐]吴兢编著：《贞观政要》卷七《礼乐》，上海：上海古籍出版社，1978年，第226页。
④ 五姓七家：博陵崔氏、赵郡李氏、清河崔氏、范阳卢氏、荥阳郑氏、陇西李氏、太原王氏。
⑤ [宋]欧阳修、宋祁：《新唐书》卷一七二《杜兼附中立传》，北京：中华书局，1975年，第5206页。
⑥ [宋]薛居正等撰：《旧五代史》卷六三《张全义传》，北京：中华书局，1975年，第842页。

均每科录取进士 205 人，诸科进士 456 人，特奏名 223 人①。二是由布衣入仕者的比例大幅提高，据统计，北宋 166 年间，从《宋史》有传的 1533 人统计显示，两宋布衣入仕者占 55.12%；北宋一品至三品官员中，出身布衣的约占 53.67%，到北宋末年更达 66.44%②。因此，孙国栋先生说："唐代以名族贵胄为政治、社会之中坚，五代以由军校出身之寒人为中坚，北宋则以科举上进之寒人为中坚。所以唐宋之际，实贵胄与寒人之一转换过程，亦阶级消融之一过程。深言之，实社会组织之一转换过程也。"③

唐宋时期发生的巨大变革和社会转型，瓦解了魏晋以来的士族制度，"取士不问家世，婚姻不问阀阅"的风尚为宋代社会普遍接受，苏洵说："盖自唐衰，谱牒废绝，士大夫不讲而世人不载，于是乎由贱而贵者耻言其先，由贫而富者不录其祖，而谱遂大废。"④ 宋代的崇文政策和科举制度的发展，为广大寒士进入官僚机构大开方便之门。

魏晋隋唐时期，士大夫以贵族为主，宋代则变为以庶族为主。绪论部分已经论述，宋代的科举取士数额大大增加，位居历代之冠，因此有不同阶层的士人凭藉科举进入官僚机构，钱穆说："科举进士，唐代已有。但绝大多数由白衣上进，则自宋始。我们虽可一并称呼自唐以下之中国社会为'科举社会'，但划分宋以下特称之为'白衣举子之社会'，即'进士社会'，则更为贴切。"⑤ 宋代科举制的成熟和发展，使大批士人进入政府的各个部门，在太宗时出现了所谓的"上自中书门下为宰相，下至县邑为簿尉，其间台省郡府公卿大夫，悉见奇能异行，各竞为文武中俊臣，皆上之所取贡举人也"⑥。这种情形在仁宗时达到鼎盛，士人的势力遍布朝廷上下，他们在政府的各个部门任职，正如蔡襄所说："今世用人，大率以文词进。大臣，文士也；近侍之臣，文士也；钱谷之司，文士也；边防大帅，文士也；天下转运使，文士也；知州郡，文士也。"⑦ 文人大规模实现了与官僚的合流，形成一个庞大的士大夫政治体

---

① 参见张希清：《北宋贡举登科人数考》，北京大学中国传统文化研究中心：《国学研究》第二卷，北京：北京大学出版社，1994 年，第 422~423 页。
② 参见陈义彦：《以布衣入仕情形分析北宋布衣阶层的社会流动》，《思与言》第 9 卷第 4 期，1971 年 11 月。
③ 孙国栋：《唐宋史论丛（增订本）》，香港：商务印书馆，2000 年，第 285 页。
④ 曾枣庄、舒大刚主编：《三苏全书》第 6 册，北京：语文出版社，2001 年，第 261 页。
⑤ 钱穆：《中国历史研究法》，北京：生活·读书·新知三联书店，2001 年，第 46 页。
⑥ [宋] 柳开撰：《与郑景宗书》，《河东先生集》卷八，《四部丛刊》影钞本。
⑦ [宋] 蔡襄撰：《端明集》卷二二《国论要目》，影印文渊阁《四库全书》本。

系，他们在宋朝的政治生活中起着举足轻重的作用，出现了皇帝"与士大夫共天下"的局面。这种情况最早在太宗朝时可见端倪，赵光义曾对宰相李昉等说："天下广大，卿等与朕共理，当各竭公忠，以副任用。"① 显然太宗的"与朕共理"已经隐含了与士大夫"共治"的意思。真宗时名臣张咏更近一步说："伏惟皇帝陛下，恭己临朝，推诚接下，英断比于太祖，宽仁类于太宗。谓选能为共治之资，则躬行采录，谓节用为恤民之本，则慎乃盘游。"② 张咏的这一"共治"理念，在神宗时有了明确的表述，文彦博在与宋神宗的对话中说："为与士大夫治天下，非与百姓治天下也。"③ 至此，"皇权—士大夫"政治体系在神宗时期正式得到确立。在士大夫政治形态形成的过程中，"士人"的地位和文化传统也在不断演变，余英时先生说：

> "士"的传统虽然在中国延续了两千多年，但这一传统并不是一成不变的。相反地，"士"是随着中国史各阶段的发展而以不同的面貌出现于世的。概略地说，"士"在先秦是"游士"，秦汉以后则是"士大夫"。但是在秦汉以来的两千年中，"士"又可更进一步划成好几个阶段，与每一时代的政治、经济、社会、文化、思想各方面的变化密相呼应。秦汉时代，"士"的活动比较集中地表现在以儒教为中心的"吏"与"师"两个方面。魏晋南北朝时代儒教中衰，"非汤、武而薄周、孔"的道家"名士"（如嵇康、阮籍等人）以及心存"济俗"的佛教"高僧"（如道安、慧远等人）反而更能体现"士"的精神。这一时代的"高僧"尤其值得我们注意，因为此时的中国是处于孔子救不得、唯佛陀救得的局面："教化"的大任已从儒家转入释氏的手中了。隋、唐时代除了佛教徒（特别是禅宗）继续其拯救众生的悲愿外，诗人、文士如杜甫、韩愈、柳宗元、白居易等人更足以代表当时"社会的良心"。宋代儒家复兴，范仲淹所倡导的"以天下为己任"和"先天下之忧而忧，后天下之乐而乐"的风范，成为此后"士"的新标准。这一新风范不仅是原始儒教的复苏，而且也涵摄了佛教的积极精神，北宋云门宗的一位禅师说："一切圣贤，出生入死，成就无边众生。行愿不满，不名满足。"一直到近代的梁启超，我们还能在他的"世界有穷愿无尽"

---

① ［宋］李焘撰：《续资治通鉴长编》卷二六，北京：中华书局，1995年，第600页。
② ［宋］张咏撰：《昇州到任谢表》，《乖崖集》卷九，影印文渊阁《四库全书》本。
③ ［宋］李焘撰：《续资治通鉴长编》卷二二一，北京：中华书局，1995年，第5370页。

的诗句中感到这一精神的跃动。①

余英时先生简要的论说,是对"士"在历史上所扮演角色的精辟总结,从中也可以看出士在各个阶段所起的作用。在宋代,儒学复兴,"以天下为己任"和"先天下之忧而忧,后天下之乐而乐"的风范成为士人的新标准,这符合士人本来具有的儒家道德传统。

由士大夫主导的宋代士大夫政治文化的发展也经历北宋、南宋两个时期,但是总体来看,这个长期的政治文化发展过程,具体考察,又可分为三个不同的历史时期,余英时先生《朱熹的历史世界:宋代士大夫政治文化的研究》阐述了这种划分:"第一阶段的高潮出现在仁宗之世,可称为建立期,所谓的建立期是指儒学复兴经过七八十年的酝酿,终于找到了明确的方向;第二阶段的结晶是熙宁变法,可称之为定型期,这是回想'三代运动'从'坐而言'转入'起而行'的阶段,是士大夫作为政治主体在权力世界正式发挥功能的时期;第三阶段即朱熹的时代,可称之为转型期,所谓转型是指士大夫的政治文化在熙宁时期所呈现的基本范性开始发生变异,但并未脱离原型的范围。"② 余先生把朱熹当作宋代文人士大夫的一个典型,他认为宋代士阶层既是文化的主体,也是政治的主体,士大夫的政治文化经历分为三个阶段。在余英时先生的这个划分当中,苏辙的政治经历处于第二时期,即宋代士大夫政治文化的定型时期。

表3-1 宋代士大夫政治文化的历史分期

	时间	士大夫代表人物	特点
第一阶段	宋初至仁宗朝	范仲淹、欧阳修	宋代士大夫政治文化的发展期:在重建政治、社会秩序方面,仁宗朝的儒学领袖都主张超越汉、唐,回到"三代"的理想。
第二阶段	神宗至北宋末	王安石、司马光、苏轼、苏辙	宋代士大夫政治文化的定型时期:士大夫作为政治主体在权力世界正式发挥功能的时期。
第三阶段	南宋时期(朱熹的时代)	范成大、朱熹、辛弃疾、刘克庄	士大夫的政治文化在熙宁时期所呈现的基本范性开始发生变异,但并未脱离原型的范围。

---

① 余英时:《士与中国文化》引言,上海:上海人民出版社,2003年,第7页。
② 余英时:《朱熹的历史世界:宋代士大夫政治文化的研究》,北京:生活·读书·新知三联书店,2004年,第8~9页。

二、北宋士大夫的精神风貌和政治品格

"政治文化是政治思想、政治意识形态和政治心理在极高层次上的精神升华。"① 而宋代士大夫政治文化是在宋廷的政治系统中客观存在的主观精神，它包括士大夫的政治意识、政治品格和他们的政治价值趋向等。虽然宋代士大夫的政治活动处在同一个政治文化系统之内，但由于两宋在时代、地域、思想等方面的差异，使北宋与南宋的士大夫政治文化有明显的不同。北宋从仁宗时期的"庆历新政"，到神宗时期的"熙宁变法"，士大夫在宋廷政治中的作用越来越重要，由他们主导的政治基本呈现出上升的发展趋势，但由变法引起的党争，在神宗时期还属于传统文人之间的"政见之争"，但到了元祐及其以后，北宋的党争性质逐渐发生了变化，这种情况在南宋时候彻底发生了变化。"如果说北宋的'士大夫'能够形成对权力的制约，那么在失去了这种制约之后，南宋与北宋很大的不同就在于北宋虽党争不断，在宋徽宗当政之前却难以找到权力很大的奸臣，而南宋立朝不久，就出现了权奸，并一直持续到政权的终结。"② 因此，南宋的士大夫政治实际上是在走下坡路，尽管南宋朱熹的时代可以看作"后王安石时代"，因为"王安石变法的影响，仍然在南宋的政治文化中占据着中心的地位，王安石的幽灵也依然附在许多士大夫的身上作祟。……他留下的巨大身影在南宋时代是挥之不去的"③，但从两宋士大夫政治的发展性质来说，北宋与南宋有明显的不同。北宋的士大夫政治总体是螺旋上升的，具有一定的历史进步意义，这时的士大夫都有强烈的社会责任感，如范仲淹、王安石等人，他们是那个时代政治文化的巨星，照亮了历史的天空；而南宋的政治文化则不同，由士与官僚结合的一些士大夫在主体人格上发生了很大的变化，如秦桧、史弥远、贾似道等人，他们长期把持或影响南宋的政治，使士大夫政治在性质上发生变化。如果说北宋前期、中期的政治是由处于"正面"的士大夫主导，是一种"开明"的政治局面，那么南宋的政治则是长期被一些"反面"的士大夫把持或影响，一度陷入黑暗的世界，这种情况在北宋末年已见端倪。

在北宋的历史上，士人一般都有自觉为政治服务的意识，如钱穆先

---

① 张康之：《政治文化：功能与结构》，《中国人民大学学报》1999 年第 1 期。
② 赵晓岚：《姜夔与南宋文化》，北京：学苑出版社，2001 年，第 444 页。
③ 余英时：《朱熹的历史世界：宋代士大夫政治文化的研究》，北京：生活・读书・新知三联书店，2004 年，第 8~9 页。

生说:

> 宋朝的时代,在太平境况下,一天一天的严重,而一种自觉的精神,亦终于在士大夫社会中渐渐萌苗。所谓"自觉精神"者,正是那辈读书人渐渐自己从内心深处涌现出一种感觉,觉到他们应该起来担负着天下的重任。范仲淹为秀才时,便以天下为己任。他提出两句最有名的口号来,说:"士当先天下之忧而忧,后天下之乐而乐。"这是那时士大夫社会中一种自觉精神之最好的榜样。①

尽管宋初也有个别士人,如陈抟、种放、魏野、林逋等人由于个中原因,未曾深入涉足社会政治,但是与唐人不同的是他们很少对朝廷有抱怨之声,鲜有"出门即有碍,谁谓天地宽"(孟郊《赠崔纯亮》)的哀怨之声,而是以一种"不以物喜,不以己悲"(范仲淹《岳阳楼记》)的态度面对现实。即使是林逋这样的隐逸处士,也"教兄子宥,登进士甲科"②。这是因为宋代自开国之后,广开科举,网罗天下人才,这为士人参与政治大开方便之门。宋太祖言:"向者登科名级,多为势家所取,致塞孤寒之路,甚无谓也。今朕躬亲临试,以可否进退,尽革畴昔之弊矣。"③王栐《燕翼贻谋录》亦云:"唐末进士不第,如王仙芝辈唱乱,而敬翔、李振之徒,皆进士之不得志者也。盖四海九州之广,而岁上第者仅一二十人,苟非才学超出伦辈,必自绝意于功名之途,无复顾藉。故圣朝广开科举之门,俾人人皆有觊觎之心,不忍自弃于盗贼奸宄……苏子(轼)云:'纵百万虎狼于山林而饥渴之,不知其将噬人,艺祖皇帝深知此理者也,岂汉唐所可仰望哉!'"④ 一个人不管出身、贫富如何,只要认真读书,都可以"学而优则仕",这就为每一位士人提供了相对公平的机会,于是在仕与隐的选择上,宋人毫不犹豫地倾向于前者。而且一旦入仕,其政治待遇也比较高,宋王铚《默记》记载:

> 韩魏公(琦)帅定,狄青为总管……后青旧部曲焦用押兵过定州,青留用饮酒,而卒徒因诉请给不整。魏公命擒焦用,欲诛之。青闻而趋就客次救之,魏公不召,青出,立于阶之下,恳魏公曰:

---

① 钱穆:《国史大纲》,北京:商务印书馆,1996年,第558页。
② [元]脱脱等:《宋史》四五七《隐逸传》,北京:中华书局,1985年,第13432页。
③ [宋]李焘撰:《续资治通鉴长编》卷一六,北京:中华书局,1995年,第336页。
④ [宋]王栐撰,诚刚点校:《燕翼贻谋录》卷一,北京:中华书局,1981年,第3页。

"焦用有军功好儿!"魏公曰:"东华门外以状元唱出者乃好儿也,此岂得为好儿耶?"立青而面诛之,青甚战灼……其后魏公还朝,青位枢密使……青每语人曰:"韩枢密功业官职与我一般,我少一进士及第耳!"①

由于北宋是实行压制武臣抬高文臣的政策,因此士大夫的政治地位甚高。作为"政治精英"的北宋士大夫,大都出自庶族阶层,他们在重文抑武的国策之下,受到了宋廷"我国家三百年待士大夫不薄"②的礼遇,这使他们的社会地位和生活得到了空前的提高,于是他们大都对朝廷有一种"感恩回报"的感情,一旦入仕,便表现出一种强烈的淑世情怀,此"所谓儒者,用于君则忧君之忧,食于民则患民之患"③。其次,"以天下为己任"的社会责任感是传统士人文化的价值观念,也是宋代士人阶层的共同心理和精神境界,周敦颐说:"圣希天,贤希圣,士希贤。"④ 在所谓的"士大夫政治"中,士大夫无论其处事如何,其实都强调要"修身齐家治国平天下",这是因为"以天下为己任"的精神理念,是中国士人的一个优良传统,孔子有"士而怀居,不足以为士矣"(《论语·宪问》)之语,认为一个人老想着家乡,而不考虑"天下",就不配为"士"。范仲淹所说的"居庙堂之高,则忧其民;处江湖之远,则忧其君"⑤,也包涵这个意思,因此,"以天下为己任"是宋代士人的"理想"品质,其"先天下之忧而忧,后天下之乐而乐"⑥的价值取向永远定格在宋人身上,被广大士人奉为圭臬。而以文擅名的苏辙在《历代论一》中也说:"士生于世,治气养心,无恶于身,推是以施之人,不为苟生也。不幸不用,犹当以其所知,著之翰墨,使人有闻焉。"⑦ 这样,宋代的士人阶层都有强烈的报国热情,时时以"天下为己任"的热情关注国家的命运。北宋从建立到最后覆亡,始终处于强敌的威胁之下,而且三冗三费问题长期困扰北宋政府,处于这一时期的士大夫忧心忡忡,

---

① [宋]王铚撰,朱杰人点校:《默记》卷上,北京:中华书局,1981年,第16页。
② [元]脱脱等:《宋史》二四三《谢皇后传》,北京:中华书局,1985年,第8659页。
③ [宋]王安石撰:《临川先生文集》卷六四,《四部丛刊》影印明嘉靖刻本。
④ [宋]周敦颐:《通书·志学第十》,《周子全书》卷八,台北:台湾商务印书馆,1978年。
⑤ [宋]范仲淹撰:《范文正公文集》卷七,《四部丛刊》影印明翻刻元刻本。
⑥ 同上书。
⑦ [宋]苏辙著,曾枣庄、马德福校点:《栾城集》后集卷七,上海:上海古籍出版社,2009年,第1212页。

时时希望通过变革来改变国家命运；南宋偏安一隅，国力弱小，但苟延残喘一百五十余年，其中一个重要原因就是有无数像李纲、宗泽、文天祥这样怀有强烈报国之心的士大夫在维持这一局面。

第二节　辉煌与落寞的两极人生——苏辙的政治生涯

纵视苏辙一生的仕宦生涯：从他嘉祐二年（1057）进士及第算起到宋徽宗建中靖国元年（1101）卜居颍昌，历经五帝四十余年。从表面上看，苏辙少年得志，一生仕宦的时间很长。其实苏辙仕途蹭蹬，显宦时间只有元祐期间的八年，大部分仕宦期间沉于下僚、或处于贬谪之境。本节将苏辙的仕宦生涯分为四个时期论述，借此展示北宋中后期的政治局面，及苏辙的政治品格、政治行为形成的演变过程，以期对苏辙的仕宦沉显有一明确的认识与评价。

一、初涉政坛与几遭挫折

在北宋的历史上，宋仁宗嘉祐二年是不寻常的一年。这一年，北宋士大夫的代表人物范仲淹走完了自己"心忧天下"的一生，但北宋士大夫团体并没有失去主将，欧阳修成为继范仲淹之后的领袖人物，仁宗赵祯任命他权知贡举，主持礼部进士考试，录取进士388人，其中很多士人成为北宋中后期的文化名人，如苏轼、苏辙、邓绾、王韶、吕惠卿、林希、曾布、张载、程颢、曾巩。

苏氏兄弟在嘉祐二年中第，苏辙年仅十九岁，苏轼二十一岁，父亲苏洵非常感慨，无名氏《史阙》载："轼、辙登科，明允曰：'莫道登科易，老夫如登天。莫道登科难，小儿如拾芥。'"① 苏洵屡次应试不第，其子苏轼、苏辙一考即中，父子之间的巨大反差，真是令人感叹。嘉祐二年的贡举，使苏辙父子声名远播，欧阳修《故霸州文安县主簿苏君墓志铭》曰："当至和、嘉祐之间，（苏洵）与其二子轼、辙偕至京师，翰林学士欧阳修得其所著书二十二篇献诸朝。书既出而公卿士大夫争传之。其二子举进士皆在高等，亦以文学称于时。眉山在西南数千里外，一日父子隐然名动京师，而苏氏文章遂擅天下。"② 从欧阳修的记载来看，苏

---

① ［宋］苏洵著，曾枣庄、金成礼笺注：《嘉祐集笺注》，上海：上海古籍出版社，1993年，第536页。
② ［宋］欧阳修著，李逸安点校：《欧阳修全集》第二册，北京：中华书局，2001年，第513页。

辙兄弟的中第，与他的大力提携是分不开的。原来苏辙在登第之前，就在苏洵的带领下拜会了欧阳修，在席上，苏氏父子初见王安石，苏洵拒绝同王安石交游，王安石对苏洵亦不欣赏，两人之间产生了矛盾。关于王苏两家交恶的端由，叶梦得《避暑录话》记载："苏明允本好言兵，见元昊叛，西方用兵久无功，天下事有当改作，因挟其所著书，嘉祐初来京师，一时推其文章，王荆公为知制诰，方谈经术，独不嘉之，屡诋于众，以故，明允恶荆公甚于仇雠。"① 王、苏两家自此交恶，为苏辙日后的宦海沉浮埋下了伏笔。苏辙在登第之后，上书求见枢密使韩琦。韩琦（1008～1075）是北宋中期有名的大臣，曾和范仲淹一起实施"庆历新政"和经略西北边疆，因此名重一时。苏辙所上《上枢密韩太尉书》一文，成为了文论史上有名的篇章。

嘉祐五年（1060），苏辙兄弟在欧阳修等人的举荐下，参加"贤良方正能直言极谏科"的制科考试，按照惯例，苏辙向朝廷呈现了《进论》《进策》各25篇，这些篇章都是苏辙青年时所作，表达了他对历史和现实的一些看法。仁宗皇帝读后，对苏辙兄弟大加赞赏，据《宋史·苏轼传》云："仁宗初读轼、辙制策，退而喜曰：'朕今日为子孙得两宰相矣。'"② 然而在御试时，苏辙在《御试制策》中直言仁宗朝的得失，其中有："近岁以来，宫中贵姬至以十数，歌舞饮酒，优笑无度。坐朝不闻咨谟，便殿无所顾问。……陛下无谓好色于内不害外事也。今海内穷困，生民愁苦，而宫中好赐不为限极，所欲所给，不问有无。"③ 苏辙这样刻薄地指责仁宗，引起了一场考官们的激烈争论，担任主考的司马光想把苏辙录为三等，却遭到考官胡宿的反对，他认为苏辙之策"不对所问，而引唐穆宗、恭宗以况盛世，非所宜言"④，主张黜落，结果仁宗皇帝不同意，说："求直言而以直弃之，天下其谓我何！"⑤ 定夺为四等。在这次考试中，苏辙兄弟连名并中，一时名动京师，当时的名臣如韩琦、曾公亮、欧阳修、司马光对苏氏父子更加看重，但是知制诰王安石因先前与苏洵不睦，因此对苏氏兄弟的制科入等很不满意：

---

① ［宋］叶梦得撰，徐时仪校点：《避暑录话》，上海：上海古籍出版社，2012年，第114页。
② ［元］脱脱等：《宋史》三三八《苏轼传》，北京：中华书局，1985年，第10819页。
③ ［宋］苏辙著，曾枣庄、马德福校点：《颍滨遗老传上》，《栾城集》后集卷一二，上海：上海古籍出版社，2009年，第1281页。
④ ［宋］李焘撰：《续资治通鉴长编》卷一九四，北京：中华书局，1995年，第4711页。
⑤ 同上书。

东坡中制科，王荆公问吕申公，见苏轼制策否。申公称之。荆公曰："全类战国文章，若安石为考官，必黜之。"①

嘉祐六年，苏辙被朝廷任命为商州推官，但是王安石不肯写任命状，最后在宰相韩琦的周旋下，仁宗改命知制诰沈遘起草制词，制词说：

朕奉先圣之绪以临天下，虽夙寤晨兴，不敢康宁，而常惧躬有所阙，羞于前烈。日御便坐以延二三大夫垂听而问。而辙也指陈其微，甚直不阿。虽文采未极，条贯未究，亦可谓知爱君矣。朕亲览见，独嘉焉。②

这是苏辙仕宦生涯中的第一次任命，却遭受挫折，后来他在《遗老斋记》中记道："年二十有三，朝廷方求直言，有以予应诏者。予采道路之言，论宫掖之秘，自谓必以此获罪，而有司果以为不逊。上独不许……宰相不得已，置之下第。自是流落凡二十余年。"③ 这次事件对苏辙是一次深刻的教训，在后来的仕宦生涯中，他显得比他哥哥苏轼稳重一些，即使在隐居颍昌时期，也是闭门不出，终日默坐，以求避祸，这恐怕与他人生第一次仕宦的打击有关。受这次事件的影响，苏辙并没有去商州上任，而是奏乞留京侍父，没有赴任。

英宗治平二年，苏辙在京上表求官，朝廷任命他为大名府推官，这是苏辙第一次出仕，职责是判定刑狱、推行法令。不久，苏辙又被差管勾大名府路安抚总管司机宜文字，虽是小官，但是待遇有所提高，因此，苏辙在给韩琦的信中感激道："既来魏府，幸迩家庭。曾未逾时，就改此职。边鄙无事，最为闲官，俸给稍优，尤便私计。……功效未闻，旋移新局？"④ 然而苏辙在大名府的任职刚满一年，即传来苏洵病危的通知，只好向有司告假，结束了第一次仕宦经历。

---

① ［宋］邵博撰，刘德权、李剑雄点校：《邵氏闻见后录》卷一四，北京：中华书局，1983年，第111页。
② ［宋］孙汝听编：《苏颍滨年表》，［宋］苏辙著，曾枣庄、马德富校点：《栾城集》附录，上海：上海古籍出版社，2009年，第1773页。
③ ［宋］苏辙著，曾枣庄、马德福校点：《栾城集》三集卷一〇，上海：上海古籍出版社，2009年，第1564页。
④ ［宋］苏辙著，曾枣庄、马德福校点：《北京谢韩丞相启二首》，《栾城集》卷四八，上海：上海古籍出版社，2009年，第1078页。

二、仕途蹭蹬与熙宁变法

宋神宗熙宁元年（1068），当苏辙兄弟居蜀服父丧期满之时，北宋朝廷发生了一场巨大的变化，翰林学士王安石被神宗召见，君臣共议变法大计。翌年，当苏辙兄弟离蜀赴京之时，王安石就任参知政事，开始实施变法，苏辙到京之后，马上递呈《上皇帝书》论时事，提出"以为方今之计，莫如丰财。然臣所谓丰财者，非求财而益之也，去事之所以害财者而已矣。……故臣谨为陛下言事之害财者三：一曰冗吏，二曰冗兵，三曰冗费"①等时事看法。神宗详读了苏辙的上书，即日诏对延和殿对策，甚为满意，旋以苏辙任制置三司条例司检详文字，参与变法事宜。

制置三司条例司是这次变法的核心机构，王安石以参知政事领条例司检，苏辙、吕惠卿都是他的办事人员。然而对变法满怀希望的苏辙，在变法的具体意见上与王安石、吕惠卿屡有不合。苏辙在《颍滨遗老传上》中言："时王介甫新得幸，以执政领三司条例，上以辙为之属，不敢辞。介甫急于财利而不知本，吕惠卿为之谋主，辙议事多牾。"② 关于苏辙与王安石、吕惠卿不合的事例，苏辙在《与王介甫论青苗盐法铸钱利害》中说："授制置三司条例司检详文字。时参政王介甫、副枢陈旸叔同管条制事，二公皆未尝知予者。久之，介甫召予与吕惠卿、张端会食私第，出一卷书，曰：'此青苗法也，君三人阅之，有疑以告，得详议之，无为他人所称也。'予知此书惠卿所为，其言多害事者，即疏其尤甚，以示惠卿。惠卿面颈皆赤，归即改之。"③ 这样，苏辙与王安石、吕惠卿议事多不合，而且情况越加糟糕，在此情形之下，苏辙便在八月上奏《制置三司条例司论事状》，全面陈述对新法的意见，并请求外任，他说：

> 右臣近蒙圣恩，召对便殿，面赐差使，仍奉德音，不许辞避。伏自受命，于今五月，虽日夜勉强，而才性朴拙，议论迂疏，每于本司商量公事，动皆不合。伏惟陛下创置此局，将以讲求财利，循

---

① ［宋］苏辙著，曾枣庄、马德福校点：《栾城集》卷二一，上海：上海古籍出版社，2009年，第464页。
② ［宋］苏辙著，曾枣庄、马德福校点：《栾城集》后集卷一二，上海：上海古籍出版社，2009年，第1282页。
③ ［宋］苏辙撰，李郁校注：《龙川略志　龙川别志》卷三，西安：三秦出版社，2003年，第29页。

致太平，宜得同心协力之人，以备官属。而臣独以愚鄙，固执偏见。虽欲自效，其势无由。臣已有状申本司，具述所论不同事件。苟陛下闵臣孤危，未赐诛谴，伏乞除臣一合入差遣，使得展力州郡，敢不策励驽钝，以酬恩私。臣无任瞻天请命，激切屏营之至。①

王安石看了苏辙的奏状，大为不悦。当时，宋神宗、王安石君臣正热心于变法，岂容苏辙"异论"于朝廷，于是诏除苏辙为河南大名府推官。

苏辙辞去制置三司条例司检详文字以后，并没有就任大名府推官，而是托病不出。直到熙宁三年（1070），苏洵的故交张方平被调知陈州，他临行时奏请朝廷请苏辙去任该州教授。于是苏辙随张方平离京赴陈，一待就是三年多时间。在此后的几年里，苏辙一直位屈下僚。熙宁六年，苏辙被文彦博辟为河阳学官，但他并未上任，而是被朝廷任命为齐州掌书记；熙宁十年初，苏辙在汴京，这时王安石已经离职，苏辙满怀希望改官，但得到的是著作佐郎小官，这一闲散职务令苏辙大失所望。正在此时，张方平辟苏辙为应天府签书判官。从苏辙登第以来，已经过去十余年，而他却一直沉于下僚，因此他在《张安道生日二首》言：

> 十载从公鬓似蓬，羡公英气老犹充。生时别得星辰力，晚岁仍加鼎灶功。世事不堪开眼看，劳生渐恐转头空。问公试觅刀圭药，岁岁称觞此日中。②

从这首诗可以一窥苏辙此期的政治心态，虽然他志存高远，可是世道不堪，但苏辙毕竟是一位积极参与政治和责任感极强的士人，因此羡慕张方平老当益壮，感叹自己一事无成。然而此期的仕途蹭蹬仅仅是苏辙仕宦生涯中的一个小插曲，更大的厄运还在后面。

元丰二年七月，苏轼上了一份《湖州谢上表》，言辞之间流露出对新法的不满。御史中丞李定等人认为苏轼的表中有讥讽新政的内容，便交相上疏予以弹劾，神宗遂下诏将苏轼革职，并让御史台狱审理此案，这就是所谓的"乌台诗案"。此时，苏辙正在南京签书判官任上，苏辙

---

① ［宋］苏辙著，曾枣庄、马德福校点：《栾城集》卷三五，上海：上海古籍出版社，2009年，第765~766页。
② ［宋］苏辙著，曾枣庄、马德福校点：《栾城集》卷八，上海：上海古籍出版社，2009年，第186页。

作《为兄轼下狱上书》,愿乞纳在身官以赎兄罪,书中言辞恳切哀婉:

> 臣闻困急而呼天,疾痛而呼父母者,人之至情也。臣虽草芥之微,而有危迫之恳,惟天地父母哀而怜之。臣早失怙恃,惟兄轼一人相须为命。今者窃闻其得罪,逮捕赴狱,举家惊号,忧在不测。臣窃思念轼居家在官,无大过恶。惟是赋性愚直,好谈古今得失。前后上章论事,其言不一。陛下圣德广大,不加谴责。轼狂狷寡虑,窃恃天地包含之恩,不自抑畏。……臣欲乞纳在身官以赎兄轼,非敢望末减其罪,但得免下狱死为幸。兄轼所犯,若显有文字,必不敢拒抗不承,以重得罪。若蒙陛下哀怜,赦其万死,使得出于牢狱,则死而复生,宜何以报?臣愿与兄轼洗心改过,粉骨报效,惟陛下所使,死而后已。①

然而苏辙这样悲怆的上书一直没有得到答复,直到十二月,在张方平、范镇、司马光等人的营救下,苏轼贬官黄州,苏辙坐谪监筠州盐酒税,五年内不得调迁,甚至与他交往的张方平、范镇、司马光等人也受到罚银处分。在筠州期间,苏辙作《黄州快哉亭记》,其中写道:"士生于世,使其中不自得,将何往而非病?使其中坦然,不以物伤性,将何适而非快?"② 作为一个有理想的士人,苏辙不以贬谪为怀,而以一种随遇而安的态度处之。苏辙坐贬筠州五年,直到元丰七年,朝廷才改任他为绩溪令。此期,苏辙有"行年五十治丘民"③ 的感慨。

三、政治际遇与元祐政坛

神宗元丰八年,年仅三十八岁的神宗驾崩,十岁的太子赵煦继位,是为哲宗。尊奉神宗遗诏,神宗母亲高氏以太皇太后的身份听政。高氏对新法并无赞同,一经垂帘听政,马上以司马光为门下侍郎,罢保甲、方田、市易、保马等新法。而苏辙兄弟也是当年制科考试中被司马光力主录取的人,此时他们虽然流落贬谪之地,但均以文学之才誉满天下。苏辙于元祐元年二月至京师,被委以右司谏之职,此官虽是清流言官,

---

① [宋]苏辙著,曾枣庄、马德福校点:《栾城集》卷三五,上海:上海古籍出版社,2009年,第777~778页。
② [宋]苏辙著,曾枣庄、马德福校点:《栾城集》卷二四,上海:上海古籍出版社,2009年,第513页。
③ [宋]苏辙著,曾枣庄、马德福校点:《初到绩溪视事三日出城南谒二祠遊石照偶成四小诗呈诸同官》,《栾城集》卷一三,上海:上海古籍出版社,2009年,第319页。

但是出入于禁中，可以对文武百官乃至天子的各种行为有批评、监督、弹劾之权，因此是显要之职。苏辙对这个职务比较满意，觉得这是可以实现自己政治抱负的好时机，因此他不敢懈怠，连夜上书，甚至"谏草未成眠未稳"①，一方面弹劾吕惠卿、蔡确、韩缜、章惇等新党大臣，左仆射蔡确旋即离职；一方面就罢除新法提出自己的各种意见，在任右司谏的八个月中，苏辙上奏章七十多篇，占当时台谏奏章的绝大部分，故时人评论："当时台谏论列，多子由章疏。"② 苏辙在台谏任上的恪守尽职的表现和卓越的政治才能，深得太皇太后高氏的赞赏。九月，又提拔苏辙为起居郎，给年幼的皇帝讲书，此时高太皇太后以哲宗名义下圣旨评价苏辙说："具官某（苏辙）学有家法，名重天下，高文大册，为国之光。追懔古风，有望于汝，矧夫身备近侍，职在论思，位于西台，实与政事。以尔器识，足以辅余不及；以尔谅直，足以行其所知。兼是数长，朕命惟允，任重于己，责难于君。在尔勉之，以永终誉。可中书舍人。"③ 十一月，又擢拔为中书舍人，执掌"外制"，而当时苏轼为"翰林学士"，掌"内制"，一时朝廷诰命，多出自苏辙兄弟，苏氏文章更是风靡天下。

由于苏辙杰出的政治才能和沉稳的性格，加上太皇太后高氏的赏识和支持，苏辙可谓如鱼得水，青云直上，从元祐二年开始到哲宗亲政的元祐八年，苏辙的官职越来越大。元祐二年正月，苏辙升为户部侍郎；元祐四年为吏部侍郎，寻擢翰林学士、知制诰；元祐五年，苏辙出使辽国归来，担任了御史中丞的要职，十二月，苏辙为龙图阁学士；元祐六年，擢苏辙为尚书右丞④；元祐七年，苏辙为太中大夫，守门下侍郎，位在尚书右丞之上。可以说在高氏听政的这一时期，是苏辙一展生平抱负的大好时光，六年之间，他从一个小小的绩溪县令，青云直上，位居宰执之一，而且政绩卓著，宋人何万评价说："是以九年之间，朝廷尊，公路辟，忠贤相望，贵倖敛迹，边陲绥靖，百姓休息，君子谓公之力居

---

① ［宋］苏辙著，曾枣庄、马德富校点：《后省初成直宿呈子瞻二首》，《栾城集》卷一四，上海：上海古籍出版社，2009年，第342页。
② ［宋］朱弁撰，孔凡礼点校：《曲洧旧闻》卷七，北京：中华书局，2002年，第701页。
③ ［宋］孙汝听编：《苏颍滨年表》，王水照编：《宋人所撰三苏年谱汇刊》，上海：上海古籍出版社，1989年，第85页。
④ 尚书右丞为六执政之一，元丰改制以后，尚书右丞其实就是副相。

多焉。"① 而他的哥哥苏轼，虽然文学才能高于其弟，然其官宦地位最高也不过是"翰林学士"，比起苏辙的副相位还低一些。苏辙的这段辉煌政治经历，固然与太皇太后高氏的赏识擢拔密不可分，但也与苏辙沉稳的性格和杰出的政治才能息息相关。不然，同为太皇太后高氏支持的苏氏兄弟，在当时苏轼文名胜过苏辙的情况下，苏辙何以在仕宦方面超越苏轼呢？

四、屡遭贬谪与党争政治

元祐八年，年迈的高太后去世，十八岁的哲宗亲政。在这之前，哲宗名为皇帝，但朝政大权实为高氏掌握，导致大臣上朝时对哲宗视如无睹。哲宗对此耿耿于怀，史载：

> 哲宗即位甫十岁，于是宣仁高后垂帘而听断焉。及寖长，未尝有一言。宣仁在宫中，每语上曰："彼大臣奏事，乃胸中且谓何，奈无一语耶？"上但曰："娘娘已处分，俾臣道何语？"如是益恭默不言者九年。……宣仁登仙，上始亲政焉。上所以衔诸大臣者，匪独坐变更，后数与臣僚论昔垂帘事，曰："朕只见臀背！"②

哲宗亲政以后，马上撤换了内廷差遣官员。次年，启用新党李清臣、邓润甫为执政。李清臣在进士的试题中极力诋毁"元祐更化"之政，秉哲宗意图，倡导"绍述"之意。苏辙立即上书劝阻：

> 臣伏见御试策题历诋近岁行事，有欲复熙宁、元丰故事之意，臣备位执政，不敢不言。……昔汉武帝外事四夷，内兴宫室，财赋匮竭，于是修盐铁、榷酤、平准、均输之政，民不堪命，几至大乱。……愿陛下反覆臣言，慎勿轻事改易。若轻变九年已行之事，擢任累岁不用之人，人怀私忿，而以先帝为辞，则大事去矣。③

---

① ［宋］苏辙著，曾枣庄、马德富校点：《栾城集》附录《苏文定公谥议》，上海：上海古籍出版社，2009 年，第 1767 页。
② ［宋］蔡绦撰：《铁围山丛谈》卷一，影印文渊阁《四库全书》本。
③ ［宋］苏辙著，曾枣庄、马德福校点：《论御试策题劄子二首》，《栾城集》后集卷一六，上海：上海古籍出版社，2009 年，第 1346～1347 页。

哲宗本来对苏辙兄弟并无好感，一见奏状大怒，"安得以汉武比先帝"①！立即下诏，罢免了苏辙的执政之位，令出知汝州。苏辙的政治命运从此急转直下，绍圣元年六月，苏辙又被贬谪为左朝议大夫、知袁州。七月，监察御史周秩亦上书言对苏辙的处分过轻，建议从重处理，于是苏辙再度被贬为试少府监、分司南京、筠州居住。由此可见，在绍圣元年的这一年，苏辙可谓是岁遭三黜，仕途充满了荆棘与坎坷。

绍圣四年春，苏辙已谪居筠州两年多时间。二月，哲宗对元祐大臣进行了一次新的清算，司马光、吕公著等人被追贬官号，苏辙又被责授化州别驾、雷州安置。此后，苏辙的处境每况愈下，元符元年，哲宗又诏迁苏辙循州（广东龙川）安置。苏辙到了循州以后，先居循州城东圣寿寺，后买曾氏陋宅以居，与子远荷锄其间。

元符三年，哲宗去世，赵佶即位，是为徽宗。徽宗初立，想有所作为，为消释朋党，诏明年为建中靖国，建中者，执两中之意。于是朝廷的局势发生了一些变化，一些旧党人士逐渐被重新任用。在此情况之下，苏辙向徽宗进献了《龙川青词》，恳求携家北归。不久，诏令移居永州安置。四月，徽宗大赦天下，苏辙接到诏令，他被授予濠州团练副使、岳州居住。十一月，苏辙乘船至鄂州，又接到徽宗的敕书，准授太中大夫、提举凤翔府上清太平宫、外州军任便居住。苏辙奉诏后，当即上《复官宫观谢表》，恳求放归颍昌旧居，安养天年。徽宗接到上表，对苏辙这几年的遭遇深表同情，批准了苏辙的致仕请求。于是，苏辙结束了自己的谪居生活，举家回到了颍昌旧居。至此，苏辙结束了四十多年的仕宦生涯，开始了十余年"踽跌默坐闻三鼓，寂寞谁来共一樽"②的寂寞隐居生活。

总之，苏辙四十余年的仕宦生涯基本上是在北宋中后期复杂的政治环境中度过的。由于在封建社会，最高统治者可以主宰大臣的生死命运，因此，苏辙的政治生命与当朝"人主"对他的态度息息相关。虽然仁宗、神宗也赞赏苏辙的才能，但都无法与太皇太后高氏对苏辙的态度相提并论。元祐年间，历史的发展和实际的当权者给苏辙带来了良好的机缘，使他青云直上，位居宰执之列。

纵观苏辙的政治发展趋向，有点像一个"∧"形线，从嘉祐二年开

---

① ［元］脱脱等：《宋史》卷三一四《范纯仁传》，北京：中华书局，1985年，第10290页。
② ［宋］苏辙著，曾枣庄、马德福校点：《上元》，《栾城集》三集卷三，上海：上海古籍出版社，2009年，第1510页。

始缓缓前行，然后在元祐元年急速上升，于元祐六年达到高点，然后又从绍圣元年飞速下降。他在元祐更化时期所持的政治态度，使他无法见容于哲宗及其新党，并以此被谗罹祸、几遭贬黜。从他不寻常的仕宦经历中，我们可以窥见苏辙的政治心态和政治行为。

第三节　苏辙的政治思想和政治态度

所谓"政治思想是社会成员在政治思考中所形成的观点、想法和见解的总称，它是人们对社会生活中各种政治活动、政治现象以及隐藏在其后的各种政治关系及其矛盾运动的自觉和系统的反映，是政治文化的一种表现形态"①。一个人的政治思想是对社会政治问题的理性思考，而"许多伟大的政治思想不仅可以照亮现实的存在，而且可以照亮前进的道路。如果没有这些思想，人类生活就处于一片黑暗之中"②。宋代著名的政治家范仲淹、王安石等人的政治思想，代表了那个时代宋人对社会政治的深入思考，也引领了无数士人跟随他们的脚步前进。而苏辙独具特色的政治思想和政治态度，对北宋中期政治问题策略的思考相当深刻和具体。因此，研究苏辙的政治思想，可以考察苏辙对历史和现实政治的思考，也可以考察苏辙与宋代士大夫政治的关系，这对于了解苏辙的思想及内心政治哲学大有裨益。

"政治思想是一种观念体系，它包括一系列的政治认识、政治判断和政治推理。一种较为完整的政治思想包含着对政治生活中各种政治现象'是什么''为什么''应该怎样'的三个方面的思考和见解。"③ 一个人的政治态度与政治思想密切相关，政治思想往往决定他对现实的政治态度，从某种程度上讲，政治态度是政治思想体系中"应该怎样"的一种表现形式，它是"政治主体对政治客体相对稳定的综合性心理反应倾向，表现为从肯定到否定，从赞成到反对的连续状态"④。而"宋人的政治态度，例可划分为两个时期：'政论'期与'政见'期。这是因为宋代政治家多兼为学者，他们在居家读书的少年时代，往往已形成一套对于政治的总体论述，以此应举求仕；而当他出仕以后，面对具体的问题、复

---

① 王浦劬主编：《政治学基础》，北京：北京大学出版社，1995 年，第 333 页。
② 〔美〕格伦·蒂德著，潘世强译：《政治思维：永恒的困惑》，杭州：浙江人民出版社，1988 年，第 4 页。
③ 王浦劬主编：《政治学基础》，北京：北京大学出版社，1995 年，第 335 页。
④ 同上书，第 324 页。

杂的政局，其政见便不得不有所调整，贤者变得深沉，不肖者则变得投机，多少都会稍变初说"①。苏辙的政治思想，也不是一成不变的，在"熙宁变法"之前，他的政治思想比较单纯，主要是对历史上一些政治现象的看法；在"熙宁变法"期间及以后，由于苏辙亲身参与和体验了复杂的现实政治，这一时期他的政治思想主要表现在政治态度方面，而且比较复杂，在不同的阶段有不同的表现。本节分不同的历史时期来评价苏辙的政治思想和政治态度。

一、苏辙青年时期的政治思想

在嘉祐五年以前，苏辙主要是居家读书，由于此期没有仕宦经历，因而也就谈不上参加政治实践。苏辙在家读书期间，受到其父苏洵、其兄苏轼的影响，常论古今之得失，后来苏辙回忆说："予少而力学。先君予师也，亡兄子瞻予师友也。父兄之学，皆以古今成败得失为议论之要。以为士生于世，治气养心，无恶于身，推是以施之人，不为苟生也。不幸不用，犹当以其所知，著之翰墨，使人有闻焉。"② 中国古代士人有追求"三不朽"（立功、立德、立言）的优秀传统，著书立说乃其中之一，亦可以"使人有闻于世"。因此，苏辙在家读书期间，"闭门书史丛，开口治乱根。文章风云起，胸胆渤澥宽。不知身安危，俯仰道所存"③，写下了一系列有关天下治乱兴衰的政论文。嘉祐五年（1060），苏辙在应制科时把其中的一些篇章献给朝廷，以求仕进。此后，苏辙说："今年春，天子将求直言之士，而辙适来调官京师，舍人杨公不知其不肖，取其鄙野之文五十篇而荐之，俾与明诏之末。"④ 苏辙所谓的鄙野之文就是《进论》《进策》各25篇，集中体现了他青年时期的政治思想。

苏辙青年时期的政治思想贴近北宋中期的现实政治，对政治策略的思考相当深刻，主要体现在君术、臣事、民政几个方面：

（一）君术方面

君主是一国之主，其圣明与否关系国家治乱之兴衰。因此，苏辙论治国，强调君主治国之术。他在《君术策五道》第一道中说："夫人之

---

① 王水照、朱刚：《苏轼评传》，南京：南京大学出版社，2004年，第219页。
② ［宋］苏辙著，曾枣庄、马德福校点：《历代论一》，《栾城集》后集卷七，上海：上海古籍出版社，2009年，第1212页。
③ ［宋］苏辙著，曾枣庄、马德福校点：《初发彭城有感寄子瞻》，《栾城集》卷七，上海：上海古籍出版社，2009年，第160页。
④ ［宋］苏辙著，曾枣庄、马德福校点：《上两制诸公书》，《栾城集》卷二二，上海：上海古籍出版社，2009年，第487页。

平居，朋友之间，仆妾之际，莫不有术以制其变。……天下以为天子之尊，无所事术也，而不知天下之事，惟其英雄而后能有大功，而世之英雄，常苦豪横太过而难制。由此观之，治天下愈不可以无术也！"① 苏辙认为皇帝治理天下，与平常人们相处一样，不可无术。"不先明于天下之情，则与无术何异？"② 而君王要想有御天下之术，必先体察民情，洞察臣情。唐玄宗信任奸相李林甫，使其交结宦官、嫔妃，迎合自己的意图而专权十余年，朝廷政事益坏，这是唐玄宗没有明察臣子优劣的原因。古代的奸雄，总是胁迫君主办自己不能办到的事。一些事看起来办不到，最后反而按自己的意图办到了。春秋时期晋国的骊姬，一心想除掉太子申生，于是千方百计挑起晋献公和申生的矛盾，最终达到了自己的目的。苏辙还认为，君道没有固定不变的方法和途径，但是君王不能好名，追求表面的仁义，应该君臣上下一心，大臣的积极性才能调动起来，"古者君臣之间和而不同，上有宽厚之君，则下有守法之臣；上有急切之君，则下有推恩之臣。凡以交济其所不足，而弥缝其阙。今也君臣之风，上下如一，而无以相济，是以天下苦于宽缓怠堕，而不能自振"③。苏辙认为仁宗时的君臣关系如一，但是不能互相补益。其实，苏辙的看法有一定的偏颇之处，宋代的士大夫政治在仁宗时期是一个高潮，此时的政治之风比较宽厚，仁宗也尊重大臣的意见，在一些具体事情上多与臣下商议，因而赢得了后世的称赞："（仁宗）在位四十二年之间，吏治若偷惰，而任事蔑残刻之人；刑法似纵弛，而决狱多平允之士。国未尝无弊倖，而不足以累治世之体；朝未尝无小人，而不足以胜善类之气。君臣上下恻怛之心，忠厚之政，有以培壅宋三百余年之基。子孙一矫其所为，驯致于乱。《传》曰：'为人君，止于仁。'帝诚无愧焉。"④ 苏辙对仁宗的看法有一定的片面性，或者是自己追求的一种理想政治的看法，此时苏辙年轻气盛，其政治思想崇尚上古三代之政，是一种理想化的政治思想。

苏辙认为，君主要待臣以宽，君主和臣子上下信任，没有隔阂，这样上下之间坚持的原则一致，士大夫就敢于争前建立功业。"古者君臣之间，相信如父子，相爱如兄弟。朝廷之中，优游悦怿，欢然相得而无间。

---

① ［宋］苏辙著，曾枣庄、马德富校点：《君术策五道》，《栾城集》应诏集卷六，上海：上海古籍出版社，2009 年，第 1629～1630 页。
② 同上书，第 1630 页。
③ 同上书，第 1634 页。
④ ［元］脱脱等：《宋史》卷一二《仁宗本纪》，北京：中华书局，1985 年，第 251 页。

知无所不言，言无所不尽；开心平意，表里洞达，终身而不见其隙。"①在具体的治国方针上，君王要因势利导，根据客观实际制定政策，"故夫天子者，观天下之势而制其所向，以定其所归者也"②。君王要观察天下形势的发展，控制它的发展走向，使其有利于好的结局，这也是君王的治国之道。如果不这样，天下一定会有动乱，就像东汉末的"党锢之祸"，本来李膺、杜密等人慷慨议论，是为矫拂世俗之弊，然而当时的皇帝没有疏导社会的积怨，最后导致天下大乱。苏辙的这些议论，显然映射了北宋中期社会的弊病。

（二）臣事方面

从历史上看，凡是有作为的君王都离不开贤臣的辅佐，姜子牙辅佐周王灭商、管仲帮助齐桓公称霸、魏征辅弼唐太宗治理天下等，都是典型的臣辅君的例子。若以君王一人之力治理国家，必疲于奔命而孤掌难鸣。而君臣同心同德，上下相守，可以安邦国、定社稷；反之，君臣上下不能相守，则天下有可能走向衰亡，"惟其君臣相戾，而不能以相用，君以为无事乎其臣，臣以为无事乎其君。君无所用，以至于天下之不亲，臣无以用之，以至于茕茕而无所底丽，而天下始大乱矣"③！因此，苏辙认为天下若要长治久安，大臣起着重要的作用。

1. 天下一日不可无重臣。掌握天下政事的大臣，有权臣和重臣之分。权臣千方百计取悦于君，窃取国家大权，他们可以随便处置人的生命财产，还可以掌控天下士人的进退、升降之权，如北宋后期的权臣蔡京、高俅等人；而重臣则不同，君王如有不当行为，重臣必出面阻止，重臣的行为以是否有利于国家的安定为标准，而不是把权力看成个人的权势，如北宋中期的范仲淹、韩琦、富弼等人。然而在现实当中，权臣、重臣混为一迹，很难区分，因此苏辙在《臣事策》中说：

> 臣闻天下有权臣，有重臣，二者其迹相近而难名。天下之人知恶夫权臣之专，而世之重臣亦不容于其间。夫权臣者，天下不可一日而有；而重臣者，天下不可一日而无也。④

---

① ［宋］苏辙著，曾枣庄、马德福校点：《君术策五道》，《栾城集》应诏集卷六，上海：上海古籍出版社，2009年，第1635页。
② 同上书，第1637页。
③ ［宋］苏辙著，曾枣庄、马德福校点：《进论五首》，《栾城集》应诏集卷二，上海：上海古籍出版社，2009年，第1584页。
④ ［宋］苏辙著，曾枣庄、马德福校点：《臣事上策五道》，《栾城集》应诏集卷七，上海：上海古籍出版社，2009年，第1640页。

在现实政治中，重臣的作用不可估量。汉武帝时卫太子聚兵诛灭江充，武帝不知内情，派兵镇压了太子之兵，并捕杀了太子。倘若当时有重臣挺身而出，拥护太子，待武帝盛怒之意稍退，可以使他慢慢明白所受的蒙蔽，太子的冤案也就不会发生，可惜那时没有重臣出现。北宋中期，韩琦与范仲淹共同戍守西北，曾名重一时。英宗初立，宣仁太后曹氏垂帘听政，两宫嫌隙萌生，宫廷酝酿突变，而重臣韩琦挺身而出，与欧阳修等人一起调节两宫矛盾，最终两宫关系缓和，太后撤帘还政，宋廷避免了一场血腥的宫廷政变。在此事件的成功调节之中，韩琦等人功不可没。因此，苏辙的上述言论，当是针对北宋中期的现实政治而发，正如储欣所言："治天下在养重臣，养重臣在宽其法。当时如韩、富数公，可谓重臣矣。子由生其时，目睹其效，故言之亲切有味如此。"①

2. 军立素将。唐朝末年，各路藩镇节度使拥兵自重，各行其是，中央政府逐渐失去了对藩镇的控制，最终唐朝毁亡于朱温之手。五代时期，天下大乱，海内之兵，各属其将，当时士兵只听所属大将的号令，而不知道君王的恩惠，导致君令不从，奸臣擅权而国家败乱。宋朝开国以来，太祖、太宗汲取唐末、五代武将拥兵自重的教训，实行兵将分离的政策，兵无常帅，帅无常兵，这样造成兵不识将，将不识兵的局面。因此，苏辙说：

> 然今世之人，遂以其乱为戒，而不收其功，举天下之兵数百万人而不立素将。将兵者无腹心亲爱之兵，而士卒亦无所附著而欲为之效命者。故命将之日，士卒不知其何人，皆莫敢仰视其面。夫莫敢仰视，是祸之本也。此其为祸，非有胁从骈起之殃，缓则畏而怨之，而有急则无不忍之意。此二者，用兵之深忌，而当今之人盖亦已知之矣。然而不敢改者，畏唐季、五代之祸也。②

宋代兵制与唐代大异，"枢密掌兵籍、虎符，三衙管诸君，率臣主兵柄，各有分守"③，造成宋代兵将不识，军事战斗力低下。因此，苏辙认为唐末、五代天下大乱的原因不在于把士兵交给将帅，而在于择将不得

---

① 高海夫主编：《唐宋八大家文钞校注集评·颍滨文钞》，西安：三秦出版社，1998年，第6475页。
② [宋]苏辙著，曾枣庄、马德福校点：《臣事上策五道》，《栾城集》应诏集卷七，上海：上海古籍出版社，2009年，第1650页。
③ [元]脱脱等：《宋史》卷一六二《职官志》，北京：中华书局，1985年，第3799页。

其人。有鉴于此,军中应该设立素将。苏辙针对北宋兵制提出的这一策略,具有十分重要的现实意义,如果宋廷能够采纳,改变其一二,或许北宋的军事力量能得到一定的提高,最终也不会有靖康亡国之故事。故清代沈德潜评论苏辙此论:

> 宋祖释天下诸将之兵权,有鉴于五代方镇之乱,不知国无重兵,金人得以长驱而入,二帝北狩不旋踵矣。栾城逆料其变而筹之,若烛照数计而龟卜者。苏氏父子之策,徽、钦南渡时一一皆验,岂犹夫摇动唇吻,妄计事势,而初无实效者哉。①

然而历史毕竟是历史,容不得有半点假设,宋廷开国之初就制定了崇文抑武的国策,这也是宋朝历代君主遵循的一个大政方略,宋廷宁可以文制武,也不许武人专权。最著名的例子,莫过于仁宗时期的一代名将狄青,最终就成了这一国策的牺牲品②。

(三) 民政方面

苏辙有《民政策》十道,这些策问涉及宋王朝民治、军政、吏事等,都是针对北宋中期的现实问题而发,可以一窥苏辙的一些民本思想。自从孟子提出"民为贵,社稷次之,君为轻"以来,历代的许多学者、士人都或多或少受此思想影响。苏辙继承了这一优良传统,认为"王道之本始于民之自喜,而成于民之相爱。而王者之所以求之其民者,其粗始于力田,而其精极于孝悌廉耻之际"③。苏辙认为,王道之本在于民,也与人民的孝悌廉耻息息相关。对于怎样实施王道,则是一个"教天下"的民治问题,苏辙认为"今者天下之患,实在于民昏而不知教"。解决的办法,则是恢复古代的孝悌之科,他说:

> 嗟夫!欲求天下忠信孝悌之人,而求之于一日之试,天下尚谁

---

① 高海夫主编:《唐宋八大家文钞校注集评·颍滨文钞》,西安:三秦出版社,1998年,第6490页。
② 狄青为北宋中期著名将领,在他讨平侬智高叛乱之后,仁宗欲拜狄青为枢密使,引起了朝野上下对狄青举止的注目和猜疑,甚至当时名臣韩琦、文彦博、欧阳修等人都对狄青颇有微词。最后,仁宗在朝野舆论的巨大压力下做出了抉择,罢狄青枢密使,出外知陈州。次年,狄青因朝廷疑忌而内心痛苦恐惧,最后暴病死于陈州。狄青虽然为大宋王朝立下赫赫战功,然而在宋朝防范武人的国策之下,最终也逃不过历史的悲剧命运。
③ [宋]苏辙著,曾枣庄、马德福校点:《民政上策五道》,《栾城集》应诏集卷九,上海:上海古籍出版社,2009年,第1669页。

知忠信孝悌之可喜，而一日之试之可耻而不为者？《诗》云：无言不酬，无德不报。臣以为欲得其所求，宜遂以其所欲而求之。开之以利而作其怠，则天下必有应者。今间岁而一收天下之才，奇人善士固宜有起而入于其中。然天下之人不能深明天子之意，而以为所为求之者，止于其目之所见，是以尽力于科举，而不知自反于仁义。臣欲复古者孝悌之科，使州县得以与今之进士同举而皆进，使天下之人，时获孝悌忠信之利，而明知天子之所欲。如此则天下宜可渐化，以副上之所求。然臣非谓孝悌之科必多得天下之贤才，而要以使天下知上意之所在，而各趋于其利，则庶乎其不待教而忠信之俗可以渐复。此亦周秦之所以使人之术欤？①

苏辙重视孝悌人伦道德，与他推崇三代的礼仪之美有关，因为"三代之盛时，天下之人自匹夫以上莫不务自修洁以求为君子。父子相爱，兄弟相悦，孝悌忠信之美，发于士大夫之间，而下至于田亩，朝夕从事，终身而不厌"②。值得注意的是，在《民政策》第三道中，苏辙有"矫拂天下，大变其俗，而天下不知其为。其变也，释然而顺，油然而化，无所龃龉，而天下遂至于大正矣"③之论。由此可见，苏辙并不是后来有些人所言是一个思想保守的士人，他在青年时期的变革意识就很强烈，只不过苏辙的这种变革思想是一种"渐进"式的，这与王安石等人的"遽变"思想大异。

《民政策》第四道讲兵制问题。宋代的兵制，分为禁军、厢兵、乡兵。在北宋中期，冗兵已成为朝廷的一大问题，在当时，除了戍守边境的士兵之外，还有每逢旱灾大量招募的士兵，甚至漕运的任务也由士卒担任，养兵如此之多，造成朝廷财政的负担。因此，苏辙提出改革兵制之法，就是要罢省屯戍之卒。"臣观京师之兵，不下数十百万；沿边大郡，不下数万人；天下郡县千人为辈，而江淮漕运之卒不可胜计。此亦已侈于使人矣！且夫人不足，而使人之制不为少减，是谓逆天而违人。昔齐桓之世，人力可谓有余矣，而十五乡之士，不过三万，车不过八百乘。何者？惧不能久也。方今天下之地，所当厚兵之处，不过京师与西边北边之郡耳。昔太祖、太宗既平天下，四方远国，或数千里，以为远

---

① [宋]苏辙著，曾枣庄、马德富校点：《民政上策五道》，《栾城集》应诏集卷九，上海：上海古籍出版社，2009年，第1674页。
② 同上书，第1672页。
③ 同上书，第1675页。

人险诐,未可以尽知其情也,故使关中之士往而屯焉,以镇服其乱心。及天下既安,四海一家,而因循久远,遂莫之变。夫天下之兵,莫如各居其乡,安其水土而习其险易,而特病其不知战。故今世之患在不教乡兵,而专任屯戍之士为抗贼之备。且天下治平,非沿边之郡,则山林匹夫之盗,及其未集而诛之,可以无事于大兵。苟其有大盗,则其为变,故亦非戍兵数百千人之所能制。若其要塞之地,不可无备之处,乃当厚其士兵以代之耳。闻之古者良将之用兵,不求其多,而求其乐战。今之为兵之人,夫岂皆乐乎为兵哉?或者饥馑困踬不能以自存,而或者年少无赖,既入而不能以自脱。盖其间常有思归者矣。故臣欲罢其思归之士,以减屯戍之兵,虽使去者太半,臣以为处者犹可以足于事也。盖古者有余则使之以宽,而不足则使之以约。苟必待其有余而后能办天下之事,则无为贵智矣!"① 苏辙认为兵不在多而在精,减少屯戍之卒,可以减轻百姓的负担;训练乡兵,可以提高战斗力,替代禁军的部分职能。关于对乡兵的这种看法,苏辙在熙宁二年还论:"今世之强兵莫如沿边之土人,而今世之惰兵莫如内郡之禁旅。"② 关于对乡兵的这种看法,苏轼的看法与苏辙大体相同,苏轼《策别》说:"天下之府八百余所,而屯于关中者至有五百,然皆无事则力耕而积谷,不惟以自赡养,而又足以广县官之储,是以兵虽聚于京师,而天下亦不至于弊者,未尝无事而食也。今天下之兵,不耕而聚于京畿三辅者以数十万计,皆仰给于县官,有汉唐之患,而无汉唐之利,择其偏而兼用之,是以兼受其弊而莫之分也。……臣愚以为郡县之土兵,可以渐训而阴夺其权,则禁兵可以渐省而无用。……夫土兵日以多,禁兵日以少,天子扈从捍城之外,无所复用,如此则内无屯聚仰给之费,而外无迁徙供亿之劳,费之省者,又已过半矣。"③ 由此可见,苏氏兄弟对兵制的看法如出一辙。

此期苏辙针对北宋畏战的心理之弊进行了抨击,《民政策》第四道云:"今者,中国之弊在于畏战。畏战固多辱矣,而民又不免于贫,无所就其利,而偏被其害。重赋厚敛,以为二边之赂,国辱而民困。盖今世

---

① [宋] 苏辙著,曾枣庄、马德福校点:《民政上策五道》,《栾城集》应诏集卷九,上海:上海古籍出版社,2009 年,第 1679~1680 页。
② [宋] 苏辙著,曾枣庄、马德福校点:《上皇帝书》,《栾城集》卷二一,上海:上海古籍出版社,2009 年,第 470 页。
③ 曾枣庄、舒大刚主编:《三苏全书》第 17 册,北京:语文出版社,2001 年,第 360 页。

之病，病已极矣。"① 从苏辙此论看，他是抨击宋廷畏战心理的。当此之时，由于宋廷对西夏战争的失败，北宋形成积弱的局面，朝野上下弥漫着一股畏战的心理之气，"一战不及一战，吁！可骇也"②，可谓是此种心理的生动描写。然而到了元祐时期，苏辙于边疆对敌之事，多是主和，甚至论及宋廷占领的兰州等地，他也是主张弃守、和谈③。这固然与当时政治形势的变化有关，但也与苏辙历经世事磨难，缺乏青年时期的勃勃锐气相关。苏辙前后不同的政治心态，于此可见一斑。

二、苏辙熙丰时期的政治态度

熙宁、元丰是王安石变法时期，也是新党势力执掌朝政时期。苏辙经历了从进入条例司参与新法到贬谪外地的生活。考察这一时期苏辙的政治态度，可以了解苏辙的变法思想和对王安石变法的政治态度。

早在嘉祐年间，苏辙就深刻认识到北宋社会的"三冗"问题。嘉祐七年，苏辙作《新论》，其中论说："天下之吏偷堕苟且，不治其事，事日已败而上不知使，是一不立也。天下之兵骄脆无用，召募日广而临事不获其力，是二不立也。天下之财出之有限而用之无极，为国百年而不能以富，是三不立也。"④ 苏辙将北宋的社会弊病概括为"三不立"，表明了对当时社会问题的看法。但由于嘉祐年间，苏辙未居实际官职，因此，也就不能进行实际的政治实践活动。

熙宁二年，神宗用王安石为参知政事，开始变法。此时苏辙到京师不久，立即上书神宗说：

> 夫今世之患莫急于无财而已。财者为国之命而万事之本，国之所以存亡，事之所以成败，常必由之。……以为方今之计，莫如丰财。然臣所谓丰财者，非求财而益之也，去事之所以害财者而已矣。

---

① [宋]苏辙著，曾枣庄、马德富校点：《民政下策五道》，《栾城集》应诏集卷一〇，上海：上海古籍出版社，2009年，第1693页。
② [宋]田况：《儒林公议》卷上，北京：中华书局，1985年，第4页。
③ 苏辙在元祐元年上奏状《论兰州等地状》，其中有："要之久远，不得不弃。危而后弃，不如方今无事举而与之，犹足以示国恩惠。"（曾枣庄、舒大刚主编：《三苏全书》第18册，北京：语文出版社，2001年，第308页。）元祐二年，苏辙又上奏状《再论兰州等地状》，其中有"乞因此时举兰州及安疆、米脂等五寨地弃而与之，安边息民，为社稷之计"。（曾枣庄、舒大刚主编：《三苏全书》第18册，北京：语文出版社，2001年，第312页。）
④ [宋]苏辙著，曾枣庄、马德富校点：《栾城集》卷一九，上海：上海古籍出版社，2009年，第438页。

> 夫使事之害财者未去，虽求财而益之，财愈不足；使事之害财者尽去，虽不求丰财，然而求财之不丰亦不可得也。故臣谨为陛下言事之害财者三：一曰冗吏，二曰冗兵，三曰冗费。①

苏辙认为天下之弊最突出的问题是财政问题。对此问题，王安石也多次撰文论说，其中嘉祐五年（1060）的撰文说：

> 夫合天下之众者财，理天下之财者法，守天下之法者吏也，吏不良，则有法而莫守；法不善，则有财而莫理；有财而莫理，则阡陌闾巷之贱人，皆能私取予之势，擅万物之利，以与人主争黔首，而放其无穷之欲，非必贵强桀大而后能。……然则善吾法，而择吏以守之，以理天下之财，虽上古尧舜犹不能毋以此为先急，而况于后世之纷纷乎？②

由此可见，苏辙、王安石都认识到改革北宋的财政状况为扭转北宋社会之弊的当务之急。苏辙认为冗官、冗兵、冗费是造成国家财政问题的根源，因此，解决"三冗"问题是理财的首要问题。然而，在具体理财的问题上，苏、王两人又有质的不同，苏辙重在节流，他认为"去事之所以害财者"为理财的关键，即谓只要解决了"三冗"的问题，国家的财政问题就能得到解决；而王安石的理财途径却重在开源，"因天下之力，以生天下之财；取天下之财，以供天下之费"③，提出"善理财者不加赋而国用足"④的观点，从这点来看，王安石与苏辙在理财方案上已经有了原则性的分歧。

"熙宁变法"伊始，苏辙是赞成变法的，而且进入了变法的核心机构——三司条例司任职。但是在变法的过程中，苏辙对王安石颁布的"青苗法""免役法""保甲法""市易法"等变法措施提出了自己的意见。熙宁二年，王安石就"青苗法"的草案征求苏辙的意见，苏辙立即

---

① ［宋］苏辙著，曾枣庄、马德富校点：《上皇帝书》，《栾城集》卷二一，上海：上海古籍出版社，2009年，第462~464页。
② ［宋］王安石撰：《度支副使厅壁题名记》，《临川先生文集》卷八二，北京：中华书局，1959年，第860页。
③ ［宋］王安石撰，唐武标注：《上仁宗皇帝言事书》，《王文公文集》卷一，上海：上海人民出版社，1974年，第9页。
④ ［宋］脱脱等：《宋史》卷三三六《司马光传》，北京：中华书局，1985年，第10764页。

反对说:"以钱贷民,使出息二分,本以救民之困,非为利也。然出纳之际,吏缘为奸,虽有法不能禁。钱入民手,虽良民不免非理费用,及其纳钱,富民不免违限。如此则鞭箠必用,州县事不胜烦矣!"① 王安石实施"青苗法"的本意是好的,此法规定州县各个民户,在夏秋之前,可到政府借贷粮钱谷,这样可以减轻地主对农民的高利贷的剥削,政府也可以通过放贷创收大量利息。但是此法一经颁布,就受到反对派人士的攻击。

苏辙从条例司外调以后,基本上对新法持否定态度。熙宁四年,苏辙在陈州替张方平代拟的上书中对新法展开了猛烈的攻击:"其后求治太切,用意过当,奸臣缘隙,得进邪说。……己酉之秋,新政始出,自是以来,凡所变革,不可悉数。其最大者,一出而为常平青苗,再出而为拣兵并营,三出而为出钱雇役,四出而为保甲教阅。四者并行于世,官吏疑惑,兵民愤怨,谏争者章交于朝,诽谤者声播于市。……青苗、助役、保甲三者之弊,臣不复言矣。"② 从苏辙的这些尖利言辞看,苏辙不但攻击王安石的新法,而且把王安石等人比作奸臣,很大程度上带有对王安石个人的怨恨愤泻。此时,正是士大夫政治上升期间,士大夫个体之间政见的不同,很少有导致人身攻击的事件,然而苏辙对王安石的攻击如此激烈,除与王、苏两家早年交恶有关外,也与苏辙在条例司被新党排挤出朝不无关系。看来,苏辙对熙宁变法的态度,也有个人的意气用事在里面。

熙宁七年,苏辙任齐州掌书记,苏辙认为王安石实施变法已经好几年了,而他没有看到变法带来的实际效果,就上书请求罢黜新法,其中说:"与民一新,罢此四事。青苗之既散者,要之以三岁而不收息;保甲之既团者,存其旧籍而不任事;复差役,以罢免役之条;通商贾,以废市易之令。"③ 为了具体阐明王安石新法的弊害,苏辙还特意写了《画一状》,收集了民众对新法不满的意见,其实也是苏辙自己对新法的意见,其中对青苗法的意见是:

议者皆谓富民假贷贫民,坐收倍称之息,是以富者日富,贫者

---

① [宋] 苏辙著,曾枣庄、马德福校点:《颍滨遗老传上》,《栾城集》后集卷一二,上海:上海古籍出版社,2009 年,第 1282 页。
② [宋] 苏辙著,曾枣庄、马德福校点:《陈州为张安道论时事书》,《栾城集》卷三五,上海:上海古籍出版社,2009 年,第 767~769 页。
③ [宋] 苏辙著,曾枣庄、马德福校点:《自齐州回论时事书》,《栾城集》卷三五,上海:上海古籍出版社,2009 年,第 772 页。

日贫。今官散青苗，取息二分。收富人并兼之权，而济贫民缓急之求。贷不异于民间，而息不至于倍称。公私皆利，莫便于此。然公家之贷，其实与私贷不同。私家虽取利或多，然人情相通，别无条法。今岁不足而取偿于来岁，米粟不给而继之以刍藁，鸡豚狗彘皆可以还债也。无岁月之期，无给纳之费，出入闾里，不废农作。欲取即取，愿还即还。非如公家，动有违碍。故虽或取息过倍，而民恬不知。今官贷青苗，责以见钱，催随二税，邻里相保，结状请钱，一家不至，九家坐待，奔赴城市，糜费百端。一有逋窜，均及同保。贫富相迫，要以皆毙而后已。朝廷虽多设法度，以救其失，而其实无益也。①

青苗法当时确实增加了政府的收入，在一定程度上缓解了当时的财政压力，但是在具体实施的过程中，确如苏辙所说，出现了不良官吏作弊为奸的事情，而且贷款一旦到手，就会出现使用不当的情况，如此一来，民户不免违限，由于是几家作保，因此连累众多。从实施的效果来看，青苗法的实施虽然暂时增加了政府的收入，但是加重了民众的负担，没有达到预期的效果。

免役法废除了以前按户等轮流充当差役的办法，所属州县人户不再服役，而是按户等出钱，改由官府雇人代役。苏辙在《画一状》中对"免役法"批评说："今也弃其自有之力，而一取于钱，民虽有余力不得效也。于是卖田宅，伐桑柘，鬻牛马，以供免役，而天下始大病矣。"②苏辙认为此法增加了民众的经济负担，那些即使想出劳力的民众也不能为官府效劳，为了交钱免役，民众不得不变卖家产，这样导致人民生活痛苦不堪。

北宋中期冗兵、冗费日重，王安石为了提高军队战斗力，减少财政支出，因此实行仿照古代寓兵于农的思想，颁布"保甲法"。但苏辙在《画一状》中说："今也既已免役，而于捕盗则用为耆长壮丁，于催税则用为户长里正，于巡防，则用为巡兵弓手。一人而三役具焉，民将何以堪之？且其为巡兵弓手也，一保甲之中，丁壮既出，老弱守舍，盗贼乘

---

① ［宋］苏辙著，曾枣庄、马德福校点：《栾城集》卷三五，上海：上海古籍出版社，2009 年，第 773 页。
② 同上书，第 774 页。

间，如入无人之境。而其上番之期又不过旬日，坐作进退未能知也。"①苏辙认为保甲之法也加重了民众的负担，一个人要充当三种役务。保甲之中，由于年轻力壮的外出，家中留守的都是老弱病残，导致盗贼出入跋扈。

熙宁五年颁布的"市易法"，本是要达到"商旅以通，黎民以遂，国以足用"②的目的，实际上，市易法确实限制了部分商人垄断市场的行为，在一定程度上平抑了物价，同时也增加了政府的收入。但是苏辙在《画一状》中认为此法是"无物不买，无利不笼。命官遣人，贩卖南北。放债取利，公行不疑。杜绝利源，不与民共。观其指趣，非复制其有无，权其轻重而已也。徒使小民失业，商旅不行。空取专利之名，实失商税之利"③。

以上仅是苏辙反对新法的部分意见，却可以看出苏辙在熙宁、元丰时期的政治态度，即对新法的态度。苏辙对北宋社会的弊端看得很清楚，也是强烈要求变革的。但在具体变法的过程中，他对其中的一些做法不满，尤其是他在看到新法加重了民众负担，而且扰乱了民众的生活后。基于此，在熙宁、元丰期间，苏辙基本对新法持反对态度。

探究苏辙反对新法的主要缘由在三个方面：第一，苏辙自己有独立的政治思想。前文已经论述，苏辙居家读书时期，就"好言古今治乱"之事，在父兄的影响下，十分了解北宋中期的社会现实，对此，苏辙撰写了代表其青年时期政治思想的《进策》，上呈朝廷。第二，苏辙与王安石的政治思想有所不同，虽然他们都是那个时代杰出的士大夫，都有变革社会现实的要求，但是在具体的做法中，每个人都有自己的一套想法。这种想法不同的根源在于苏辙深受道家思想的影响，他曾在《老子解》中说："全德之人其于万物如母之于子，虽纵之而不去。故无关而能闭、无绳而能约。彼挟策以计，设关持绳以御物，则力之所及者少矣。圣人之于天下，非特容之，又兼救之，我不弃人而人安得不归我乎。"④苏辙主张无为而治天下，希望君主以宽恕之心对待民众，民众自然会归附于天子。如果处心积虑设置各种规章约束民众，反而离期越远。苏辙的这种思想，显然与王安石、吕惠卿等人的主张不同，因此，出现了苏

---

① ［宋］苏辙著，曾枣庄、马德福校点：《栾城集》卷三五，上海：上海古籍出版社，2009年，第775页。
② ［宋］李焘撰：《续资治通鉴长编》卷二三一，北京：中华书局，1995年，第5622页。
③ ［宋］苏辙著，曾枣庄、马德福校点：《栾城集》卷三五，上海：上海古籍出版社，2009年，第775~776页。
④ 曾枣庄、舒大刚主编：《三苏全书》第5册，北京：语文出版社，2001年，第431页。

辙与其共事而"议事多牾""每于本司商量公事动皆不合"① 的现象。第三，苏辙与一些保守派的大臣关系甚好，甚至有些大臣和苏辙是师友关系。在变法期间，当时的名臣司马光、韩琦、欧阳修、张方平等人都处于保守的一面，而苏辙与这些重要大臣交游已久，而且他们对苏氏兄弟都有知遇和提携之恩。在嘉祐二年的进士考试中，欧阳修是力擢苏氏兄弟的主考官；英宗治平年间，时任宰相的韩琦曾提拔苏辙为大名府路安抚总管司机宜文字；在"乌台诗案"中，司马光与张方平为营救苏氏兄弟积极奔走，而且司马光还为苏辙的母亲程夫人撰写过墓志铭。由此可见，苏氏兄弟与这些保守大臣有非常深厚的关系，因此在变法当中，自然和他们站在了一起。第四，苏轼父子与王安石的关系不是太好。前文已经提及，早在嘉祐年间，苏洵拒绝与王安石交游，并说："吾知其人矣，是不近人情者，鲜不为天下患。"② 而王安石也看不惯苏洵，对苏洵"独不嘉之，屡诋于众"③，以致苏、王两家交恶。后来王安石对苏氏兄弟的制科考试不屑一顾，使苏、王两家关系更加恶化。后来在变法的过程中，苏辙与王安石议事每每不合，这其中自然也是因为夹杂了个人的情感在里面。

三、苏辙元祐时期的政治态度

元丰八年，神宗驾崩，哲宗即位，高太后垂帘听政，自此到元祐八年，北宋历史进入"元祐更化"时期。这一期间，是旧党执掌朝政时期，也是苏辙作为"元祐大臣"施展政治抱负的时期。在此期间，苏辙的大部分时间都处在宋廷的权力中心，直接参与"更化"，因此他在此期所写的奏状也比较多，总计达一百多条。从苏辙的这些奏状看，一是反映对"新法"的态度，二是苏辙与新旧党争的问题（由于苏辙牵扯的党争问题比较复杂，因此对这问题下节专门论述），三是有关民生问题，四是有关边疆军事问题。此四个方面大致反映了苏辙在元祐期间的政治主张，余则琐细小论，兹不一一赘述。

（一）关于对新法的政治态度

苏辙对新法的态度与熙宁年间有很大的不同。熙宁时期，苏辙对新

---

① [清] 黄以周、秦缃业等辑：《续资治通鉴长编拾补》卷五，北京：文物出版社，1987年，第13页。
② [宋] 苏洵著，曾枣庄、金成礼笺注：《嘉祐集笺注》，上海：上海古籍出版社，1993年，第276页。
③ [宋] 叶梦得撰，徐时仪校点：《避暑录话》，上海：上海古籍出版社，2012年，第114页。

法基本持全盘否定的态度。然而，在元祐时期，他对新法既有否定的一面，又有肯定的一面。下面就苏辙上书次数较多的有关"青苗法""免役法""科场"等问题考察苏辙的这种政治态度。

关于青苗法。在元祐元年，苏辙上书次数最多的奏议就是反对青苗法。司马光上台之后本已废除了青苗法，但之后一些官员借口国用不足，上书要求再行青苗之法。元祐元年，苏辙任右司谏，接连四次上书反对此举，六月十四日在《论青苗状》中指出："伏以青苗之害民，朝廷之所悉也。罢而不尽，废而复讲，使天下之人疑朝廷眷眷于求利，此臣之所深惜也。何者？朝廷申明青苗之法，使请者必以情愿，而官无定额，议者以为善矣。然以臣观之无知之民急于得钱而忘后患，则虽情愿之法有不能止也。侵渔之吏，利在给纳而恶无事，则虽无定额有不能禁也。"① 苏辙此论反对青苗法的理由与熙宁年间所持意见一致。由于苏辙的上奏没有答复，七月二十四日，苏辙再上《再论青苗状》说："臣博采众论，云近有臣僚献议，以国用不足为言，由此圣意迟迟未决。……今日之计，但当戒饬天下守令，使之安集小民。若能稍免水旱之灾，复无流亡之患，则安靖之功数年自见，谷帛丰羡将不可胜用。何至复行青苗，以与民争利也哉？"② 苏辙从民众的利益出发，坚持不能再行青苗法。到了八月四日，苏辙又连上两道奏折《三乞罢青苗状》《申三省请罢青苗状》，极言青苗之法害人误民，其中《申三省请罢青苗状》谓："且青苗之法其所以害人者，非特抑配之罪也。虽使州县奉行诏令，断除抑配，其为害人，固亦不少。"③ 由此可见，苏辙连续上书四道反对青苗法，主要是基于青苗法实质上是与民争利，虽然可以增加政府的收入，但是由于普通百姓的无知和官吏的为非作奸，将加重民众负担，贻害无穷。

在对待免役法的问题上，苏辙与司马光的意见有了分歧。元祐元年，苏辙连上五道奏状，陈述自己的意见。苏辙赞同罢行免役法，但认为司马光请求罢行的奏议有些疏漏，二月十六日苏辙上《论罢免役钱行差役法状》说："盖朝廷自行免役至今仅二十年，官私久已习惯。今初行差役，不免有少龃龉不齐。……兼臣窃观司马光前件劄子，条阵差役事件

---

① ［宋］苏辙著，曾枣庄、马德福校点：《栾城集》卷三九，上海：上海古籍出版社，2009年，第854页。
② ［宋］苏辙著，曾枣庄、马德福校点：《栾城集》卷三九，上海：上海古籍出版社，2009年，第867页。
③ ［宋］苏辙著，曾枣庄、马德福校点：《栾城集》卷四〇，上海：上海古籍出版社，2009年，第877页。

大纲,已得允当。然其间不免疏略及小有差误。"① 苏辙认为免役法实行多年,突然废止,恐于民不利,建议迟缓施行,因此几天后又上奏议《乞更支役钱雇人一年候修完差役法状》云:"差役之法关涉众事,根牙盘错,行之徐缓,乃得详审。若不穷究首尾,匆遽便行,但恐既行之后,别生诸弊。"② 苏辙为了慎重起见,还专门上了一道奏议《论差役五事状》说:"坊郭人户,熙宁以前,常有科配之劳。自新法以来,始与乡户并出役钱,而免科配,其法甚便。……新法以来,减定诸色役人,皆是的确合用数目。行之十余年,并无阙事。……熙宁以前,散从、弓手、手力等役人,常苦接送之劳。远者至四五千里,极为疲弊。自新法以来,官吏皆请雇钱,役人既以为便,官吏亦不阙事。"③ 苏辙从现实出发,具体分析了差役五事,认为新法中还有可取之处,不可尽废。苏辙认为,王安石的免役法虽然有害,但是差役法的弊病也不可不知,"免役之害虽去,而差役之弊亦不可不知也"④,"差役害人未必减于免役"⑤。从以上看,苏辙对司马光罢行免役法是赞同的,但他反复考虑,认为司马光简单地恢复熙宁以前的差役法,也有一定的漏误,这显示了苏辙独立的政治品格。司马光本为苏辙的恩人,曾多次帮助苏氏兄弟,而苏辙从民众的利益出发,多次直陈自己对废行免役法的意见,这与同一时期的新党人物蔡京,为了迎合司马光心意,不顾百姓疾苦,大力实行差役法形成了鲜明的对比⑥。

熙宁变法期间,王安石对科举也进行了改革,其中最主要的一项是

---

① [宋] 苏辙著,曾枣庄、马德福校点:《栾城集》卷三六,上海:上海古籍出版社,2009年,第783页。
② 同上书,第792页。
③ [宋] 苏辙著,曾枣庄、马德福校点:《栾城集》卷三七,上海:上海古籍出版社,2009年,第805页。
④ [宋] 苏辙著,曾枣庄、马德福校点:《再言役法劄子》,《栾城集》卷三八,上海:上海古籍出版社,2009年,第848页。
⑤ [宋] 苏辙著,曾枣庄、马德福校点:《三论差役事状》,《栾城集》卷三九,上海:上海古籍出版社,2009年,第856页。
⑥ 蔡京在元祐时期极力实行差役法,苏辙说:"乞取问开封府官吏,明知熙宁以前旧法役人数目显有冗长,并不依近降指挥相度申请,便尽数差拨;及朝旨本无日限,辄敢差人监勒,于数日内蹙迫了当,故意扰民,以坏成法。"(曾枣庄、舒大刚主编:《乞罢蔡京开封府状》,《三苏全书》第17册,北京:语文出版社,2001年,第259页。)到了新党执政的绍圣时期,"(蔡)京谓(章)惇:'取熙宁成法施行之尔,何以讲为?'惇然之,雇役遂定。差雇两法,光、惇不同。十年间京再莅其事,成于反掌,两人相倚以济,识者有以见其奸"。(《宋史·蔡京传》)

"罢诗赋及明经诸科，专以经义论策试士"①。司马光认为："取士之道，当先德行后文学；就文学言之，经术又当先于词采。神宗专用经义、论策取士，此乃复先王令典，百王不易之法。"② 元祐年间，有些士大夫提出恢复诗赋取士，司马光也上书欲以九经作为取士的内容，而苏辙主张"先降指挥，明言来年科场一切如旧，但所对经义，兼取注疏及诸家议论，或出己见，不专用王氏之学，仍罢律义。令天下举人知有定论，一意为学，以待选试。然后徐议元祐五年以后科举格式，未为晚也"③。苏辙赞成废除王安石的一家之言，改用众人之说，但为了稳定士人心态，他不主张马上施行，而是建议五年之后徐缓商议进行。对保甲法，苏辙也是保留部分意见，他在《论京畿保甲冬教等事状》中说："惟有冬教一月之法，三路以被边之故，民习为常，不敢辞愬。至于京畿诸县，累圣以来为辇毂所在，素加优厚。今乃与三路边郡为比，一例冬教，情所未安。伏乞圣慈深念根本之地，宜宽恤，特与蠲免。"④ 苏辙对保甲法中的冬教之法并不反对，而请求京畿诸县继续例行操练。

从以上论述来看，苏辙在元祐期间对新法的态度不是全盘否定，而是从实际出发，区别对待。同时，对司马光全面恢复熙宁以前的旧法也持慎重态度。元祐期间，旧党执掌朝政，苏辙也是在"更化"的政策下参与朝政的，但他不顾众怒，一方面替新法的部分政策辩护，另一方面没有一味迎合司马光的心意，显示了一个文人士大夫独立的政治人格。

(二) 苏辙关于民生问题的奏议

在元祐年间，苏辙这方面的奏议较多，在这里例举一二述之。元祐元年，淮南发生旱灾，粮食作物大量枯死绝收，又由于运河无水，导致浙中廉价的粮食运不出去，不能用来赈济灾民。因此苏辙上书："臣欲乞指挥淮南官司，先将所管义仓米数随处支与阙食人户，兼将常平米减价出卖，及取问监司州县，因何并不曾申请擘划，兼乞体访诸路，如有似此阙食去处，一例施行。"⑤ 苏辙还请求放民间积欠款。自新法施行以

---

① [明] 陈邦瞻编：《宋史纪事本末》卷三八《学校科举之制》，北京：中华书局，1977年，第371页。
② [元] 脱脱等：《宋史》卷一五五《选举志》，北京：中华书局，1985年，第3620页。
③ [宋] 李焘撰：《续资治通鉴长编》卷三七四，北京：中华书局，1995年，第9060页。
④ [宋] 苏辙著，曾枣庄、马德福校点：《栾城集》卷三九，上海：上海古籍出版社，2009年，第865页。
⑤ [宋] 苏辙著，曾枣庄、马德福校点：《乞赈救淮南饥民状》，《栾城集》卷三七，上海：上海古籍出版社，2009年，第815页。

来，苏辙感到百姓苦于重敛，而老天久旱不雨，造成破家荡产、衣食不继者很多。因此，苏辙上书言："应今日以前民间官本债负、出限役钱及酒坊原额罚钱，见今资产耗竭，实不能出者，令州县监司保明除放，使民得再生，以养父母妻子。朝廷弃捐必不可得之债，以收民心，民心悦附，甘泽可致。虽使天道幽远，雨不时应；而仁泽流溢，亦可以化服强暴，消止盗贼。"①苏辙的这道上书，一方面从民生考虑，减轻百姓负担，另一方面从统治阶级利益出发，可以对民布施恩惠，安定民心。

苏辙在任右司谏时，朝廷为了解决汴河泥沙淤积问题，改引洛水入汴，因水源不足，一些官吏强占民田，蓄养雨水，以备缺水之用，当时在中牟县占田达八百五十余顷。苏辙针对这一现象，上书说："伏惟陛下恤养小民，过于赤子，无名侵夺，圣意不然。臣欲乞指挥汴口以东州县，各具水柜所占顷亩数目及每岁有无除放二税，仍具水柜委实可与不可废罢。如决不可废，即当如何给还民田，以免怨望。"②对于朝廷所占民田，苏辙从百姓的利益出发，提出如果官府不能补偿民众，就应该归还民田。

还有元祐元年，朝廷虽然罢黜了市易法，但是蜀中的一些茶场司，却在买卖蜀茶的同时，暗地里贩卖各种东西。苏辙认为蜀茶法从实行到今，几经改变，而民众是越来越穷困，因此，他特地上书列举了蜀茶法的五种害处，建议罢黜蜀茶，由民众自行交易，其上书说："五害不除，蜀人泣血，无所控告。臣乞朝廷哀怜远民，罢放榷法，令细民自作交易，但收税钱，不出长引。"③

以上仅是苏辙关系民生的部分事例，实际上苏辙在元祐时候还有很多这样的奏议，如《乞葬埋城外白骨状》《乞放市易欠钱状》《乞废忻州马城盐池状》等。苏辙从民众的利益出发，对青苗法、免役法等发表自己的论见，表达自己的政治态度。

（三）苏辙关于边疆军事问题的态度

首先是苏辙对兰州、五寨等地的意见。元丰八年，神宗"因夏国内

---

① [宋]苏辙著，曾枣庄、马德福校点：《久旱乞放民间积欠状》，《栾城集》卷三六，上海：上海古籍出版社，2009年，第781~782页。
② [宋]苏辙著，曾枣庄、马德福校点：《乞给还京西水柜所占民田状》，《栾城集》卷三八，上海：上海古籍出版社，2009年，第829页。
③ [宋]苏辙著，曾枣庄、马德福校点：《论蜀茶五害状》，《栾城集》卷三六，上海：上海古籍出版社，2009年，第789页。

乱，用兵攻讨，于熙河路增置兰州，于鄜延路增置安疆、米脂等五寨"①，元丰六年，西夏举兵攻伐兰州，遭到宋军激烈抵抗，最后无功而返。元祐元年，西夏国主遣使臣向北宋索要兰州等地。苏辙连上两书，建议哲宗答应西夏索地的要求。苏辙赞同那些主张弃守者的理由是："兰州五寨所在险远，馈运不便，若竭力固守，坐困中国。羌人得以养勇，窥伺间隙。要之久远，不得不弃。危而后弃，不如方今无事举而与之，犹足以示国恩惠。"② 而此时主政的司马光也说："群臣犹有见小忘大，守近遗远，惜此无用之地使兵连不解，为国家之忧。"③ 兰州等地，本是在神宗时期，宋军在新党的主张下攻取的，而苏辙与司马光等人的态度一致，表现出一种绥靖、妥协的姿态，这与新党对西夏强硬的态度大相径庭。苏辙的这种保守、求和的态度在他的第二道上书中表现得尤为突出："今若又不许，遣其来使徒手而归，一失此机，必为后悔。彼若点集兵马，屯聚境上，许之则畏兵而与，不复为恩；不许则边衅一开，祸难无已。间不容发，正在此时，不可失也。"④ 兰州地处西北，控河为险，地理位置极其重要，宋人穆衍说："兰州弃则熙州危，熙州危则关中震动。唐失河湟，西边一有震动，惊及京师，今若委兰州，悔将何及？"⑤ 如此重要之地，苏辙与司马光都主张弃守，固然与苏辙认为哲宗新立，不宜征战有关，"当此之时，安靖则有余，举动则不足。利在绥抚，不利征伐"⑥，但也与苏辙的"好战则财竭而民贫"⑦ 的思想有关。苏辙的这种政治态度，反映了元祐时期旧党士大夫们对待边疆重镇的政治态度。此外，苏辙在对待熙和的问题上也持此种态度。当时熙和守将范育不主张弃守熙和，曾说："熙河以兰州为要塞，此两堡者，兰州之蔽也，弃之则兰州危，兰州危，则熙河有腰膂之忧矣。"⑧ 而苏辙认为范育等人"妄

---

① [宋] 苏辙著，曾枣庄、马德福校点：《论兰州等地状》，《栾城集》卷三九，上海：上海古籍出版社，2009 年，第 857 页。

② 同上书，第 857~858 页。

③ [元] 脱脱等：《宋史》四八六《夏国传》，北京：中华书局，1985 年，第 14015 页。

④ [宋] 苏辙著，曾枣庄、马德福校点：《再论兰州等地状》，《栾城集》卷三九，上海：上海古籍出版社，2009 年，第 863 页。

⑤ [清] 吴广成撰，龚世俊等校证：《西夏书事校证》卷二五，兰州：甘肃文化出版社，1995 年，第 286 页。

⑥ [宋] 苏辙著，曾枣庄、马德福校点：《论兰州等地状》，《栾城集》卷三九，上海：上海古籍出版社，2009 年，第 858 页。

⑦ [宋] 苏辙著，曾枣庄、马德福校点：《民政下策五道》，《栾城集》应诏集卷一〇，上海：上海古籍出版社，2009 年，第 1692 页。

⑧ [元] 脱脱等：《宋史》卷三〇三《范育传》，北京：中华书局，1985 年，第 10051 页。

兴边事，东侵夏国，西挑青唐，二难并起，衅故莫测，乞行责降"①，要求责罚范育。尽管苏辙在此问题上采取了安靖求和的态度，但提醒朝廷要"安不忘危，常以戒敕边吏为心"②。

其次是苏辙出使辽国归来后的一些意见。元祐五年，苏辙出使辽国归来，就宋辽关系问题提出了三个方面的意见。一是有关本朝书籍、文字外流的问题。苏辙听说《眉山集》已在辽国流传多时，感觉宋廷的一些文字、文书等也传入辽国，这样一来，"上则泄露机密，下则取笑夷狄，皆极不便"③。因此，苏辙要求宋廷严密监视出版物，民间不得自行刊印文字，以免所印之物流入辽国。二是禁止本币外流的问题。苏辙在边境贸易中看到有宋朝铜钱流入辽国的现象，于是他建议沿边各地禁止私铸铜钱，这样"虽不禁钱出外界，而其弊自止矣"④。三是分析了辽国国内的形势。一则认为辽国皇帝在位日久，知道战和的利害，所以对宋廷使臣表现出友好的姿态；二则辽国皇帝喜好佛法，国内僧侣众多，它们放债营利，侵夺小民，契丹之人，"缘此诵经念佛，杀心稍悛。此盖北界之巨蠹而中朝之利也"⑤。苏辙的这些建议，来自出使契丹后的切身体验，因而对朝廷的对外关系的调整具有实际意义。事实上，宋、辽在元祐之后也确无战事，印证了苏辙分析的宋辽暂时可以保持和平局面的意见。

以上分析了苏辙在青年时期、熙丰时期、元祐时期的政治思想和政治态度，这并不表示苏辙在其他时期，如绍圣及其以后就没有政治主张。只不过在元祐以后，苏辙已经离开宋廷的权力中心，又由于新党掌权，多方残害旧党人士，一向小心谨慎的苏辙，为了避祸，便较少发表政见了。

总之，苏辙的政治思想和政治态度大体可分为三个时期，即青年时期的政治思想、熙丰时期的政治态度和元祐时期的政治态度。苏辙青年时期的政治思想是一种理论看法，是苏辙从书本和父兄得来的"历史经验"；熙丰和元祐时期是苏辙亲自体验政治实践活动的时期，他的政治态度随政治主张的不同而发生变化。

---

① ［宋］苏辙著，曾枣庄、马德福校点：《再论熙河边事劄子》，《栾城集》卷四三，上海：上海古籍出版社，2009年，第956页。
② ［宋］苏辙著，曾枣庄、马德福校点：《论西边警备状》，《栾城集》卷三九，上海：上海古籍出版社，2009年，第866页。
③ ［宋］苏辙著，曾枣庄、马德福校点：《北使还论北边事劄子五道》，《栾城集》卷四二，上海：上海古籍出版社，2009年，第937~938页。
④ 同上书，第938页。
⑤ 同上书，第940页。

第四节 苏辙与北宋中后期的党争

西方政治学家阿尔蒙德说:"政治文化是一个民族在特定时期流行的一套政治态度、信仰和感情。这个政治文化是本民族的历史和现在社会经济、政治活动的进程所形成。人们在过去的经历中形成的态度类型对未来的政治行为有着重要的强制作用。"① 这说明一定时期的社会政治文化会对社会成员的行为会产生重要影响。身处北宋士大夫政治中的士人群体,他们的政治立场及其心态发生了重大变化,甚至士大夫群体由于政治立场、学术观点等的不同而产生分化,形成了不同的士大夫政治集团。他们面对北宋社会的矫弊之政,都提出了自己的变革主张,然而由于政治思想或所操之术的不同,产生了士大夫之间意气相争,互不相让,乃至相互倾轧的结果。北宋的党争,肇始于仁宗景祐、庆历年间,历经神宗、哲宗、徽宗、钦宗四朝,直至北宋灭亡,形成了四个党争高潮,即仁宗时期的"庆历党争",神宗时期的"熙丰党争",哲宗时期的"元祐党争"与"绍述党争",以及蔡京专权时制造的党锢之祸。王夫之曾对北宋党争评论为:"朋党之兴,始于君子,而终不胜于小人,害乃及于宗社生民,不亡而不息。宋之有此也,盛于熙丰、交争于元祐、绍圣,而祸烈于徽宗之世,其始则景祐诸公开之也。"② 在这种无休止的党同伐异中,苏辙作为士大夫中的一员,在那种"世之名士常患法之不变"③的背景下,热切地想参与现实政治,自然不可避免地陷入其中,上演了一场个人与时代的双重悲剧。

一、北宋朋党观念形成的渊源

"党"的原意是周代乡以下的基层单位,《周礼·地官司徒》称:"五族为党。"后来引申为以类相从的意思,孔子也称:"人之过也,各于其党。"(《论语·里仁》)"朋"本是指货币单位,后来引申出"群""类"的意思。到了春秋时期,朋与党合成"朋党"一词,常为人所用。在社会政治中,各种对立势力都把结集朋党势力作为实现自己政治目标的手段,因而"朋党"主要指统治阶级内部具有不同政治背景和经济利

---

① 〔美〕加布里埃尔·A. 阿尔蒙德、小 G. 宾厄姆·鲍威尔等著,曹沛霖、郑世平、公婷等译:《比较政治学:体系、过程和政策》,上海:上海译文出版社,1987年,第26页。
② 〔清〕王夫之著,舒士彦点校:《宋论》卷四,北京:中华书局,1981年,第86页。
③ 〔宋〕陈亮:《铨选资格》,《陈亮集》,北京:中华书局,1974年,第126页。

益的政治集团①。在中国历史上，朋党是一种十分常见的政治现象，东汉有"党锢之祸"，唐朝有"牛李党争"，宋朝有文人党争，明代有"东林党争"。如果说东汉、唐朝、明朝的党争只是局限于某一时期、某一范围，那么宋朝的文人党争，如果从"庆历党议"算起，可以说文人结党成风，蔓延两宋，波及范围之广，为历代党争所少见，而由此带来的政治斗争更是成为一种十分突出的社会现象。

在"朋党"一词诞生的春秋战国时期，士人说起"朋党"，多少带有一些贬义的口气，如《论语·卫灵公》里面有"君子矜而不争，群而不党"之语，《韩非子·饰邪》有"群臣朋党比周，以隐正道，行私曲，而地削主卑者，山东是也"。在唐代，李德裕就当时的朋党现象发表过自己的意见："今之朋党者，皆依倚倖臣，诬陷君子，鼓天下之动以养交游，窃儒家之术以资大盗。"② 因而，在宋代以前，一般人们认为只有小人党而君子不党，所以人们常用"朋比为奸"一词比喻小人所为。然而，在宋代，士人却把结成朋党看成为一种正常的政治现象，这是因为在宋代士大夫政治的第一个高潮时期，即仁宗庆历时期，以范仲淹、欧阳修为代表的士大夫群体为"朋党"正了名。在这之前，文学家王禹偁就为"君子有党"辩护，他说："夫朋党之来远矣，自尧舜时有之。八元、八凯，君子之党也；四凶族，小人之党也。惟尧以德充化臻，使不害政，故两存之。惟舜以彰善明恶，虑其乱教，故两辩之。由兹而下，君子常不胜于小人，是以理少而乱多也。夫君子直，小人谀。谀则顺旨，直则逆耳。人君恶逆而好顺，故小人道长，君子道消也。"③ 王禹偁一反前人之说，认为在尧舜时代不但有朋党，而且还有君子之党，这就为朋党之说找到了历史理论渊源。到了庆历时期，范仲淹、韩琦、欧阳修等人受到吕夷简、章得象、夏竦等人的攻击，诬蔑他们为"朋党"。对此，欧阳修专门写了《朋党论》进行反驳："臣闻朋党之说，自古有之，惟幸人君辨其君子、小人而已。大凡君子与君子以同道为朋，小人与小人以同利为朋，此自然之理也。"④ 欧阳修不但承认君子与小人有群体之分，认为区别他们的不同点在于"君子与君子以同道为朋，小人与小人

---

① 以上观点参见：朱子彦、陈生民：《朋党政治研究》，上海：华东师范大学出版社，1992年，第2~4页。
② [唐] 李德裕撰：《朋党论》，《会昌一品集》外集卷三，影印文渊阁《四库全书》本。
③ 曾枣庄、刘琳主编：《全宋文》第4册，成都：巴蜀书社，1989年，第440页。
④ [宋] 欧阳修著，李逸安点校：《欧阳修全集》第二册，北京：中华书局，2001年，第297页。

以同利为朋",而且认为"小人无朋,惟君子则有之"①。欧阳修此论本是针对吕夷简等人之言,结果得到仁宗皇帝的肯定,据载:"仁宗时,吕夷简为宰相,范仲淹为侍从。仲淹危言正论,多议朝廷得失,夷简怒而逐之。士大夫往往直仲淹而罪夷简,夷简则指以为党,或坐窜逐,而朋党之论遂伸。赖仁宗圣学高明,力排群议,擢仲淹参贰政事,于是党论不攻而自破。"② 由于最高统治者仁宗皇帝的认可,再加上当时范仲淹是天下士人敬仰的楷模,欧阳修也是一代文章巨擘,所以"君子有党"之说广为士人接受。其后的苏轼、苏辙、秦观等人都持有朋党之说,苏轼《续欧阳子朋党论》说:"君莫危于国之有党。有党则必争,争则小人者必胜,而权之所归也,君安得不危哉?"③ 秦观说:"朋党者,君子小人所不免也。"④ 苏轼、秦观二人都承认朋党存在的必然性,而苏轼则进一步认为有党必有党争。苏辙认为:"君子小人,势同冰炭,同处必争。一争之后,小人必胜,君子必败。何者? 小人贪利忍耻,击之则难去;君子洁身重义,沮之则引退。"⑤ 其实就是在旧党纷争的背景下,承认了君子之党与小人之党之间存在的不可调和的矛盾。以上说明,朋党之说在庆历之后,已为广大士人所接受,甚至成为士人政治观念中的一部分。他们认为朋党有存在的必要性,而且君子结党,可以"以之修身,则同道而相益,以之事国,则同心而共济,终始如一,此君子之朋也。故为人君者,但当退小人之伪朋,用君子之真朋,则天下治矣"⑥。说明君子结党具有合理性和必要性,而且可以对付奸邪小人之党,有益于君主和国家的利益。因此,在庆历以后的士大夫政治中,结党成为士大夫实现自己政治目的的手段,不管是新党、旧党,还是君子之党、小人之党,都把党争作为一种正当和合理的政治行为。对立的双方每每都以君子之党自居,而斥责对方为小人之党,造成皇帝很难分辨邪正。例如司马光

---

① [宋] 欧阳修著,李逸安点校:《欧阳修全集》第二册,北京:中华书局,2001 年,第 297 页。
② [宋] 周必大:《承明集》卷八《东宫故事》"淳熙五年六月三日",[宋] 范仲淹著,李勇先、王蓉贵校点:《范仲淹全集》附录,成都:四川大学出版社,2002 年,第 1310 页。
③ [宋] 曾枣庄、舒大刚主编:《三苏全书》第 14 册,北京:语文出版社,2001 年,第 223 页。
④ [宋] 秦观撰,徐培均笺注:《朋党上》,《淮海集笺注》卷一三,上海:上海古籍出版社,1994 年。
⑤ [元] 脱脱等:《宋史》三三九《苏辙传》,北京:中华书局,1985 年,第 10829 页。
⑥ [宋] 欧阳修著,李逸安点校:《朋党论》,《欧阳修全集》第二册,北京:中华书局,2001 年,第 297 页。

在《奏弹王安石表》中斥责王安石："首倡邪术，欲生乱阶，违法易常，轻革朝典。……臣与安石，犹冰炭之不可同器，如寒暑之不可同时。"①司马光认为王安石为奸邪之人，而积极支持变法的神宗皇帝却认为司马光等人为小人。熙宁八年，神宗对王安石说："小人渐定，卿且可以有为。"② 神宗所谓小人，当指反对新法的旧党司马光、文彦博、苏轼等人。北宋党争的性质③，照今天的理解，熙宁时期的党争，皆是士大夫之间的政见纷争，神宗对司马光等人的称呼，其实是政见敌对的双方对其中一派的称谓。崇宁时期，蔡京专权，崇宁党祸，已不限于士人的政见之争，所谓的"元祐党籍碑"，不仅有旧党司马光、苏轼、苏辙等人，而且部分新党人士也被列入其中，称为"奸党"，可见此时的党争，已不限于政见之争，还有权利的纷争，所谓的君子、小人，孰人能辨。

二、苏辙与北宋中后期的党争

苏辙的政治活动与北宋中后期的党争相始终，在他的政治生涯中，隶属于旧党一派的他受到新党的打击。在元祐时期，他又作为蜀党的核心人物，卷入洛、蜀、朔三党的纷争，可以说苏辙的仕途沉浮与党争息息相关。考察苏辙与党争的关系，有助于更好地了解苏辙在北宋党争中所扮演的角色和作用。

从嘉祐二年算起，北宋的党争主要是熙丰党争、元祐党争以及绍圣以后的党争，但由于苏辙在绍圣以后，基本处于谪贬流放的境地，没有机会亲身参与党争。因此，苏辙真正参与而且为之付出代价的就是熙丰

---

① ［清］顾栋高撰：《温国文正公年谱》，民国刘氏《求恕斋丛书》本。
② ［宋］李焘撰：《续资治通鉴长编》卷二六一，北京：中华书局，1995年，第6365页。
③ 关于北宋党争的性质，历来说法不一，代表性的观点有：梁启超意谓宋代党争的性质是意气相争，他说："宋之朋党，无所谓君子小人，纯是士大夫各争意气以相倾轧。"（梁启超：《王安石传》，海口：海南出版社，2001年，第283页。）柳诒徵先生认为北宋党争纯属士大夫政见之争。他说："论史者恒以宋之党祸比于汉唐，实则其性质不相同。新旧两党各有政见，皆主于救国，而行其道。特以方法不同，主张各异，遂致各走极端。纵其末流，不免于倾轧报复，未可纯以政争目之。而其党派分立之始，则固纯洁为国，初无私憾及利禄之见羼杂其间，此则士大夫与士大夫分党派以争政权，实吾国历史仅有之事也。"（柳诒徵：《中国文化史》，上海：上海古籍出版社，2001年，第519页。）日本学者内藤湖南从宋宋两种文化的不同，认为："唐代的朋党以贵族为主，专事权力斗争；宋代朋党则明显地反映了当时政治上的不同主义。"（［日］内藤湖南：《概括的唐宋时代观》，刘俊文主编，高明士、邱添生、夏日新等译：《日本学者研究中国史论著选译》第二卷《专论》，北京：中华书局，1993年，第15页。）笔者认为，熙宁、元丰时期的党争，确实是士大夫之间的政见之争，但是到了后来，尤其是崇宁党祸，蔡京专权，对新党及政敌士人的迫害，已不局限于政见之争了，而是有很大一部分权力斗争的内容。

党争与元祐党争。

（一）苏辙与熙丰党争

熙丰时期的党争，主要是新、旧两党之间的争锋，这一时期的党争性质，正如柳诒徵先生所言：

> 论史者恒以宋之党祸比于汉唐，实则其性质不相同。新旧两党各有政见，皆主于救国，而行其道。特以方法不同，主张各异，遂致各走极端。①

熙宁期间是新旧两党开始分化的时期。熙宁二年二月，王安石开始变法，苏辙力主变法，进入三司条例司任职，参与新法。五月，御史中丞吕诲上书指责王安石"朋奸之迹甚明"，说王安石"外示朴野，中藏巧诈，骄蹇慢上，阴贼害物"②，揭开了新旧党争的序幕。到了八月，苏辙上书《制置三司条例司论事状》，展开了对新法的猛烈批评，引起了王安石等人的不快，史载："（神宗）上阅辙状，问：'辙与轼何如？观其学问颇相类。'王安石曰：'臣已尝论奏轼兄弟大抵以飞箝捭阖为事。'上曰：'如此，则宜时事，何以反为异论？'"③ 王安石对苏辙的看法，仅仅是从所持学术思想的不同而视为异己。在这期间，苏辙与王安石、吕惠卿之间也是所持政见不同。此时距开始实行新法仅仅数月，反对变法的旧党政治集团还没形成，所以也就谈不上党争。

从吕诲上书开始，上书议论变法的士人渐渐增多，士大夫政见不同，造成了士人分野，《石林诗话》载："熙宁初，时论既不一，士大夫好恶纷然。"④ 宋代士人在"开口揽时事，议论争煌煌"⑤ 的风尚下，以个人好恶而划分君子、小人，"同我者谓之正人，异我者疑为邪党"⑥，这种观念，是造成朋党纷争的一个原因。清代学者评价说："考私家记载，惟宋明二代为多；盖宋明人皆好议论，议论异则门户分，门户分则朋党立，

---

① 柳诒徵：《中国文化史》，上海：上海古籍出版社，2001年，第583页。
② ［清］毕沅：《续资治通鉴》卷六六，北京：中华书局，1957年，第1643页。
③ ［清］黄以周、秦缃业等辑：《续资治通鉴长编拾补》卷五，北京：文物出版社，1987年，第13页。
④ ［清］何文焕辑：《历代诗话》，北京：中华书局，1981年，第417页。
⑤ ［宋］欧阳修撰：《镇阳读书》，《居士集》卷二，《四部丛刊》影印元刻本。
⑥ ［元］脱脱等：《宋史》卷三一四《范纯仁传》，北京：中华书局，1985年，第10529页。

朋党立则恩怨结。"① 新旧两党形成后，苏辙顺其自然地成为旧党中的一员。熙宁四年，苏辙在陈州上书，替旧党张方平辩护，指责王安石为奸邪小人，言"奸臣缘隙，得进邪说""小人贪功，虑害不远"②等，反对新法。

元丰时期，新党蔡确受到重用，《宋史》称他"皆以起狱夺人位而居之，士大夫交口咒骂"，而且"屡行罗织之狱"③。因此，这一时期的士人既积极参政，又有畏祸的心理。苏辙作诗言："人生聚散未可料，世路险恶终劳神。交游畏避恐做累，言辞欲吐聊复吞。"④ 在这样的情形下，小心谨慎的苏辙暂无大碍，然而率直真性的苏轼却在讥讽新法，导致"乌台诗案"发生。对此，清人王夫之云："宋人骑两头马，欲博忠直之名，又畏祸及，多作影子语，巧相弹射，然以此受祸者不少。既示人以可疑之端，则虽无所诽讪，亦可加以罗织。观苏子瞻乌台诗案，其远谪穷荒，诚自取之矣。"⑤ 苏辙在此案中为营救兄长而受到牵连，被贬筠州。受此案影响，兄弟俩在筠州相见之时，苏辙"裁以口舌之祸，及饯之郊外，不交一谈，惟指口以示之"⑥。自此至元祐元年，苏辙一直沉寂于坐贬之地，自谓是"迂疏已甚，废弃为宜"⑦，不敢再论朝政。

（二）苏辙与元祐党争

元祐时期是苏辙政治上的辉煌期，也是他参与党争最深入的时期。关于这一时期的党争，柳诒徵先生说："惟旧者偏徇俗见，新者间杂意气，则皆不免为贤者之累。其后新党为众论所排，不得不用政见相同之人，而小人乃乘而为利。旧党当元祐中虽暂得势，寻复分裂，而有洛、蜀、朔党之别。而两方始不以政策为重，而以党派为争矣。"⑧ 元祐初期，苏辙与党争的关系主要表现为对新党的弹劾，元祐后期则表现为他与洛、蜀、朔三党纷争的关系。

---

① ［清］永瑢等：《四库全书总目》卷四五《史部总论》，北京：中华书局，1965年，第397页。
② ［宋］苏辙：《陈州为张安道论时事书》，曾枣庄、舒大刚主编：《三苏全书》第17册，北京：语文出版社，2001年，第232页。
③ ［元］脱脱等：《宋史》卷四七一《蔡确传》，北京：中华书局，1985年，第13699页。
④ ［宋］苏辙：《寄范丈景仁》，曾枣庄、舒大刚主编：《三苏全书》第16册，北京：语文出版社，2001年，第214页。
⑤ ［清］王夫之著，戴鸿森笺注：《姜斋诗话笺注》卷二《夕堂永日绪论内编》，北京：人民文学出版社，1981年，第127页。
⑥ ［宋］高文虎：《蓼花洲闲录》，北京：中华书局，1985年。
⑦ ［宋］苏辙著，曾枣庄、马德福点校：《谢文公启》，《栾城集》卷五〇，上海：上海古籍出版社，2009年，第1082页。
⑧ 柳诒徵：《中国文化史》，上海：上海古籍出版社，2001年，第588页。

1. 苏辙对新党人物的弹劾

元丰八年（1085），宋神宗赵顼去世，其子赵煦即位，反对变法的高太后垂帘听政，司马光、吕公著、苏轼、苏辙等旧党人士进用，于是罢除新法，实行"更化"。苏辙由于在熙宁年间反对变法，被新党逐出朝廷，因此在上任右司谏伊始，就多次上书，弹劾此时仍在朝中任职的新党人物韩缜、蔡确、吕惠卿等人，他在《乞选用执政状》中弹劾说："蔡确憸佞刻深，以狱吏进。右仆射韩缜识暗性暴，才疏行污。枢密使章惇虽有应务之才，而其为人难以独任。……至若张璪、李清臣、安焘皆斗筲之人，持禄固位，安能为有，安能为无？"① 几天后，苏辙又上《乞罢左右仆射蔡确韩缜状》称："确、缜受恩最深，任事最久，据位最尊，获罪最重，而有腼面目，曾不知愧。确等诚以昔之所行为是耶，则今日安得不争？以昔之所行为非耶，则昔日安得不言？"② 蔡确是新党中的关键人物，王安石罢相后，继续推行新法，"凡常平、免役法皆成其手"③，他在元丰后期成为宰执，屡行文字之狱，因此苏辙对蔡确的痛恨，不仅仅在于新旧两党政见的不同，还在于苏氏兄弟对自身的遭遇之恨。韩缜此时任尚书右仆射兼中书侍郎，苏辙认为韩缜"才质凡鄙，性气粗暴，文学政事，举无寸长。比之蔡确，远所不及"④。苏辙还就韩缜在熙宁后期与辽定地界一事攻击韩缜，"缜定地界时，多与边人燕复者商议，复劝成其事。举祖宗七百里之地以资寇仇，复有力焉"⑤。当时，御史中丞刘挚，谏官孙觉、王觌与苏辙都上书弹劾韩缜，导致韩缜被罢黜出朝。章惇是王安石变法的中坚分子，在元祐"更化"之时，对司马光的疏漏不提出反对意见，其实是另有图谋。苏辙弹劾其说："知枢密院章惇，始与三省同议司马光论差役事，明知光所言事节有疏略差误，而不推公心即加详议，待修完成法然后施行。而乃雷同众人，连书劄子，一切依奏。及其既已行下，然后论列可否，至纷争殿上，无复君臣之礼。然使惇因此究穷利害，立成条约，使州县推行，更无疑阻，则惇之情状犹或可恕。今乃不候修完，便乞再行指挥，使诸路一依前件劄子施行，却令被差人

---

① [宋] 苏辙著，曾枣庄、马德福校点：《栾城集》卷三六，上海：上海古籍出版社，2009 年，第 794 页。
② 同上书，第 796 页。
③ [元] 脱脱等：《宋史》四七一《蔡确传》，北京：中华书局，1985 年，第 13699 页。
④ [宋] 苏辙著，曾枣庄、马德福校点：《乞罢右仆射韩缜劄子》，《栾城集》卷三六，上海：上海古籍出版社，2009 年，第 799 页。
⑤ [宋] 苏辙著，曾枣庄、马德福校点：《乞黜降韩缜状》，《栾城集》卷三七，上海：上海古籍出版社，2009 年，第 808 页。

户具利害实封闻奏。臣不知陛下谓惇此举,其意安在?惇不过欲使被差之人有所不便,人人与司马光为敌,但得光言不效,则朝廷利害不复顾。用心如此而陛下置之枢府,臣窃惑矣。尚赖陛下明圣,觉其深意,中止不行,若其不然,必害良法。"① 在元祐时期,苏辙对新党重要人物的弹劾接连不断,吕惠卿是新党的重要人物,熙宁新法的许多措施皆出于其手,苏辙在条例司任职时,曾被吕惠卿陷害,所以苏辙对其深恶痛绝,连续三次上书弹劾,称"自熙宁以来所为青苗、助役、市易、保甲、薄法,皆出于惠卿之手。至于轻用甲兵,兴造大狱,凡害民蠹国之事,皆惠卿发其端。故近岁奸邪,惠卿称首"②。时知开封府蔡京也是苏辙三次上书弹劾之人,其中称他"施行差役事,故意扰民,以败成法,及曲法庇盖段继隆赃污公事"③。在元祐元年,蔡确、韩缜、吕惠卿、章惇等新党重要人物在苏辙等旧党人士的排斥下被迫出朝。除此之外,张璪、李清臣、安焘、张颉等人也都受到苏辙的弹劾。

由此可见,苏辙虽然对"新法"基本持反对态度,但还有一些保留意见。苏辙对于新党人物,却持全面否定的态度,上书弹劾毫不留情,几乎都称之为"奸邪""小人"等,这固然与当时政治斗争的需要有关,但已经说明元祐时期的党争,不仅仅是士大夫之间的政见之争了,而是带有很大程度的"士人意气"在里面,这从苏辙弹劾新党人物的表现可见一斑。即使到了元祐五年,苏辙对新党人物的态度依然非常坚定,是时"宰相吕大防、中书侍郎刘挚建言,欲引用元丰党人,以平旧怨,谓之调停。苏辙为中丞,极论其事,以为邪正难并处……辙凡一再言之,太皇太后感悟,其说遂衰"④。元祐六年,苏辙还极力抵制新党要人李清臣、蒲宗孟的任用:

> 大防奏请:"诸部久阙尚书,见在人皆资浅,未可用,又不可阙官。须至用前执政。"上有黾勉从之之意,辙遂言:"前日除李清臣,给谏纷然,争之未定,今又用宗孟,恐不便。"太皇太后曰:

---

① [宋] 苏辙著,曾枣庄、马德福校点:《乞罢章惇知枢密院状》,《栾城集》卷三七,上海:上海古籍出版社,2009年,第810页。
② [宋] 苏辙著,曾枣庄、马德福校点:《再乞罪吕惠卿状》,《栾城集》卷三九,上海:上海古籍出版社,2009年,第853页。
③ [宋] 苏辙著,曾枣庄、马德福校点:《再乞责降蔡京状》,《栾城集》卷三七,上海:上海古籍出版社,2009年,第812页。
④ [宋] 施宿:《东坡先生年谱下》,王水照编:《宋人所撰三苏年谱汇刊》,上海:上海古籍出版社,1989年,第80~81页。

"奈阙官何?"辙曰:"尚书阙官已数年,何尝阙事?今日用此二人,正与去年用邓温伯无异。此三人者非有大恶,但与王珪、蔡確辈并进,意思与今日圣政不合。见今尚书共阙四人,若并用此四人,使互进党类,气势一合,非独臣等奈何不得,亦恐朝廷难奈何矣!且朝廷只贵安静,如此用人,台谏安得不言?臣恐自此闹矣!"太皇太后曰:"信然。不如且静。"①

可见,苏辙在元祐时期对新党自始至终抱着对立的态度。值得注意的是,苏辙对新党人物的弹劾,集中在元祐元年,这与他时任右司谏的职位有关。右司谏出自台谏,权力很大,可以风闻言事,"不问其言所从来,又不责言之必实。若他人言不实,即得诬告及上书诈不实之罪,谏官、御史则虽失实,亦不加罪"②,这是士大夫政治的一个体现,士人相对有较多的言论自由,他们不必为自己的言论负太大的责任。于是处在党争中的台谏官员,有时候可以风闻言事,对政敌的弹劾打击过犹不及。程颐曾说过:"新政之改,亦是吾党争之有太过,成就今日之事,涂炭天下,亦须两分其罪可也。……大抵自仁祖朝优容谏臣,当言职者,必以诋评而去为贤,习以成风,惟恐人言不称职以去,为落便宜,昨来诸君,盖未免此。"③ 在新旧党争中,台谏扮演了重要的角色,苏辙反复上书弹劾新党人物,就是北宋台谏官员的典型表现之一。

2. 苏辙与旧党内部的纷争

(1) 苏辙参与旧党内部纷争的原因

苏辙作为蜀党核心人物之一,与洛党、朔党展开纷争。一般认为,蜀党形成于旧党执掌朝政的元祐时期。宋人邵伯温记载:

> 哲宗即位,宣仁后垂帘同听政,群贤毕集于朝,专以忠厚不扰为治,和戎偃武,爱民重谷,庶几嘉祐之风矣。然虽贤者不免以类相从,故当时有洛党、川党、朔党之语。洛党者以程正叔侍讲为领袖,朱光庭、贾易等为羽翼;川党者以苏子瞻为领袖,吕陶等为羽翼;朔党者以刘挚、梁焘、王岩叟、刘安世为领袖,羽翼尤众。诸

---

① [宋]李焘撰:《续资治通鉴长编》卷四六五,北京:中华书局,1995年,第11104页。
② [宋]李焘撰:《续资治通鉴长编》卷二一〇,北京:中华书局,1995年,第5106页。
③ [宋]程颢、程颐著,王孝鱼点校:《二程集》,北京:中华书局,1981年,第28~29页。

党相攻击而已。①

元祐新、旧党争之时，旧党内部进行了分化，形成了以苏轼、苏辙为首、吕陶为辅的蜀党，以程颐为首、朱光庭、贾易为辅的洛党，以刘挚、梁焘、王岩叟、刘安世为核心的朔党。三党自元祐元年起，开始互相攻讦。在蜀党中，苏轼、苏辙兄弟处于核心地位，但由于苏轼受到政敌攻击，一度出朝，而苏辙自入朝以来，一直在朝中身居要职，而且政治地位高于苏轼，因此，在实际的政治斗争中，苏辙在蜀党中充当了政治领导者的角色。

关于"蜀洛党争"②的原因，主要是两党所持学术思想不同。朔党要人王岩叟曾说："二党道不同，互相非毁。"③ 侯外庐先生称："元祐时代出现的洛学和蜀学之争是洛蜀党争的反映。"④ 漆侠先生也认为："元祐更化后（蜀、洛）两党交恶，表面上看源于权力之争，而更深层原因则在于'蜀学'与'洛学'在思想领域里的尖锐对立。"⑤ 除此之外，政治主张的差异、旧党内部人员之间的亲疏关系也是造成三党分裂的原因。在这方面，王水照、罗家祥、沈松勤等人都有详细的论述⑥，这里不再赘述。蜀洛党争始于元祐元年，是年八月，司马光病逝，在丧葬问题上苏轼与程颐交恶，史载：

---

① ［宋］邵伯温撰，李剑雄、刘德权点校：《邵氏闻见录》，北京：中华书局，1983年，第146页。
② 据王水照先生研究，传统的"蜀洛党争"，并不能概括元祐年间党争的内容，实际上洛党是韩维的配角，蜀党是在与韩维相争。（王水照、朱刚：《苏轼评传》，2004年，南京：南京大学出版社，388~389页。）苏辙在奏议中推荐蜀党成员吕陶说："惟陶以言韩维不公，韩氏党与强盛，为众所疾。"（［宋］苏辙：《荐吕陶吴安诗劄子》，曾枣庄、舒大刚主编：《三苏全书》第17册，北京：语文出版社，2001年，第376页。）苏辙所谓韩党，就是指以韩维为首的党人。韩党与蜀党不睦，吕陶因此言韩维不公。苏辙任职右司谏期间，也多次上书弹劾韩维兄弟韩缜。由此可见，蜀党与韩党相争也是事实。
③ ［宋］李焘撰：《续资治通鉴长编》卷四七一，北京：中华书局，1995年，第11240页。
④ 侯外庐主编：《中国思想史纲》上册，北京：中国青年出版社，1991年，第294~295页。
⑤ 漆侠：《苏轼"蜀学"与程颐"洛学"在思想领域中的对立》，《河北学刊》2001年第5期。
⑥ 参见王水照：《论洛蜀党争的性质和意义》，《河北师范学院学报（社会科学版）》1995年第1期；罗家祥：《朋党之争与北宋政治》，武汉：华中师范大学出版社，2002年，第152~156页；沈松勤：《北宋文人与党争（增订本）》，北京：人民出版社，1998年，第150~153页。

（殿中侍御史吕陶）又言："明堂降赦，臣僚称贺讫，两省官欲往奠司马光。"是时，程颐言曰："子于是日哭则不歌，岂可贺赦才了，却往吊丧？"坐客有难之曰："孔子言哭则不歌，即不言歌则不哭。今已贺赦了，却往吊丧，于礼无害。"苏轼遂戏程颐云："此乃枉死市，叔孙通所制礼也。"众皆大笑。其结怨之端，盖自此始。①

程颐道学气重，守古礼，而苏轼主张人情说，性格率直，不拘小节，戏谑程颐，是引发洛蜀党争的导火索。而蜀党与朔党之间的问题，在司马光在世之时就已见端倪。苏辙认为司马光"以清德雅望专任朝政，然其为人不达吏事"②，因此在"更化"之策上屡屡与司马光意见不合，《宋史》载：

　　司马光以王安石雇役之害，欲复差役，不知其害相半于雇役。辙言："自罢差役仅二十年，史民皆未习惯。况役法关涉众事，根芽盘错，行之徐缓，乃得审详。若不穷究首尾，忽遽便行，恐既行之后，别生诸弊。今州县役钱，例有积年宽剩，大约足支数年，且依旧雇役，尽今年而止。催督有司审议差役，趁今冬成法，来年役使乡户。但使既行之后，无复人言，则进退皆便。"
　　光又以安石私设《诗》《书新义》考试天下士，欲改科举，别为新格。辙言："进士来年秋试，日月无几，而议不时决。诗赋虽小技，比次声律，用功不浅。至于治经，诵读讲解，尤不轻易。要之，来年皆未可施行。乞来年科场，一切如旧，惟经义兼取注疏及诸家论议，或出己见，不专用王氏学。仍罢律义，令举人知有定论，一意为学，以待选试，然后徐议元祐五年以后科举格式，未为晚也。"光皆不能从。③

一言得知，"光皆不能从"，表明了元祐时期司马光对苏辙的态度。苏轼也对司马光的顽固持不满态度，《铁围山丛谈》载："东坡公元祐时既登禁林，以高才狎侮诸公卿，率有标目殆遍也，独于司马温公不敢有所重轻。一日，相与共论免役差役利害，偶不合同。及归舍，方卸巾弛带，

---

① ［宋］李焘撰：《续资治通鉴长编》卷三九三，北京：中华书局，1995年，第9569页。
② ［宋］苏辙著，曾枣庄、马德福校点：《颍滨遗老传上》，《栾城集》后集卷一二，上海：上海古籍出版社，2009年，第1286页。
③ ［元］脱脱等：《宋史》卷三三九《苏辙传》，北京：中华书局，1985年，第10824页。

乃连呼曰：'司马牛！司马牛！'"① 司马光在苏氏兄弟制科考试之时，曾有相助之力，而此时又是朝廷中热议的士人领袖，道德、学术在当时堪称一流，而苏轼如此戏称"司马牛"，可见两人已有嫌隙。司马光病逝之后，蜀党与朔党的矛盾逐渐加深，两党开始互相攻讦倾轧。不过在三党的争斗中，洛党是蜀党的主要对手，朔党有时与洛党一起，夹击蜀党，而苏辙是蜀党的核心人物，被推到了风口浪尖，自然无法独善其身，遂展开了与洛、朔两党的斗争。

（2）苏辙参与旧党内部纷争的内容、采取的方法

元祐二年，侍御史贾易上书攻击苏轼、苏辙兄弟，说"吕陶党助轼兄弟，而文彦博实主之"②，太皇太后高氏一向偏重苏氏兄弟，闻之大怒，罢去贾易右司谏的职务，改知怀州。苏辙也感不安，于是上书乞求外任，其中言："臣窃闻右司谏贾易言文彦博、吕陶党助臣及臣兄轼。"③可见，洛党贾易指责苏辙兄弟及吕陶为一党。苏辙又谓贾易上书指责他："自谓以忠直获罪，而指言群臣逸邪罔极，朋党滔天，上下不交，忠良丧沮。"④"持密命以告人，志在朋邪而害正。"⑤ 以此想让他获罪。苏辙被逼无奈，和一些御史台官员上书，反驳贾易是"人才庸下，猥蒙朝廷不次拔擢，以为谏官，当推公正之心，夙夜以思补报，而易惟谄事程颐，默受教戒，颐指气使，若驱家奴。颐于人物小有爱憎，易乃抗章为之毁誉，附下罔上，背公死党。据其罪状，合赐严诛。朝廷尚以易在言路，为之优容，爱惜事体，资序极浅，与之怀州。易不能内愧于心，易志改行，公肆无根之谤，上累朝廷，意欲盗敢言之名，以欺中外。奸险之迹，欲盖弥彰。伏望早赐指挥降黜，以惩朋党之风"⑥。苏辙与贾易互相指责，已近于谩骂。在当时的党争中，双方为了达到羞辱对方的目的，常常使用毫无根据的谩骂之辞，即使像程颐这样道学气很重的人，也被蜀党成员孔文仲斥责为"人品纤污，天资憸巧，贪黩请求，元无乡曲之行"⑦。

---

① ［宋］蔡绦撰：《铁围山丛谈》卷三，影印文渊阁《四库全书》本。
② ［宋］李焘撰：《续资治通鉴长编》卷四〇四，北京：中华书局，1995年，第9928页。
③ ［宋］苏辙著，曾枣庄、马德福校点：《乞外任劄子》，《栾城集》卷四一，上海：上海古籍出版社，2009年，第903页。
④ ［宋］苏辙著，曾枣庄、马德福校点：《乞验实贾易谢上表所言劄子》，《栾城集》卷四一，上海：上海古籍出版社，2009年，第910页。
⑤ 同上书。
⑥ ［宋］李焘撰：《续资治通鉴长编》卷四〇六，北京：中华书局，1995年，第9878页。
⑦ ［宋］李焘撰：《续资治通鉴长编》卷四〇四，北京：中华书局，1995年，第9829页。

在朝廷人事任命上，洛、蜀、朔三党都是积极援引同党成员，反对彼方成员升迁。元祐五年，苏辙为御史中丞时，上《荐吕陶吴安诗劄子》，想推荐已被罢职的同党吕陶、吴安诗为台谏官员，结果被朔党刘挚等人阻挠。元祐六年，洛党朱光庭新除给事中，苏辙却上书阻止，说其"智昏才短，心狠胆薄，不学无术，妒贤害能。本事程颐，听颐驱使，方为谏官，颐之所恶，光庭明为击之。颐既以狂妄得罪，光庭本合随罢，而因缘侥倖……据其人物鄙下，实污流品。况给事中专掌封驳，国论所寄，今朝廷以私光庭，上则污辱国体，下则伤害善类。伏乞追寝成命，别付闲局，以厌公议"①。言辞刻薄，已近辱骂。元祐六年，苏辙除尚书右丞，引起了苏辙政敌的极力抵制，其中杨康国上书说："辙天资狼戾，遇事不明，自长宪台，前后言事多不中理，若使同参大政，必致乖戾，紊烦圣听。更望陛下深思，追寝新命，则天下幸甚。"② 而后又指责苏辙是"豺狼当路，奸恶在朝……其文率务驰骋，好作为纵横捭阖，无安静理致，亦类其为人也。……辙以文学自负，而刚狠好胜，则与安石无异矣。……早赐罢辙，则天下幸甚"③ 云云。就在苏辙与杨康国相互攻讦的同时，朔党刘挚却扮演着调停的角色：

> 挚又奏："果辙曾言及臣等，今便以为仇，臣等虽浅陋，未至如此，以辙为王安石，此则事不相类。又康国云恐众执政畏避辙强，相引而去，天下之事又不可知，亦无此理。"谕曰："与一平平外任。"再奏曰："康国之论虽过，而其心亦忠谅，愿少宽容，只与一在京差遣，并徐君平亦待移动，皆罢言路也。"④

刘挚此举看似公正，实则对苏辙不利。此年八月，刘挚又阴使贾易攻击苏辙"厚貌深情，险于山川，诐言殄行，甚于蛇豕"⑤，斥责苏辙"兄弟专国，尽纳蜀人，分据要路，复聚群小，俾害忠良，不亦怀险诐，覆邦

---

① ［宋］李焘撰：《续资治通鉴长编》卷四五四，北京：中华书局，1995 年，第 10889 页。
② ［宋］李焘撰：《续资治通鉴长编》卷四五五，北京：中华书局，1995 年，第 10904 页。
③ 同上书，第 10908 页。
④ 同上书，第 10913～10914 页。
⑤ ［宋］李焘撰：《续资治通鉴长编》卷四六三，北京：中华书局，1995 年，第 11054 页。

家之渐乎"①！与此同时，洛、朔党人联合起来向蜀党发难，苏辙只好连续上书陈辩，自请外任。最终高太后罢去刘挚，朔党失势。元祐七年，苏辙成功抵制了洛党首领程颐的复召：

> 是日，三省进呈程颐服阕，欲除馆职，判登闻检院。太皇太后不许，乃以为直秘阁、判西京国子监。初，颐在经筵，归其门者甚众，而苏轼在翰林，亦多附之者，遂有洛党、蜀党之论。二党道不同，互相非毁，颐竟罢去。及进呈除目，苏辙遽曰："颐入朝，恐不肯静。"太皇太后纳其言，故颐不得复召。②

之后，苏辙升任太中大夫、门下侍郎。但元祐年间连年的党争，使蜀党自身消耗很大，也使苏辙身心疲惫。元祐党争，本无所谓君子小人，但在士大夫政治中，无党则无立足之地，士人各自为党，称己方为君子，责对方为小人，所使用的手段，有上书弹劾、攻讦、揭短、羞辱、谩骂等。按照传统士人的道德标准，有些行为实非君子所为，然而在当时，这些行为是党争者惯用的手段。探究起因，盖时代风气之使然。即便苏辙、苏轼这样的君子之人，也不免和政敌互相谩骂、斥责。在元祐党争中，不管是新党、旧党，还是洛、蜀、朔三党，都与熙宁时期的新旧党争有很大的区别，士大夫不再以国事为重，而以自己的利益出发，专事权力斗争，党同伐异，互相倾轧，令国家的政局越变越坏。《宋史全文讲议》言：

> 自古朋党多矣，未有若元祐之党为难辨也。盖以小人而攻君子，此其党易辨也；以君子而攻小人，此其党亦易辨也；惟以君子而攻君子，则辨之也难。且我朝寇、丁之党，为寇者皆君子，为丁者皆小人；吕、范之党，为范者皆君子，为吕者皆小人。其在一时虽未易辨也，详观而熟察之，亦不难辨也。而元祐之所谓党者何人哉？程曰洛党，苏曰蜀党，而刘曰朔党。彼皆君子也，而互相排轧，此小人得以有辞于君子也。程明道谓新法之行，吾党有过；愚谓绍圣之祸，吾党亦有过。然熙宁君子之过小，元祐君子之过大。熙宁之

---

① [宋] 李焘撰：《续资治通鉴长编》卷四六三，北京：中华书局，1995年，第11054页。
② [宋] 李焘撰：《续资治通鉴长编》卷四七一，北京：中华书局，1995年，第11240页。

争新法，犹出于公；元祐之自为党，皆出于私也。①

元祐旧党内部的纷争，皆是所谓文人士大夫之间的争斗，本来他们可以在宋廷政治中有所作为，但是却陷于内耗，无法自拔。因此，元祐一朝的政治，已经在宋代士大夫政治中走向了下坡路。士大夫打着"志在除弊、忧国忧民"的旗号，党同伐异，互相倾轧，实际上是士大夫自身政治力量的消耗。虽然以苏辙兄弟为核心的蜀党暂时获得了优势，但是随着高太后的去世，哲宗亲政，旧党失势，新党执政，苏辙被罢黜出朝，以前被苏辙弹劾过的章惇、蔡京等人陆续掌握大权，对旧党的打击和倾轧更是不择手段。苏辙作为元祐大臣，也一再受到打击和迫害，再也无力回朝参与党争。

总之，苏辙不但亲身参与了北宋中后期新旧两党之间的争斗，而且作为蜀党的核心人物，与洛、朔两党也纷争不断。在这场旷日持久、难辨邪正的党争中，苏辙深陷其中，足见其参政、议政意识的强烈。他在元祐期间参与的党争，以自己独立的政治思想为主导，自始至终坚决反对新党，但也不完全顺从司马光等旧党大臣的意见，而是坚持自己独立的政治见解，体现了士大夫独立的政治人格，但也因此与旧党成员发生分歧，乃至影响到洛、蜀两党的争斗。这样的结局，也是苏辙文人意气用事的结果。脱脱在《宋史》中这样评价苏辙："元祐秉政，力斥章、蔡，不主调停；及议回河、雇役，与文彦博、司马光异同；西边之谋，又与吕大防、刘挚不合。君子不党，于辙见之。"② 至为公允。

---

① [宋]李焘撰：《续资治通鉴长编》卷四七一，北京：中华书局，1995 年，第 11240 页。

② [元]脱脱等：《宋史》卷三三九《苏辙传》，北京：中华书局，1985 年，第 10837 页。

第四章　苏辙与宋代学术

在中国学术史上，宋代学术达到了空前的繁荣与鼎盛，王国维说："宋代学术，方面最多，进步亦最著。"① 宋晞认为："我国历史源远流长，论武功，当推汉唐；论学术文化，则以两宋为先。宋代学者气象博大，学术途径至广，治学方法亦密。彼等此项贡献，在我国学术史上应予大书特书，不容忽视。"② 宋代士人在诸多学术领域，包括经学、史学、哲学、佛道等方面，均取得了令人瞩目的学术成就，而且在学术上形成了与汉学迥然不同的新思路、新方法和新学风，开创了学术研究的新局面。钱穆指出："北宋学术之兴起，一面承禅宗对于佛教教理之革新，一面又承魏晋以迄隋唐社会上世族门第之破坏，实为先秦以后，第二次平民社会学术思想自由活泼之一种新气象也。"③ 钱穆先生的论说揭示了北宋学术在宋型文化发展中的主体特点，即北宋学术乃是新型士人阶层的平民文化。此学术主要是以士大夫为主体的宋学，苏氏蜀学即是宋学学派中的一支。而苏辙是苏氏蜀学的代表人物之一，在诸多学术文化领域都有突出成就，对于宋代乃至后代学术产生了一定的影响。但是，长期以来有关苏辙的研究多局限于文学方面，对其学术领域关注则相对较少。这样，对于苏辙这样一位兼具政治、学术、文学三位一体的士人来说，目前对他的研究还不够全面，也无法突出他在宋型士人文化中的地位和作用。有鉴于此，本文将苏辙放在宋学环境的大背景下，通过对其学术著作和其他历史文献的研究，客观分析其学术特点，以期反映作为学者的苏辙的面貌。同时通过苏辙这一个体学者的研究来了解和认识北宋中后期士大夫学术的状况。

---

① 王国维：《宋代之金石学》，《王国维遗书》第五册《静庵文集续集》，上海：上海古籍书店，1983年，第64页。
② 宋晞：《宋代学术与宋学精神》，《宋史研究集》第26辑，台北编译馆，1997年，第1页。
③ 钱穆：《国史大纲》引论，北京：商务印书馆，1996年，第19~20页。

第一节 蜀学的形成及特点

蜀学的概念有广义和狭义之分，夏君虞先生曾言："宋学中的蜀学，通常只指言苏洵、苏轼、苏辙父子兄弟三人，因为他们是四川的眉山人。苏轼所领导的学子确实很多，势力真大，曾经与程颐的门下起过蜀洛党争。苏轼的学问也有特得的地方，颇有成一派的资格。不过，既谓之蜀学，当然以四川一省的学问为对象。苏氏一支固然是蜀学，苏氏一支以外的学问也不可略去不说。凡是四川人创造的，或者是别人创造而为四川人奉行的学问，都可谓之为蜀学，这一来蜀学的范围就扩大了。还有，虽不是四川人，而是奉行蜀学，或者说是学于蜀的，也不能说不是蜀学，这一来蜀学的范围就更扩大了。"① 而本文所论的蜀学，特指狭义的蜀学，即苏氏蜀学。它是由苏洵开创，主要由苏轼、苏辙兄弟发展成熟的士大夫理论学派，成员包括黄庭坚、晁补之、秦观、张耒等苏门学人，它与荆公新学、北宋洛学可以说是同时并兴，呈三足鼎立之势，并在元祐时期盛极一时。作为蜀学核心人物之一的苏辙，在蜀学的发展中处于举足轻重的地位。

一、蜀学的形成

从宋初至嘉祐年间，宋学还处在发展形成的过程当中。伴随着儒学复兴运动的发展，在胡瑗、孙复、石介、刘敞等人的努力下，中唐以来的学术经历了巨大的变化，汉唐之学开始向宋学转变，疑古疑经成为一种学术思潮，成为士人追求的学术风尚。到了嘉祐初期，欧阳修主持贡举考试，提拔了一批学术新人，如张载、吕大均、程颢、曾巩、苏轼、苏辙等人，这些人以后都成了宋学的著名人物，这说明宋学此时正式进入发展时期②。

宋仁宗时期，随着学术的发展，苏氏蜀学也开始兴起。苏洵在四十岁以前曾三次赴京应试，但均受科场挫折，"及长，知取士之难，遂绝意于功名，而自托于学术"③。苏洵在治学过程中，"由是尽烧曩时所为文

---

① 夏君虞：《宋学概要》，上海：商务印书馆，1937年，第93页。
② 漆侠先生将宋学的发展演变分为三个阶段，即宋学的形成阶段、宋学的发展阶段、宋学的演变阶段。其中苏氏蜀学处于宋学的发展阶段。参见：漆侠：《宋学的发展和演变》，石家庄：河北人民出版社，2002年，第7~8页。
③ [宋]苏洵撰：《上韩丞相书》，《嘉祐集》卷一三，清道光十二年《三苏全集》本。

数百篇，取《论语》《孟子》《韩子》及其他圣人、贤人之文，而兀然端坐，终日以读之者七八年。方其始也，入其中而惶然，博观于其外，而骇然以惊。及其久也，读之益精，而其胸中豁然以明，若人之言固当然者，由未敢自出其言也。时既久，胸中之言日益多，不能自制，试出而书之，已而再三读之，浑浑乎觉其来之易矣。然犹未敢以为是也"①。苏洵在家苦读数年，时间已久，学业大进，以致下笔千言，不能自制。张方平在《文安先生墓表》中称赞说："其所著《权书》《衡论》，阅之，如大云之出于山，忽布无方，倏散无余；如大川之滔滔，东注于海源也，委蛇其无间断也。因谓苏君：'左丘明《国语》、司马迁善叙事，贾谊之明王道，君兼之矣！'"②嘉祐元年，苏洵携苏轼、苏辙拜谒了当时的文坛领袖欧阳修，并将自己所作的一些篇章进呈给欧阳修，欧阳修十分高兴地说："予阅文士多矣，独喜尹师鲁（洙）、石守道（介），然意常有所未足。今见君（苏洵）之文，予意足矣。"③尹洙、石介继承了柳开以来的复古主义传统，都是以提倡古文而出名，但他们重道轻文，因而欧阳修稍嫌不足，这说明苏洵的创作理念，与欧阳修提倡古文的思想相契合。苏洵将质朴无华的文风带进时文盛行的汴京，引起了士大夫的格外注意，欧阳修把苏洵《权术》《衡论》《几册》等篇章上呈朝廷，士大夫看后争相传诵，苏洵的声名也在士人中间传播。嘉祐二年（1057），欧阳修知贡举，苏轼、苏辙高中科举，苏氏父子更是名震京华。欧阳修在写给苏洵的墓志铭《故霸州文安县主簿苏君墓志铭》中记载了苏氏父子初次出道的情形：

> 当至和、嘉祐之间，（苏洵）与其二子轼、辙偕至京师，翰林学士欧阳修得其所著书二十二篇献诸朝。书既出而公卿士大夫争传之。其二子举进士，皆在高等，亦以文学称于时。眉山在西南数千里外，一日父子隐然名动京师，而苏氏文章遂擅天下。④

嘉祐六年，苏洵被任命为霸州文安县主簿，留京与姚辟一起修《太

---

① [宋]苏洵：《上欧阳内翰第五首》，曾枣庄、舒大刚主编：《三苏全书》第17册，北京：语文出版社，2001年，第67页。
② [宋]张方平撰：《乐全集》卷三九，清钞本。
③ [宋]邵博撰，王根林校点：《邵氏闻见后录》卷一五，上海：上海古籍出版社，2012年，第195页。
④ [宋]欧阳修著，李逸安点校：《欧阳修全集》第二册，北京：中华书局，2001年，第513页。

常因革礼》。治平二年（1065）书刚修成，苏洵便染病离世了。苏轼、苏辙在其父学术的基础上，继续推进苏氏学术的发展。熙宁至元祐时期，蜀学在与新学、洛学的纷争中引起了士人的注意，并得到了广泛传播。元祐三年，苏氏兄弟俱为元祐大臣，苏轼在朝中权知礼部贡举，苏辙为户部侍郎，而黄庭坚、秦观、晁补之、张耒等人同在秘阁任职，号为"苏门四学士"，一时苏学大盛。

由于出自同一家庭，三苏有共同的学术基础，苏辙曾说："臣幼无他师，学于先臣洵。"①"幼学无师，受业先君。兄敏我愚，赖以有闻。寒暑相从，逮壮而分。"② 三苏在学术上一脉相承，所以"无（刘）歆、（刘）向异同之论"③，因而在学问上有相似性。朱熹曾说："老苏父子自史中《战国策》得之，故皆自小处起议论，欧公喜之。"④ 漆侠先生认为苏氏父子对学问的探索，不仅仅只是从"小处起议论"，而是从大处、从关键要害处起议论。他在《苏轼"蜀学"与程颐"洛学"在思想领域中的对立》一文中指出，苏轼要打破程颐"洛学"的"敬"字，从而展开了双方的矛盾斗争⑤。洛学重礼，"敬"在洛学中至关重要，而蜀学重人情，苏轼曾言："夫圣人之道，自本而观之，则皆出于人情，不循其本，而逆观之于其末，则以为圣人有所勉强力行，而非人情之所乐者。"⑥ 苏轼与程颐在思想上的分歧，导致两人产生矛盾，"（程）颐在经筵，多用古礼，苏轼谓其不近人情，深嫉之，每加玩侮。方司马光之卒也，百官方有庆礼，事毕欲往吊，颐不可，曰：'子于是日哭则不歌。'或曰：'不言歌则不哭。'轼曰：'此枉死市，叔孙通制此礼也。'二人遂成嫌隙。"⑦ 苏轼在同程颐的斗争中，善于寻找问题的关键，抓住了一个要害"敬"字。还有三苏的同题作文《六国论》，他们在论述时都从不

---

① ［宋］苏辙著，曾枣庄、马德福校点：《辞尚书右丞劄子四首》，《栾城集》卷四七，上海：上海古籍出版社，2009年，第1040页。
② ［宋］苏辙著，曾枣庄、马德福校点：《祭亡兄端明文》，《栾城集》后集卷二〇，上海：上海古籍出版社，2009年，第1388页。
③ ［宋］楼钥撰：《跋袁光禄与东坡同官事迹》，《攻媿集》卷七七，影印文渊阁《四库全书》本。
④ ［宋］黎靖德编，王星贤点校：《朱子语类》卷一三九《论文上》，北京：中华书局，1986年，第3307页。
⑤ 漆侠：《苏轼"蜀学"与程颐"洛学"在思想领域中的对立》，《河北学刊》2001年第5期。
⑥ ［宋］苏轼：《中庸论》，曾枣庄、舒大刚主编：《三苏全书》第14册，北京：语文出版社，2001年，第141页。
⑦ ［明］陈邦瞻编：《宋史纪事本末》卷四五《洛蜀党议》，北京：中华书局，1977年，第439页。

同的角度出发，抓住了问题的关键所在。苏洵认为六国破灭的关键原因是"弊在赂秦"，苏轼则从六国与秦对待"士人"的角度出发，提出对待"客"的态度是六国衰亡的原因，而"势"则是苏辙立论的角度，认为六国之所以亡于秦，是因为他们"见利之浅，且不知天下之势"。当然，这只是蜀学在思维方法上的一个特点。

二、蜀学的"杂"

苏氏父子在经学、文学方面都有突出成就，但是蜀学在思想上没有固守一家之精神，而是兼取各家，因而在学术思想上显得驳杂。因此，人们更多的是看重苏氏的文学成就，而对其学术思想则是毁誉参半。王安石认为苏氏蜀学是"战国纵横家文字"，对苏学不屑一顾，《邵氏闻见后录》载：

> 东坡中制科，王荆公问吕申公："见苏轼制策否？"申公称之。荆公曰："全类战国文章，若安石为考官，必黜之。"故荆公后修《英宗实录》，谓苏明允有战国纵横之学云。①

全祖望也在《宋元学案》中称"苏氏出于纵横之学而亦杂于禅"②，而且在书末仅附"苏氏蜀学略"一条，并不将其列入学案里面。蜀学之所以受到后人的非议，与蜀学驳杂无端的学术思想有关。就连钱穆先生也这样评论蜀学：

> 他们会合着庄、老、佛学和战国策士及贾谊、陆贽，长于就事论事，而卒无所指归；长于和会融通，而卒无所宗主。他们推崇老、释，但非隐沦；喜言经世，又不尊儒术。他们都长于史学，但只可说是一种策论派的史学吧！他们姿性各异，轼恣放，辙澹泊。皆擅文章，学术路径亦相似。他们在学术上，严格言之，似无准绳，而在当时及后世之影响则甚大。好像仅恃聪明，凭常识。仅可称之曰俗学，而却是俗学中之无上高明者。他们并不发怪论，但亦不板着面孔作庄论。他们决不发高论，但亦不喜卑之毋甚高论的庸论。

---

① ［宋］邵博撰，王根林校点：《邵氏闻见后录》卷一四，上海：上海古籍出版社，2012年，第191页。
② ［清］黄宗羲原著，［清］全祖望补修：《宋元学案》卷九八《荆公新学略》，北京：中华书局，1986年，第3237页。

> 他们像并不想要自成一学派，而实际则确已自成一学派。……他们是儒门中之苏、张，又是庙堂中之庄、老。非纵横，非清淡，非禅学；而亦纵横，亦清谈，亦禅学。实在不可以一格绳，而自成为一格。①

钱穆先生认为蜀学集合了诸家之学，汲取了从战国到汉唐诸多学人的思想，他们的思想自由纵横，毫无定格。三苏好做策论，在他们的文章里，可以看到苏秦、张仪、贾谊等人的纵横恣肆的文风。三苏学术文章如出一辙，人们论及他们往往三苏并举，因此他们可以称得上是一个学派。他们读书广博，汲取的思想出自多家，不但融合了儒、释、道三家，还夹杂了诸多学人的思想，苏洵读书是"取《论语》《孟子》《韩子》及其他圣人贤人之文而兀然端坐"②，"大究六经百家之说"③；苏辙的为学过程如其所言："及既长，乃观百家之书，纵横颠倒，可喜可愕。"④ 这样一个学派，显然没有贯穿如一的学术思想，他们的思想犹如"行云流水"般的自由散漫，却熠熠生辉，这就是苏氏蜀学，"它似乎完全不合常规，其变现形式，实在不可方物，从整体结构看，蜀学之芜杂，大抵如此"⑤。

在北宋儒学复兴的大背景下，三苏在经学上取得了很大的成就，譬如，苏辙的《孟子解》《诗集传》《春秋集解》等都有很高的成就，但他们"驳杂"的思想，在理学家的眼里，显然很不纯洁，因此遭到了各种非议。元祐年间，洛党程颐及其门人对蜀党发难的一个重要原因，就是洛学与蜀学的学术思想不同。王觌指责苏轼："不通先王性命道德之意，专慕战国纵横捭阖之术。……轼胸中邪僻，学术不正，长于辞华而暗于义理。"⑥ 程门弟子杨时攻击苏洵："观其著书之名，已非。……仁宗之世视西北，岂不胜如战国时节，而孟子在战国时所论，全不以兵为先，岂以崇虚名而受实弊乎？亦必有道矣。"⑦ 及至南宋，理学家朱熹展开了对苏氏蜀学的批评，而且针对蜀学写了《辨苏氏易解》《辨苏黄门老子

---

① 钱穆：《宋明理学概述》，台北：台湾学生书局，1977年，第29页。
② ［宋］苏洵撰：《上欧阳内翰诗五首》，《嘉祐集》卷一五，清道光十二年《三苏全集》本。
③ ［宋］欧阳修著，李逸安点校：《故霸州文安县主簿苏君墓志铭》，《欧阳修全集》第二册，北京：中华书局，2001年，第513页。
④ ［宋］苏辙著，曾枣庄、马德富校点：《上两制诸公书》，《栾城集》卷二二，上海：上海古籍出版社，2009年，第486页。
⑤ 卢国龙：《宋儒微言》，北京：华夏出版社，2001年，第374页。
⑥ ［宋］李焘撰：《续资治通鉴长编》卷四〇八，北京：中华书局，1995年，第9904页。
⑦ ［宋］杨时撰：《龟山集》卷一二《余杭所闻》，影印文渊阁《四库全书》本。

解》《古史余论》和《读苏氏纪年》等批评文章。朱熹认为，苏氏"早拾苏（秦）、张（仪）之绪余，晚醉佛、老之糟粕"①，称："东坡则杂以佛、老，到急处便添入佛、老，相和倾瞒人，如装鬼戏、放烟火，相似且遮人眼。"②认为苏学不以儒为宗，是杂学、杂家。所谓杂家，《汉书·艺文志》称："杂家者流，盖出于议官。兼儒、墨，合名、法，知国体之有此，见王治之无不贯，此其所长也。及荡者为之，则漫羡而无所归心。"这就是说，苏氏蜀学是兼收并蓄各家之学，没有一以贯之的学术思想，与理学的儒家正统思想相抵牾。正是这个原因，《宋元学案》仅列其目。在宋代的社会思想中，占统治地位的思想还是正统的儒家思想，尽管朱熹承认二苏在"经术本领上用功"③，"东坡经解虽不甚纯，然好处亦自多"④，但是蜀学的正统性意识不强，三苏终究不是醇儒，朱熹等人对此颇有微词。在朱熹的评论中，与三苏形成对照的是当时与三苏有交往的，后来也被后人尊为"唐宋八大家"之一的曾巩，其学术以儒为宗，是一个朴实的醇儒学者，因此受到朱熹的推崇⑤。从这点看，蜀学受到理学家的攻讦与发难，情有可原！这也正说明蜀学不拘一端、兼收并蓄，具有开放性和独立性的特点。从朱熹开始，理学逐渐兴盛发达，而苏学日渐式微，再无元祐兴盛之局面，这恐与苏学的"驳杂"有关。

第二节　苏辙对儒、释、道三家的会通

汉魏以来，儒、佛、道是中国文化的重要组成部分，他们处在一个矛盾的统一体中，三者之间既有冲突，也有融合。在宋代，则形成了以三家融合为主的新格局，即主要是以儒家思想为基础，融会佛、道两家

---

① ［宋］罗大经撰，孙雪霄校点：《鹤林玉露》卷九，上海：上海古籍出版社，2012年，第22页。
② ［宋］黎靖德编，王星贤点校：《朱子语类》卷一三七，北京：中华书局，1986年，第3276页。
③ ［宋］黎靖德编，王星贤点校：《朱子语类》卷一三九，北京：中华书局，1986年，第3311页。
④ ［宋］黎靖德编，王星贤点校：《朱子语类》卷一三〇，北京：中华书局，1986年，第3120页。
⑤ 朱熹在《跋曾南丰帖》中说："熹未冠而读南丰先生之文，爱其词严而理正，居常诵习，以为人之为言，必当如此，乃为非苟作者。"（［宋］朱熹撰，朱杰人、严佐之、刘永翔主编：《朱子全书》第24册，上海：上海古籍出版社、合肥：安徽教育出版社，2002年，第3918页。）

思想，出现了所谓的"《礼》之中庸，伯阳之自然，释氏之无为，其归一也"① 的情况。从历史上看，佛学在唐代就已经很兴盛，"中国佛教发展至唐末五代，无论在组织形式、思想内容、经典翻译等各方面，均可以说是发挥殆尽了。余下的事便是把已发挥至极的教理向社会各阶层浸渍、渗透而达到文化传播的最终目的。由中国人自己创立的禅宗尤其如此。这应当说是宋以下佛教，特别是禅宗发展的显著特点"②。到了宋代，佛教的精义向社会各个层面传播，而此时禅宗正处于兴盛时期，它有比较严密的思想体系，尤其是它精湛的心性思想，譬如"明心见性"，"教外别传，不立文字"，"直指人心，见性成佛"等，精微细致，直指人心。还有机锋、公案等参禅之法，更是寄寓深刻，明理思辨，引起了文人士大夫的兴趣。因此，宋代的文人士大夫常常与佛教人士交往，如杨亿和广慧元琏禅师，苏轼和大觉怀琏禅师，黄庭坚和黄龙祖心禅师交往的事迹，广为世人所知。甚至一些士大夫还熟读或整理佛教典籍，如杨亿刊定了道原所撰《景德传灯录》，影响深远。又如理学开山大师周敦颐精研《法华经》，曾说："一部《法华经》，只消一个艮卦可了。"③ 当然，道教也对宋代文人产生了重要影响，陈抟是宋初著名道教人士，很多人受其影响，"濮上陈抟以先天图传种放，放传穆修，修传李之才，之才传邵雍。……修以太极图传敦颐，敦颐传二程"④。这说明周敦颐、邵雍、种放、穆修、李之才、程颢、程颐等儒家士人均受过道家思想的影响。甚至很多文人兼受佛、道影响，如理学创始人之一的张载，是"访诸释、老之书，累年尽究其说"⑤，另一理学家程颢"自十五六时，闻汝南周茂叔论道，遂厌科举之业，慨然有求道之志，未知其要，泛滥于诸家，出入于老、释者几十年，反求诸六经而后得之"⑥。可见，理学家在治学的过程中，也会融会佛、道两家的一些经义，至于其他文士，深受佛道思想浸染者甚多。因此，在宋代儒、释、道三家融合的思潮之下，文人士大夫的思想虽以儒家为主，但旁涉佛、道已经成为一种常见的现象，以致清人全祖望认

---

① ［元］脱脱等：《宋史》卷二七七《宋太初传》，北京：中华书局，1985年，第9423页。
② 麻天祥：《中国禅宗思想史略》，北京：中国人民大学出版社，2007年，第44页。
③ ［宋］程颢、程颐著，王孝鱼点校：《二程集》，北京：中华书局，1981年，第408页。
④ ［宋］张端义：《贵耳集》卷下，上海古籍出版社编：《宋元笔记小说大观》，上海：上海古籍出版社，2001年，第4313页。
⑤ ［宋］吕大临：《横渠先生行状》，［宋］张载著：《张载集》附录，北京：中华书局，1978年，第381页。
⑥ ［宋］程颢、程颐著，王孝鱼点校：《二程集》，北京：中华书局，1981年，第638页。

为:"两宋诸儒,门庭径路,半出入于佛、老。"①

一、苏辙对儒、释、道三家的态度

在苏氏父子生活的时代,儒家思想仍是赵宋王朝的统治思想,而且儒学复兴运动已基本取得胜利,因此士大夫的学术基本以儒术为宗,"士之服儒术者不可胜数"②,苏辙亦言:"士之言学者皆曰孔孟。……而何敢自附于孟子?然其所以泛观天下之异说,三代以来兴亡治乱之际而皎然,其有以折之者,盖其学出于孟子而不可诬也。"③ 在当时社会普遍崇尚儒术的背景下,苏辙自言他的学术出自孟子,这一点,也可以从苏辙提出的"文者气之所形也"说得到印证,他的文气说,虽上承韩愈的"气盛言宜"之说,但上源儒家孟子的"浩然正气"说,都强调作家主体的思想道德修养。综观苏辙的学术成果,经学著作占了大部分,其《诗集传》《孟子解》《春秋集解》《论语拾遗》等,都是经学著作,字里行间包涵着苏辙的儒家思想。

一个人幼年的生活经历对其一生的影响是巨大的,甚至这种影响会贯穿于他的一生。苏辙也是如此,他对于佛、道的态度,可以从他早期的一些经历中窥见端倪。他曾说:"少小本好道,意在三神洲。"④ 这是苏辙晚年闲居颍昌时的诗作,也可看作苏辙对自己早年秉性、思想的回忆。说明苏辙天性从小喜好道教。苏辙对道教的这种态度,也与他受眉山天庆观道士张易简的亲炙有关,苏轼曾言"吾八岁入小学,以道士张易简为师"⑤,苏辙自己回忆说:"予幼居乡间,从子瞻读书天庆观。"⑥苏辙从其兄读书,所读道家经典甚多,尤其是《老子》《庄子》,读得比较深入,他在《和子瞻读道藏》中说:

道书世多有,吾读老与庄。老庄已云多,何况其骈傍?所读嗟

---

① [清] 全祖望撰:《题真西山集》,《鲒埼亭集》外篇卷三一,《四部丛刊》影印清姚江借树山房刻本。
② [元] 脱脱等:《宋史》卷一五七《选举志》,北京:中华书局,1985年,第3658页。
③ [宋] 苏辙著,曾枣庄、马德福校点:《上两制诸公书》,《栾城集》卷二二,上海:上海古籍出版社,2009年,第486~487页。
④ [宋] 苏辙著,曾枣庄、马德福校点:《和迟田舍杂诗九首》,《栾城集》后集卷四,上海:上海古籍出版社,2009年,第1173页。
⑤ [宋] 苏轼:《陈太初尸解》,曾枣庄、舒大刚主编:《三苏全书》第15册,北京:语文出版社,2001年,第89页。
⑥ [宋] 苏辙撰,李郁校注:《龙川略志 龙川别志》,西安:三秦出版社,2003年,第1页。

甚少，所得半已强。有言至无言，既得旋自忘。譬如饮醇酒，已醉安用浆？昔者惠子死，庄子哭自伤。微言不复知，言之使谁听？哭已辄复笑，不如敛此藏。脂牛杂肥羜，烹熟有不尝。安得西飞鸿，送弟以与兄。①

苏辙到了晚年，由于受党争的影响，在卜居颍昌后在《自写真赞》中自言"心是道士，身是农夫"②的精神状态，他年少时所受道家思想的影响，成为他的安慰剂。苏辙从小身体就不好，脾胃一直欠佳，他受道教养生之说启发，服中药茯苓以调养身体。后来，苏辙还专门写了一篇辞赋《服茯苓赋》，记载其事，其序曰：

> 余少而多病，夏则脾不胜食，秋则肺不胜寒。治肺则病脾，治脾则病肺。平居服药，殆不复能愈。年三十有二，官于宛丘，或怜而受之以道士服气法。行之期年，二疾良愈。盖自是始有意养生之说，晚读《抱朴子》书，言服气与草木之药，皆不能致长生。古神仙真人皆服金丹，以为草木之性，埋之则腐，煮之则烂，烧之则焦，不能自生，而况能生人乎？余既汩没世俗，意金丹不可得也。则试求之草本之类，寒暑不能移，岁月不能败者，惟松柏为然。古书言松脂流入地下为茯苓，茯苓又千岁则为琥珀，虽非金石，而其能自完也亦久矣。于是求之名山，屑而治之，去其脉络，而取其精华。庶几可以固形养气，延年而却老者，因为之赋以道之。③

苏辙从三十多岁开始，就依道家养生的方法调养身体，到了晚年，还在研读葛洪的《抱朴子》，以求养生之道。苏轼和他一样，也非常注重佛、道两家的养生术，他根据自己的养生体会，写了一些文章，如《养生说》《养生难在去欲》《阳丹诀》《导引语》等，其中《养生说》言："又用佛语及老聃语，视鼻端白，数出入息，绵绵若存，用之不勤。"④看来苏氏兄弟在养生的方法上，都兼用佛、道两家的方法。当然，宋人

---

① ［宋］苏辙著，曾枣庄、马德福校点：《栾城集》卷二，上海：上海古籍出版社，2009年，第44页。
② ［宋］苏辙著，曾枣庄、马德福校点：《栾城集》后集卷五，上海：上海古籍出版社，2009年，第1196页。
③ ［宋］苏辙著，曾枣庄、马德福校点：《栾城集》卷一七，上海：上海古籍出版社，2009年，第415页。
④ 曾枣庄、舒大刚主编：《三苏全书》第5册，北京：语文出版社，2001年，第88页。

在闲暇之余追求养生的情趣，是士大夫中间流行的一种风尚，但苏辙对养生之术的喜好，确也与自己从小身体多恙有关，正是由于这种情况，苏辙特重视道家养生之术。不然，苏辙从小身体羸弱，何以阳寿超出东坡十余岁？这固然与东坡率直的性格有关，但也与苏辙常年修炼道家的一些养生之术有关。苏辙记载茯苓养生的名篇《服茯苓赋》，后来也被一些中药典籍载入。苏辙在晚年愈发表现出对老子的崇尊，他在《丁亥生日》中言："老聃本吾师，妙语初自明。"① 以上说明，苏辙在生活、思想方面均受道家、道教的影响。

  在儒、佛、道三家融合的潮流下，很多儒家士大夫，与佛、道两教的一些人士有密切的交往，如欧阳修、苏轼都与《坛经》的修订者契嵩有密切的交往。苏辙小时候就耳闻云门宗的圆通居讷，他说："辙幼侍先君，闻尝游庐山过圆通，见讷禅师，留连久之。元丰五年以遭居高安，景福顺公自言昔从讷于圆通，逮与先君游，今三十六年矣。"② 可见，苏辙从小就在苏洵的教引下，对讷禅师印象深刻。在苏辙兄弟交往的众多佛教人士中，宝月大师惟简是很重要的一位，由于他是眉山人，所以和苏氏兄弟关系格外密切，苏辙称其为兄。绍圣年间，惟简圆寂后，苏轼为其作了塔铭，苏辙亦作《祭宝月大师宗兄文》纪念，其祭文记载曰："辙方志学，从先君子。东游故都，览观药市。解鞅精舍，时始见兄。顾然如鹄，介而善鸣。宗党之故，情若旧识。"③ 乌台诗案后，苏辙贬谪筠州，寄佛禅以忘情，他写道："少年高论苦峥嵘，老学寒蝉不复声。目断家山空记路，手披禅册渐忘情。"④ 苏辙在遭受贬谪之后，人生经历了痛苦的遭遇，转而在佛教典籍中寻得慰藉，他广泛涉猎《金刚经》《楞伽经》《楞严经》《圆觉经》《华严经》等经书，受其浸染很深，对《楞严经》尤其偏爱，他在《春尽》诗中言："《楞严》十卷几回读，法酒三升是客同。"⑤《楞严经》是大乘佛教经典，是禅宗七经之一，亦是禅宗弟子必修的经典之一。苏辙在退居颍昌之后，曾记载了一些阅读佛经的心

---

① [宋] 苏辙著，曾枣庄、马德福校点：《栾城集》三集卷一，上海：上海古籍出版社，2009 年，第 1454 页。
② [宋] 苏辙著，曾枣庄、马德福校点：《赠景福顺长老二首》，《栾城集》卷一一，上海：上海古籍出版社，2009 年，第 265 页。
③ [宋] 苏辙著，曾枣庄、马德福校点：《栾城集》后集卷二〇，上海：上海古籍出版社，2009 年，第 1395 页。
④ [宋] 苏辙著，曾枣庄、马德福校点：《次韵子瞻与安节夜坐三首》，《栾城集》卷一一，上海：上海古籍出版社，2009 年，第 264 页。
⑤ [宋] 苏辙著，曾枣庄、马德福校点：《栾城集》后集卷三，上海：上海古籍出版社，2009 年，第 1155 页。

得体会：

> 予自十年来，于佛法中渐有所悟，经历忧患，皆世所希有，而真心不乱，每得安乐。①
>
> 予读《楞严》，知六根源出于一，外缘六尘，流而为六，随物沦逝，不能自返。……既又读《金刚经》，说四果人，须陀洹名为入流，而无所入，不入色声香味触法，是名须陀洹。……予观二经之言，本若符契，而世或不喻，故明言之。②

苏辙将对佛经的理解带入到了自己人生的深切体验中，对《金刚经》的理解也超乎寻常，他认为《金刚经》与《楞严经》的旨义精神契合。而且他在隐居颍昌以后，常年参禅学佛，有诗《风痹三作》："十年学趺坐，从此罢雀跃。……下种本无种，服药亦非药。田熟根自生，病去如花落。吾生默已定，有数谁能却？数尽吾则行，未应堕冥漠。"③ 其中"下种本无种，服药亦非药"化用了《坛经》中慧能的偈子④。实际上这个时候的苏辙正处于落寞的境地，于是在佛教中追寻心灵的慰藉与解脱。以上说明，在苏辙的人生思想中，佛教思想占有重要的地位。

苏辙爱好佛、道，他在对待三家思想冲突的问题上，持融合调和的态度。苏辙认为老、佛之道与周、孟之道都是天理之道，都有相同之处，他在论梁武帝时认为，"老、佛之道与吾道同而欲绝之，老、佛之教与吾教异而欲行之，皆失之矣。……老、佛之道，非一人之私说也，自有天地，而有是道矣"⑤。苏辙还对佛教持宽容态度，他说："尧、舜、周、孔之道行于天下，无一物而不由，无一日而不用，而佛、老之教常与之抗衡于世。世主之欲举而废之者屡矣，而终莫能，此岂无故而能然哉？诸生皆学道者也，请推言其所以然，辩其不可去之理，与虽不去而无害

---

① ［宋］苏辙著，曾枣庄、马德福校点：《书楞严经后》，《栾城集》后集卷二一，上海：上海古籍出版社，2009 年，第 1405 页。
② ［宋］苏辙著，曾枣庄、马德福校点：《书金刚经后二首》，《栾城集》后集卷二一，上海：上海古籍出版社，2009 年，第 1405～1406 页。
③ ［宋］苏辙著，曾枣庄、马德福校点：《栾城集》三集卷三，上海：上海古籍出版社，2009 年，第 1512 页。
④ 《坛经》慧能的原偈为："菩提本无树，明镜亦非台。本来无一物，何处惹尘埃？"（据曹溪原本《六祖大师法宝坛经》，北京：宗教文化出版社，2008 年，第 12 页。）
⑤ ［宋］苏辙著，曾枣庄、马德福点校：《梁武帝》，《栾城集》后集卷一〇，上海：上海古籍出版社，2009 年，第 1258～1259 页。

于世者。"① 正所谓"存在即合理"，苏辙为佛、老辩护，认为佛、老与儒家共存很久了，必有可存之理，因此不赞成当时一些辟佛人士的言论。在他的另一篇文章《御试制策》中，苏辙还认真比较了儒家与道家在处世方面的得失，认为儒、道两家应互补为用，他说："老子之所以为得者，清净寡欲；而其失也，弃仁义、绝礼乐。儒者之得也，尊君卑臣；而其失也，崇虚文而无实用。"② 苏辙对于儒、道的看法，言简意赅，透彻有理。关于他对儒、佛、道三家思想的会通，在其哲学著作《老子解》中有最鲜明的体现。

二、苏辙《老子解》的成书

北宋中期，学术发展呈纷繁之势，三教融合亦成时代之潮流，士大夫所见不同，乃竞相著书立说，抒明己意。而在他们的著作中，儒、释、道三家思想相通者不乏其作，苏辙《老子解》就是一个典型的例子，此书"可以说是儒、佛、道三家思想互相矛盾、互相渗透、互相吸收这一时期学术发展趋势下的一个产物"③。

宋初，朝廷面对五代以来的社会动乱局面，道家清静无为的思想颇受统治阶级的重视。南宋彭耜在《道德真经集注序》中言："宋兴，专守一道曰仁，其治以慈仁不争为本，几若萎靡不振，而实参用《老子》家法，故当时君臣于此书颇尽心焉。"④ 太祖、太宗也颇重道教人士的进言，譬如开宝二年（969）五月，太祖召道士苏澄隐入见，"谓曰：'朕作建隆观，思得有道之士居之，师岂有意乎？'对曰：'京师浩穰，非所安也。'壬申，幸其所居……对曰：'臣养生，不过精思练气耳，帝王养生则异于是。老子曰"我无为而民自化，我无欲而民自正"，无为无欲，凝神太和，昔黄帝、唐尧享国永年，用此道也。'帝悦，厚赐之。"⑤ 苏澄隐之言，让太祖十分喜悦，这就是说，苏澄隐为宋太祖治国提供了一些老子无为而治的思想。宋太宗、宋真宗也相继采用黄老之术来稳定社会局面，宋太宗曾对大臣论《道德经》："朕每读至'兵者，不祥之器，

---

① ［宋］苏辙著，曾枣庄、马德富点校：《策问一十六首》，《栾城集》三集卷六，上海：上海古籍出版社，2009 年，第 1527 页。
② ［宋］苏辙著，曾枣庄、马德富点校：《栾城集》应诏集卷一二，上海：上海古籍出版社，2009 年，第 1723～1724 页。
③ 漆侠：《宋学的发展和演变》，石家庄：河北人民出版社，2002 年，第 452 页。
④ 上海书店出版社编：《道藏》第 13 册，北京：文物出版社、天津：天津古籍出版社、上海：上海书店联合出版，1988 年，第 106 页。
⑤ ［清］毕沅：《续资治通鉴》卷五《宋纪》，北京：中华书局，1999 年，第 1423 页。

圣人不得已而用之',未尝不三复以为规戒,王者虽以武功克敌,终须以文德致治。"① 宋真宗亦说:"朕奉希夷而为教,法清净以临民,思得有道之人,访以无为之理。"② 在统治阶级的重视下,老、佛思想弥漫于士大夫群体中间,以致石介说:"举中国而从佛、老。"③ 到了北宋中期,随着儒、释、道三教的不断融合,道家、道教的一些思想精神日益引起士大夫的兴趣和重视,道家的一些审美观念、养生方法进入了士大夫的日常生活之中,道家、道教的一些经典著作也成为士大夫研究的对象,其中对《老子》的研究是重点之一。

《老子》是道家经典著作,历代研究者不乏其人,严遵、王弼、葛洪、成玄英、杜光庭等人是宋代以前研究老子的名家。到了宋代,研究老子的著作呈纷繁之势,数量甚多,"宋人之解《老》者,百三十余家"④。根据尹志华初步的研究统计,北宋时期现存完整注本有二十四家⑤。值得注意的是,北宋《老子》注者的身份呈现多样化,既有帝王宰相之著作,如宋徽宗《御解道德真经》四卷、王安石《老子注》二卷、司马光《道德真经论》四卷等,亦有社会各阶层之人士,如李畋《老子音解》二卷、陆景元《道德真经藏室纂微篇》十卷等。

关于苏辙《老子解》的成书及版本,舒大刚、谷建、翁如慧等先生都有详细的研究⑥,但《老子解》的写作过程很长,涉及苏辙写作时候的人生经历及其当时心态的变化,故再提及《老子解》成书之始末。至于《老子解》的版本,李进《苏辙〈老子解〉版本述略》中有详细的考述⑦,这里不再赘述。

元丰二年,"乌台诗案"发,苏辙坐谪监筠州盐酒税。次年,苏辙抵达筠州,开始了长达五年多的筠州贬谪生活。筠州地处江西,治所在高安,"唐宋八大家"之一的曾巩称"筠为州,在大江之西,其地僻绝"(《筠州学记》)。其地依山傍水,风景秀丽,而且佛教寺院很多,前来拜佛参学的

---

① [宋]李攸:《宋朝事实》卷三《圣学》,上海:商务印书馆,1935年,第37页。
② [元]脱脱等:《宋史》卷四六二《方技传》,北京:中华书局,1985年,第13515页。
③ [宋]石介著,陈植锷点校:《怪说》,《徂徕石先生文集》卷五,北京:中华书局,1984年,第63页。
④ 严灵峰:《老子宋注丛残》,台北:台湾学生书局,1979年,第1页。
⑤ 尹志华:《北宋〈老子〉注研究》,成都:巴蜀书社,2004年,第24页。
⑥ 参见《老子解叙录》,曾枣庄、舒大刚主编:《三苏全书》第5册,北京:语文出版社,2001年,第397~400页;谷建:《苏辙学术研究》,北京:光明日报出版社,2009年,第46~51页;翁如慧:《苏辙〈老子解〉义理诠释》,台湾南华大学2009年硕士论文,第42~45页。
⑦ 李进:《苏辙〈老子解〉版本述略》,《古籍整理研究学刊》1999年第1期。

僧人很多。苏辙谪居于此，常与僧众论佛，《老子解》的初稿即写于此时。苏辙在大观二年十二月十日的《题老子道德经后》言：

> 予年四十有二，谪居筠州。筠虽小州，而多古禅刹，四方游僧聚焉。有道全者，住黄檗山，南公之孙也。行高而心通，喜从予游。尝与予谈道……是时，予方解《老子》，每解一章，辄以示全，全辄叹曰："皆佛说也！"予居筠五年而北归，全不久亦化去，逮今二十余年矣。凡《老子解》亦时有所刊定，未有不与佛法合者。①

从苏辙的记录来看，《老子解》的初稿写于筠州，曾每写一章便示以僧人道全，而道全认为都是佛家的说法。后来在道全死后的二十多年里，《老子解》时有修订刊出，但都是以佛解老之说法。政和二年，苏辙又写了一篇《题老子道德经后》，言：

> 予昔南迁海康，与子瞻邂逅于藤州。相从十余日，语及平生旧学，子瞻谓予："子所作《诗》《春秋传》《古史》三书，皆古人所未至，惟解《老子》差若不及。"予至海康，闲居无事，凡所谓书多所更定，乃再录《老子》书以寄子瞻。自是蒙恩北归。子瞻至毗陵，得疾不起，逮今十余年，竟不知此书于子瞻为可否也。政和元年冬，得侄迈等所编《先公手泽》，其一曰："子由寄《老子新解》，读之不尽，废卷而叹：使战国有此书，则无商鞅；使汉初有此书，则孔子、老子为一；使晋宋间有此书，则佛、老不为二。不意老年见此奇特。"然后知此书当子瞻意。然予自居颍川，十年之间，于此四书复所删改，以为圣人之言非一读所能了，故每有所得，不敢以前说为定。今日以益老，自以为足矣。②

从这篇跋文中可以得知以下信息：第一，绍圣四年，苏氏兄弟在贬谪的途中邂逅于藤州，苏轼看了苏辙的《老子解》初稿，很不满意，批评道："子所作《诗》《春秋传》《古史》三书，皆古人所未至，惟解《老子》差若不及。"第二，苏辙到了海康以后，重新修订了《老子解》，并抄录寄给苏轼，但是还没等到回信，苏轼就病逝了。直到政和元年，侄

---

① 曾枣庄、舒大刚主编：《三苏全书》第5册，北京：语文出版社，2001年，第482页。
② 同上书，第483~484页。

儿苏迈等人编《先公手泽》时发现了苏轼对重修《老子解》的赞誉之文："使战国有此书，则无商鞅；使汉初有此书，则孔子、老子为一；使晋宋间有此书，则佛、老不为二。不意老年见此奇特。"苏轼认为《老子解》融儒、释、道于一炉，甚为奇特，值得赞叹。第三，苏辙知道《老子解》得到兄长的高度评价之后，又在卜居颍昌之时，重加修订。直到政和二年，也即苏辙去世的那一年，他才感觉满意。苏辙这次修订后的《老子解》，就是我们今天见到的流传版本。第四，苏辙《老子解》的成书过程与他的仕宦沉浮有很大关系。杜甫曾言"文章憎命达"（《天末怀李白》），这就是说，优秀的作品往往诞生于著者的失意之时。对于苏辙而言，《老子解》的写作过程正是应验了杜甫的这句话，仕途的坎坷使他寄情于学术之中。《老子解》的三次写作过程都处在苏辙的贬谪时期，初稿写于"乌台诗案"后被贬筠州期间，二次修订稿写于绍圣年间被贬雷州之地，最后的定本修于隐居颍昌期间，而在他官位显赫的元祐年间，却没见到对《老子解》修订过的文献记载。

三、苏辙《老子解》对儒、释、道三家思想的会通

北宋儒、释、道融合成为时代潮流后，一些文人士大夫认为《老子》与儒、释两家有相通的地方，因此在他们的《老子》注中，出现了儒、释、道融会的思想倾向。例如王雱在《老子》注言"道，岁也，圣人，时也，明乎道，则孔、老相为始终"①，王雱认为孔、老相为始终，同出于"道"。甚至宋徽宗在《御解道德真经》中亦言："孔子作《易》，至《说卦》然后言妙，而老氏以此首篇，圣人之言，相为始终。"② 宋徽宗认为老子、孔子作为圣人，在思考问题时也有一致的看法。而苏辙早在青年时就认为佛、道有相同之处，而且可以互补：

> 东汉以来，佛法始入中国，其道与《老子》相出入，皆《易》所谓形而上者。而汉世士大夫不能明也，魏晋以后，略知之矣。好之笃者，则欲施之于世；疾之深者，则欲绝之于世。二者皆非也。老、佛之道与吾道同而欲绝之，老、佛之教与吾教异而欲行之，皆失

---

① [宋]张太守集注：《道德真经集注》卷三，上海书店出版社编：《道藏》第13册，北京：文物出版社、天津：天津古籍出版社、上海：上海书店联合出版，1988年，第27页。

② [宋]赵佶：《御解道德真经》卷一，《道藏》第11册，北京：文物出版社、天津：天津古籍出版社、上海：上海书店联合出版，1988年，第855页。

之矣。……老、佛之道,非一人之私说也,自有天地,而有是道矣。①

苏辙对儒、释、道持调和的态度,所以有"老、佛之道,非一人之私说也,自有天地,而有是道矣"之论,而《老子解》正是他会通儒、释、道三家文化的集中体现。朱熹称:"苏侍郎晚为是书,合吾儒于老子,以为未足,又并释氏而弥缝之,可谓舛矣!然其自许甚高,至谓当世无一人可与语此者。而其兄东坡公亦以为,不意晚年见此奇特!以予观之,其可谓无忌惮者与?"②虽然朱熹是站在理学家的立场来批评苏辙《老子解》,但也说明《老子解》确实是融儒、释、道三家思想于一炉的。

表4-1 苏辙《老子解》以儒援老举例③

《老子解》出处章节	《老子》原文	《老子解》注文	评价
道可道第一章	道可道,非常道。	莫非道也,而可道不可常,惟不可道,而后可常耳。今夫仁、义、礼、智,此道之可道者也。然而仁不可以为义,而礼不可以为智,可道之不可常也。惟不可道,然后在仁为仁,在义为义,礼、智亦然。彼皆不常,而道常不变,不可道之能常如此。	苏辙认为道有可道与常道之分,常道是形而上,可道是形而下,所谓可道者如儒家所讲的仁、义、礼、智等。此以儒、释、老之例。
绝圣弃智第十九章	此三者,以为文不足,故令有所属,见素抱朴,少私寡欲。	孔子以仁义礼乐治天下,老子绝而弃之,或者以为不同。《易》曰:形而上者谓之道,形而下者谓之器。孔子之虑后世也深,故示人以器而晦其道,使中人以下守其器,不为道之所眩。以不失为君子,而中人以上,自是以上达也。老子则不然,志于明道而急于开人心,故示人以道而薄于器,以为学者惟器之知,则道隐矣,故绝仁义弃礼乐以明道。夫道不可言,可言皆其似者也。达者因似以识真,而昧者执似以陷于伪。故后世执老子之言以乱天下者有之,而学孔子者无大过。因老子之言以达道者不少,而求之于孔子者常苦其无所从入。二圣人者,皆不得已也,全于此,必略于彼矣。	苏辙以《易》解老:老子重形而上者道,孔子重形而下者器,老子"绝仁义弃礼乐以明道",孔子"示人以器而晦其道",然两者同为道也。如果执于一端,"必略于彼矣",苏辙认为两者不可偏废,儒、道可以相协。

---

① [宋]苏辙著,曾枣庄、马德富校点:《梁武帝》,《栾城集》后集卷一〇,上海:上海古籍出版社,2009年,第1258~1259页。
② [宋]朱熹撰:《苏黄门老子解》,《晦庵先生朱文公文集》卷七二《杂学辨》,《四部丛刊》影印明嘉靖刻本。
③ 本章苏辙《老子解》引文出自曾枣庄、舒大刚主编:《三苏全书》第5册,北京:语文出版社,2001年。

续表

《老子解》出处章节	《老子》原文	《老子解》注文	评价
致虚极第十六章	归根曰静。	苟未能自复于性，虽止动息念以求静，非静也。故惟归根，然后为静。命者，性之妙也。性可言，至于命则不可言矣。《易》曰："穷理尽性以至于命。"圣人之学道，必始于穷理，中于尽性，终于复命。	《易》为儒家经典。用《易》释老是当时士大夫《老子》学的一种风气。苏辙认为性与命是相对的统一体，性可言，而命不可言。儒家圣人探究仁、义、礼、智而后行之，便是"穷理"，亦即"尽性以至于命"的过程。苏辙用之。
上善若水第八章	上善若水	《易》曰：一阴一阳之谓道，继之者善也，成之者性也。又曰：天以一生水。盖道运而为善，犹气运而生水也，故曰上善若水。二者皆自无而始成形，故其理同。道无所不在，无所不利，而水亦然。然而既已丽于形，则于道有间矣，故曰几于道矣。然而可名之善，未有若此者也，故曰上善。	苏辙用"道运而为善，气运而为水"释"上善若水"。因为是可道之中善者，故曰"上善"。苏辙儒道交融互摄的思想于此可见一斑。
大道废第十八章	大道废，有仁义	大道之隆，仁义行于其中，而民不知。道既废，而后仁义见矣。	苏辙认为儒家所讲的仁义就在老子之道中，因此，大道沦丧，须用仁义来维持社会的秩序。
绝学无忧第二十章	绝学无忧	为学日益，为道日损。不知性命之正，而以学求益，增其所未闻，积之不已，而无以一之，则以圆害方，以直害曲，其中纷然，不胜其忧矣。患夫学者之至此也，故曰绝学无忧。若夫圣人未尝不学，而以道为主，不学而不少，多学而不乱，廓然无忧，而安用绝学耶？	孔子提倡"学而不厌"，老子认为"绝学无忧"，苏辙认为老子不提倡那种不能贯通"道"的务学，故引用孔子的言语来作调和说明。
不尚贤第三章	不尚贤，使民不争	尚贤，则民耻于不若而至于争……虽然，天下知三者为患，而欲举而废之，则惑矣。圣人不然，未尝不用贤也，独不尚之耳。	儒家提倡"选贤与能"。苏辙言不能尚贤有害处而废之，说明老子并不反对尚贤。

苏辙《老子解》以儒援老实例有两个明显的特征：一是苏辙把老子之道统一到形而下的道器，即苏辙所谓的仁、义、礼、智等儒家纲常名教，都属于"道器"的范畴层面。苏辙在《历代论三·王衍》中言：

"圣人之所以御物者三：道，一也；礼，二也；形，三也。《易》曰：'形而上者谓之道，形而下者谓之器。'礼与形皆器也。"① 其实在关于什么是"道"的问题上，从古至今，众口说辞，莫衷一是。老子说"道可道，非常道"，佛家说"平常心"即道，"即心即佛"是道，都把道说得很抽象，而苏辙把"可道"统一到儒家礼教的范围内，显得简单具体。二是在苏辙在以儒解老的引文中，《易》是苏辙常引用的理论渊源之一。究其原因，主要是易学讲究变化融通，不固守一端，这对于苏辙融通儒、老提供了一个有力的工具；还有苏辙本身对于《易传》比较熟悉，而且有一定造诣，故在运用时信手拈来，运用自如。

在苏辙《老子解》中，给人的感觉是佛、老两家会通的思想趋势要明显于儒、老两家，难怪苏辙写完《老子解》的初稿后，道全说"皆佛说也"。苏辙本来是一位儒家士大夫，而在《老子解》中体现出的佛家色彩是如此深厚，令人深思！当然，其一个原因是儒、释、道三家思想融合是当时的思想潮流，士大夫参禅诵佛者很多，即使是洛学中的程氏兄弟，也是"泛滥于诸家，出入于老、释者几十年"②。但是在北宋众多《老子》注中，苏辙《老子解》能形成自己的特色，与他浓厚的佛、老会通思想是分不开的，也与他的人生经历和身体的健康状况有关。前文已经说过，《老子解》的写作过程与苏辙的"贬谪"生涯相始终，他本怀有强烈的功名之心，却在仕途中屡次受到打击，加上他从小体弱多病，使他对现实世界产生了虚幻的感觉，因此对佛家的一些思想产生了浓厚的兴趣，他在《筠州圣寿院法堂记》中说："余既少而多病，壮而多难，行年四十有二而视听衰耗，志气消竭。夫多病则与学道者宜，多难则与学禅者宜。既与其徒出入相从，于是吐故纳新，引挽屈伸，而病以少安。照了诸妄，还复本性，而忧以自去。洒然不知网罟之在前，与桎梏之在身，孰知夫险远之不为予安，而流徙之不为予幸也哉？"③ 可见，苏辙对佛、道的热爱，与他人生的多难和身体的病弱有很大关系。而他对佛、道思想的汲取和融会，集中体现在《老子解》中。

---

① [宋] 苏辙著，曾枣庄、马德富校点：《栾城集》后集卷九，上海：上海古籍出版社，2009 年，第 1246 页。
② [宋] 程颢、程颐著，王孝鱼点校：《二程集》，北京：中华书局，1981 年，第 124 页。
③ [宋] 苏辙著，曾枣庄、马德富校点：《栾城集》卷二三，上海：上海古籍出版社，2009 年，第 503～504 页。

表4-2 苏辙《老子解》以佛解老举例

章节出处	《老子》原文	《老子解》注文	评语
宠辱第十三章	何谓贵大患若身吾？所以有大患者，为吾有身，及吾无身，吾有何患？	性之于人，生不能加，死不能损，其大可以充塞天地，其精可以蹈水火，入金石，凡物莫能患也。	《坛经》中六祖曰："何其自性，本不灭。何其自性，本自具足。何其自性。本无动摇。何其自性，能生万法。"苏辙受其影响，云："性之于人，生不能加……"
善建者不拔第五十四章	善建者不拔，善抱者不脱，子孙祭祀不辍。	世岂有建而不拔，抱而不脱者乎？唯圣人知性之真，审物之妄，捐物而修身，其德充积。	"唯圣人知性之真"与禅宗"明心见性"相同。
民不畏威第七十二章	民不畏威，大威至矣。	夫性自有威，高明光大，赫然物莫能加，此所谓大威也。	《老子》所谓性与佛家的"真如"同。《大乘起信论》曰："从本已来，性自满足一切功德。所谓自体，有大智慧光明义故，遍照法界义故，真实识知义故，自性清静心义故，常乐我净义故，清凉不变自在义故。"
视之不见第十四章	视之不见，名曰夷，听之不闻，名曰希，博之不得，名曰微。此三者，不可致诘，故混而为一。	所谓一者，性也；三者，性之用也。人始有性而已，及其与物构，然后分裂四出，为视、为听、为触，日用而不知反其本，非復混而为一，则日远矣。若推广之，则佛氏所谓六入皆然矣。《首楞严》有云："反流全一，六用不行。"此之谓也。	苏辙认为人的真性才是真实的，其他如为视、为听、为触，日用都是虚幻的，因此要"复性"，这与佛教提倡"无眼耳鼻舌身意，无色声香味触法"，以求明心见性一样；老子所谓"混而为一"与佛家的"性"同。
为学日益第四十八章	为道日损。	苟一日知道，顾视万物，无一非妄。去妄以求复性，是谓之损。孔子谓子贡曰："赐也，女以予为多学而识之者欤？"曰："然。非欤？"曰："非也。予一以贯之。"	《金刚经》曰："菩萨于法，应无所住，行于布施。……菩萨应如是布施，不住于相。""无住"就是破除法执和虚妄，达到"我空"的境界。苏辙亦用此意。

续表

章节出处	《老子》原文	《老子解》注文	评语
其安易侍第六十四章	为者败之，执者失之，圣人无为故无败，无执故无失。	治乱祸福之来，皆如彼三者，积小以成大。圣人待之以无为，守之以无执，故能使福自生，使祸自亡。譬如种苗，深耕而厚籽之，及秋自穰。譬如被盗，危坐而熟视之，盗将自却。世人不知物之自然，以为非为不成，非执不留，故常与祸争胜，与福争赘，是以祸至于不救，福至于不成，盖其理然也。	苏辙认为老子的"无为"就是佛教的"无执"，而要"无执"，就要一切熟视无睹，犹如《心经》言："是诸法空相，不生不灭，不垢不净，不增不减，是故空中无色，无受想行识。……心无挂碍，无挂碍故，无有恐怖。"破除我执，才能使福自生，使祸自亡。心无挂碍，才能真正做到"无为"。
古之善为士第十五章	涣兮若冰之将释。	知万物之出于妄，未尝有所留也。	佛家认为"缘起性空"，《金刚经》曰："凡所有相，皆是虚妄。"《金刚经》又曰："一切有为法，如梦幻泡影，如露亦如电。"苏辙用此意。
绝学无忧第二十章	善之与恶，相去何若？	夫惟圣人知万物同出于性，皆成于妄，如画牛马，皆非真实。	《大乘起信论》曰："一切法皆从心起妄念而生。"
善行无辙迹第二十七章	是谓袭明。	救人于危难之中，非救之大者也。方术流转生死，为物所蔽，而推吾至明以与之，使暗者皆明，如灯相传相袭而不绝，可谓善救人矣。	善于救人者，使暗者皆明，如佛家所讲的传灯，普度众生。《郡斋读书志》卷一一亦云："其解'是谓袭明'，以为释氏传灯之类。"
用兵有言第六十九章	祸莫大于轻敌，轻敌几丧吾宝。	圣人以慈为宝，轻敌则轻战，轻战则杀人。丧气所以为慈矣。	这与佛家常讲的"出家人以慈悲为怀""尽形寿，不杀生"相近。

总之，苏辙《老子解》最大的特点是儒、释、道三家思想文化的融合，《四库全书总目》称："苏氏之学，本出入于二氏（佛、老）之间，故得力于二氏者特深，而其发挥二氏者亦足以自畅其说。是书大旨主于佛、老同源，而又引《中庸》之说以相比附。"① 尹志华在《北宋〈老子〉注研究》中亦认为："苏辙的《老子》注，有两个显著的特点，一是吸取佛教的'性真物妄'说，大力倡导'去妄复性'论，认为'道之

---

① ［清］永瑢等：《四库全书总目》卷一四六《道德经解》，北京：中华书局，1965 年，第 1243 页。

大，复性而足'；二是致力于老子之道与儒家的仁义礼智的贯通。"① 此两说准确概括了苏辙《老子解》的特点。北宋解老者众多，苏辙的《老子解》与王安石、王雱、吕惠卿、陆佃、司马光等人的《老子解》并行于世，得到了后人的称赞，明代李贽对苏辙《老子解》大加推崇，他在《子由解老序》中说："解《老子》者众矣，而子由称最。子由之引《中庸》曰'喜怒哀乐之未发谓之中'，夫未发之中万物之奥。宋儒自明道以后，递相传授，每令门弟子看其气象为何如者也。子由乃独得微言于残篇断简之中，宜其善发《老子》之蕴，使五千余言烂然如皎日。学者断断乎不可以一日去手也。《解》成，示道全当道全意，寄子瞻又当子瞻意。今去子由五百余年，不意复见此奇特。嗟夫！亦惟真饥而后能得之也。"② 李贽是明代思想家，常有"异端"思想的见解，虽然他对苏辙的赞誉言过其实，但也道出了苏辙《老子解》的一些独特成就。不可否认，《老子解》在中国老学史中占有一定地位，熊铁基等人在《中国老学史》中这样评价："苏辙的《老子解》，自成一家之言，又由于他在士大夫阶层中的声望，他的这部《老子解》也就广泛受到学者的重视，得到广泛传播，故自宋至清，均为学者研究老子所必读之本。"③

第三节　苏辙与宋代士大夫的学术精神

宋学的概念有广义和狭义之分，广义的宋学可以概指宋代学术的总体，狭义地讲，宋学则主要是一种解经的方法④。宋学学派众多，北宋时期的宋学处于发展时期，包括洛学、新学、朔学、蜀学等众多学派。宋学作为一种治学的方法，有它独特的鲜明特点。首先它以讲究义理而著称，又被称为义理之学，它在学术探索中形成了与"汉学"不同的治学风格，因此邓广铭先生说："宋学是汉学的对立物，是汉学引起的一种反动。"⑤ 其次，宋学讲究实用，士大夫在治学的过程中，不以"学问为学问"，强调其思想学说要落到实处，要经世致用，要为社会现实服务，这也是宋代士大夫

---

① 尹志华：《北宋〈老子〉注研究》，成都：巴蜀书社，2004年，第24页。
② [明]李贽著，陈仁仁校释：《焚书·续焚书校释》，长沙：岳麓书社，2011年，第191页。
③ 熊铁基、马良怀、刘韶军：《中国老学史》，福州：福建人民出版社，2005年，第350页。
④ 张国刚、乔治忠等：《中国学术史》，上海：东方出版中心，2002年，第336页。
⑤ 邓广铭、徐规等主编：《宋史研究论文集》，杭州：浙江人民出版社，1987年，第3页。

治学的一大特点。宋代开明的国策，使士大夫产生了自觉为社会现实服务的意识，他们渴望通过儒家经典的重新阐发，来重新确立一套安邦定国、富国强兵的价值系统，或者总结前代历史盛衰的原因给当朝统治者提供借鉴。因此，宋学的这两个特点，在宋代士大夫的学术当中特别明显，它被称为"是宋学的两个基本特征，也是整个宋代学术的基本精神"①。

今天看来，苏氏蜀学在宋学当中完全可以成为一个学派，然而全祖望在《宋元学案》中不重视蜀学，而把它与新学一起放在卷末的"学略"之中，称之为《苏氏蜀学略》。全氏的这种态度，令人深思。虽然苏轼父子不以经术闻名，但荆公新学在北宋却是声名显赫，而且王安石《三经新义》也于熙宁年间被朝廷颁行，列为学校的教科书。由此可见，《宋元学案》不在"学案"中列入蜀学、新学，并不能说明蜀学、新学在宋学发展中的地位如何低下，乃是著者学术思想的倾向性使然。尽管如此，全祖望终究在"学略"中为蜀学留了一席之地，可见他还是不能抹杀蜀学在宋学发展中的作用。作为蜀学重要人物之一的苏辙，在治学的过程中形成了自己的特色，对蜀学的发展起了至关重要的作用，他在经学、史学、哲学取得的成就，是对宋学的推动和发展。

一、苏辙与士大夫的义理之学

（一）北宋中期的疑古惑经之风

自汉武帝"罢黜百家，独尊儒术"以来，儒学在中国的学术文化中，占有重要的地位，由于儒学的核心内容是经学，因此经学成为广大士人认真研读的对象。然而，自汉代以来，儒者治经繁多，而且专以章句、训诂之学为务，出现了一经之注有百家言，一家之注有百万语的极端现象，即便如此，有些儒生还是坚持"皓首穷经"，穷毕生之精力，在繁琐的章句之学的圈圈里打转。到了唐初，儒生治学还是上承汉儒治学的原则，仍然以注作疏，其中孔颖达编订的《五经正义》就是典型的例子，他严格坚持"疏不破注"的原则，因此在治学方法上还拘囿于汉唐之学的藩篱。到了中唐时期，政治局面的不稳定和社会危机的加深，使国家机器对意识形态领域的控制逐渐削弱，社会文化随之发生变化，宋型文化的种子开始萌芽，表现在学术上，则是一些学者尝试以新的思想和方法去研究儒家经典。大历时期，啖助、赵匡、陆质等人开始不守章句训诂旧说，以己意解经。《新唐书》载："大历时，助、匡、质以

---

① 张国刚、乔治忠等：《中国学术史》，上海：东方出版中心，2002年，第336页。

《春秋》，施士匄以《诗》，仲子陵、袁彝、韦彤、韦茝以《礼》，蔡广成以《易》，强蒙以《论语》，皆自名其学。"① 啖助、赵匡、陆质等人不守旧说、自名其学的治学之法实开义理之学的风气，因此，《四库全书总目》赞扬陆质《春秋集传》解经的办法为："盖舍传求经，实导宋人之先路。"②

北宋前期学术发展并不平顺，经历了一场"疑古惑经"的学术变古思潮，钱大昕在《宋儒经学》中说：

> 宋初儒者皆遵守古训，不敢妄作聪明。宋景文《唐书·儒学传》于啖助赞深致贬斥，盖其时孙复、石介辈已有此等议论，而欧阳公颇好之，故于此传微示异趣，以防蔑古之渐。其后王安石以意说经，诋毁先儒，略无忌惮，而轻薄之徒，闻风效尤，竞为诡异之解。如孙奕说《诗》"黾勉"，以黾为蛙，说《论语》"老彭"，以彭为旁，罗璧谓公羊、穀梁皆姜姓，真可入笑林矣。③

北宋初年，宋廷对士人所持学术思想有一定的限制，汉唐的章句注疏之学仍在经学中占统治地位。宋初的礼部考试，设进士、学究、明经、明法等科，并要求严守《五经正义》《九经正义》取士，违者一概罢黜。宋太宗颁布法令："私以经义相教者，斥出科场。"④ 这样一来，士人在追求功名的愿望下，并没有承袭中唐"疑古惑经"的学术风气，还是循蹈汉唐时期的章句训诂之学，这严重地阻碍了学术的发展，皮锡瑞言："经学自唐以至宋初，已陵夷衰微矣。然笃守古义，无取新奇，各承师传，不凭胸臆，犹汉唐注疏之遗也。"⑤ 到了庆历年间，以范仲淹、欧阳修为学术领袖的一批学者开启了新学风，把义理之学推向了一个高潮，范仲淹"泛通六经，长于《易》，学者多从质问，为执经讲解，亡所倦"⑥，他品德高洁，学问渊博，天下士人仰慕而从者不少，宋初"三先生"（胡瑗、孙复、石介）都曾从其学，"文正公门下多延贤士，如胡

---

① [宋] 欧阳修、宋祁：《新唐书》卷二〇〇《啖助传》，北京：中华书局，1975年，第5707页。
② [清] 永瑢等：《四库全书总目》卷二六《春秋集传纂例》，北京：中华书局，1965年，第213页。
③ 陈文和主编：《嘉定钱大昕全集》，南京：江苏古籍出版社，1997年，第492页。
④ [宋] 李焘撰：《续资治通鉴长编》卷二六，北京：中华书局，1995年，第594页。
⑤ [清] 皮锡瑞著，周予同注释：《经学变古时代》，《经学历史》，北京：中华书局，2004年，第156页。
⑥ [元] 脱脱等：《宋史》卷三一四《范仲淹传》，北京：中华书局，1985年，第10267页。

瑗、孙复、石介、李觏之徒，与公从游"①。三先生治学，也以义理为其要务，胡瑗治经，"为文章皆传经义，必以理胜"②，讲《易》时不高深莫测，而是直接讲其中的要义，给人的印象是通俗易懂，朱熹评价说："安定胡先生只据他所知，说得义理平正明白，无一些玄妙。"③ 孙复的《春秋尊王发微》堪称是北宋《春秋》义理学著作中的典范；石介不重训诂，以儒家义理解经，著有《易口义》十卷、《易解》五卷，反对"浮碎章句"④，提倡义理之学。庆历年间，欧阳修对义理学的推波助澜，带动了义理学的发展与传播，朱熹说："旧来儒者不越注疏而已，至永叔（欧阳修）、原父（刘敞）、孙明复（复）诸公，始自出议论，如李泰伯（觏）文字亦自好。此是运数将开，理义渐欲复明于世故也。"⑤ 范仲淹、欧阳修是庆历学术变革中的关键人物，他们学术成就突出，是变革中的领袖，在士人中间很有号召力，引导了一大批士人参与新学风的建设。关于北宋前期的学术变迁，陈傅良总结说：

> 盖宋兴，士大夫之学亡虑三变：起建隆至天圣、明道间，一洗五季之陋，知乡方矣；而守故蹈常之习未化，范（仲淹）子始与其徒抗之以名节，天下靡然从之，人人耻无以自见也；欧阳（修）子出，而议论文章粹然尔雅，轶乎晋魏之上；久而，周（敦颐）子出，又落其华，一本于六艺，学者经术遂庶几于三代，何其盛哉！⑥

欧阳修之后，在北宋士大夫义理之学的发展史上，荆公新学和司马光的朔学也占有重要地位，王安石本人的经学成就本来就非常突出，他的《洪范传》《老子解》《原性》《性情》是义理之学的代表性著作；司马光也是理学的创始人之一，只不过他的政治地位和史学成就掩盖了学术成就，他不但同程颢、程颐兄弟等理学家交往密切，而且他的《潜虚》《温公易说》《太虚集注》《老子道德经注》等均受到理学家的重

---

① [宋] 朱熹撰：《三朝名臣言行录》卷一一《丞相范忠宣公》，《四部丛刊》影印宋刻本。
② [宋] 蔡襄撰：《太常博士致仕胡君墓志》，《端明集》卷三七，影印文渊阁《四库全书》本。
③ [宋] 黎靖德编，王星贤点校：《朱子语类》卷一二九，北京：中华书局，1986 年，第 3091 页。
④ [宋] 石介：《徂徕石先生文集》，曾枣庄、刘琳主编：《全宋文》第 29 册，成都：巴蜀书社，1992 年，第 203 页。
⑤ [宋] 黎靖德编，王星贤点校：《朱子语类》卷八〇，北京：中华书局，1986 年，第 2089 页。
⑥ [宋] 陈傅良撰：《温州淹补学田记》，《止斋集》卷三九，影印文渊阁《四库全书》本。

视。到了南宋以后,朱熹还把司马光与周敦颐、程颢、程颐、邵雍、张载并列为理学"六先生"(《六先生画像赞》);至于以程颢、程颐兄弟为代表的洛学,其本身运用宋学的方法治学,他们的学术以探究义理为主,成为名副其实的理学家。而以"三苏"为代表的蜀学,其思想非常驳杂,会通三教,又受"疑古惑经"之风的影响,在治学中反对章句之学,如苏轼在《东坡易传》卷七《系辞传上》中言:"夫论经者,当以意得之,非于句义之间也。于句义之间,则破碎牵蔓之说,反能害经之意。孔子之言《易》如此,学者可以求其端矣。"① 因此,苏氏治学不拘囿于前代之说,会通三教,杂糅百家,阐发文章要义。

(二) 苏辙经学与疑古惑经之风

苏辙的经学著作比较丰富,主要有《诗集传》《春秋集解》《孟子解》《论语拾遗》等,史学成就主要体现在《古史》和一些史论文中,而哲学成就,则集中体现在《老子解》当中。在北宋中期疑古惑经的风气下,苏辙学术体现了与时代紧密结合的特色。由于论文旨在讨论苏辙与宋学的关系,又由于苏辙著述丰富,对于苏辙疑古惑经的成就不能一一列举,因此选《诗集传》为实例,藉此窥一斑而见全豹,探求苏辙与宋学的关系。

《诗集传》是苏辙经学的代表作,与《春秋集解》《孟子解》《论语拾遗》等是在疑古惑经的学术氛围之下被创作出来的经学著作,苏辙的疑古惑经精神集中体现在这部书中。我们试举几例加以说明。

表4-3 苏辙《诗集传》对《毛诗序》的批驳举例②

主题	《毛诗序》	苏辙《诗集传》	说明
诗序	《毛诗序》有大小序之分。人们把每一篇下面的题解,介绍本篇内容、意旨的部分称为小序,而把《关雎》题解之后冠于全书的序言称《大序》。	孔子之叙《书》也,举其所为作《书》之故;其赞《易》也,发其可以推《易》之端,未尝详言之也。非不能详,以为详之则隘,是以常举其略,以待学者自推,故其言曰:"仁者见之谓之仁,智者见之谓之智。"夫唯不详,故学者有以推而自得之。今《毛诗》之叙何其详之甚也!世传以为出于子夏,予窃疑之。子夏尝言《诗》于仲尼,仲尼称之,故后世之为《诗》者附之。要之,岂必子夏为之? 其亦出于孔子或弟子之知《诗》者欤? 然其诚出于孔氏也,	苏辙对《诗序》作了辨析,将小序分为"首句"和"其余"两部分,认为首句不是子夏所作,乃是"孔子之旧",剩余部分乃"毛氏之学而卫宏之所录也"。苏辙《诗集传》废除小序,只存留首句。

---

① 曾枣庄、舒大刚主编:《三苏全书》第1册,北京:语文出版社,2001年,第360页。
② 《毛诗序》引文出自《十三经注疏》本,苏辙《诗集传》引文出自南宋孝宗淳熙七年苏诩筠州公使库刻本(爱如生中国基本古籍库)。

续表

主题	《毛诗序》	苏辙《诗集传》	说明
		则不若是详矣。孔子删《诗》而取三百五篇，今其亡者六焉。《诗》之叙未尝详也。《诗》之亡者，经师不得见矣，虽欲详之而无由，其存者将以解之，故从而附益之以自信其说。是以其言时有反复烦重，类非一人之词者，凡此皆毛氏之学而卫宏之所集录也。东汉《儒林传》曰："卫宏从谢曼卿受学，作《毛诗叙》，善得《风》《雅》之旨，至今传于世。"隋《经籍志》曰："先儒相承，谓《毛诗叙》子夏所创，毛公及卫敬仲又加润益。"古说本如此，故予存其一言而已，曰：是《诗》言是事也。而尽去其余，独采其可者见于今传，其尤不可者皆明著其失。以为此孔氏之旧也。	
羔羊	《毛诗序》曰："《羔羊》，《鹊巢》之功致也。召南之国，化文王之政，在位皆节俭正直，德如羔羊也。"	《召南·羔羊》："《毛诗》之叙曰：'召南之国化文王之政，在位皆节俭正直，德如羔羊。'夫君子之爱其人，则乐道其车服，是以诗言'羔羊之皮'而已，非言其德也，言其德则过矣。"	苏辙认为《毛诗序》"德如羔羊"是牵强附会。其实此诗意旨，众说纷纭，苏辙所言，也是一说。
雄雉	《毛诗序》曰："宣淫乱不恤国事，军旅数起，大夫久役，男女怨旷，国人患之而作是诗。"	夫此诗言宣公好用兵，如雄雉之勇于斗，故曰："不忮不求，何用不臧。"以为军旅数起，大夫久役矣，以为并刺其淫乱、怨旷，则此诗之所不言也。	由于此诗没有言及卫宣公，故苏辙反驳《毛诗序》之"刺卫宣公"说。
简兮	《毛诗序》曰："卫之贤者，皆可以承事王者。"	夫此诗言贤者不见用，而思诉之天子，故曰："云谁之思，西方美人。"知周之不足诉，故曰："彼美人兮，西方之人兮。"《毛诗》既以西方美人为周，而又以彼美人为卫之贤者，曰："所谓西方之人者，言其宜在王室也。"可乎。	此诗主旨历来众说纷纭。虽然苏辙指出了《毛诗序》的矛盾之处，但苏辙所持，也仅为一说。

续表

主题	《毛诗序》	苏辙《诗集传》	说明
柏舟	《毛诗序》曰："倾公之诗，仁人不遇，小人在侧。"	变《风》之作而至于汉，其间远矣。儒者之传《诗》，容有不知其世者矣，然犹欲必知焉，故从而加之。其出于毛氏者其传也，其出于郑氏者其意之也，传之犹可信也，意之疏矣。是以独载毛氏之说，不敢传疑也。	苏辙谨慎对待前人的言说，鉴别之后选择运用。在"知人论世"的原则下，取毛诗之说。
萚兮	《毛诗序》曰："萚兮，刺忽也。君弱臣强，不倡而和也。"	夫"萚兮萚兮，风其吹女"，此忧惧之辞，而非唱和之意也。	苏辙批驳了《毛诗序》牵强附会的说法。不过苏辙所言，也未必正确。后朱熹《诗集传》谓"此淫女之词"，也是荒谬之词。
东方未明	《毛诗序》曰："朝廷兴居，号令不时，挈壶氏不能掌其职焉。"	夫虽衰乱之世，蚤莫不易挈壶之职，虽或失之，而天时犹在，何至于未明而颠倒衣裳哉？毛氏因"东方未明""不能辰夜"而信以为然，其说亦已陋矣。	"失时"实乃繁重的差役所致，而非《毛诗序》所言之因。苏辙指出了《毛诗序》所说的漏洞。
山有扶苏	《毛诗序》曰："所美非美然。"	《毛诗》之叙以为所美非美，故其言扶苏、荷华也，曰："此高下大小各得其宜云尔。"然而扶苏非大木也，郑氏知其不可，故易之曰："此小人在上而君子在下之谓也。"然而乔松非恶木，而游龙非美草，则又曰："此大臣无恩，而小臣放恣之谓也。"夫使说者劳而不得，皆叙惑之也。	此诗题旨历来也有争议。苏辙对《毛诗序》及郑氏之说持怀疑态度。其实苏辙从《诗序》首句得出的主旨，也值得推敲。

从以上举例可以看出，苏辙在北宋疑古惑经的风气下，重点对《毛诗序》提出了质疑和批驳①。在东汉至中唐以前，《毛诗》是《诗》的权威，《毛诗序》是《诗序》的专名，士人解《诗》往往以《毛诗序》为本，很少有人对此提出异议。到了中唐时期，随着疑古惑经之风的兴

---

① 关于苏辙对《诗序》的看法，现今的研究成果很多，代表性的成果有李冬梅：《苏辙〈诗集传〉新探》（成都：四川大学出版社，2006年）；谷建：《苏辙学术研究》（北京：光明日报出版社，2009年）。其中关于苏辙对《毛诗序》的批驳，在李冬梅《从苏辙对〈毛诗序〉的辩驳论其诗学思想》（《乐山师范学院学报》2002年第5期）一文中有详细的说明，故在此仅列表举例予以对照，不再详细说明。

起，韩愈对《诗序》的作者提出了异议①，之后，成伯玙认为："今学者以为《大序》皆是子夏所作，未能无惑。如《关雎》之序，首尾相结，冠束二《南》，故昭明太子亦云：'《大序》是子夏全制。'编入《文选》。其余众篇之《小序》，子夏唯裁初句耳，至'也'字而止。"② 到了宋代，欧阳修对《诗序》的错误提出了批驳，他认为《诗序》"二《南》其序多失，而《麟趾》《驺虞》所失尤甚，特不可以为信"③，欧阳修直接指出了《诗序》的一些错误。继欧阳修之后，苏辙也对《毛诗序》提出了怀疑，他认为孔子叙书言简意赅、含蓄隽永，而《毛诗序》叙述详细，必不为孔子所为，由于"孔子删《诗》而取三百五篇，今其亡者六焉。亡《诗》之叙未尝详也。《诗》之亡者，经师不得见矣，虽欲详之而无由，其存者将以解之，故从而附益之以自信其说"④，只不过由于孔子曾经称赞过子夏说诗，因此子夏所作诗序，乃"后世之为《诗》者附之"⑤；苏辙根据《后汉书·儒林传》和《隋书·经籍志》的记载，认为《毛诗序》是"毛氏之学而卫宏之所集录也"⑥。在具体的做法上，苏辙将《诗序》做了辨析，将小序分为"首句"和"其余"两部分，废除小序，只保留首句。

由于苏辙重视以诗序"首句"解读诗的本义，有时也会失之偏颇，例如《山有扶苏》，苏辙依《诗序》首句"山有扶苏，刺忽也"之说解诗，云："忽之为人，自洁而好名，非有为国之虑也。庄公多内宠，而忽辞昏于齐，失大国之援，终以见逐。譬如扶苏之生于山，其居非不高矣，而枝叶不足以自芘，不如荷华之生于湿，得其泽以滋大，故君子以为洁而害于国，乃所谓狂耳。"⑦ 实际上此诗本是一首普通的情诗，描写了一女子对情人的打情骂俏，而苏辙过分相信《毛诗序》首句所定的意旨，因此所解主题纯属附会。苏辙怀疑前人之说，有时并不是完全否定前人的言说，而是持有选择性的对待态度，如果有赞同的意见，则直接引用。如他的《相鼠序》完全引《毛诗序》言："文公之诗也。文公能正其群

---

① [明] 杨慎撰：《升庵集》卷四二《诗小序》："余见古本韩文，有《议诗序》一篇，其言曰：'子夏不序《诗》有三焉：知不及，一也；暴扬中冓之私，《春秋》所不道，二也；诸侯犹世，不敢云，三也。'"影印文渊阁《四库全书》本。
② [唐] 成伯玙撰：《毛诗指说》解说第二，影印文渊阁《四库全书》本。
③ [宋] 欧阳修撰：《诗本义》卷一《麟之趾》，影印文渊阁《四库全书》本。
④ [宋] 苏辙：《诗集传》，曾枣庄、舒大刚主编：《三苏全书》第2册，北京：语文出版社，2001年，第266页。
⑤ 同上书。
⑥ 同上书。
⑦ 同上书，第329页。

臣,故刺在位而无礼者。"①

虽然苏辙《诗集传》废除了小序的"余句",但是苏辙在具体解诗时也有间接参考小序"余句"的地方,如《静女》这首诗,《诗序》言:"《静女》,刺时也。卫君无道,夫人无德。"② 苏辙说:"卫君内无贤妃之助,故卫之君子思得静一之女,既有美色,又能待我以礼者,而进之于君。思而不可得,是以踟蹰而求之城隅,言高而不可逾也。"③ 苏辙在解这首诗时,并没有就诗论诗,而是依据了《毛诗序》的刺时之说,还间接参考了小序中"余句"部分的意见。由此可见,苏辙在解诗时,并不是完全抛弃《诗序》,而是依据《诗序》首句,或参用整个小序来解读意旨,这样难免有牵强附会的内容。尽管这样,苏辙除去《诗序》的"余句",力求依据首句,结合从诗歌本身探求本义的方法,还是为北宋《诗经》学做出了一定贡献。

(三)苏辙与宋学的方法

苏辙怀疑《毛诗序》的态度,是在北宋"疑古惑经"的背景下产生的,其《诗集传》解诗的方法,与唐代《毛诗正义》大有不同,也与南宋朱熹《诗集传》稍有不同,下面试举二例,以窥苏辙治经的特点。

表4-4 孔颖达《毛诗正义》、苏辙《诗集传》、朱熹《诗集传》举例对照表④

名称	孔颖达《毛诗正义》	苏辙《诗集传》	朱熹《诗集传》
《诗序》	有大小《序》	废弃《小序》,只留首句	废除《诗序》
桃之夭夭,灼灼其华。之子于归,宜其室家。	[疏]"桃之"至"室家"。○毛以为少壮之桃夭夭然,复有灼灼然。此桃之盛华,以兴有十五至十九少壮之女亦夭夭然,复有灼灼之美色,正于秋冬行嫁然。是此行嫁之子,往归嫁于夫,正得善时,宜其为室家矣。○郑唯据年月不同,又宜者,谓年时俱善为异。○传"桃有华之盛者"。○正	夭夭,少壮也。灼灼,盛也。夫人少儿盛,不以色骄其君子,而以宜其室家。此后妃之德所致也。 (30余字)	兴也。桃,木名,华红,实可食。夭夭,少好之貌。灼灼,华之盛也。木少则华盛。之子,是于也。此指嫁者而言也。妇人谓嫁曰归。周礼,仲春令会男女。然则桃之

---

① [宋]苏辙:《诗集传》,曾枣庄、舒大刚主编:《三苏全书》第2册,北京:语文出版社,2001年,第305页。
② 上海古籍出版社编:《毛诗序》,《十三经注疏》,上海:上海古籍出版社,1997年,第310页。
③ [宋]苏辙:《诗集传》,曾枣庄、舒大刚主编:《三苏全书》第2册,北京:语文出版社,2001年,第298页。
④ 《诗经正义》,《十三经注疏》本。苏辙:《诗集传》,南宋孝宗淳熙七年苏诩筠州公使库刻本(爱如生中国基本古籍库);朱熹:《诗集传》,北京:中华书局,1958年。

续表

名称	孔颖达《毛诗正义》	苏辙《诗集传》	朱熹《诗集传》
	义曰：夭夭言桃之少，灼灼言华之盛。桃或少而未华，或华而不少。此诗夭夭、灼灼并言之，则是少而有华者，故辨之。言桃有华之盛者，由桃少故华盛，以喻女少而色盛也。○笺"时妇"至"时行"。○正义曰：此言年盛时，谓以年盛二十之时，非时月之时。下云"宜其室家"，乃据时耳。○笺"宜者"至"俱当"。○正义曰：易传者以既说女年之盛，又言"之子于归"，后言"宜其室家"，则总上之辞，故以为年时俱当。（300余字）		有华，正婚姻之时也。宜者，和顺之意。室，谓夫妇所居。家，谓一门之内。○文王之化，自家而因，男女以正，婚姻以时。故诗人因所见以起兴，而叹其女子之贤，知其必有以宜其室家也。（120余字）
于以采蘋，南涧之滨。于以采藻，于彼行潦。于以盛之，维筐及筥。于以湘之，维锜及釜。于以奠之，宗室牖下。谁其尸之，有齐季女。	［疏］"《采蘋》三章，章四句"至"祭祀矣"。○正义曰：作《采蘋》诗者，言大夫妻能循法度也。谓为女时所学所观之法度，今既嫁为大夫妻，能循之以为法度也。言既能循法度，即可以承事夫之先祖，供奉夫家祭祀矣。此谓已嫁为大夫妻，能循其为女时事。经所陈在父母之家作教成之祭，经、序转互相明也。○笺云"子"至"法度"。○正义曰：从"二十而嫁"以上，皆《内则》文也。言女子十年不出者，对男子十年出就外傅也。……［疏］"于以采蘋"至"季女"。○正义曰：三章势连，须通解之也。大夫之妻，将行嫁，欲为教成之祭。言往何处采此蘋菜？于彼南涧之厓采之。往何处采此藻菜？于彼流潦之中采之。南涧言滨，行潦言彼，互言之。既得此菜，往何器盛之？维筐及筥盛之。既盛此菜而还，往何器烹煮？维锜及釜之中煮之也。既煮之为羹，往何处设之？于宗子之室户外牖下设之。当设置之时，使谁主之？有齐庄之德少女主设之。○传"蘋大"至"流潦"。○正义曰：《释草》云：蘋，萍。其大者蘋。舍人曰："蘋一名萍。"郭璞曰："今水上	蘋，大莘也。藻，聚藻也。方曰筐，圆曰筥。湘，烹也。锜，釜属也。宗室，大宗之庙也。此所谓教成之祭也。《记》曰："妇人先嫁三月，祖庙未毁，教于公宫；祖庙既毁，教于宗室。"教成之祭，牲用鱼，芼用蘋藻。奠于牖下何也？户牖之间也。《昏礼》：纳采、问名、纳吉、纳征、请期，主人皆筵于庙中户西，西上右几，以为女子外成者也。祭礼，主妇设羹。今使季女设焉，所以成其妇礼也。幼而习之，既嫁奉祭祀，则终身行之，此所谓能循法度也。（154字）	○赋也。蘋，水上浮萍也。江东人谓之蘋。滨，厓也。藻，聚藻也。生水底。茎如钗股，叶如蓬蒿。行潦，流潦也。○南国被文王之化，大夫妻能奉祭祀。而其家人叙其事，以美之也。 赋也。方曰筐，圆曰筥。湘，烹也。盖粗熟而淹以为菹也。锜，釜属。有足曰锜，无足曰釜。○此足以见其循序有常、严敬整饬之意。 赋也。奠，置也。宗室，大宗之庙也。大夫、士祭于宗室。牖下，室西南隅。所谓奥也。尸，主也。齐，敬貌。季，少也。祭祀之礼，主妇主荐豆、实以菹醢。少而能敬。尤见其质之美而化之所从来者远矣。（178字）

续表

名称	孔颖达《毛诗正义》	苏辙《诗集传》	朱熹《诗集传》
	浮萍也,江东谓之藻。"音瓢。《左传》曰:"蘋蘩蕴藻之菜。"蕴,聚也,故言藻聚。藻,陆机云:"藻,水草也,生水底。有二种:其一种叶如鸡苏,茎大如箸,长四五尺。其一种茎大如钗股,叶如蓬蒿,谓之聚藻。"然则藻聚生,故谓之聚藻也。行者,道也。《说文》云:"潦,雨水也。"然则行潦,道路之上流行之水。(3000多字)		

中唐以前的《诗经》学盛行章句注疏之学,学者为《诗经》作传、笺、疏时,基本遵循毛、郑及其先儒旧说,譬如孔颖达《毛诗正义》以训诂、注疏为主,遵循"疏不破注"的原则,沿袭了很多毛传、郑笺的释义,而且取材广泛,内容繁缛,不易看懂,实属汉唐章句之学的范畴。中唐以后,啖助、赵匡等人开始否定先儒的传注方法,从以前繁琐的注疏之学开始转向不讲训诂探求"经义",韩愈、成伯玙也对《诗序》的一些问题提出了自己的看法。到了北宋,随着"疑古惑经"之风的兴起,范仲淹、欧阳修在经学方面有重要的贡献,欧阳修在《诗本义》中探求诗义的方法影响巨大,对于长期拘囿于汉唐之学的诗经学来说,无疑具有开拓意义。受此影响,苏辙《诗集传》疑古惑经,废弃小序,只留首句,在探求诗义中不废训诂,注解简明通俗,训释不囿于成见,多有发明,在《诗经》学史上迈出了一大步。而南宋朱熹《诗集传》废除了《诗序》的束缚,能够就诗论诗,从诗篇本身探求义理,因而多有新解,而且每篇述其主旨,每章言其大意,释义简洁,明白易晓,是典型的宋学著作。孔颖达《毛诗正义》、苏辙《诗集传》、朱熹《诗集传》都是唐宋时期的《诗经》学著作,但从经学的发展演变历程来看,苏辙《诗集传》是宋学发展转型时期的经学著作。

苏辙是北宋时期义理经学的诸家代表之一,他的经学著作颇多,除了《诗集传》之外,还有《春秋集解》《孟子解》《论语拾遗》等多种。苏辙作《春秋集解》的目的在于探求经义,他不赞成孙复的那种摒弃三传,过于深求微言大义的做法,也反对王安石对待《春秋》的态度,他说:

予少而治《春秋》,时人多师孙明复,谓孔子作《春秋》略尽一时之事，不复信史，故尽弃三传，无所复取。……近岁王介甫以宰相解经，行之于世。至《春秋》，漫不能通，则诋以为断烂朝报，使天下士不得复学。呜呼，孔子之遗言而凌灭至此，非独介甫之妄，亦诸儒讲解不明之过也。故予始自熙宁谪居高安，览诸家之说而裁之以义，为《集解》十二卷。①

这就是说，苏辙研究《春秋》以《左传》为宗，这与时人研究《春秋》的做法有所不同，但苏辙的最终目标还是"裁之以义"；另一方面也看出苏辙治经的特点，他不但怀疑先儒旧说，而且对北宋孙复等人的学说观点也持谨慎态度。

苏辙《孟子解》也是"疑古惑经"风气下的产物。在此书中，苏辙不录《孟子》原文，也不对原文作注解，而是一些读《孟子》的心得体会。苏辙在《孟子解》的很多地方对孟子的思想作了发挥，如《孟子解》首章：

> 梁惠王问利国于孟子，孟子对曰："王何必曰利，亦有仁义而已矣。"先王之所以为其国，未有非利也，孟子则有为言之耳。曰"是不然"。圣人躬行仁义而利存，非为利也。惟不为利，故利存。小人以为不求则弗获也，故求利而民争，民争则反以失之。孙卿子曰："君子两得之者也，小人两失之者也。"此之谓也。②

孟子有典型的重义轻利观，甚至将义和利对立起来，而苏辙却将义和利统一起来，认为多行仁义，可以得利；反之，如果不行仁义，与民争利，则义利皆失。苏辙还在《古史》一书中"非孟"，孟子提倡"性善"，曾说："人性之善也，犹水之就下也，人无有无善，水无有不下。"（《孟子·告子上》）又说："恻隐之心，人皆有之；羞恶之心，人皆有之；恭敬之心，人皆有之；是非之心，人皆有之。"（《孟子·告子上》）肯定了人性本善。而苏辙则认为："故孔子曰：'性相近也，习相远也。'圣人之言性，止于是而已矣。孟子学于子思，得其说而渐失之，则指善以为

---

① [宋]苏辙：《春秋集解引》，曾枣庄、舒大刚主编：《三苏全书》第3册，北京：语文出版社，2001年，第13页。
② [宋]苏辙著，曾枣庄、马德福校点：《栾城集》后集卷六，上海：上海古籍出版社，2009年，第1199页。

性。"① 苏辙从尊崇孔子的角度出发，批驳孟子的"性善论"，是北宋中期士人疑古惑经思潮的反映，但《孟子解》是苏辙少年时的作品，因此对于义理的探求过于散漫，再渗入自己驳杂的思想，使其思想有所偏离原旨，因此后人评论："未免驳杂，盖瑕瑜互见之书也。"②

总之，苏辙在经学上取得的成就，首先与北宋中期"疑古惑经"的思潮分不开，苏辙不仅质疑先儒旧说，还对《周礼》的可信度产生怀疑，他说："言周公之所以治周者，莫详于《周礼》，然以吾观之，秦汉诸儒以意损益之者众矣，非周公之完书也。……则凡《周礼》之诡异远于人情者，皆不足信也。"③ 其次，这与苏辙探索义理的方法分不开，他治经的方法、独到的见解，被后人称道。朱熹评价说："苏黄门《诗》说疏放，觉得好。"④ "子由《诗》解好处多。"⑤ 又说："唐初诸儒为作疏义，因讹踵陋，百千万言，而不能有以出乎二氏（毛、郑）之区域。至于本朝，刘侍读（敞）、欧阳公（修）、王丞相（安石）、苏黄门（辙）与河南程氏、横渠张氏，始用己意，有所发明。"⑥ 清人钱大昕也说："当宋盛时，谈经者墨守注疏，有记诵而无心得，有志之士若欧阳氏（修）、二苏氏（轼、辙）、王氏（安石）、二程氏（颢、颐），各出新意解经，蕲以矫学究专已守残之陋。"⑦ 这就是说，苏辙在经学上的成就，主要还是在方法上的突破，即不墨守先儒旧说，探求义理，而且多出新意，这是北宋中期士大夫治经的特点。

二、苏辙与士大夫的经世致用之学

北宋庆历以后，士大夫之学既讲义理，又重视实用。欧阳修认为："学，所以为治也，而儒者以记诵为专，多或不通于世务，但能传古之说

---

① ［宋］苏辙：《古史》卷三四《孟子孙卿列传》，曾枣庄、舒大刚主编：《三苏全书》第4册，北京：语文出版社，2001年，第237~238页。
② ［清］永瑢等：《四库全书总目》卷三五《孟子解》，北京：中华书局，1965年，第292页。
③ ［宋］苏辙著，曾枣庄、马德富校点：《历代论一》，《栾城集》后集卷七，上海：上海古籍出版社，2009年，第1215~1216页。
④ ［宋］朱熹撰，朱杰人、严佐之、刘永翔主编：《朱子全书》第17册，上海：上海古籍出版社；合肥：安徽教育出版社，2002年，第2763页。
⑤ 同上书，第2764页。
⑥ ［宋］朱熹撰：《吕氏家塾读诗记后序》，《晦庵先生朱文公文集》卷七六，《四部丛刊》影印明嘉靖本。
⑦ ［清］钱大昕撰，吕友仁校点：《重刻孙明复小集序》，《潜研堂集》卷二六，上海：上海古籍出版社，1989年，第430页。

而不足施之于事。"① 并强调学术要注重于现实。王安石说："夫圣人之术，修其身，治天下国家，在于安危治乱，不在章句名数焉而已。"② 王安石的观点代表了北宋中期很多士大夫的学术理想。这是因为，宋朝士大夫在"崇文"的国策感召之下，在他们的内心深处，生出了一种"自觉"为现实服务的精神。这种精神体现在学术上，便是宋代士大夫的学术精神，就是强调学问要落到实处，要为社会现实服务。在北宋中期的学派人物中，王安石、司马光都是著名的政治家，以他们为代表的新学、朔学的经世特征很明显；而程颢、程颐等人过于在"心性"上下功夫，因此，洛学偏重于义理；苏氏蜀学虽然讲义理，但不忘经世致用，苏辙自云："父兄之学，皆以古今成败得失为议论之要。以为士生于世，治气养心，无恶于身，推是以施之人，不为苟生也。不幸不用，犹当以其所知，著之翰墨，使人有闻焉。"③ 三苏之学，"皆以古今成败得失为议论之要"，这既是为学的目的，也是治学的特征。苏洵治学，"大究六经百家之说，以考质古今治乱成败，圣贤穷达出处之际"④，"大抵兵谋、权利、机变之言"⑤。因此，欧阳修称赞苏洵说："其论议精于物理而善识变权，文章不为空言而期于有用，其所撰《权书》《衡论》《机策》二十篇，辞辩闳伟，博于古而宜于今，实有用之言，非特能文之士也。"⑥ 苏轼也好总结兴衰成败的史学著作，他在《上韩太尉书》中说："独好观前世盛衰之迹，与其一时风俗之变，自三代以来，颇能论著。"⑦ 由于史学具有鉴览历代兴亡的作用，因此深得苏轼偏爱。苏辙也"自少读书，好言治乱"⑧，在他的学术作品中，经世致用特征最明显的，是他的史学著作和史论文。

---

① ［宋］欧阳修著，李逸安点校：《蕲州广济县令充国子监直讲邵必可大理寺丞制》，《欧阳修全集》第三册，北京：中华书局，2001 年，第 1182 页。
② ［宋］王安石撰：《答姚辟书》，《临川先生文集》卷七五，《四部丛刊》影印明嘉靖本。
③ ［宋］苏辙著，曾枣庄、马德福点：《历代论一》，《栾城集》后集卷七，上海：上海古籍出版社，2009 年，第 1212 页。
④ ［宋］欧阳修著，李逸安点校：《故霸州文安县主簿苏君墓志铭》，《欧阳修全集》第二册，北京：中华书局，2001 年，第 513 页。
⑤ 王安石评价苏洵之文。［宋］邵博撰，王根林校点：《邵氏闻见后录》卷一四，上海：上海古籍出版社，2012 年，第 191 页。
⑥ ［宋］欧阳修著，李逸安点校：《荐布衣苏洵状》，《欧阳修全集》第四册，北京：中华书局，2001 年，第 1689 页。
⑦ 曾枣庄、舒大刚主编：《三苏全书》第 14 册，北京：语文出版社，2001 年，第 316 页。
⑧ ［宋］苏辙著，曾枣庄、马德福校点：《自齐州回论时事书》，《栾城集》卷三五，上海：上海古籍出版社，2009 年，第 770 页。

宋代史学处于中国古代史学发展的兴盛时期，呈现出"百舸争流"的繁荣局面，受疑古惑经思潮的影响，史学上的疑古之风也盛行起来，许多学者对以往的史学著作的内容、观点提出质疑，出现了许多著作，苏辙的《古史》便是其中的一部代表之作。苏辙在《古史序》言：

> 自三代之衰，圣人不作，世不知本而驰骋于喜怒哀乐之余，故其发于事业，日以鄙陋，不足以希圣人之万一。……至于孔子，其知之者至矣，而未尝言；孟子知其一二，时以告人，而天下亦莫能信也。陵迟及于秦汉，士益以功利为急，言圣人者皆以其所知臆之，儒者留于度数，而智者溺于权利，皆不知其非也。太史公始易编年之法为本纪、世家、列传，记五帝三王以来，后世莫能易之。然其为人浅近而不学，疏略而轻信……故其记尧、舜、三代之事，皆不得圣人之意。战国之际，诸子辩士各自著书，或增损古事以自信一时之说，迁一切信之，甚者或采世俗相传之语以易古文旧说。及秦焚书，战国之史不传于民间……幸而野史一二存者，迁亦未暇详也，故其记战国，有数年不书一事者。余窃悲之，故因迁之旧，上观《诗》《书》，下考《春秋》及秦汉杂录，始伏羲、神农，讫秦始皇帝，为七本纪、十六世家、三十七列传，谓之《古史》，追录圣贤之遗意，以明示来世，至于得失成败之际，亦备论其故。①

苏辙的这段话有两层意思：第一，他作《古史》缘于他的怀疑精神，即认为司马迁"浅近而不学，疏略而轻信"，导致《史记》记载五帝三代的事情没有领会圣人的精神，而且记载战国间的史事又多残缺不全，于是，他依据《史记》之体例，重新进行了考订，想以此来纠正《史记》的缺失；第二，我们尚且不论苏辙对司马迁的评价是否公允，但是在序文的最后，苏辙表明了作《古史》的最终目的，即"追录圣贤之遗意，以明示来世，至于得失成败之际，亦备论其故"，这是他写此书的落脚点，也是《古史》的价值意义所在。《古史》撰成后，苏辙也认为达到了他本人的目的，因此在《古史跋》中言："尧、舜、三代之遗意，太史公之所不喻者，于此而明；战国君臣得失成败之迹，太史公之所脱遗

---

① 曾枣庄、舒大刚主编：《三苏全书》第3册，北京：语文出版社，2001年，第352页。

者，于此而足。"① 由此可见，总结有关古代君臣得失、王朝兴衰成败之迹，是《古史》写作的最终目的。

从写作的实际情况来看，《古史》确实体现了苏辙史学经世致用的特征。苏辙在每篇文章之后，都有一用"苏子曰"引起的论语，这是苏辙总结性的言辞，往往是历史发展之经验、君臣之得失、战争之胜负、人物之评骘、国家兴衰之迹的经验总结。

表 4-5 苏辙《古史》之历史经验总结举例

出处	原文	性质	观点
殷本纪第四	苏子曰：商之有天下者三十世，而周之世三十有七，商之既衰而复兴者五王，而周之既衰而复兴者，宣王一人而已。盖商之多贤君，宜若其世之过于周。周之贤君不如商之多，而其久于商者乃数百岁，其故何也。周公之治天下，务以文章繁缛之礼，和柔驯扰刚强之民，故其道本于尊尊而亲亲，贵老而慈幼。使民之父子相爱、兄弟相悦，以无犯上难制之气。行其至柔之道，以揉天下之戾心，而去其刚毅果敢之志，故其享天下至久。	兴亡成败之迹	以商、周作对比，总结周朝治天下长于商朝的原因。
周本纪第五	苏子曰：传曰：夏之政尚忠，商之政尚质，周之政尚文。而仲尼亦云："周监于二代，郁郁乎文哉！吾从周。"余读《诗》《书》，历观唐、虞，至于商、周。以为自生民以来，天下未尝一日而不趋于文也。文之为言，犹曰万物各得其理云尔。父子君臣之间、兄弟夫妇之际，此文之所由起也。昔者生民之初，父子无义，君臣无礼，兄弟不相爱，夫妇不相保，天下纷然而淆乱，忿斗而相苦。文理不著，而人伦不明，生不相养而死不相葬，天下之人，举皆戚然，不宁于中。然后反而求其所安，属其父子而列其君臣，联其兄弟而正其夫妇。	历史演变规律。	考究了三代发展规律，即：以为自生民以来，天下未尝一日而不趋于文也。
秦本纪第六	苏子曰：三代圣人以道御天下，动容貌，出词气，逡巡庙堂之上，而诸侯承德，四夷向风，何其盛哉！……孟子曰："仁不可为众。"诚因秦之地，用秦之民，按兵自守，修德以来天下，彼将襁负其子而至，而谁与共守？惜乎，其明不足以知之，竭力以胜敌，敌胜之后，二世而亡。其数有以取之矣。	兴亡成败之迹。	分析了秦亡的原因在于不修德。
秦始皇本纪第七	苏子曰：诸侯之兴，自生民始矣。至始皇灭六国，而五帝、三代之诸侯，扫地无复遗者。非秦能灭诸侯，而势之隆污，极于此矣。	兴亡成败之迹。	秦能灭诸侯，乃势之至矣。

---

① 曾枣庄、舒大刚主编：《三苏全书》第 4 册，北京：语文出版社，2001 年，第 443 页。

续表

出处	原文	性质	观点
齐太公世家第二	苏子曰：三代之得天下，其所以异于后世者，惟不求而得之耳。世之论伊尹、太公，多以阴谋奇计归之，其说乃与汉陈平、魏贾诩无异。夫陈平、贾诩之事，张子房、荀文若之所不为也，而谓伊尹、太公为之乎？太公盖善用兵，老而不衰，与文王治岐，而《司马兵法》出焉。要之皆仁人，岂以诡诈为之而倾人以自立者哉？……今管仲偷取一时之欲，而侥倖于长久，难哉！桓公季年，将立世子，管子知将有嫡庶之祸，遂与桓公属孝公于宋襄公。夫使桓公妻妾嫡庶之分素明，家事素定，则太子一言立矣，而他人何与哉？盖管仲智有余，而德不足，于是穷矣。	大臣之得失。	驳斥了对太公的一些评价，分析了管仲为臣之得失。
赵世家第十三	苏子曰：赵于战国，强国也，非大失计，未遽亡也。孝成王贪上党之利，不听赵豹而听赵胜，以致秦怒，一失矣。……故善为国者，必先定计虑，计虑既定，虽有祸败，不至亡国也。	君王之得失。	总结了赵国亡国的原因，在于无长远计划。
苏秦列传第十七	苏子曰：秦强而诸侯弱，游谈之士，为横者易为功，而为纵者难为力。然而纵成，则诸侯利而秦病；横成，则秦帝而诸侯虏。要之，二者皆出于权谲，而从为愈软？苏秦本说秦为横，不合，而激于燕、赵，甘心于所难。为之期年，而歃血于洹水之上，可不谓能乎？然口血未干，犀首一出，而齐、赵背盟，纵约皆破。盖诸侯异心，譬如连鸡不能俱栖，势固然矣。而太史公以为约书入秦，秦人为之闭函谷者十五年。此客之浮语，而太史公信之，过矣。	士人之成败。	认为六国破灭，乃势之使然，非太史公所言之因。
张仪列传第十八	苏子曰：战国之为纵横者，皆倾危反覆之士也。然而污贱无耻莫如张仪，而其成功莫如仪之多。	评骘人物。	张仪等纵横者，皆倾危反覆之士。
穰侯列传第二十	苏子曰：秦诛商君，逐穰侯，君臣皆失之矣。彼二子者，知得而不知丧，虽智能伯秦，而不能免其身，盖无足言者。而惠王以怨诛鞅，至诬以叛逆。昭王以逼迁冉，至出老母，逐弱弟而不顾。甚矣，其少恩也！彼公子虔，方欲报怨，固不暇为国虑矣。而范睢将毁人以自成，而至于是，可畏也哉！	君臣之得失。	苏辙认为商君、穰侯是知得而不知丧之人，因此遭祸，而范睢毁人以自成之举动，令人生畏。
白起王翦列传第二十一	苏子曰：王翦与始皇议灭楚，非六十万不行。……由此观之，攻千里之国，毁百年之业，不乘大隙、非大众，不可。彼决机两陈之间，为一日成败之计，乃可以少击众耳。	战争之胜负。	认为战争胜负取决于机会与兵力。

续表

出处	原文	性质	观点
乐毅列传第二十七	苏子曰：梁惠王拔赵邯郸，而齐宣王败之马陵，虏其太子申。……至与莒、即墨相持，田单拒之，五年而不决。此非战之罪，勇智相敌，势固然耳。	战争胜负之因。	苏辙认为战争之胜负离不开将士之智勇。

从以上可以看出，苏辙《古史》中"苏子曰"引起的部分，是每篇的落脚点，即从古今成败得失中总结一些历史经验教训，以利用于当世。值得注意的是，在苏辙总结的历史经验中，"势"是一个很重要的关键因素，天下兴亡，莫不由势之使然，在很多论述中，他认为王朝的兴亡更替，六国的破灭，都是天下大势所至。

至于苏辙在年轻时写作的史论文，本身具有很强烈的政治色彩，反映了苏辙青年时期的政治思想，其中经世致用的特征非常明显，这在论文的第二章中有详细的论述，这里不再赘述。

苏辙《古史》的出现不是偶然的，而是在宋学风气下治史的一个个案。受宋学学风的影响，宋代史学家特别强调史学的实用功能，譬如《册府元龟》《资治通鉴》《唐鉴》等，都把资治功能作为史学的目的之一，他们总结历史经验，以供统治者借鉴，苏辙《古史》也是这样。当然，并不是说只有苏辙的史学有经世的功用，实际上苏辙的经学可以说有这方面的特征，但更注重义理，只是经世思想蕴藏其中，不是很明显罢了。同样，苏辙《古史》也有义理性的色彩，朱熹评说："近世之言史者，唯此书为近理，而学者忽之。"① 这就是说，苏辙的学术既有义理性的特征，又有经世致用的精神，这既是宋学的特征，也是宋代士大夫的特点。

总之，在宋学发展的背景下，蜀学显示出了"驳杂"的学术特征。苏辙作为蜀学的核心人物之一，他的学术有下面两个明显特征：首先，苏辙学术会通儒、释、道三家思想，在治学中疑古惑经，体现了北宋中后期的思想潮流。其次，苏辙学术既讲义理，又讲实用，这是宋学的特征，也是宋代士大夫的学术特点。

---

① ［宋］朱熹撰，朱杰人、严佐之、刘永翔主编：《古史余论》，《朱子全书》第24册，上海：上海古籍出版社、合肥：安徽教育出版社，2002年，第3469页。

第五章　苏辙与宋型文学

在苏辙的时代，宋型文学主要表现在传统诗文方面。因为，此时的词一般来说还是被正统文士视为小道，难登大雅之堂，如北宋士人魏泰记载："王荆公初为参知政事，闲日因阅读晏元献公小词而笑曰：'为宰相而作小词，可乎？'平甫曰：'彼亦偶然自喜而为耳，顾其事业岂止如是耶？'时吕惠卿为馆职，亦在坐，遽曰：'为政必先放郑声，况自为之乎？'"① 王安石、王安国、吕惠卿与苏辙所处时代大致相同，对词都取不屑一顾的态度。同时，苏轼改革词风，欲使词为士人所接受，说明这个时期是词向士人文学演化的初期。苏辙极少作词，现留存四首②，也说明他对词抱有传统和保守的态度。由于词不是苏辙文学的主要成就和特色，因此不在论文讨论的范围之内。

第一节　苏辙的文论及其文章

丹纳曾经说过："要了解一件艺术品，一个艺术家，一群艺术家，必须正确地设想他们所属的时代精神和风俗概况。这是艺术品最后的解释，也是决定一切的基本原因。"③ 丹纳的这个原则，也适用于苏辙文学的创作研究。苏辙所属的时代精神和风俗概况，其中最主要的因素是由士人群体主导的社会思想和行为风尚，也即士风④。从北宋建立到庆历时期的五六十年间，士风经历了很大的变化，《宋史》称：

> 士大夫忠义之气，至于五季，变化殆尽。宋之初兴，范质、王

---

① 〔宋〕魏泰撰，田松青校点：《东轩笔录》卷五，上海：上海古籍出版社，2012年，第28页。
② 唐圭璋编：《全宋词》，北京：中华书局，1999年，第459~460页。《全宋词》收苏辙词四首：《水调歌头》《渔家傲》《调啸词二首》。
③ 〔法〕丹纳著，傅雷译：《艺术哲学》，合肥：安徽文艺出版社，1991年，第112页。
④ 关于士风的概念，余英时先生认为：所谓士风，当时称之为牵涉到两个不可截然划分的方面，一是知识分子（"士"或"士大夫"）的思想，一是他们的行为。（余英时：《士与中国文化》，上海：上海人民出版社，1987年，第401页。）

溥犹有余憾，况其他哉！艺祖首褒韩通，次表卫融，足示意向。厥后西北疆场之臣，勇于死敌，往往无惧。真、仁之世，田锡、王禹偁、范仲淹、欧阳修、唐介诸贤，以直言谠论倡于朝，于是中外缙绅知以名节相高、廉耻相尚，尽去五季之陋矣。①

到了仁宗时期，在范仲淹、欧阳修、唐介等人的努力下，士风一变五代以来的颓废之气，转而为士大夫直言国事于天下，个个以忠言报国，以名节相尚，五代以来的那种苟且偷生、隐逸享乐的风气不复存在。在北宋中期，一种积极自觉为社会现实服务、注重个人道德修养的士人风气逐渐形成。在当时，士大夫普遍关心社会现实问题，经世致用成为士人主导的一种社会思潮，在这种社会思潮的发展过程中，士人的心态发生了变化，反映在文学上，则是文学思想和文学创作的变化。

一、苏辙的"养气"说

罗宗强先生在《宋代文学思想史》序中说："影响文学思想的最重要的因素，是社会思潮和士人心态的变化。一种强大的社会思潮，往往左右着人们（特别是士人）的生活理想、生活方式、生活情趣，深入到生活的各个角落……不过，我以为，影响文学思想演变最重要的还是古人心态的变化。"② 一方面，北宋的社会思潮由士人引领，他们在这方面充当主导者的角色；另一方面，社会思潮会引起文学思想的变化，而文学思想的变化又会反映到具体的文学实践中。同时，士人心态的变化又会引起士风的变化，所以最终的结果是士风的演变对文学产生了影响，正如范仲淹所说："国之文章，应于风化，风化厚薄，见乎文章。"③ 在北宋中期，这种变化集中体现在文学的变革中。这是因为文学发展的动力来自现实，而现实的要求体现在这些社会精英——文人或士大夫身上，他们推崇韩愈、白居易，要求文学反映现实，提倡平实朴素的文风，如王安石主张文章要"以适用为本"④，苏洵主张"有为而作"⑤，就是此

---

① ［元］脱脱等：《宋史》卷四四六《忠义传》，北京：中华书局，1985年，第13149页。
② 张毅：《宋代文学思想史》，北京：中华书局，1995年，第8页。
③ ［宋］范仲淹撰，李勇先、刘琳、王蓉贵点校：《奏上时务书》，《范仲淹全集》第一册，北京：中华书局，2020年，第169页。
④ ［宋］王安石著，唐武标校：《上人书》，《王文公文集》，上海：上海人民出版社，1974年，第45页。
⑤ ［宋］苏轼：《凫绎先生诗集叙》评其父苏洵语，曾枣庄、舒大刚主编：《三苏全书》第13册，北京：语文出版社，2001年，第461页。

种诉求的代表。

苏辙也非常注重文章的经世致用,他在《自齐州回论时事书》中说"臣自少读书,好言治乱"①,说明苏辙从小就受经世致用士风的影响。他在《上曾参政书》中提出了自己的经世观:

> 而辙也复不自度量而言当世之事,亦不敢为莽卤不详之说。其言语文章虽无以过人,而其所论说乃有矫拂切直之过。……素所为文,家贫不能尽致,有《历代论》十二篇,上自三王而下至于五代,治乱兴衰之际,可以概见于此。②

这是嘉祐六年苏辙写给参知政事曾公亮的干谒信。在此信中,苏辙鲜明地提出了自己的经世观,即"矫拂切直之过",纠正当世之弊,而且认为自己"文章虽无以过人",但都是言古今治乱兴衰之事的致用之文。

北宋中期由士人发起的"古文运动",在本质上是儒学的复兴,是对思想道德的重建,而古文是儒学复兴的一种载体工具,所以古文家非常重视文章的思想内容。如欧阳修认为"道胜者文不难而自至也"③,曾巩认为"非畜道德而能文章者无以为也"④,王安石主张"文贯乎道"⑤,苏洵也力求自己"一言之几乎道"⑥,苏轼称赞"合于大道"⑦之文。虽然古文家主张的"道"有所不同,但都主张言之有物,文以载道。在儒学复兴的背景下,这个"道"与儒家的道德修养有紧密的关系,又与主体精神中的"气"有关。在宋儒看来,他们的儒学实践,是个体生命内心不断自我充实和完善的过程,经过长期的道德修养,就可以养成至大至刚的人格精神,这种精神,与孟子所谓的"浩然之气"基本相同。苏

---

① [宋]苏辙著,曾枣庄、马德福校点:《栾城集》卷三五,上海:上海古籍出版社,2009年,第770页。
② [宋]苏辙著,曾枣庄、马德福校点:《栾城集》卷二二,上海:上海古籍出版社,2009年,第482~483页。
③ [宋]欧阳修著,李逸安点校:《答吴充秀才书》,《欧阳修全集》第二册,北京:中华书局,2001年,第664页。
④ [宋]曾巩撰,陈杏珍、晁继周点校:《寄欧阳舍人书》,《曾巩集》下册,北京:中华书局,1984年,第253页。
⑤ [宋]王安石著,唐武标校:《上邵学士书》,《王文公文集》,上海:上海人民出版社,1974年,第38页。
⑥ [宋]苏洵:《上田枢密书》,曾枣庄、舒大刚主编:《三苏全书》第6册,北京:语文出版社,2001年,第71页。
⑦ [宋]苏轼:《答陈师仲主簿书》,曾枣庄、舒大刚主编:《三苏全书》第12册,北京:语文出版社,2001年,第366页。

辙在《上枢密韩太尉书》中说：

> 辙生好为文，思之至深，以为文者气之所形。然文不可以学而能，气可以养而致。孟子曰："我善养吾浩然之气。"今观其文章，宽厚宏博，充乎天地之间，称其气之小大。太史公行天下，周览四海名山大川，与燕赵间豪俊交游，故其文疏荡，颇有奇气。此二子者岂尝执笔学为如此之文哉？其气充乎其中而溢乎其貌，动乎其言而见乎其文，而不自知也。①

这就是苏辙文论中的"养气说"，他认为一个人如果有"气"，就能表现在他的一切行为、言语和创作中。"养气"说始自先秦孟子的"浩然之气"，本是个人修养的方法论，后被引入文艺学领域内。苏辙精于儒学，推崇孟子，曾撰有《孟子解》，因而苏辙文论中的"养气说"，本源于孟子之说，又有所发挥。这种"浩然之气"是怎样形成的呢？苏辙认为包括"内在修养"和"外在阅历"两个方面。其中在"内在修养"方面，苏辙以孟子为例，认为他的文章汪洋恣肆，宽厚宏博，得益于其善养浩然之气。什么是"浩然之气"呢？苏辙在《吴氏浩然堂记》中说："古之君子，平居以养其心，足乎内无待乎外，其中潢漾，与天地相终始。止则物莫之测，行则物莫之御。富贵不能淫，贫贱不能忧。行乎夷狄患难而不屈，临乎死生得失而不惧，盖亦未有不浩然者也。故曰：'其为气也，至大至刚，以直养而无害，则塞乎天地。'"② 这就是苏辙所谓的"浩然之气"，他主张加强士人的道德修养，只有富贵不能淫，贫贱不能忧，个人"道"的水平提高了，达到一种崇高的人生境界，才可以产生至大至刚的浩然之气。在"外在阅历"方面，苏辙强调个人的阅历，认为司马迁的文章之所以疏荡不羁，颇有奇特之气，就是因为他周游天下，广览四海名山大川开阔了胸襟，与燕赵豪杰俊士的来往激发了志气。所以，他认为孟子、司马迁的文章不是学出来的，而是因为"气"充于内而现于外，发之于言语而成为文章。

苏辙所谓的"气"是当时士人基本的修养功夫，或者是古文家认为的士人具有的基本素质，只不过由于个体存在差异，个人修养功夫也各

---

① ［宋］苏辙著，曾枣庄、马德福校点：《栾城集》卷二二，上海：上海古籍出版社，2009年，第477页。
② ［宋］苏辙著，曾枣庄、马德福校点：《栾城集》卷二四，上海：上海古籍出版社，2009年，第511~512页。

不相同，所以表现出来的"气"也不一样。在唐宋古文家看来，"道"与"气"有紧密的联系。韩愈认为气与个人的修养道德有关，"根之茂者其实遂，膏之沃者其光晔"①，欧阳修认为"是以君子轻去就，随卷舒，富贵不可诱，故其气浩然"②，及至苏辙认为"文者气之所形"③。清人认为苏辙所谓的"浩然之气即子思之所谓诚"④，即与儒家的道德修养紧密相关。古文家认为，只要个人"道"的水平提高了，由"道"而生"气"，"气"大而盛，才能创造出优秀的作品。而且当时的古文家都"主张以'道'为文章的中心内容，同时积极创作充溢着与'道'密不可分的'气'的文章，其结果就是产生了古文"⑤。因此，"道"和"气"是构成古文的两个先决条件，"道"是内容，"气"是蕴藏在里面的东西，发之于外，给人一种自由自在、生气勃勃的感觉。一个古文家越是有道德，便越是有底"气"，其势也越强，表现在文章中，便是没有外在束缚的散体文，其气充沛自如，像江河湖海，奔流不息，如汨汨泉水，流淌不止，又如韩愈文章"如长江大河，浑浩流转，鱼鼋蛟龙，万怪惶惑"⑥，苏轼的文章"如万斛泉源，不择地皆可出。在平地，滔滔汩汩，虽一日千里无难。及其与石山曲折，随物赋形，而不可知也"⑦，苏辙的文章"汪洋澹泊，似其为人，不愿人知之"⑧，不管是长江大河、万斛泉源，还是汪洋澹泊，它的主体都是一个很生动的意象，磅礴流动，自由自在，不受拘束，有无限生机，这正是古文家作文的目标之一。因此，苏辙所谓的"文气"，不单是苏辙所追求的目标，也是中唐以来许多文人创作古文追求的东西。

---

① [唐] 韩愈撰，马其昶校注，马茂元整理：《答李翊书》，《韩昌黎文集校注》，上海：上海古籍出版社，1987年，第169页。
② [宋] 欧阳修著，李逸安点校：《送方希则序》，《欧阳修全集》第三册，北京：中华书局，2001年，第960页。
③ [宋] 苏辙著，曾枣庄、马德富校点：《上枢密韩太尉书》，《栾城集》卷二二，上海：上海古籍出版社，2009年，第477页。
④ [清] 永瑢等：《四库全书总目》卷三五《孟子解》，北京：中华书局，1965年，第292页。
⑤ [日] 副岛一郎：《气与士风——唐宋古文的进程与背景》，上海：上海古籍出版社，2005年，第133页。
⑥ [宋] 苏洵：《上欧阳内翰第一书》，曾枣庄、舒大刚主编：《三苏全书》第6册，北京：语文出版社，2001年，第77页。
⑦ [宋] 苏轼：《自评文》，曾枣庄、舒大刚主编：《三苏全书》第13册，北京：语文出版社，2001年，第505页。
⑧ [元] 脱脱等：《宋史》卷三三九《苏辙传》，北京：中华书局，1985年，10835页。

二、苏辙的议论性文章

《宋史》称苏辙："性沉静简洁，为文汪洋澹泊，似其为人，不愿人知之，而秀杰之气终不可掩，其高处殆与兄轼相迫。"① 苏辙把自己和其兄苏轼作了一个比较，他说："子瞻之文奇，予文但稳耳。"② 而苏轼则认为："子由之文实胜仆，而世俗不知，乃以为不如。其为人深，不愿人知之，其文如其为人，故汪洋澹泊，有一唱三叹之声，而其秀杰之气，终不可没。"③ 二人看法虽略有不同，但都认为苏辙文如其人，有"澹泊""内秀"的特点。关于苏辙文章的风格，诸家所论甚多，兹不赘述。在宋朝，士人在社会生活中处于举足轻重的地位，正所谓"士者，人才之本源，立国之命系焉"④，他们是社会的精英，是时代的弄潮儿，他们的思想观念、言行举动、道德风范无不体现着时代精神。同时，在他们身上体现出来的社会风气，对当时的政治、学术、文学产生重要影响，如北宋末李纲所说："人主所以共治天下者，莫大于人材，所以陶成天下者，莫先于士风。"⑤ 在特定的历史背景下，士风对士人的心态、行为、人格的构建产生重要影响。一个时代的士风，就是该时代的精神风标，不但左右着士人的精神世界，还影响士人的文学创作。苏辙所处的北宋中后期，是一个社会思想激荡的时期，在这期间，士风发生了巨大变化，形成了前后两种不同的风格，即由北宋中期士大夫积极自觉地为社会现实服务，注重个人道德修养转变为北宋后期士大夫入世意志淡化，追寻闲适隐逸的风气。这种士风的转变，对苏辙文学，尤其是文章的体裁、创作内容产生了重要的影响。

在苏辙的文学创作中，《栾城集》和《栾城应诏集》是苏辙元祐六年以前的作品，从中可以一窥苏辙的创作倾向：

表5-1 《栾城集》文体统计⑥

诗歌	辞赋	颂	新论	策问	书	记	墓表铭	传	叙	祭文	青辞
1283	13	2	3	34	11	18	6	2	3	17	3

---

① ［元］脱脱等：《宋史》卷三三九《苏辙传》，北京：中华书局，1985年，10835页。
② ［宋］苏籀撰：《栾城遗言》，影印文渊阁《四库全书》本。
③ ［宋］苏轼：《答张文潜县丞书》，曾枣庄、舒大刚主编：《三苏全书》12册，北京：语文出版社，2001年，第365页。
④ ［宋］叶适撰：《科举》，《水心集》卷三前集，《四部丛刊》影印明刻本。
⑤ ［宋］李纲撰：《用人材以激士风劄子》，《李忠定公奏议》卷一，明正德刻本。
⑥ 本章《栾城集》《栾城后集》《栾城三集》《栾城应诏集》版本：［宋］苏辙著，曾枣庄、马德富校点：《栾城集》，上海：上海古籍出版社，1987年。

续表

祝文	告词	北门诏书	论时事状	论时事	论时事札子	请贺谢表状	表状札子	启
16	342	144	3	113	13	12	60	30

表 5-2 《栾城应诏集》文体统计

进论	进策	试论	策	合计
25	25	8	1	59

苏辙在元祐以前，有着强烈的从政热情，他以一个传统士人自居，不断地发表一些对历史、现实政治的看法，他的文学成就是他参与政治、干预时事的有力工具，被涂染了鲜明的政治色彩。从上面两个表看，在他的诗文别集中，除了诗歌之外，具有实用价值的应用文占了很大比例：其中《栾城应诏集》中的《进论》《进策》《试论》《策》完全是具有鲜明时代特征的经世之文；《栾城集》中数量颇多的《论时事》《论时事札子》《策问》等也是此类文章。从这些文章的内容看，一是政论文，如《论时事札子》是苏辙针对当时的政治、军事、边疆提出自己的看法；二是史论文，如苏辙的《进论》，梳理历史，总结得失，以致用于当世。这两方面的内容，多直陈时弊，论古今兴衰，而少为空言。

北宋中期经世致用的士风对苏辙影响颇大，即使在元祐之后，他还时时关注历史和现实，写下了一系列具有总结治乱兴衰性质的史论文，如《历代论》四十五篇，他在《历代论一》引中说：

> 予少而力学。先君，予师也。亡兄子瞻，予师友也。父兄之学，皆以古今成败得失为议论之要。以为士生于世，治气养心，无恶于身，推是以施之人，不为苟生也。不幸不用，犹当以其所知，著之翰墨，使人有闻焉。……偶有所感，时复论著。然已老矣，目眩于观书，手战于执笔，心烦于虑事，其于平昔之文，益以疏矣。然心之所嗜，不能自已，辄存之于纸。凡四十有五篇，分五卷。①

他在《尧舜》中言："尧舜之治，其缓急先后，于此可见矣。"② 苏辙反对王安石变法，于是他在尧舜之治中找到了反对的历史依据。苏辙在《三宗》中言："古之贤君必志于学，达性命之本，而知道德之贵。其视

---

① [宋]苏辙著，曾枣庄、马德福校点：《栾城集》后集卷七，上海：上海古籍出版社，2009 年，第 1212 页。
② 同上书，第 1213 页。

子女玉帛，与粪土无异，其所以自养，乃与山林学道者比，是以久于其位而无害也。"① 这是苏辙在历史中总结出来一个士人所具有的道德品格。苏辙的这些议论文章，皆是"以古今成败得失为议论之要"的文章，具有鲜明的政治化色彩。他还说："人生逐日，胸次须出一好议论，若饱食暖衣，惟利欲是念，何以自别于禽兽？"② 苏辙的散文有议论化的创作倾向，因此杨庆存先生将苏辙归于"议论"派的作家中③。

唐代士人即使处于贬谪的境地或落魄不遇时，也会留心于世，常常借助诗文发些牢骚。即便是时刻"致君尧舜上"的杜甫，也难免发出"儒术于我何有哉？孔丘盗跖俱尘埃"（《醉时歌》）的哀叹。而宋代士人则不然，当他们仕途失意时，更多的是把注意力放在了对历史、现实的关怀上，如司马光因与王安石政见不合，便主动退居洛阳，编撰《资治通鉴》。苏辙亦然，在隐退颍昌期间，他对古代历史仍有一种深深的感情，著名的《古史》和《历代论》即成书于此期，真所谓"不幸不用，犹当以其所知，著之翰墨，使人有闻焉"。

北宋后期，王朝逐渐走向衰落，社会矛盾尖锐，党争更加激烈，而且性质也发生了变化，如果说元祐之前的党争属于士大夫之间的"政见之争"，那么元祐之后，新旧两党互相倾轧的倾向性就很明显了。元祐期间，旧党掌权，新党要人一个个被排挤出朝。绍圣以后，新党执政，又疯狂报复元祐党人，甚至兴起了"文字狱"，残害手段令人骇闻。党争贯穿了整个北宋后期，很多新旧党人都在党争中受到牵连，甚至有的被迫害致死。在严酷的社会现实面前，士人的生活和心态发生了很大的变化，《铁围山丛谈》记载："士大夫进退之间犹驱马牛，不翅若使优儿街子动得以指讪之。"④ 郭学信也论说："宋代文人士大夫本来是抱着'奋厉有当世志'的积极心态而入仕参政的，然而，北宋反复起落的党争却强化了北宋后期文人士大夫远祸避害、明哲保身的心理，并由此淡化了他们与生俱来的积极进取的参政心态。……也正是在这样的政治环境和心态下，北宋后期的文人士大夫一改北宋中期昂扬向上、积极进取的士风，而表现出一种偷安自适、任性逍遥的精神风貌，其当世之志

---

① [宋] 苏辙著，曾枣庄、马德福校点：《栾城集》后集卷七，上海：上海古籍出版社，2009 年，第 1214 页。
② [宋] 强行父撰：《唐子西文录六》，[清] 何文焕辑：《历代诗话》，北京：中华书局，1981 年，第 446 页。
③ 杨庆存：《宋代散文研究》，北京：人民文学出版社，2002 年，第 142 页。
④ [宋] 蔡絛撰，冯惠民、沈锡麟点校：《铁围山丛谈》卷二，北京：中华书局，1983 年，第 38 页。

大为淡化。"① 他们常常寄情山林、玩赏书画、寓物为乐，甚至参禅拜佛，逍遥自得。这种士风反映到文学上，则表现为作家的社会责任感遭到抑制，诗文创作的思想内容受到限制，诗歌创作中现实主义的色彩被淡化。

苏辙在熙宁变法以后，曾经在元祐期间一度入朝为官，然后在其他时间基本处于贬谪的境地。绍圣以后，苏辙被新党人士排挤出朝，其奋发有为的政治热情开始消退，在隐居颍昌以后，甚至十几年闭门不出。苏辙的这种生活心态，无不受这种士风的影响，而这种心态，又影响到他诗文创作的题材内容和审美风貌。元祐以后，苏辙手定了自己的诗文集，其中编定的《栾城后集》《栾城三集》是苏辙元祐六年以后的诗文，这些作品的体裁、内容与他前期的创作有一些不同，这在苏辙此期文章的文体分类中可见一斑。

表 5-3 《栾城后集》文体分类

诗歌	杂文	解	历代论	传	册文	诏	策题	叙	表记札子状疏	青词	祝文	碑志
280	30	24	45	2	1	3	2	3	49	19	2	24

表 5-4 《栾城三集》文体分类

诗歌	赋	铭	赞	策问	论	论语拾遗	杂说	跋	记
229	1	1	2	15	1	1	9	1	4

结合以上的统计结果和具体的文本来看，元祐以后苏辙的作品有以下几个特点：

第一，直面社会现实的诗文作品减少了。在散文方面，最明显的特点是政论文大量减少，史论文增多了。其中一个重要原因是苏辙处于贬谪的境地，没有在朝奏议时事的机会，因此元祐以后，苏辙的论说文主要以史论文为主。当然这并不是说苏辙在元祐以后完全不关心社会现实政治，而是由于残酷的党争使当时士人普遍产生了忧谗畏讥的心态，苏辙晚年也是这样。他在《还颍川》诗中写道："昔贤仕不遇，避世游金马。嗟我独何为，不容在田野？欹区寄汝南，落泊反长社。东西俱畏人，何适可安者？"② 这种心态使苏辙直面社会现实的热情有所减退，而换之以一种历史的情怀关心社会现实，如苏辙晚年所作的《历代论》45 篇，

---

① 郭学信：《略论北宋后期士风的变化》，《东华理工学院学报（社会科学版）》2004 年第 4 期。

② ［宋］苏辙著，曾枣庄、马德福校点：《栾城集》后集卷三，上海：上海古籍出版社，2009 年，第 1162 页。

皆是总结历代兴衰、以古鉴今的史论文，其中《尧舜》篇最后总结："古之圣人，其忧深虑远如此。世之君子，凡有志于治，皆曰：'富国而强兵。'患国之不富而侵夺细民；患兵之不强而陵虐邻国，富强之利终不可得，而谓尧、舜、孔子为不切事情，於乎殆哉！"①苏辙这些作品包含着他对历史发展的深入思考，也折射着北宋后期的社会现实。这说明在北宋后期残酷的党争面前，苏辙的政治热情有所减退，使他再也不能像以前一样大胆抨击朝政，而是采取一种曲折委婉的方式表达自己的意见。

第二，从具体的文本来看，记体散文成为苏辙在贬谪期间排遣人生、寄托情志的一种方式。记体散文虽然起源较早，但是在题材、体制方面发展缓慢。直到中唐时期，韩愈、柳宗元的创作，大大丰富了记体散文的题材内容。到了宋代，记体散文在思想内容、艺术特色方面均有突破，如范仲淹《岳阳楼记》、欧阳修《醉翁亭记》、苏轼《超然台记》等篇章。到了北宋后期，由于社会矛盾的加剧和党争的激烈，士大夫往往寄情于山林、草木、亭台、楼阁、佛殿等，而记体散文也就成为贬谪文人排遣人生、寄托情志的一种文学创作形式。从苏辙的整个创作来看，他现存的26篇记体性散文，包括亭台楼阁记、院斋室记、佛寺殿记、桥记、学记等，其中以亭台楼阁记的数量最多，有10篇，而且多是苏辙在贬谪期间的作品（也有苏辙在元祐以前创作的）。这类作品，不再是简单的以物写景，而是寓物于情，把自己在政治上的失意、人生的感悟融入其中，包含着苏辙强烈的主观感情，如《黄州快哉亭记》，不单是写黄州快哉亭本身，更主要是抒发了作者"士生于世，使其中不自得，将何往而非病？使其中坦然，不以物伤性，将何适而非快"②的见解。

表5-5 苏辙记体散文内容分类

分类	数量	篇　名
亭台楼阁记	10	《齐州闵子祠堂记》《武昌九曲亭记》《王氏清虚堂记》《吴氏浩然堂记》《黄州快哉亭记》《南康直节堂记》《成都大悲阁记》《待月轩记》《东轩记》
院斋室记	4	《杭州龙井院讷斋记》《藏书室记》《遗老斋记》《坟院记》
佛寺殿记	6	《筠州圣祖殿记》《筠州圣寿院法堂记》《光州开元寺重修大殿记》《黄州师中庵记》《汝州龙兴寺修吴画殿记》《庐山栖贤寺新修僧堂记》
桥记	2	《齐州泺源石桥记》

---

① [宋]苏辙著，曾枣庄、马德福校点：《栾城集》后集卷七，上海：上海古籍出版社，2009年，第1213页。
② [宋]苏辙著，曾枣庄、马德福校点：《栾城集》卷二四，上海：上海古籍出版社，2009年，第513页。

续表

分类	数量	篇　　名
学记	1	《上高县学记》
其他	3	《京西北路转运使题名记》《洛阳李氏园池诗记》《汝州杨文公诗石记》《太子少保赵公诗石记》

郭英德先生说："宋型文学的第一个特征，是扬弃了六朝隋唐五代文学的'缘情'传统，复苏了先秦两汉文学的'言志'传统，涂染着鲜明的政治化和道德化色彩。文学的政治取向和道德取向，来源于宋代士人政治使命感和道德责任感的普遍高涨，这成为宋代士人特有的风范。而宋代士人的政治风范和道德风范，则是有宋一代独特的文官政治的产物。"① 这种风范，体现在苏辙的散文创作中，便是政治化和道德化的特征，带有议论创作倾向的创作，这是宋代诗文的一种价值倾向，也是宋型文学的品质特征。

第二节　苏辙的诗歌创作与北宋中后期的士风

苏辙生活的时代，正处在宋学发展的阶段，也是北宋"诗文革新"的时代，宋学的义理化倾向和诗文革新的创作潮流对苏辙的诗心是有影响的，这反映在了诗论、诗歌的创作上。同时，随着党争与士林风气的变化，苏辙的诗歌创作也出现了新的变化。

一、苏辙讲义理的诗论

苏辙诗论较少，主要表现在《诗病五事》中。虽然他的诗论与宋学无直接的影响关系，但是苏辙的学术、文学活动处在同一文化背景之下，其文化的主体又是同一个人，因此在思维模式、思想精神方面有相似之处。前面已经论述，苏辙的学术既讲义理，又讲实用，这是宋学的特征，也是宋代士大夫的学术特征，苏辙的诗论也有此倾向，譬如对唐代大诗人李白、杜甫的评价，苏辙是尊杜抑李的，他在《诗病五事》首篇就对李白诗提出批评："李白诗类其为人，骏发豪放，华而不实，好事喜名，不知义理之所在也。……唐诗人李杜称首，今其诗皆在，杜甫有好义之

---

① 郭英德：《光风霁月：宋型文学的审美风貌》，《求索》2003 年第 3 期。

心,白所不及也。"① 李白性格天真浪漫,他的思想以道家思想为主,追求自由和理想,其诗歌创作讲究"吟咏性情",是自己真实性情的流露,这与社会现实有一定距离,因此苏辙批评李白"华而不实""不知义理";而杜甫恪守儒家的诗教观念,他的目光一直关注社会民生,诗歌创作接地气,这与苏辙的义理思想相吻合,因此,苏辙称赞杜甫"有好义之心,白所不及也"。当然,苏辙这样的论说也与宋代"尊杜贬李"的风气有关。自北宋中期以来,士大夫发现杜甫忧国忧民的思想很是贴近他们的心志,也最能激发他们革新除弊的精神,所以杜甫的影响逐渐增大,整理和研究杜诗也蔚然成风。苏辙也是这样,他推崇杜甫,研读杜诗,在《和张安道读杜集》中说:"杜叟诗篇在,唐人气力豪,近时无沈宋,前辈蔑刘曹。……白也空无敌,微之岂少褒。"② 其中苏辙"白也空无敌"句,化用杜甫诗"白也诗无敌,飘然思不群"(《春日忆李白》)。苏辙对杜甫的尊崇还在于其作诗之法,苏辙在《诗病五事》二说:

> 《大雅·绵》九章……事不接,文不属,如连山断岭,虽相去绝远,而气象联络,观者知其脉理之为一也。盖附离不以凿枘,此最为文之高致耳。老杜陷贼时有诗曰:"少陵野老吞声哭,春日潜行曲江曲。江头宫殿锁千门,细柳新蒲为谁绿?忆昔霓旌下南苑,苑中万物生颜色。昭阳殿里第一人,同辇随君侍君侧。辇前才人带弓箭,白马嚼啮黄金勒。翻身向天仰射云,一箭正坠双飞翼。明眸皓齿今何在?血污游魂归不得。清渭东流剑阁深,去住彼此无消息。人生有情泪沾臆,江水江花岂终极?黄昏胡骑尘满城,欲往城南忘南北。"予爱其词气如百金战马,注坡蓦涧,如履平地,得诗人之遗法。如白乐天诗,词甚工,然拙于纪事,寸步不遗,犹恐失之。此所以望老杜之藩垣而不及也。③

《大雅·绵》是《诗经》中的篇章,场面描写宏大,详略得当,苏辙高度赞扬《大雅·绵》语断意连、脉理为一的为文之法,认为杜甫的《哀江头》其气如贯,如"百金战马,注坡蓦涧,如履平地,得诗人之遗

---

① [宋]苏辙著,曾枣庄、马德福校点:《栾城集》三集卷八,上海:上海古籍出版社,2009年,第1552页。
② [宋]苏辙著,曾枣庄、马德福校点:《栾城集》卷三,上海:上海古籍出版社,2009年,第68页。
③ [宋]苏辙著,曾枣庄、马德福校点:《栾城集》三集卷八,上海:上海古籍出版社,2009年,第1553页。

法",是诗中之高者,而白居易作诗虽然讲究文辞,却不善于记事,因而是诗病。苏辙在此论中赞《哀江头》其气如贯,这与苏辙一贯主张的"文者,气之所形"说有关,也与他的"义理"思想紧密相连,此论说属于儒家的审美思想范畴。而《哀江头》包含着杜甫对国家破亡的深深恸哀,是他忠君爱民精神的体现,因此深得苏辙称赞。

基于儒家的"义理"思想,苏辙在诗论中批评韩愈、孟郊,他在《诗病五事》三说:"韩退之作《元和圣德诗》,言刘辟之死曰……此李斯颂秦所不忍言,而退之自谓无愧于雅颂,何其陋也!"① 儒家提倡仁爱,而韩愈《元和圣德诗》把杀戮场面描写得鲜血淋淋,苏辙甚为不满。他还在《诗病五事》四中说:

> 唐人工于为诗,而陋于闻道。孟郊尝有诗曰:"食荠肠亦苦,强歌声无欢。出门如有碍,谁谓天地宽?"郊耿介之士,虽天地之大,无以安其身。起居饮食,有戚戚之意,是以卒穷以死。而李翱称之,以为郊诗"高处在古无上,平处犹下顾沈谢"。至韩退之亦谈不容口。甚矣,唐人之不闻道也!孔子称颜子"在陋巷,人不堪其忧,回也不改其乐"。回虽穷困早卒,而非其处身之非,可以言命,与孟郊异矣。②

孟郊、韩愈等人愤世嫉俗,提倡"不平则鸣",这与儒家"怨而不怒"的诗教观念相悖,也与苏辙推崇颜回的士人精神不符,因此他说"唐人工于为诗,而陋于闻道"。平心而论,唐宋两朝的文人所处时代不同,他们的境遇也不一样。因为唐代社会还是一个以贵族为主导的社会,虽然科举制已经实行,但发展还不是很完善,进士录取的名额有限,因此唐朝文人希冀通过科举仕进的道路比较狭窄,他们的仕途相对坎坷。虽然唐朝诗人众多,但"有唐已来,诗人之达者,唯(高)适而已"③,其他如"初唐四杰"之王勃、杨炯、卢照邻、骆宾王及陈子昂,盛唐之李白、杜甫、王昌龄,中唐之柳宗元、刘禹锡等,大都仕途蹭蹬,这种情况反映到诗歌创作中,就是诗人主观抒情的成份较多,甚至掺杂了个人对于境遇的不满。相对而言,宋代文人有相对宽松的政治环境,文人们

---

① [宋] 苏辙著,曾枣庄、马德福校点:《栾城集》三集卷八,上海:上海古籍出版社,2009年,第1554页。
② 同上书。
③ [后晋] 刘昫撰:《旧唐书》卷一一一《高适传》,北京:中华书局,1975年,第3331页。

普遍受到社会的尊敬，科举制发展得比较成熟，进士录取名额大大增加，所以他们实现抱负的途径比较宽泛，生活的境遇也相对较好，再加上中唐以来儒学复兴，使他们更能理性地看待自己的遭遇。

在宋学的背景下，苏辙在诗论中"讲道""主气""示理"。尽管他囿于党争之见，在《诗病五事》五中指责"王介甫，小丈夫也"①，但其诗论思想却与王安石"文贯乎道"②"文章合用世"③有相近之处，这说明在"诗文革新"的时代潮流中，士大夫对文学创作的要求在本质上是相同的。

从以上看，苏辙诗论重视诗歌"义理"的思想，与儒家"诗言志"（《尚书·尧典》）的诗学观念相同，显示了苏辙诗论的功用性和道德性，也与他反对"穷理不深，而讲道不切"④的文论观念一致。而他过分忽视诗歌的艺术形式，又显示出其诗论的不足。

二、北宋中后期士风对苏辙诗歌创作的影响

北宋中后期，随着党争的加剧，政局呈现出新旧党争的反复局面，士林风气也发生了变化，这对苏辙的诗歌创作产生了一定的影响。北宋仁宗时期，范仲淹对此期士风的转变起了关键作用，"北宋士风的转变经历了一段漫长的时间。宋太祖、宋太宗、宋真宗三朝，新的士风皆在形成过程之中。至宋仁宗时期，这一转变过程才大致完成。范仲淹活跃于政坛，出将入相，逐渐成为当时知识分子的领袖人物，是这一转变过程完成的重要标志"⑤。在范仲淹的影响下，士人们"治国平天下"的热情很高，好议论天下大事，苏辙在绍圣以前，深受这种士风的影响，在诗歌创作上，表现为积极进取的心态和刚健劲拔的风格。关于苏辙的诗歌创作，其兄苏轼曾说过："子由诗过吾远甚。"⑥而苏辙自己也说"辙少好为诗，与家兄子瞻所为，多少略相若也"⑦。后来又在《子瞻和陶渊明

---

① [宋]苏辙著，曾枣庄、马德福校点：《栾城集》三集卷八，上海：上海古籍出版社，2009年，第1555页。
② [宋]王安石著，唐武标校：《上邵学士书》，《王文公文集》，上海：上海人民出版社，1974年，第38页。
③ [宋]王安石著，唐武标校：《送董传》，《王文公文集》，上海：上海人民出版社，1974年，第648页。
④ [宋]苏辙著，曾枣庄、马德福校点：《河南府进士策问三首》，《栾城集》卷二〇，上海：上海古籍出版社，2009年，第444页。
⑤ 诸葛忆兵：《范仲淹与北宋士风演变》，《中国人民大学学报》2006年5期。
⑥ [宋]苏轼：《记子由诗》，曾枣庄、舒大刚主编：《三苏全书》第13册，北京：语文出版社，2001年，第558页。
⑦ [宋]苏辙著，曾枣庄、马德福校点：《答徐州陈师仲书二首》，《栾城集》卷二二，上海：上海古籍出版社，2009年，第491页。

诗集引》说:"子瞻尝称辙诗有古人之风,自以为不若也。然自其斥居东坡,其学日进,沛然如川之方至,其诗比杜子美、李太白为有余,遂与渊明比,辙虽驰骤从之,常出其后。"① 从苏辙的评论来看,苏辙认为自己前期的诗歌成就与苏轼相当,而从苏轼谪居黄州以后,自己的诗歌再也不能与哥哥相提并论了。因为在"乌台诗案"之后,苏轼被贬黄州,在经历了人生的挫折和苦痛之后,他的诗风为之一变。张耒在赠李德载诗中说:"长公(苏轼)波涛万顷海,少公(苏辙)峭拔千寻麓。"② 张耒早年曾从学于苏辙,后又受教于苏轼,为"苏门四学士"之一,他认为苏轼、苏辙的诗歌各有所长,苏辙诗歌的特点是"峭拔千寻麓"。元代方回又认为苏辙诗歌可以和苏轼相轩轾,他说:

> 周益公尝问陆放翁以作诗之法,放翁对以宜读苏子由诗。盖诗家之病忌乎对偶太过,如此则有形而无味,三洪工于四六而短于诗,殆胸中有先入者,故难化也。放翁其以此箴益公欤?或问苏子瞻胜子由否?以予观之,子瞻浩博无涯,所谓"诗涛汹退之"也,不若所谓"诗骨耸东野"则易学矣;子由诗淡静有味,不拘字面事料之俪,而段意深,下句熟。老坡自谓不如子由,识者宜细咀之可也。③

我们暂且不论诸家所说苏轼、苏辙诗歌的优劣,但张耒、方回分别指出苏辙诗歌的特点是"峭拔千寻麓"和"淡静有味",这似乎是两种不同类型的诗歌风貌,那我们怎么解释这种矛盾呢?

唐骥先生说:"所谓'峭拔千寻麓'者,首先当是指苏辙诗中那种岿然不动难以摧折的精神。也由于是从儒家立论,由于人数众多,又由于其为人讲义气,重节概,鼓唱'浩然之气',因此所作诗篇大都有恃无恐,言辞激烈,果敢强力。"④ 事实上,这种诗歌风貌不仅仅表现在苏辙熙丰时期的诗歌中,还体现在熙丰以前的诗歌中。

---

① [宋]苏辙著,曾枣庄、马德富校点:《栾城集》后集卷二一,上海:上海古籍出版社,2009年,第1402页。
② [宋]吴曾撰:《四客各有所长》,《能改斋漫录》卷一一《记诗》,北京:中华书局,1960年,第313页。
③ [元]方回选评,李庆甲集评校点:《瀛奎律髓汇评》卷二四,上海:上海古籍出版社,2011年,第1082页。
④ 唐骥:《"少公峭拔千寻麓"——熙丰变法时期的苏辙诗》,《宁夏大学学报(哲学社会科学版)》1999年第3期。

苏氏兄弟早年胸怀宏伟抱负，苏轼词《沁园春》有"有笔头千字，胸中万卷。致君尧舜，此事何难"①。就是他们那时积极进取的真实写照，而此期苏辙的诗歌大都刚健劲拔，如《别岁》："富贵日月速，贫贱觉岁迟。迟速不须问，俱作不可追。亲旧且酣饮，送尔天北涯。岁岁虽无情，从我历四时。酌尔一杯酒，留我壮且肥。长作今岁欢，勿起异日悲。掉头不肯顾，曾莫与我辞。酒阑气方横，岂信从尔衰？"② 此诗反映了作者少年气盛，满怀建功立业的信心。又如《闻子瞻习射》："旧读兵书气已振，近传能射喜征鼙。手随乐节宁论中，箭作鸱声不害文。力薄仅能胜五斗，才高应自敌三军。良家六郡传真法，马上今谁最出群？"③ 更是情感激荡、格调昂扬，充满了积极进取的精神。苏辙早期还有一些诗篇，如《郭纶》《严颜碑》《入峡》等，也可见其峭拔劲峻之风。

熙宁至元丰时期，士大夫政治处于上升时期，士大夫往往以天下为己任，好论国事，而且在宋学"义理化"的背景下，苏辙诗歌呈现出"议论化"的色彩。如《初发彭城有感寄子瞻》：

  秋晴卷流潦，古汴日向乾。扁舟久不解，畏此行路难。此行亦不远，世故方如山。我持一寸刃，巉绝何由刊？念昔各年少，松筠冈南轩。闭门书史丛，开口治乱根。文章风云起，胸胆渤澥宽。不知身安危，俯仰道所存。横流一倾溃，万类争崩奔。孔融汉儒者，本自轻曹瞒。誓将贫贱身，一悟世俗昏。岂意十年内，日夜增涛澜。生民竟憔悴，游宦岂复安？水深火益热，人知蹈忧患。甄丰且自叛，刘歆苟盘桓。而况我与兄，饱食顾依然。上愿天地仁，止此祸乱源。岁月一徂逝，尚能反丘园。④

此诗折射出苏辙人生沧桑的心路历程，反映了他对国家时事的忧虑，很像唐代杜甫的沉郁悲慨。虽然他胸怀壮志，然而此时朝廷新党执政，自己长期沉于下僚，无法一展其志。诗中借用"孔融""曹瞒""甄丰""刘歆"等典故，也反映了宋人以"学问为诗"的特点。《和顿主簿起见

---

① 唐圭璋编纂：《全宋词》，北京：中华书局，1999 年，第 363 页。
② [宋] 苏辙著，曾枣庄、马德福校点：《栾城集》卷一，上海：上海古籍出版社，2009 年，第 21 页。
③ [宋] 苏辙著，曾枣庄、马德福校点：《栾城集》卷二，上海：上海古籍出版社，2009 年，第 25 页。
④ [宋] 苏辙著，曾枣庄、马德福校点：《栾城集》卷七，上海：上海古籍出版社，2009 年，第 160 页。

赠》："声病消磨只古文，诸儒经术斗纷纭。不知旧学都无用，犹把新书强欲分。老病心情愁见敌，少年词气动干云。搜贤报国吾何敢？欲补空疏但有勤。"① 此诗大胆抨击了王安石不以诗赋取士的政策。此期还有一些诗歌流露出苏辙对社会现实的看法，如《寄范丈景仁》《送王巩之徐州》《次韵子瞻好头赤》等。其中《次韵子瞻好头赤》："沿边壮士生食肉，小来骑马不骑竹。翩然赤手挑青丝，捷下巅崖试深谷。牵入故关榆叶赤，未惯中原暖风日。黄金络头依圉人，俯听北风怀所历。"② 此诗写得慷慨悲壮，有唐人之遗风，《载酒园诗话》言："《和子瞻好头赤》一篇，真胜子瞻。……不惟音节入古，且言外慷慨悲凉，有吴子泣西河、廉公思赵将之意，大苏集中未见有是。"③ 苏辙此类作品，大都重义理，发议论，果敢强力，确有"峭拔千寻麓"之姿。

"北宋晚期士风极坏，不仅隐逸与奔竞这两种风气颇为盛行，而且形成了好官当中无好人，最高统治集团由昏君加佞幸组成的格局。"④ 宋徽宗时期，蔡京等人专权，朝政更加黑暗，士大夫虽有忧国之心，但在残酷的现实面前，很多人选择了明哲保身、隐逸山林的生活。苏辙亦是如此，他在绍圣以后有了严重的忧谗畏讥心理，尤其在退居颍昌以后，自号"颍滨遗老"，"闭门不出十年久"⑤，惟恐招来祸端。而且在《遗老斋绝句》中自言"杜门本畏人，门开自无客"⑥，在《十日二首》中言"谩存讲说传家学，深谢交游绝世讥"⑦，就是这种心理的真实写照。苏辙诗歌的"淡静有味"，主要存在于后期的创作当中，其中以晚年诗为代表。绍圣以后，苏辙饱经世故，义理更加娴熟，其诗歌呈现出另外一种风貌。从具体文本分析，大量闲适诗的出现是其晚年诗歌的一大特征。此时新党长期把持朝廷，对旧党的打击变本加厉。苏辙感叹自己的遭遇与中唐白居易相似，因此作《读乐天集戏作五绝》诗道：

---

① ［宋］苏辙著，曾枣庄、马德福校点：《栾城集》卷四，上海：上海古籍出版社，2009年，第91页。
② ［宋］苏辙著，曾枣庄、马德福校点：《栾城集》卷一六，上海：上海古籍出版社，2009年，第378页。
③ 曾枣庄、舒大刚主编：《三苏全书》第16册，北京：语文出版社，2001年，第391页。
④ 张邦炜：《论北宋晚期的士风》，《四川师范大学学报（社会科学版）》2000年第2期。
⑤ ［宋］苏辙著，曾枣庄、马德福校点：《遊西湖》，《栾城集》三集卷三，上海：上海古籍出版社，2009年，第1512页。
⑥ ［宋］苏辙著，曾枣庄、马德福校点：《栾城集》三集卷二，上海：上海古籍出版社，2009年，第1475页。
⑦ ［宋］苏辙著，曾枣庄、马德福校点：《栾城集》三集卷一，上海：上海古籍出版社，2009年，第1461页。

乐天梦得老相从，洛下诗流得二雄。自笑索居朋友绝，偶然得句与谁同？（其一）

乐天种竹自成园，我亦墙阴数百竿。不共伊家斗多少，也能不畏雪霜寒。（其五）①

不过在苏辙的内心深处，除了远祸避害的心理，还有不屈不挠、与现实抗争的意味。不仅如此，苏辙诗还学白居易，清代汪琬说："且宋诗未有不出于唐者也，杨、刘则学温、李也，欧阳永叔则学太白也，苏、黄则学子美也，子由、文潜则学乐天也。"② 苏辙晚年诗以个人闲暇生活为主要内容，平淡自然，不能不说受白居易诗歌的影响。

总体而言，受党争与士风的影响，苏辙晚年诗歌中正面讥讽朝政的内容大量减少，而代之以抒写个人闲暇生活和自然景物的作品大量出现。由于《栾城三集》所收诗歌 229 篇③，全部是苏辙晚年卜居颍昌以后所作，因此从中可以一窥苏辙的这种创作倾向。

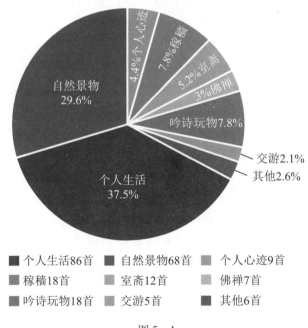

图 5-1

---

① ［宋］苏辙著，曾枣庄、马德福校点：《栾城集》三集卷三，上海：上海古籍出版社，2009 年，第 1509 页。
② ［清］汪琬撰：《皇清诗选序》，《尧峰文钞》卷二七，《四部丛刊》影印林佶写刻本。
③ 据［宋］苏辙著，曾枣庄、马德富校点：《栾城集》，上海：上海古籍出版社，2009 年。

从以上分析来看，苏辙晚年时期诗歌创作的内容狭窄，几乎全部是个人闲暇生活的写照，有《读书》《买宅》《记梦》《病愈》《移竹》《种花》《午寝》等叙述个人饮食、起居、生病、教子、生日等日常生活内容的诗篇最多，有 86 篇；看花以及观景的诗篇数量位居其次，有《春后望雪》《盆池白莲》《戏题菊花》《白菊》《小雪》《庭前柏》等 68 篇，其中有些诗篇展现了自己淡泊的人生境界，如《秋雨》："禾田已熟畏愁霖，积潦欲干泥尚深。一雨一凉秋向晚，似安似病老相侵。人间有尽皆归物，世外无生赖有心。要觅尘埃不到处，一灯相照夜惛惛。"① 苏辙晚年有时参禅诵佛，甚至手抄佛家经典《楞严经》，因此也写下了一些与佛禅有关的诗篇，如《夜坐》：

少年读书目力耗，老怯灯光睡常早。一阳未复夜正长，城上鼓声寒考考。老僧劝我习禅定，跏趺正坐推不倒。一心无著徐自静，六尘消尽何曾扫。湛然已似须陀洹，久尔不负瞿昙老。回看尘劳但微笑，欲度群迷先自了。平生误与道士游，妄意交梨求火枣。知有毗卢一迳通，信脚直前无别巧。②

在苏辙晚年的诗歌创作中，几乎没有一篇是直接干预社会现实、议论朝政的。这说明在北宋后期，士大夫议论煌煌、讥议朝政的文学创作氛围不复存在。苏辙受此影响，创作中的淑世精神受到抑制，转而表现为一种远离政治的隐逸。不过苏辙的这种隐逸，是被迫无奈之举，是一种压抑着内心政治追求的淡静。南宋孙汝听说苏辙晚年"杜门深居，著书以为乐，谢却宾客，绝口不谈时事。意有所感，一寓于诗，人莫能窥其际"③。事实上也确实如此，苏辙晚年诗绝少直抒胸臆，一般借景寓意，如《补种牡丹二绝》："野草凡花著地生，洛阳千叶种难成。姚黄性似天人洁，粪壤埋根气不平。"④ 其中寄寓的郁郁不平之气，需反复咀嚼才能得之，这也反映了苏辙诗歌"寓理""有味"的特点。

---

① [宋] 苏辙著，曾枣庄、马德福校点：《栾城集》三集卷三，上海：上海古籍出版社，2009 年，第 1504 页。
② 同上书，第 1496 页。
③ [宋] 孙汝听编：《苏颍滨年表》，[宋] 苏辙著，曾枣庄、马德富校点：《栾城集》附录，上海：上海古籍出版社，2009 年，第 1814 页。
④ [宋] 苏辙著，曾枣庄、马德福校点：《栾城集》三集卷三，上海：上海古籍出版社，2009 年，第 1504 页。

从以上看，苏辙晚期诗歌的平淡不是淡而无味，而是"淡静有味"。苏辙自己也说："言辞应有味。"① 如欧阳修赞赏林逋的"状难写之景如在目前，含不尽之意见于言外"②，所谓的"淡静有味"就是以日常生活为题材，以俗为雅，寓意为诗，这也反映了宋诗"理趣"的特点。

虽然现在不能断言张耒《赠李德载诗》③所作的确切年代，但是根据所论的具体人物，有苏轼、苏辙、黄庭坚、陈师道、秦观、晁补之六人，他们和张耒都是苏门文人集团中的重要人物，又曾经在元祐年间汇聚京师，作诗酬唱极多，而在元祐之后，他们纷纷被贬逐出京城，再也没有一起相聚的机会。因此推测张耒此诗大概作于元祐年间，而所论"峭拔千寻麓"，也应是张耒所指苏辙在元祐之前诗歌的一种特点。然而苏辙诗歌的风格是多样的，尽管他前期、后期的诗歌分别可以用"峭拔千寻麓"和"淡静有味"来描述其特点，但这种划分也不是绝对的，如苏辙前期的诗歌当中，也不乏"淡静有味"的诗篇。如《南窗》："京师三日雪，雪尽泥方深。闭门谢还往，不闻车马音。西斋书帙乱，南窗初日升。展转守床榻，欲起复不能。开户失琼玉，满阶松竹阴。客从远方来，疑我何苦心。疏拙自当尔，有酒聊共斟。"④ 此诗平淡清远，有韵外之致，洪迈《容斋随笔》评其为："苏子由《南窗》诗……此其少年时所作也，东坡好书之，以为人间当有数百本，盖闲淡简远，得味外之味云。"⑤ 甚至在上述两种风格之外，苏辙诗歌还呈现出别的格调特色，如《绝胜亭》《霜筠亭》《溪光亭》《中秋月》等诗篇，大都写得清新淡雅，别有一番诗味。这种情况，正像法国作家布封说的一样："一个大作家决不能有一颗印章，在不同作品上都盖上同一的印章。"⑥ 当然，造成苏辙诗歌风格多样性的原因很多，但最主要还是在于苏辙在不同的人生阶段，生活环境、政治遭遇和生活心态不同，导致其审美要求也有所不同。但

---

① [宋]苏辙著，曾枣庄、马德福校点:《野人庐》，《栾城集》卷六，上海：上海古籍出版社，2009年，第134页。

② [宋]欧阳修著，李逸安点校:《欧阳修全集》第五册，北京：中华书局，2001年，第1952页。

③ 张耒《赠李德载二首》的全文为："长公波涛万顷海，少公峭拔千寻麓。黄郎萧萧日下鹤，陈子峭峭霜中竹；秦文倩丽若桃李，晁论峥嵘走珠玉。六公文字满人间，君欲高飞附鸿鹄。"（[宋]张耒撰:《柯山集》卷一〇，上海：商务印书馆，1935年，第112页。）

④ [宋]苏辙著，曾枣庄、马德福校点:《栾城集》卷三，上海：上海古籍出版社，2009年，第61页。

⑤ [宋]洪迈:《容斋随笔》卷一五"苏子由诗"，程毅中编:《宋人诗话外编》下册，北京：国际文化出版公司，1996年，第798页。

⑥ [法]布封著，任典译:《布封文钞》，北京：人民文学出版社，1958年，第14页。

在这种多样性的格调中，苏辙诗歌呈示出一种"气格"高的意味，如《次韵唐觐送姜应明谒新昌杜簿》中"夫子虽穷气浩然，轻蓑短笠傲江天"①之句，气格清远，体貌高扬，体现了苏辙诗论中"主气"的特点，也蕴含着苏辙的道德品质和人格力量。

三、苏辙诗歌中"不以谪为患"的士人精神

在群星灿烂的宋代文坛，苏辙虽没有其兄苏轼耀眼夺目，但也被后人列入"唐宋八大家"之中，影响颇大。他一生宦海浮沉，历经坎坷，从嘉祐二年进士及第到政和二年逝世的 55 年间，大部分时间处于贬谪或闲居的境地。然而宋廷优待文人，即使他们处于贬谪的境遇，也不至于有杀头之祸，甚至还有复出之企望，所以宋代文人较前代文人多了一份豁达的心境，如宋初文人王禹偁《听泉》曾云："平生诗句多山水，谪宦谁知是胜游。"②而苏辙亦是如此，他每次贬官时都能随遇而安，将谪宦的经历看作人生的磨炼和难得的胜游过程。

苏辙每到一处，便饱览当地自然风景、人文景观，并吟咏诗文，在这些诗文篇章中，可以一窥他的诗与远方。元丰二年，苏轼"乌台诗案"发，为营救兄长，苏辙被贬为监筠州盐酒税。在南行途中，苏辙过池州，撰诗《池州萧丞相楼二首》，描述了池州萧丞相楼的景色，其一云："绕郭青峰睥睨屯，入城流水縠文翻。"③过九华山，又撰《过九华山》云："南迁私自喜，看尽江南山。孤舟少僮仆，此志还复难。局促守破窗，联翩过重峦。忽惊九华峰，高拱立我前。萧然九仙人，缥缈凌云烟。碧霞为裳衣，首冠青琅玕。挥手谢世人，可望不可攀。"④苏辙不以贬谪为意，喜悦之情溢于言表。他一向寡言持重，但此诗却写得浪漫奇妙。在黄州，他"山行得一饱，看尽千山绿"⑤，但关怀现实之心没有泯灭，有时凭吊古迹遗址，不免借古讽今，如他在《赤壁怀古》诗中："新破荆州得水军，鼓行夏口气如云。千艘已共长江崄，百胜安知赤壁

---

① [宋] 苏辙著，曾枣庄、马德福校点：《栾城集》卷一二，上海：上海古籍出版社，2009 年，第 272 页。
② [宋] 王禹偁撰：《小畜集》卷八，《四部丛刊》影印瞿氏铁琴铜剑楼藏宋刊配吕无党钞本。
③ [宋] 苏辙著，曾枣庄、马德福校点：《栾城集》卷一〇，上海：上海古籍出版社，2009 年，第 223 页。
④ 同上书，第 224 页。
⑤ [宋] 苏辙著，曾枣庄、马德福校点：《黄州陪子瞻遊武昌西山》，《栾城集》卷一〇，上海：上海古籍出版社，2009 年，第 225 页。

焚。豺距方强要一斗，君臣已定势三分。古来伐国须观衅，意突成功所未闻。"① 通过追述三国时期赤壁古战场，意在说明宋与辽、西夏的大势已定，暗喻王安石在西北的用兵政策。在武昌西山，苏轼建了九曲亭，后来请苏辙作了著名的《武昌九曲亭记》，其中有云："盖天下之乐无穷，而以适意为悦。……夫孰知得失之所在？唯其无愧于中，无责于外，而姑寓焉。"② 每个人对快乐的体验不同，苏辙"以适意为悦"，就是他自己快乐的感受。苏辙此文蕴含人生哲理，明代茅坤认为此文"情与心思，俱入佳处"③。苏辙曾两谪筠州，每次皆能随遇而安，他说："我来邂逅逢宽政，忘却漂流身在南。"④ 他的散文名作《庐山栖贤寺新修僧堂记》《东轩记》《武昌九曲亭记》《黄州快哉亭记》等皆作于此，堪称古文经典。绍圣元年，他因反对哲宗恢复熙宁新法，被贬知汝州，他不以为怀，在这里的深山游玩，饮酒抒怀，作《望嵩楼》诗，其中有云："可怜汝阳酒，味与上国同。游心四山外，寄适杯酒中。"⑤ 后苏辙又被贬至袁州、筠州、雷州、循州等地，他的心路历程和谪宦胜游之旅，莫不同上。

苏辙的贬谪之路亦是他的交游之旅。在宋代文人的生活中，一个人的精神世界不可能孤立存在，苏辙和其他人的交游生活，反映了他的士人品格和精神世界。在他的贬谪生涯中，和他联系最紧密的当属其兄苏轼了。苏轼在《初别子由》中曾说："岂独为吾弟，要是贤友生。"⑥ 他们既是患难与共的好兄弟，更是情投意合的好朋友。苏辙在南迁途中，曾护送苏轼家眷前往黄州，苏轼先以诗迎之：

> 惊尘急雪满貂裘，泪洒东风别宛丘。又向邯郸枕中见，却来云梦泽南州。睽离动作三年计，牵挽当为十日留。早晚青山映黄发，

---

① ［宋］苏辙著，曾枣庄、马德福校点：《栾城集》卷一〇，上海：上海古籍出版社，2009年，第226页。
② ［宋］苏辙著，曾枣庄、马德福校点：《栾城集》卷二四，上海：上海古籍出版社，2009年，第509页。
③ ［明］茅坤编：《唐宋八大家文钞》卷一六三《颍滨文钞》卷一九，影印文渊阁《四库全书》本。
④ ［宋］苏辙著，曾枣庄、马德福校点：《次韵毛国镇赵景仁唱和三首·赠毛一赠赵一自咏》，《栾城集》卷一〇，上海：上海古籍出版社，2009年，第235页。
⑤ ［宋］苏辙著，曾枣庄、马德福校点：《栾城集》后集卷一，上海：上海古籍出版社，2009年，第1118页。
⑥ ［宋］苏轼著，［清］王文诰辑注，孔凡礼点校：《苏轼诗集》，北京：中华书局，1982年，第757页。

相看万事一时休。①

苏辙因风浪太大困于磁湖，无法马上相见，乃作《舟次磁湖以风浪留二日不得进子瞻以诗见寄作二篇答之前篇自赋后篇次韵》安慰其兄：

> 惭愧江淮南北风，扁舟千里得相从。黄州不到六十里，白浪俄生百万重。自笑一生浑类此，可怜万事不由侬。夜深魂梦先飞去，风雨对床闻晓钟。
>
> 西归犹未有菟裘，拟就南迁买一丘。舟楫自能通蜀道，林泉真欲老黄州。鱼多钓户应容贳，酒熟邻翁便可留。从此莫言身外事，功名毕竟不如休。②

"夜深魂梦先飞去，风雨对床闻晓钟"，道出了兄弟情深，而"从此莫言身外事，功名毕竟不如休"，乃是苏辙宽慰哥哥的真挚言语。患难之中见真情，苏氏兄弟的贬谪，不但没有中断他们之间的联系，反而加深了兄弟之间的感情，《宋史》称赞他们："患难之中，友爱弥笃，无少怨尤，近古罕见。"③

贬谪途中，苏辙结识了不少朋友，如在筠州结识的毛维瞻、吴厚、洞山文老、牢山陈道士等人。"池塘草生春尚浅，桃李飞花初片片。一樽花下夜忘归，灯火寻春畏春晚。"④ 记载了苏辙和筠州太守毛维瞻一同游玩的情景。"少年旧喜登高赋，老病今成见敌惭。问我近来谁复可，对君聊拟诵《周南》。"⑤ 描述的是苏辙和新喻县秀才吴厚论诗说道的情况。宋代的士大夫与佛教有千丝万缕的联系，苏辙也不例外，他在贬谪途中也交结了一些禅师，同他们参禅问法，"问公胜法须时见，要我清谈有夜

---

① ［宋］苏轼著，［清］王文诰辑注，孔凡礼点校：《今年正月十四日与子由别于陈州五月子由复至齐安未至以诗迎之》，《苏轼诗集》，北京：中华书局，1982年，第1051页。
② ［宋］苏辙著，曾枣庄、马德福校点：《栾城集》卷一〇，上海：上海古籍出版社，2009年，第225页。
③ ［元］脱脱等：《宋史》卷三三九《苏辙传》，北京：中华书局，1985年，第10837页。
④ ［宋］苏辙著，曾枣庄、马德福校点：《陪毛君夜遊北园》，《栾城集》卷一一，上海：上海古籍出版社，2009年，第252页。
⑤ ［宋］苏辙著，曾枣庄、马德福校点：《次韵吴厚秀才见赠三首》，《栾城集》卷一一，上海：上海古籍出版社，2009年，第249页。

阑。今夕客房应不睡，欲随明月到林间"①。苏辙从小身体不好，于是向认识的道士探讨养生之术，"养生尤复要功圆，溜滴南溪石自穿。近见牢山陈道士，微言约我更三年"②。由此可见，苏辙并没有因贬官而消沉颓废，而是将贬谪看作生活当中的新旅程，并因此对人生有了更真切的体验，他结识的这些好友，无论高低贵贱，他都真诚以待，因此，他的交游给他的贬谪生活带来了慰藉和乐趣。

苏辙"不以谪为患"的精神，源于他的士人品格。他早年在《上枢密韩太尉书》中提出了"文者气之所形"之说，赞赏司马迁"行天下，周览四海名山大川，与燕、赵间豪俊交游，故其文疏荡，颇有奇气"。③他认为，一个文人只有游历名川大山，交游豪俊之士，才能养成文章之气。因此，他每到一处，都能随遇而安，用心欣赏每一道风景，珍惜人生当中的每一位挚友，修心养气，以此来提高自己的道德修养，所有这些，在他的诗文中都有体现，他在《黄州快哉亭记》说：

> 士生于世，使其中不自得，将何往而非病？使其中坦然，不以物伤性，将何适而非快？今张君不以谪为患，收会计之余功，而自放山水之间，此其中宜有以过人者。④

一个人快乐的感觉，很大程度上受自己人生态度的影响，自己的心态坦然，即使身处逆境也会乐观。这种诗意人生，亦是苏辙的谪宦胜游之旅，他在贬谪途中，看到美丽的自然风光、亭台楼阁，便觉宠辱皆忘。"不以谪为患"，正是他的诗与远方，也是宋代士大夫精神的体现。

要之，苏辙诗论的主要特征是义理性、功用性和道德性。受党争与士风的影响，苏辙诗歌呈现出多样性的风格，其中"峭拔千寻麓""淡静有味"是苏辙诗歌的两种风貌。同时，苏辙的诗歌创作，也体现了宋代士人的精神世界。

---

① [宋]苏辙著，曾枣庄、马德福校点：《约洞山文老夜话》，《栾城集》卷一三，上海：上海古籍出版社，2009年，第308页。
② [宋]苏辙著，曾枣庄、马德福校点：《再和十首》，《栾城集》卷一〇，上海：上海古籍出版社，2009年，第244页。
③ [宋]苏辙著，曾枣庄、马德福校点：《栾城集》卷二二，上海：上海古籍出版社，2009年，第477页。
④ [宋]苏辙著，曾枣庄、马德福校点：《栾城集》卷二四，上海：上海古籍出版社，2009年，第513页。

第三节 苏辙的辞赋创作与宋代士大夫文化

苏辙辞赋创作的主要体制形式是文赋、骚体赋和四言赋。苏辙的辞赋创作是其生活理趣的生动写照,也是宋代文人士大夫生活情趣、审美风尚和赋学观念的一个反映。考察苏辙的赋作,可以了解苏辙辞赋创作情况,也能透视出北宋中后期士大夫辞赋流变的一些情况。

一、苏辙辞赋创作的主要体制形式

宋代辞赋发展到苏辙的时代,即北宋中后期,文赋经过欧阳修、苏轼等人的引导,已经走向成熟。而律赋这种本来用于科举的文体,虽然一度在王安石的变法时期,朝廷以"经术取士"代替了"诗赋取士",但大体上还是继续沿用唐朝的"诗赋取士"制度,这使得律赋得以生存发展。值得一提的是,骚体赋在宋代非常繁盛,而且继承了屈原"发愤抒情"的精神。朱熹《楚辞后语叙目》云:"盖屈子者,穷而呼天,疾痛而呼父母之词也。故今所欲取而使继之者,必其出于幽忧穷蹙,怨慕凄凉之意,乃为得其余韵,而宏衍钜丽之观,欢愉快适之语,宜不得而与焉。"[①] 北宋中后期内忧外患,党争激烈,于是一些文人忧时愤世,追慕屈原精神,创作骚体赋。这三种辞赋,是北宋辞赋创作的主要形式。而苏辙作为北宋中后期的代表文人,创作的一些赋作篇章,数量虽然不多,但可以从中一窥北宋中后期辞赋创作的一些特点。

(一) 文赋成为苏辙辞赋创作的主要形式

文赋的起源,清代孙梅认为起源于荀子,《四六丛话》云:"有文赋,出荀子《礼》《智》二篇,古文之有韵者是已,欧、苏多有之,皆非浅学所能学步也。"[②] 今人曾枣庄则认为:"文赋起源很早,最早以赋名篇的,当推《荀子·赋篇》所收五赋(《礼》《知》《云》《蚕》《箴》)。"[③] 由于这5篇采用的问答形式,分别描述一件事情,而且后半部分是单行的散句,因而有了文赋的一些特征。而实际上,这只是文赋最初产生的萌芽现象。随着文学的发展演变,到了唐朝中晚期,文赋才

---

① [宋]朱熹撰,朱杰人、严佐之、刘永翔主编:《楚辞集注·楚辞后语》目录后跋,《朱子全书》第19册,上海:上海古籍出版社、合肥:安徽教育出版社,2002年,第220~221页。

② [清]孙梅著,李金松校点:《四六丛话》卷四《赋三》,北京:人民文学出版社,2010年,第70页。

③ 曾枣庄:《宋文通论》,上海:上海人民出版社,2008年,第340页。

真正形成。在宋代，欧阳修提倡诗文革新，文赋在内容形式方面也有了新的变化，欧阳修的《秋声赋》骈散结合，铺陈渲染，融抒情、记事、议论于一炉。其后苏轼的《前赤壁赋》把文赋引向了极致。这样，宋代文赋经欧阳修、苏轼等人的引导发展，变得成熟起来。宋代文赋"往往以文为体，则未见其有辩其失者。……赋若以文体为之，则专尚于理，而遂略于辞，昧于情矣。俳律卑浅固可去，议论俊发亦可尚，而风之优柔，比兴之假托，雅颂之形容，皆不复兼矣。……又入于散语之文"①。祝尧一针见血地指出，文赋"以文体为之"，是"散语之文"，是一种散文化的赋。这种文赋句式参差，押韵较为自由，不过分讲究辞藻，徐师曾评曰："文赋尚理而失于辞，故读之者无咏歌之遗音，不可以言丽矣。"②

苏辙现留三种赋，有文赋、骚体赋和四言赋共13篇。文赋有《墨竹赋》《黄楼赋》《缸砚赋》《服茯苓赋》《御风辞》5篇。从形式上看，《墨竹赋》是对话体的赋作，这是北宋文赋常用的一种形式。开头以"客"的口吻，赞美了竹子"性刚洁而疏直，姿婵娟以闲媚"③的高洁品质，其中描写了竹子生长的特性，运用了铺陈的手法。中间部分是文与可叙述的画道之法。最后部分是"客"的总结与议论，指出文与可的画竹，蕴含着深刻的道理，犹如"庖丁解牛"的养生之法，亦如"轮扁斫轮"的读书道理。这篇文章是一篇典型的文赋，有赋的一般特征，全文在形式上有主客问答的赋的结构。在具体的语言行文上，有整齐的对仗句"振荡风气，春而萌芽，夏而解弛，散柯布叶，逮冬而遂，性刚洁而疏直，姿婵娟以闲媚"④。文中大部分句子都是散句，并多用一些虚词，如"夫予之所好者道也"⑤，仅仅一句，就用三个虚词连接。此赋开头以散句启之，结尾用散句收之。既有写景、抒情，又有叙事、议论，具有文赋的鲜明特色。苏辙《黄楼赋》《缸砚赋》和《御风辞》等赋作，也是典型的文赋，都沿用了赋的传统结构体制，采用了主客问答的形式。总之，这几篇文赋最突出的特点，是文章当中出现了大量的散句，虽然有些文赋篇章是骈、散都有，但都是以散句为主，这正如曾枣庄先生所

---

① [元]祝尧撰：《古赋辩体》卷八，影印文渊阁《四库全书》本。
② [明]徐师曾著，罗根泽校点：《文体明辨序说》，北京：人民文学出版社，1962年，第101页。
③ [宋]苏辙著，曾枣庄、马德福校点：《栾城集》卷一七，上海：上海古籍出版社，2009年，第416页。
④ 同上书。
⑤ 同上书。

说:"文赋的特点是以散言为主的赋。"①

北宋代表性的文赋,如《秋声赋》《前赤壁赋》《墨竹赋》为古文家欧阳修、苏轼、苏辙所作,这些"古文运动"的健将,以文为赋,把创作古文的笔法带到赋的创作中,因此他们的赋作,明显带有"古文"笔法的痕迹,这种创作特点虽能使文赋行文自由,不拘于韵律,但也失去了"讲究辞藻"的原本赋的一些特征。因此徐师曾批评文赋"尚理而失于辞"②。尽管如此,北宋新兴文赋,作为一种赋体的变种,在北宋辞赋史上占有重要的地位。

(二) 骚体赋(辞)成为苏辙辞赋创作的重要形式

骚体赋,在文学史上出现得也很早。早在西汉初年,以贾谊《吊屈原赋》为代表的骚体赋就出现了。郭建勋先生认为骚体赋必须具备两个基本条件:"其一是采用楚骚的文体形式,也就是以'兮'字句作为其基本的句型;其二是明确地用'赋'作为作品的称名。"③ 这类赋兼有楚辞和赋的一些特点,在内容上多抒发幽怨哀愁之情。骚体赋出现以后,沿着屈骚的精神传统,多以抒情言志为主,如汉代贾谊《吊屈原赋》、三国王粲《登楼赋》、南朝江淹《去故乡赋》、唐朝韩愈《复志赋》等,都以抒发忧怅悲愁感情为主。在宋代,骚体赋继续得到发展,一些文学大家都有骚体赋问世,如欧阳修的《述梦赋》、苏轼《屈原庙赋》、苏辙《超然台赋》等都是以赋命名的骚体赋。

苏辙《超然台赋》体现了宋代骚体赋的一些特点。熙宁七年,苏轼知密州,次年修筑城北旧台,并传书给当时任齐州掌书记的苏辙,要他为台命名,苏辙熟精《老子》,乃以其中"虽有荣观,燕处超然"之意命之,并作《超然台赋》。此赋在形式上很有特点,句式不整齐划一,文中有四字句、六字句,而且多讲究对仗,六字句后多以"兮"字收尾,用以连接下句。如"设金罍与玉斝兮,清醥洁其如泉。奏丝竹之愤怒兮,声激越而眇绵。下仰望而不闻兮,微风过而激天。曾陟降之几何兮,弃溷浊乎人间"④。文中的结尾有七字句,甚至有九字句,"马踯躅而号鸣兮,左右翼而不能鞍。各云散于城邑兮,徂清夜之既阑。惟所往

---

① 曾枣庄:《宋文通论》,上海:上海人民出版社,2008年,第345页。
② [明] 徐师曾著,罗根泽校点:《文体明辨序说》,北京:人民文学出版社,1962年,第101页。
③ 郭建勋:《骚体赋的界定及其在赋体文学中的地位》,《求索》2000年第5期。
④ [宋] 苏辙著,曾枣庄、马德福校点:《栾城集》卷一七,上海:上海古籍出版社,2009年,第414页。

而乐易兮，此其所以为超然者邪"①。可见苏辙的骚体赋也带上了散文的痕迹。全文也讲究押韵，闲、川、绵、天、间、翻、烟、前、艰等字押同韵。文章的开头部分是写景，运用铺叙的写法，描写超然台的位置和台上的活动，中间部分为抒情和议论，作者由景生情，从看到的景物想到"曾陟降之几何兮，弃溷浊乎人间。倚轩楹以长啸兮，袂轻举而飞翻。极千里于一瞬兮，寄无尽于云烟"，之后转入写景抒情，并发议论"诚达观之无不可兮，又何有于忧患"②。文章的结尾，又写超然台醉酒的情景，得出此台命名的原因。此赋继承了骚体赋长于抒情言志的传统，以景言情，表现了苏辙对当时政治失意的苏轼的一种鼓励之情，让其达到"超然"的境界。也正如苏轼自言："方是时，予弟子由适在济南，闻而赋之，且名其台曰'超然'，以见余之无所往而不乐者，盖游于物之外也。"③除《超然台赋》之外，苏辙的《巫山赋》《屈原庙赋》《登真兴寺楼赋》也属于骚体赋。这些赋在形式上都与《超然台赋》一样，长于抒情，文中语句多用"兮"字连接，但句式更是参差不一，如《巫山赋》：

过瞿塘之长江兮，蔚巫山之嵯峨。云孤兴其勃勃兮，北风慨其扬波。山嶔崟而直上兮，越至神女之所家。峰连属以十二兮，其九可见而三不知。蹊遂芜灭而不可陟兮，玄猿黄鹄四顾而鸣悲。览松柏之青青兮，纷其若江上之菰蒲。维其大之不可知兮，有桡云之修柯。蔓草蒙茸以下翳兮，飞泉洁清而无沙。亭亭孤峰，其下蓁木交错而不明兮，若有美人惨然而长嗟。敛手危立以右顾兮，舒目远望怳然而有所怀。俨峨峨其有礼兮，盛服寂寞而无哗。临万仞之绝险兮，独立千载而不下颠。追怀楚襄之放意肆志兮，泝江千里而远来。离国去俗兮，徘徊而不能归。悲神女之不可以朝求而夕见兮，想游步之逶迟。筑阳台于江干兮，相氛气之参差。惟神女之不可以求得兮，此其所以为神。湛洋洋其无心兮，岂其犹有怀乎世之人？朝云尉其晨兴兮，暮雨纷以下注。变化倏忽不可测兮，俄为鸟而腾去。忽然而为人兮，佩玉锵以琅琅。爱江流之清波兮，安燕处乎高唐。

---

① [宋]苏辙著，曾枣庄、马德福校点：《栾城集》卷一七，上海：上海古籍出版社，2009年，第414页。
② 同上书。
③ [宋]苏轼：《超然台记》，曾枣庄、舒大刚主编：《三苏全书》第14册，北京：语文出版社，2001年，第482页。

彼蛟龙之多智兮，尚不可执以置罘。高丘深其苍苍兮，悦谁识其有无。①

此赋富有变化，有五言、六言、七言，甚至更长的句式都有，这说明作为古文家的苏辙，把做古文的笔法带到骚体赋的创作之中。《屈原庙赋》也是骚体赋，是苏辙与苏轼的同题作品。此赋在形式上富有变化，字句长短不一，五言、六言、七言句都有，而且化用了屈原《离骚》的一些词句，在内容上看似学习贾谊《吊屈原赋》，作者怀念屈原，前半铺叙屈原庙情景，后半借屈原之口，感叹报国无门、寂寞孤独的忧愤情思。但实际上此赋作于苏辙的早年时期，苏辙正当年少，胸怀经世之志，赴京途中，凭吊秭归屈原庙，有感于屈原的爱国之心而作此赋。另外，苏辙的赋作中还有一些以"辞"命名的赋作，如《上清辞》《和子瞻归去来词》。这些作品，在形式上与赋没有什么区别，也可称为赋。正如刘熙载所言："古者，辞与赋通称。"② 由于这些作品符合骚体赋的特征，因此也归入骚体赋中。

（三）四言赋是苏辙辞赋创作的一种形式

北宋的四言赋作并不常见。宋代以前，《荀子·赋篇》就是四言，汉代的四言赋也很多，刘安、扬雄、张衡都留有四言赋。四言赋在体制方面有一些特点，它在形式上以四言为主，在艺术上继承了《诗经》的一些表现手法，善于铺陈。苏辙《和子瞻沉香山子赋》《卜居赋》继承了这一传统模式，采用了四言的句式。《和子瞻沉香山子赋》作于苏辙六十岁时，其时苏轼正贬谪于南海，得"沉香山子"，作之以赋，一并寄送给苏辙作生日贺礼，苏辙乃和而作之：

我生斯晨，阅岁六十。天凿六窦，俾以出入。有神居之，漠然静一。六为之媒，聘以六物。纷然驰走，不守其宅。光宠所眩，忧患所迁。少壮一往，齿摇发脱。失足陨坠，南海之北。苦极而悟，弹指太息。万法尽空，何有得失。色声横骛，香味并集。我初不受，将尔谁贼？收视内观，燕坐终日。维海彼岸，香木爱植。山高谷深，百围千尺。风雨摧毙，涂潦啮蚀。肤革烂坏，存者骨骼。巉然孤峰，秀出岩穴。如石斯重，如蜡斯泽。焚之一铢，香盖通国。王公所售，

---

① ［宋］苏辙著，曾枣庄、马德富校点：《栾城集》卷一七，上海：上海古籍出版社，2009年，第409~410页。

② ［清］刘熙载撰：《艺概》卷三《赋概》，上海：上海古籍出版社，1978年，第87页。

不顾金帛。我方躬耕，日耦沮溺。鼻不求养，兰茝弃掷。越人髡裸，章甫奚适？东坡调我，宁不我悉？久而自笑，吾得道迹。声闻在定，雷鼓皆隔。岂不自保，而佛是斥？妄真虽二，本实同出。得真而喜，操妄而栗。叩门尔耳，未入其室。妄中有真，非二非一。无明所廛，则真如窟。古之至人，衣草饭麦。人天来供，金玉山积。我初无心，不求不索。虚心而已，何废实腹。弱志而已，何废强骨。毋令东坡，闻我而呐。奉持香山，稽首仙释。永与东坡，俱证道术。①

此赋通篇采用四言的形式，在形式上继承了《诗经》的四言句式。文章开头为记叙，中间部分是大量对沉香山子铺陈渲染的描写，结尾部分插入议论。此文虽然是四言，不是典型的散文化的文赋，但在形式上融抒情、记事、议论于一炉。苏辙《卜居赋》也是四言句式：

吾将卜居，居于何所？西望吾乡，山谷重阻。兄弟沦丧，顾有诸子。吾将归居，归于谁处？寄籍颍川，筑室耕田。食粟饮水，若将终焉。念我先君，昔有遗言：父子相从，归安老泉。阅岁四十，松竹森然。诸子送我，历井扪天。汝不忘我，我不忘先。庶几百年，归扫故阡。我师孔公，师其致一。亦入瞿昙、老聃之室。此心皎然，与物皆寂。身则有尽，惟心不没。所遇而安，孰非吾宅？西从吾父，东从吾子。四方上下，安有常处？老聃有言："夫惟不居，是以不去。"②

《卜居赋》是苏辙晚年时期作品，此时苏辙已退居颍昌，于是追摹陶渊明诗《卜居》作此题目。此文是四言句式，基本上采用记事的形式，抒写了自己卜居于此的悲凉心情，追忆了自己和父兄的感情，也抒发了对故乡的思念。像这种采用四言句式的文赋，在北宋辞赋发展史上也有一些作品，如梅尧臣《鱼赋》、欧阳修《螟蛉赋》等，也是此类作品。由于这种赋体在形式上是四言句式，多为记事、议论和抒情，因此称为四言赋。

从以上看，苏辙辞赋创作的主要形式是文赋、骚体赋和四言古赋。

---

① [宋]苏辙著，曾枣庄、马德福校点：《栾城集》后集卷五，上海：上海古籍出版社，2009年，第1190~1191页。

② [宋]苏辙著，曾枣庄、马德福校点：《栾城集》三集卷五，上海：上海古籍出版社，2009年，第1523~1524页。

这三种赋，是苏辙辞赋创作的主要形式，也是北宋中期赋体创作的重要形式。然而，在宋代，还有一种重要的辞赋创作形式——律赋。律赋就是骈赋，在科举考试中占有重要的地位，"唐世以赋诗设科，然去取予夺一决于诗，故唐人诗工而赋拙。……本朝亦以诗赋设科，然去取予夺一决于赋，故本朝赋工而诗拙"①。宋朝步趋唐朝后尘，特别重视诗赋取士。王安石当政期间，开始罢试诗赋。关于宋代辞赋与科举的关系，《宋史》记载：

> 初，礼部贡举，设进士、《九经》《五经》《开元礼》《三史》《三礼》《三传》、学究、明经、明法等科，皆秋取解，冬集礼部，春考试。合格及第者，列名放榜于尚书省。凡进士，试诗、赋、论各一首，策五道，帖《论语》十帖，对《春秋》或《礼记》墨义十条。
>
> 于是改法，罢诗赋、帖经、墨义，士各占治《易》《诗》《书》《周礼》《礼记》一经，兼《论语》《孟子》。每试四场，初大经，次兼经，大义凡十道，后改《论语》《孟子》义各三道。
>
> （元祐）四年，乃立经义、诗赋两科，罢试律义。
>
> 帝（哲宗）既亲政，群臣多言元祐所更学校、科举制度非是，帝念宣仁保佑之功，不许改。绍圣初，议者益多，乃诏进士罢诗赋，专习经义，廷对仍试策。②

从以上看，北宋时期，除了在新党掌政时期的罢试诗赋，其他时期都重视诗赋取士，在宋代，科举考试中的赋作便是律赋。由于律赋在格律、声韵、对仗体制方面要求严格，于是一些文人为了仕进，不得不下功夫精练律赋，而且也出现了一些辞赋创作大家，如范仲淹、文彦博、欧阳修、苏轼等人，而且都有律赋流传后世。然而翻检苏辙《苏辙集》，却没有此类赋作留世，令人遗憾。探究其原因，一个可能的原因是苏辙对用于科举应试的律赋兴趣不大；二是苏辙可能曾经创作过律赋，但没有流传下来。究竟是哪种情况呢？仔细翻检《栾城集》《栾城后集》《栾城三集》，这三个集子是苏辙生前亲自编订的本子，我们根据明刻《栾城集》，这个版本在流传过程中，

---

① ［宋］刘克庄撰：《李耘子诗卷》，《后村先生大全集》卷九九《题跋》，《四部丛刊》影印旧钞本。
② ［元］脱脱等：《宋史》卷一五五《选举志》，北京：中华书局，1985年，第3605~3622页。

篇目没有变化，但是经过翻检，却没有一篇律赋。这说明苏辙在辞赋的创作上，还是轻视律赋，而以文赋、骚体赋为主的。

表 5-6　苏辙辞赋创作的体制形式

体制	篇　　名
文赋	缸砚赋　墨竹赋　黄楼赋　服茯苓赋　御风辞
骚体赋	巫山赋　屈原庙赋　超然台赋　登真兴寺楼赋　上清辞　和子瞻归去来词
四言赋	和子瞻沉香山子赋　卜居赋

二、苏辙的辞赋创作与宋代文人生活

苏辙流传下来的辞赋计有13篇，从内容上看，他的辞赋创作的取材范围大致是自己生活和交游的经历，主要包括三方面：一是以自己日常生活中的文人雅趣、雅事为题材，如《缸砚赋》《服茯苓赋》；二是苏辙与其兄苏轼交游和题、命题所作赋，如《和子瞻沉香山子赋》《黄楼赋》等；还有一篇是以说理为主的赋作《御风辞》。这三类辞赋构成了苏辙辞赋创作的主要题材内容，是苏辙日常生活理趣的生动反映，也从一个侧面反映出宋人的生活情趣、审美风尚和赋学观念。

由于宋朝实行崇儒重文的政策，士人的地位，在宋代最高，"终宋之世，文臣无殴刀之辟"①。在如此宽松的政治环境中，宋代文人对政治、文学、学术方面的热情很高，也取得了令人瞩目的成就，形成了宋代特有的士大夫文化。有宋一朝，文学、哲学、音乐、美术、科技在当时都达到了很高的水平，正如陈寅恪在《赠蒋秉南序》中所说："天水一朝之文化，竟为我民族遗留之瑰宝。"② 宋代文人士大夫和唐人相比，除了积极关注政治之外，宋人还关注自己的日常生活，他们的审美情趣也发生了很大变化，日常生活中的很多事物都被艺术化，尤其在宋词、宋诗当中表现的内容很丰富。而对于北宋的辞赋而言，文人日常用品中的纸、墨、笔、砚、琴、棋、书、画等都成为一种高雅的艺术品，更有甚者，文人的起居生活、养生玩物都成为辞赋创作的题材内容，他们希望在日常艺术化的生活中，暂时忘却那些恩宠荣辱。如苏辙的《缸砚赋》就是以一个日常生活中用的"缸砚"为对象，运用拟人的手法，奉劝人们淡泊名利。探讨养生之道也是宋代文人生活中的雅事，

---

① ［清］王夫之著，舒士彦点校：《宋论》卷一《太祖》，北京：中华书局，1964年，第6页。

② 陈寅恪：《寒柳堂集》，上海：上海古籍出版社，1980年，第162页。

苏辙《服茯苓赋》则是一篇关于服药养生的辞赋,作者从自身服药中认识到,茯苓有延年益寿的作用。此文写法独特,说理清楚,至今还被中医教材选用。至于品评书画,更是宋代文人的日常事。苏辙《墨竹赋》就是以品赏文与可画的墨竹而发的议论,提出画竹之法与读书、修身的道理是一样的。

唐宋时代士人交游成为一种风尚,宋朝更是"举世重交游"[①] 的时代。人们以各种交游方式形成不同的人际圈子,士人之间的交往成为一种时尚。在交游的过程当中,许多文人还进行文学酬唱活动,留下了许多优秀的文学作品。对于苏辙而言,他的交游范围很广,有师友、亲友、世交、同乡、佛友、学生等各种类型。他们在交游的过程中,常常举行文学酬唱活动,或当场饮酒赋诗,或借题酬和,或出游和题,在这样的交游活动中,苏辙留下了许多诗文酬和之作,有些作品很有价值,如在嘉祐年间,苏辙在和韩琦的交往过程创作的散文名篇《上枢密韩太尉书》,成为文论史上的名篇。在苏辙的交游过程中,苏轼占有重要的地位,苏辙和其兄一生关系密切,《宋史》称他们兄弟"患难之中,友爱弥笃"[②],苏轼、苏辙两兄弟除了在政治、生活中互相扶助外,在文学上更是留下了他们的很多酬唱之作。在苏辙的辞赋创作中,《屈原庙赋》《上清辞》《登真兴寺楼赋》是苏辙年轻时的作品。《屈原庙赋》是苏辙早年和苏轼赴京途中参观秭归的屈原庙而作,《上清辞》和《登真兴寺楼赋》是苏轼参观太白山的上清宫和凤翔的真兴寺之后,邀苏辙创作的同题之赋。《和子瞻沉香山子赋》《和子瞻归去来词》是苏辙中晚期的作品,此时兄弟俩都被贬官而且不能相见,乃寄信酬唱。苏辙《超然台赋》《黄楼赋》是苏轼的命题作文。熙宁八年,苏轼在密州修葺城北旧台,命苏辙题名并作《超然台赋》;熙宁十一年,苏轼在徐州修筑黄楼而成,乃命苏辙作《黄楼赋》。苏辙的这些交游赋作,都与苏轼有关,作于苏辙的早、中、晚三个时期,因此可以一窥苏辙的心路历程,也反映了他们兄弟俩感情深厚弥笃。

宋代文化以内敛而著称,而文人更以理性的头脑关注现实社会。对于苏辙而言,自己亲身经历了北宋中晚期残酷的党争,也目睹了北宋后期黑暗的社会现实。因此,他晚年退居颍昌。同时,宋代社会是儒、释、道三教并存的社会,佛、道两家的出世思想对文人影响都很大,苏辙思

---

① [宋]邵伯温撰,李剑雄、刘德权点校:《邵氏闻见录》卷七,北京:中华书局,1983年,第63页。
② [元]脱脱等:《宋史》卷三三九《苏辙传》,北京:中华书局,1985年,第10837页。

想包含着复杂的释、道思想,尤其是老庄的出世思想使苏辙晚年生活情趣发生了巨大的转变。当然,这其中也包括他在党争之后隐逸避祸的心态,因此,在苏辙的晚年,隐逸思想占有重要的地位。"渊明文名,至宋而极"①,陶渊明的人格理想和平淡自然的文学风格,成为苏轼推崇的对象,苏辙追随苏轼,对陶渊明也很推崇,他说:"(苏轼)诗比杜子美、李太白为有余,遂与渊明比。辙虽驰骤从之,常出其后。其和渊明,辙继之者亦一二焉。"②他的辞赋《卜居赋》便是自己隐逸思想的体现。这篇赋是苏辙晚年心境的写照,他希望像陶渊明一样,能把个体生命与自然融为一体,在卜居生活的意味中获得生命的解脱。苏辙的这篇赋透视出的隐逸思想,也是北宋旧党文人思想的一个折射,他们在政治上失意之后,便以老庄的"旷达"来对抗现实,他们不是逃避社会现实,而是对人生的一种态度和处世方式。宋代文人的知识修养水平很高,在文学创作中好发议论,提倡"诗词高胜要从学问中来"③,这种文学创作倾向反映到辞赋当中,便是有大量议论的文赋出现,这类辞赋可以展现作家的才学,显示自己的学问。苏辙《御风辞》便是这样一篇以说理为主的文赋,文中宣扬老庄思想,认为只有物我两忘,清心寡欲,才能乘风而行、逍遥自在。

表 5-7 苏辙辞赋的主要题材归类

内容	篇 目
文人雅趣	缸砚赋 服茯苓赋 墨竹赋
闲居生活	卜居赋
唱和	上清辞 和子瞻沉香山子赋 和子瞻归去来词
登临	屈原庙赋 超然台赋 登真兴寺楼赋 黄楼赋
说理	御风辞

总之,苏辙在辞赋的形式、题材方面做了一些有益的探索。其文赋的创作,是北宋古文家"以散言为赋"的一个典型,在形式上继承了欧阳修、苏轼文赋的一些特点。苏辙骚体赋的创作,传承了屈原"发愤抒情"的精神,其实也是北宋中期经世致用思潮的反映。苏辙的四言赋,则是模拟古代四言赋的结果。苏辙赋作的题材内容,几乎都来源于自己

---

① 钱锺书:《谈艺录》,北京:中华书局,1984 年,第 88 页。
② [宋]苏辙著,曾枣庄、马德福点校:《子瞻和陶渊明诗集引》,《栾城集》后集卷二一,上海:上海古籍出版社,2009 年,第 1402 页。
③ [宋]胡仔撰集,廖德明校点:《苕溪渔隐丛话》前集,北京:人民文学出版社,1962 年,第 320 页。

的日常生活和交游,这是北宋中后期文人士大夫日常生活情趣、审美风尚的反映。苏辙这些对辞赋创作的探索,对北宋后期苏门文人的辞赋创作起到了很好的引导作用。

第四节 苏辙《龙川略志》与宋代文人生活

宋代史学发达,士大夫修史之风昌盛,如欧阳修、司马光、曾巩、苏辙等著名士大夫都有史学著作问世。而士大夫在修史的同时,利用闲暇时间,搜集一些逸闻趣事、日常见闻,整理成历史琐文类的笔记,也成为一时之风尚,是此类文体在宋代的新发展。前人对此有所论述,如明人桃源居士在《五朝小说大观》序言论曰:"唯宋则出士大夫手,非公余纂录,即林下闲谭。所述皆平生父兄师友相与谈说,或履历见闻、疑误考证;故一语一笑,想见先辈风流。其事可补正史之亡,裨掌故之阙。"① 此话言之有理,这类笔记所载,多半是作者亲身经历,或听父兄亲友讲说,因此具有一定的史料性、真实性,可补正史之不足;另外,这类笔记的作者多是文人士大夫,具有一定的文学修养,因此所撰笔记的可读性很强。而苏辙笔记体小品文,内容多记述本朝的政治、人物、轶事、掌故等,带有浓厚的史料色彩,具有重要的文献价值。本文以苏辙《龙川略志》作为研究对象,来探讨苏辙笔记体小品文的创作。

一、苏辙贬谪循州与《龙川略志》的成书

北宋后期,朝政主要由新党把持,旧党一直处于劣势,而苏辙作为蜀党党魁,他从绍圣元年起就处于贬谪的境地,先后被贬到汝州、袁州、筠州、雷州等地。哲宗元符元年(1098),董必奏张逢礼遇苏辙事,诏迁辙循州安置,苏辙始居循州。循州乃是古代百越之地,宋代欧阳忞《舆地广记》载:"循州古百越之地。秦属南海郡。二汉、吴、晋因之。宋分属南海、东官二郡。齐因之。隋平陈,属循州。大业初州废,属龙川郡。唐武德五年属循州。南汉改循州为贞州,而祈州之北境又立循州于此。皇朝因之。"② 在唐宋时期,循州所在的两广属于落后地区,是朝

---

① 丁锡根编著:《中国历代小说序跋集》,北京:人民文学出版社,1996年,第1790页。
② [宋]欧阳忞撰,李勇先、王小红校注:《舆地广记》卷三五《广南东路》,成都:四川大学出版社,2003年,第1089页。

廷贬谪文人的常用地点，譬如韩愈曾"一封朝奏九重天，夕贬潮州路八千"①，被贬潮州；刘禹锡被贬连州，也有如"桂阳岭，下下复高高。人稀鸟兽骇，地远草木豪"②的情况；柳宗元被贬柳州，也是"城上高楼接大荒，海天愁思正茫茫"③的荒凉。而苏辙被贬的雷州、循州也是如此。龙川属于循州，苏辙和幼子苏远谪居于此，他们过得比较辛苦，所居房屋比较简陋，在这样的艰苦条件下，苏辙追抚生平经历之大事，择其一二，口授苏远，并令其记录下来，这就是《龙川略志》，具体情况，《龙川略志引》有详细的记载：

> 予自筠徙雷，自雷徙循，二年之间，水陆几万里，老幼百数十指，衣食仅自致也。平生家无尤物，有书数百卷，尽付之他人。既之龙川，虽僧庐道室，公皆不许入。哀囊中之余五十千以易民居，大小十间，补苴弊漏，粗芘风雨。北垣有隙地可以毓蔬，有井可以灌，乃与子远荷钼其间。既数月，韭、葱、葵、芥得雨垄出，可菹可芼，萧然无所复事矣。然此郡人物衰少，无可晤语者。有黄氏老，官学家也，有书不能读。时假其一二，将以寓目，然老衰昏眩，亦莫能久读。乃杜门闭目，追思平昔，恍然如记所梦，虽十得一二，而或详或略，盖亦无足记也。远执笔在傍，使书之于纸，凡四十事，十卷，命之《龙川略志》。④

绍圣以后，宋廷掌权的基本是新党人士，他们对旧党的迫害变本加厉。从苏辙的自叙来看，他到龙川以后境遇甚差，朝廷连僧庐道室都不许他进入。因为居无定所，苏辙只好用钱购买了十余间民房，加以修葺，以庇风雨，同时过着自耕自种的生活。在这种艰难的贫居中，苏辙并没有哀声悲叹，而是在闲暇之余口授撰写《龙川略志》，这不正体现了宋代士大夫对于贬谪生活的态度。苏辙曾在筠州撰写《东轩记》，云："独幸岁月之久，世或哀而怜之，使得归复田里，治先人之敝庐，为环堵之

---

① ［唐］韩愈撰：《左迁至蓝关示侄孙湘》，《昌黎先生集》卷一〇，宋咸淳廖氏世綵堂刻本。
② ［唐］刘禹锡撰：《度桂岭歌》，《刘宾客文集》卷二七，《嘉业堂丛书》本。
③ ［唐］柳宗元撰：《登柳州城楼寄漳汀封连四州》，《河东先生集》卷四二，宋咸淳廖氏世綵堂刻本。
④ ［宋］苏辙撰，李郁校注：《龙川略志　龙川别志》，西安：三秦出版社，2003年，第1页。

室而居之，然后追求颜氏之乐。"① 苏辙在筠州十分向往颜回那种箪食瓢饮，居于陋巷而不改其乐的人生态度，这和他贬谪龙川时的精神态度一致，虽然贫居于此，但他不以贬谪为意，不改其志，不忘著述于人间。

《龙川略志》所述乃是苏辙亲历之事，苏辙文名甚高，又在新旧党争中处于前锋地位，一生经历、交游甚多，所闻颇广，在居于龙川之后，回忆往事不免感慨，后来在友人刘贡父的劝说下，他口述见闻，其子苏远执笔，写下《龙川别志》笔记，其序讲述了《龙川别志》的成书过程：

> 予居龙川为《龙川略志》，志平生之一二，至于所闻于人，则未暇也。然予年将五十起自疏远，所见朝廷遗老数人而已，如欧阳公永叔、张公安道皆一世伟人，苏子容、刘贡父博学强识，亦可以名世，予幸获与之周旋，听其所讲说，后生有不闻者矣。贡父尝与予对直紫微阁下，喟然太息曰："予一二人死，前言往行堙灭不载矣。君苟能记之，尚有传也。"时予方苦多事，懒于述录。今谪居六年，终日燕坐，欲追考昔日所闻，而炎荒无士大夫，莫可问者，年老衰耄，得一忘十，追惟贡父之言，慨然悲之，故复记所闻，为《龙川别志》，凡四十七事，四卷。元符二年孟秋二十二日。②

宋代的文人士大夫有强烈的用世之心，他们即便不为当世所用，也往往会把这种心态隐藏在著述当中，正如苏辙在《历代论一》中所说"不幸不用，犹当以其所知，著之翰墨，使人有闻焉"③。从苏辙的两篇序言来看，《龙川略志》重在苏辙所见，《龙川别志》则重在所闻，而从"予一二人死，前言往行堙灭不载矣。君苟能记之，尚有传也"的序言来看，苏辙撰述笔记的目的性也很强，就是能够流传于世，这与他"追录圣贤之遗意，以明示来世"④ 的史学目的相同，这说明苏辙《龙川略志》《龙川别志》笔记有经世性的倾向。

---

① [宋] 苏辙著，曾枣庄、马德福校点：《栾城集》卷二四，上海：上海古籍出版社，2009 年，第 508 页。
② [宋] 苏辙撰，李郁校注：《龙川略志 龙川别志》，西安：三秦出版社，2003 年，第 151 页。
③ [宋] 苏辙著，曾枣庄、马德福校点：《栾城集》后集卷七，上海：上海古籍出版社，2009 年，第 1212 页。
④ [宋] 苏辙撰：《古史自叙》，曾枣庄、舒大刚主编：《三苏全书》第 3 册，北京：语文出版社，2001 年，第 352 页。

二、《龙川略志》与宋代文人生活

苏辙《龙川略志》十卷，内容丰富，旁涉博杂，收录苏辙生平所经历的各类事件三十九条，有文人尊奉的佛、道信仰问题，有文人对日常养生及医术的关注，有作者所经历的各种政治时事，还有各种逸闻趣事，这些都是北宋中期社会现实的反映，从中可以一窥当时的社会生活状况和士大夫的日常情趣生活。

（一）文人尊奉的佛、道信仰问题

北宋的释、道政策比较宽松，没有出现像唐武宗那样大规模的排佛事件，因此，佛、道两家得到了很好的发展。士大夫参禅论佛、与佛、道中人交游蔚然成风，而苏辙"少小本好道"①，对于道家颇有钟爱，受道家影响也深一些。苏辙《龙川略志》卷一"梦中见老子言杨绾好杀，高郢、严震皆不杀"，讲梦幻杀生与寿数的关系；"烧金方术不可授人"，讲炼丹术；"养生金丹诀"，讲的是道家的养生术；"慎勿以刑加道人"，讲善待道人和得道成仙的问题；卷十"李昊言养生之术在忘物我之情"，讲道家的养生之术，其中文中提出的"今诚忘物我之异，使此身与天地相通，如五行之气中外流注不竭，人安有不长生者哉"②的理论，摒弃杂念，使心境与天地万物化而为一，这与道家"心斋""坐忘"的思想相通；在"郑仙姑同父学道，年八十不嫁"中，苏辙佛、道兼论，他说："佛说《般若心经》与道家《清净经》文意皆同。"③就是说佛、道两家，两者有相通之处，后来苏辙《老子解》又是以佛解老，这与苏辙的这种佛、道同源的思想有关；"费长房以符制服百鬼，其后鬼窃其符"，讲道符与欲望的关系，苏辙认为"以法救人，而无求于人，此则符也"④，苏辙认为，没有欲望，便是最好的道符，表达了他清心寡欲的思想；"徐三翁善言人灾福"，是讲一个道士善于灵验之事。

从以上看，《龙川略志》卷一、卷十的内容共8则，主要涉及道教，其中只有两则兼及佛教。北宋虽然崇尚儒学，但是士大夫也尊奉佛教、道教，他们在仕宦闲暇之余，喜欢与佛、道中人交游，而如果身遭贬谪，又可以从佛、道中获得心灵的慰藉。对于苏辙来说，他年少时身体不好，

---

① [宋] 苏辙著，曾枣庄、马德福校点：《和迟田舍杂诗九首》，《栾城集》后集卷四，上海：上海古籍出版社，2009年，第1173页。
② [宋] 苏辙撰，李郁校注：《龙川略志 龙川别志》，西安：三秦出版社，2003年，第140页。
③ 同上书，第143页。
④ 同上书，第145页。

对于道教的养生术颇感兴趣，后来几遭贬谪，道教的斋醮、占卜，甚至一些迷信活动，对他产生了一定的影响，所以在此文中，他认为徐三翁的预言十分灵验，预测到了自己与苏轼的未来。

（二）文人对日常养生及医术的关注

宋代文人的自我意识非常强烈，他们注重时序的变化，哀叹人生之无常和生命的有限，如苏轼作《前赤壁赋》，感叹"寄蜉蝣于天地，渺沧海之一粟。哀吾生之须臾，羡长江之无穷"①。他们虽然待遇优厚，但人生充满了坎坷，常遭贬谪之祸，因此对生命常有忧思，有时表现为对生的渴望，他们有时也将养生、探索医术当做排遣痛苦的方法之一，所以他们的作品中常常会融入对养生、医术的关注，如苏洵《心术》云"一忍可以支百勇，一静可以制百动"②，苏轼《教战守策》亦言："善养身者，使之能逸而能劳。"③苏辙自小身体羸弱，特别注重养生之道，譬如他常服用茯苓草药调养，还创作过一篇《服茯苓赋》，对茯苓的功效赞叹不已。

而苏辙《龙川略志》卷三谈的都是养生、医术问题。"医术论三焦"条中，苏辙借用与文中两个人物的对话，对古人论说中的"三焦"的问题进行了讨论，虽然是笔记体小品文，但所论有传统医学的问题，如"盖三焦有形如膀胱，故可以藏、有所系；若其无形，尚何以藏、系哉"④。其中还涉及解剖学，"遁以学医故，往观其五脏，见右肾下有脂膜如手大者，正与膀胱相对，有二白脉自其中出，夹脊而上贯脑"⑤。而"王江善养生""赵生挟术而又知道"两则，借用王江、赵生两个学道之人的故事，谈论了养生问题，王江、赵生两人，虽身份、性格不同，但都善于养生、学道，在文中苏辙表示将按照赵生的方法来养气，又问询养性的方法，从中可见他对道家养生术的尊崇。

苏辙《龙川略志》卷三所谈的养生问题，在卷一、卷二也有所涉及。从上面看，苏辙的养生更多地是与"道家"养生术紧密相联，提倡清心寡欲、静心养性等方法；而他对古代的医说持小心谨慎的态度，体

---

① ［宋］苏轼撰，［明］茅坤编，孔凡礼点校：《苏轼文集》，北京：中华书局，1986年，第6页。
② ［元］脱脱等：《宋史》卷四四三《苏洵传》，北京：中华书局，1985年，第13094页。
③ ［宋］苏轼撰，［明］茅坤编，孔凡礼点校：《苏轼文集》，北京：中华书局，1986年，第264页。
④ ［宋］苏辙撰，李郁校注：《龙川略志 龙川别志》，西安：三秦出版社，2003年，第18页。
⑤ 同上书，第19页。

现了苏辙不盲目相信古说的精神，这又与他的疑古学术思想有关。

(三) 宋代文人参与现实政治的事件

宋代文人参与现实政治的意识比较强烈，有担负天下责任的自觉精神。而苏辙作为元祐时期著名的政治家，一生宦海沉浮，所见所闻甚多，因此《龙川略志》也浸染了政治家苏辙的心路历程，里面所载事件多是苏辙亲身经历，涉及北宋中后期的一些重要政治人物和事件，反映了当时的社会状况。考察苏辙《龙川略志》卷三到卷七，内容主要涉及政治、财政和外交问题，篇目以事件发生的时间为序，可以分为以下几个时期：

1. 王安石变法时期

王安石变法是北宋中期最重要的大事之一，苏辙一开始也参与其中，在变法的核心机构——制置三司条例司任职，后来因与王安石等人的意见不合，便退了出来。《龙川略志》卷三记载了苏辙在变法初期参与的一些事情。"与王介甫论青苗盐法铸钱利害"条，讲述苏辙与王安石、吕惠卿争论青苗法、铸钱法的利害，对"青苗法"，苏辙不赞成"求财而益之"的做法，他说"以钱贷民，使出息二分，本以援救民之困，非为利也。然出纳之际，吏缘为奸，虽重法不可禁"①；"论榷河朔盐利害"通过与张端的对话，讨论了朝廷专卖盐的利害，苏辙列举宋太祖和宋仁宗朝的例子，认为恢复榷河朔盐是有害的；"议遣八使搜访遗利"讲述苏辙反对朝廷派人到各地督促新法的实施，认为"遣之四方，搜访遗利，中外传笑"②。

从上面三则笔记来看，苏辙讲述的是他在条例司任职期间对新法的意见。实际上，在变法之前，苏辙是赞成改变的，在熙宁二年，他曾上书进策，获得神宗召见，并被王安石安排在三司条例司工作，但在新法具体实施的过程中，苏辙和王安石等人多有抵触。值得注意的是，《龙川略志》所载苏辙对新法的意见，是通过对话方式来展现的，如对"青苗法"的意见，是在苏辙和王安石、吕惠卿等人的对话中展现的，对"榷河朔盐"的看法，是在和张端的谈话中体现的，从这样的谈话中可以看出，不仅苏辙反对新法，陈升之、张端等人也持反对意见，譬如在"议遣八使搜访遗利"开头就言"陈旸叔虽与介甫共事，而意本异，所唱不

---

① [宋] 苏辙撰，李郁校注：《龙川略志 龙川别志》，西安：三秦出版社，2003 年，第 30 页。
② 同上书，第 40 页。

深和之也"①。直接指出陈升之与王安石意见不合。由于《龙川略志》记载的这些事情是苏辙亲身经历的,具有真实性,因此在一定程度上反映了王安石变法时期的一些政治情况。

2. 苏辙为政地方时期

熙宁二年,苏辙被贬出京城,曾先后在齐州、南都、绩溪等地任职。《龙川略志》卷四讲述的就是这一时期,苏辙在地方任职时期的亲历或见闻。"许遵议法虽妄而能活人以得福""张次山因一婢知周高而刺配海岛"属于政治刑法问题。前一条则从题目可以看到,虽然对许遵枉法带有批评,但他能活人以得福,暗含了肯定之意。文中批评王安石,言辞犀利,如"时介甫在翰苑,本不晓法,而好议法,乃主遵议。自公卿以下争之,皆不能得,自是谋杀遂有按问"②。苏辙述写《龙川略志》之时,王安石已经过世,可见苏辙对王安石的意见甚大。"张次山因一婢知周高而刺配海岛"条批评张次山,因一奴婢揭发周高,最后导致其发配海岛死亡。苏辙说:"事发有端,长吏不得已治之,可也;其发无端,自非叛逆,不问可也。"③本来对于此种情况,可以刑,也可以不刑。而作为一县之长的张次山,选择了刑,所以有失仁者之心。

北宋从立国之初就与契丹、西夏存在着复杂的外交关系。长期以来,宋廷以岁贡的方式维持着和平的局面,但时有摩擦和冲突,苏辙"契丹来议和亲"讲述宋神宗时期,契丹派人来索取土地的事宜。苏辙听闻王安石处理此事的意见后很是不满,便问询张方平对此事的看法,张方平列举了宋仁宗处理此类事件的例子,苏辙认为对于契丹使臣的当面索取,没必要当面答应,应该让边境上的官员先拿出自己的处理意见,再上报朝廷决断。从苏辙的这条笔记来看,他和张方平持相同意见,对王安石处理此事的意见表示不满,这也说明了此期改革派与保守派在外交关系上的对立。

苏辙为政地方时期,也做了一些有利于当地百姓的事情。在"议卖官曲与榷酒事"中,苏辙反对国家官府专卖酒令,认为这是与民争利;在"江东诸县括民马"中,苏辙对朝廷的括马令采取了拖延的办法,最后括马的事情不了了之。这两件事均与地方行政有关。

以上这几件事情,虽涉及宋朝的司法、行政、外交等,但由于都发生在王安石变法期间,因此牵扯到苏辙对王安石的看法。从以上苏辙所

---

① [宋]苏辙撰,李郁校注:《龙川略志 龙川别志》,西安:三秦出版社,2003年,第39页。
② 同上书,第44页。
③ 同上书,第47页。

述事情来看，苏辙对王安石持全盘否定的态度，对新法的一些具体措施也非常排斥。

3. 元祐时期

元祐时期是苏辙仕宦生涯当中最为辉煌的阶段，此期旧党执政，苏辙得到太皇太后高氏的支持，短短几年间，他从小小的绩溪县令一直升到了尚书右丞，一展平生之志。在此期间，他勤勉任职，为朝廷做了大量的工作，在《龙川略志》卷五至卷九中，苏辙记述了这一时期的事情，内容占全书的十分之六，可见他对此期事件的重视。从内容上看，可以分为以下几类：

朝政方面。《龙川略志》记载了元祐时期苏辙亲身处理的几件政事，显示了苏辙的政治才能，譬如卷五"议定吏额"讲述苏辙任中书舍人的时候，亲手参与议定吏额问题。本来北宋中期"冗官"问题给朝廷造成了很大的负担，一直困扰着北宋中期的历代君臣，到了元祐时期，这种负担愈加严重，"官冗之患，所从来尚矣；流弊之极，实萃于今，以阙计员，至相倍蓰。上有久闲失职之吏，则下有受害无告之民"①。而朝廷的去冗措施，受到既得利益者的各种阻挠。而元祐时期的这次议定吏额，苏辙根据实际状况，提出了自己的看法，他对李诚之说：

> 此群吏身计所系也。若以分数为人数，必大有所逐，将大至纷恝，虽朝廷亦将不能守。乃具以白宰执，请据实立额，俟吏之年满转出，或事故死亡，更不补填，及额而止，如此不过十年，自当消尽。虽稍似稽缓，而见在吏知非身患，则自安心，事乃为便。②

苏辙认为议定吏额不能一刀切，建议采用"请据实立额，俟吏之年满转出，或事故死亡，更不补填，及额而止"的稳妥策略，得到了同僚们的赞同。又如卷五"放买扑场务欠户者"，讲述苏辙听从别人的建议，减轻百姓积欠的事情；卷九"议赈济相滑等州流民"，讲述苏辙尽力调度粮食救济百姓的事。这类事情，一方面显示了苏辙的政治才干，另一方面也体现了他的仁爱之心。

财政问题。北宋中期，财政危机也一直困扰着君臣。苏辙通过《龙

---

① ［清］徐松辑，刘琳、刁忠民、舒大刚等校点：《宋会要辑稿》，上海：上海古籍出版社，2014年，第261页。
② ［宋］苏辙撰，李郁校注：《龙川略志　龙川别志》，西安：三秦出版社，2003年，第56页。

川略志》，讲述了一些元祐时期的财政问题，如卷五"不听秘法能以铁为铜者"，苏辙依据国家法令，禁止私自制铜，反对用不当手段生财。卷八"陕西粮草般运告竭可拨内藏继之"讲述苏辙对于元丰库拨钱的看法，他认为元丰库拨钱十年内就要耗竭，陕西粮草怎么办？应该早作商议，显示了苏辙为朝廷忧虑的忠心。而"议罢陕西铸钱欲以内藏丝绸等折充漕司""两浙米贵欲以密院出军阙额米先借"等财政问题，均表现了苏辙恪尽职守，为国事尽心尽力的精神。

朝廷礼制。宋朝建立以后，士大夫为了维护他们文化上的正统地位，比较重视朝廷的礼制。《龙川略志》中有很多篇幅涉及宋廷的礼制，如卷六"享祀明堂礼毕更不受贺"中，讲述高太后不遵从古制，接受群臣的拜贺，实际上是苏辙颂扬了高太后谦逊的高贵品德。"天子亲祀天地当用合祭之礼"中，当时苏辙为右司谏，对于天子亲祀，一些士大夫倾向于古制，而苏辙乞奏，当依宋仁宗皇祐时期的明堂神位祭祀，最后得到吕大防等人的赞同。

外交关系。自王安石变法以来，宋夏之间发生过几次战争，元祐时期，宋夏之间的关系复杂多变，《龙川略志》卷六"西夏请和议定边界"，讲述朝廷士大夫对于西夏策略的争论。苏辙认为朝廷处理宋夏关系一定要有理，譬如他在文中说："相公必欲用兵，须道理十分全，敌人横来相寻，势不得已，然后可也。"① 对于边地将帅贪功冒进的行为，苏辙也提出应该给予责罚。

值得一提的是，苏辙《龙川略志》中相关元祐期间的记事，有很多条涉及太皇太后高氏的事迹。高氏是宋英宗皇后，宋神宗赵顼的母亲。元丰八年，宋神宗驾崩，高太后临朝听政，启用司马光为相，恢复旧法，擢拔了苏轼、苏辙等一大批旧党文人，使当时的政局稳定，政治清明，经济繁荣，因此高氏被人称为"女中尧舜"②。而苏辙能在元祐政治中大显身手，与太皇太后高氏的支持密不可分，因此高氏对于苏辙来说有知遇之恩，所以苏辙对她也满怀崇敬与感激之情。在《龙川略志》中，他不惜笔墨，用大量篇幅讲述了太皇太后高氏与元祐政治的事迹，如卷六"戚里仆隶不得改官"讲述高太后遵循过去"戚里仆隶，虽有官不得改"的原则，不让娘家的奴仆升迁，最后"众皆服，称善"，又如"皇后外家皆当推恩"，对于大臣们提出给太后近亲加恩的奏议，高氏说："吾辈

---

① ［宋］苏辙撰，李郁校注：《龙川略志　龙川别志》，西安：三秦出版社，2003年，第84页。
② ［元］脱脱等：《宋史》卷二四二《英宗宣仁圣烈高皇后》，北京：中华书局，1985年，第8627页。

人家，所患官高，不患官小。"① 其他如"享祀明堂礼毕更不受贺"等，都表现了高太后的贤德。

三、《龙川略志》的价值

首先，《龙川略志》有重要的史料价值。唐宋时期的一些笔记小说可以补史阙。陈寅恪先生曾论说："通论吾国史料，大抵私家纂述易流于诬妄，而官修之书，其病又在多所讳饰。考史事之本末者，苟能于官书及私著等量齐观，详辨而慎取之，则庶几得其真相，而无诬讳之失矣。"②《龙川略志》的史料价值主要体现在补正史阙失，与正史互证等方面。譬如苏辙在王安石变法初期的一些情况，《宋史》这样记载：

> 王安石以执政与陈升之领三司条例，命辙为之属。吕惠卿附安石，辙与论多相牾。安石出《青苗书》使辙熟议，曰："有不便以告，勿疑。"
>
> 自此逾月不言青苗。会河北转运判官王广廉奏乞度僧牒数千为本钱，于陕西漕司私行青苗法，春散秋敛，与安石意合，于是青苗法遂行。安石因遣八使之四方，访求遗利。中外知其必迎合生事，皆莫敢言。
>
> （辙）又以书抵安石，力陈其不可。安石怒，将加以罪。升之止之，以为河南推官。③

而苏辙在《龙川略志》卷三"与王介甫论青苗盐法铸钱利害"条中，详细叙述了他与王安石等人论争新法的情况：

> 熙宁三年，予自蜀至京师，上书言事，神宗皇帝即日召见延和殿，授制置三司条例司检详文字。时参政王介甫、副枢陈旸叔同管条制事，二公皆未尝知予者。久之，介甫召予与吕惠卿、张端会食私第，出一卷书，曰："此青苗法也，君三人阅之，有疑以告，得详议之，无为他人所称也。"予知此书惠卿所为，其言多害事者，即疏

---

① ［宋］苏辙撰，李郁校注：《龙川略志 龙川别志》，西安：三秦出版社，2003年，第76页。
② 陈寅恪：《顺宗实录与续玄怪录》，《金明馆丛稿二编》，北京：生活·读书·新知三联书店，2001年，第81页。
③ ［元］脱脱等：《宋史》卷三三九《苏辙传》，北京：中华书局，1985年，第10822页。

其尤甚，以示惠卿。惠卿面颈皆赤，归即改之。予间谒介甫，介甫问予可否，予曰："以钱贷民，使出息二分，本以援救民之困，非为利也。然出纳之际，吏缘为奸，虽重法不可禁；钱入民手，虽良民不免非理之费；及其纳钱，虽富家不免违限。如此，则鞭箠必用，自此恐州县事不胜繁矣。唐刘晏掌国用，未尝有所假贷，有尤其靳者，晏曰：'民侥得钱，非国之福；吏以法责督，非民之利便。吾虽未尝假贷，而四方丰凶贵贱，知之不逾时，有贱必籴，有贵必粜，故自掌利柄以来，四方无甚贵甚贱之病，又何必贷也？'晏之所言，则汉常平之法矣。今此法见在，而患不修举；公诚有意于民，举而行之，刘晏之功可立俟也。"介甫曰："君言甚长，当徐议而行之。此后有异论，幸相告，勿相外也。"自此逾月不言青苗法。会河北转运判官王广廉召议事，阅条例司所撰诸法，皆知其难行，而广廉常上言，乞出度牒数十道鬻而依关中漕司行青苗事，春散秋敛以佐利，与惠卿所造略相似，即请之以出施河北，而青苗法遂行于四方。①

从以上看，苏辙与王安石、吕惠卿等人的争论，《宋史》记载简略，而《龙川略志》叙述比较详细，不但交代了他参与新法的缘由，而且详细叙述了他和王安石、吕惠卿讨论新法的具体情况。由于此事是苏辙亲历，所以叙述逼真，甚至论争中有"（吕）惠卿面颈皆赤"的描写，场景真实，给人以历历在目的感觉。这样的记载，弥补了《宋史》记载过于简略的不足，又可以和《宋史》互证，反映了王安石变法时期的一些情况。

又如苏辙的相貌，我们在苏氏兄弟创作的诗歌中有一些零星认识，如苏辙自己说："弟兄本三人，怀抱丧其一。颀然仲与叔，耆老天所鹭。"② 苏轼也在诗中戏称苏辙："宛丘先生长如丘，宛丘学舍小如舟，常时低头诵经史，忽然欠伸屋打头。斜风吹帷雨注面，先生不愧旁人羞。"③ 从这两条资料来看，"颀然"与"丘"，都可以表明苏辙的个子很高，但苏辙具体的容貌怎样？苏轼又有诗："江边父老能说子，白须红

---

① ［宋］苏辙撰，李郁校注：《龙川略志　龙川别志》，西安：三秦出版社，2003年，第29页。
② ［宋］苏辙著，曾枣庄、马德福校点：《次韵子瞻寄贺生日》，《栾城集》后集卷二，上海：上海古籍出版社，2009年，第1134页。
③ ［宋］苏轼：《戏子由》，曾枣庄、舒大刚主编：《三苏全书》第7册，北京：语文出版社，2001年，第50页。

颊如君长。"① 这是绍圣四年，苏轼作诗转述江边父老对苏辙的印象：红脸白须，个头和苏轼一般高。当然，这是苏辙年近六十岁的印象，至于更具体的相貌，我们不得而知，但《龙川略志》就有记载，卷二"赵生挟术而又知道"载：

> 生曰："吾意欲见君耳。"既而曰："吾知君好道而不得要，阳不降，阴不升，故肉多而浮，面赤而疮。吾将教君挽水以灌溉子骸，经旬诸疾可去。"②

文中借赵生口吻，讲出了苏辙"肉多而浮，面赤而疮"，也就是说，苏辙身体肥胖臃肿，脸色赤红生疮。其中"面赤"，可以和苏轼的诗句互证。因此，我们从中对苏辙的相貌有了一个更清晰的印象。

尽管《龙川略志》作为笔记体小品文，具有重要的史料价值，但也有一定的局限性。首先，因为《龙川略志》毕竟是苏辙口述，私人撰写，苏辙身处党争中心，与新党人士存在恩怨，所以此笔记具有一定的主观倾向性，有些内容也未可全信。如书中很多地方对王安石全面否定，如卷四"许遵议法虽妄而能活人以得福"中有"时介甫在翰苑，本不晓法，而好议法，乃主遵议。自公卿以下争之，皆不能得，自是谋杀遂有按问"③。在此则笔记中，苏辙把谋杀就可以按问的责任全推到王安石身上。对于这些臆论，我们需要结合正史有关材料，认真分析，客观地做出正确的判断。其次，《龙川略志》有一定的文学价值。此书虽是由苏辙口述，其子苏远记录整理而成，但作为"古文八大家"之一，苏辙的口述内容也带有浓厚的文学色彩，其中有些篇章有时间、地点、人物、事件，具有完整的文学要素。

《龙川略志》擅长叙事，书中很多篇章是通过人物对话来推动故事发展的。如卷一"烧金方术不可授人"，先是通过苏轼与两位老僧的对话，引出烧金方术这个故事；然后是苏轼和老僧的对话，加剧了故事的神秘性；最后又通过苏轼与陈太守、陈慥的对话，交代了烧金方术授予人的结果。而此故事的发展是以时间的顺序展开的，如文中有"是时"

---

① [宋] 苏轼：《吾谪海南子由雷州被命即行了不相知至梧乃闻其尚在藤也旦夕当追及作此诗示之》，曾枣庄、舒大刚主编：《三苏全书》第9册，北京：语文出版社，2001年，第285页。
② [宋] 苏辙撰，李郁校注：《龙川略志 龙川别志》，西安：三秦出版社，2003年，第24页。
③ 同上书，第44页。

"……后""……后十余年"等时间标识,颇有小说的叙事方式。又如卷九"议除张茂则换内侍旧人",故事也有时间顺序,如"元祐八年十月末""十一月二日""至初四日""至十日""十一日""十二日""十四日"等,不同的时段,故事情节发展的程度也不一样,文中通过苏辙跟张茂、吕大防等人的对话,讲述了哲宗重用亲近之人而换内侍旧人之事。

《龙川略志》里关于人物的描绘也颇具文学色彩。如前文"(吕)惠卿面颈皆赤"的描写,展现了在苏辙讲了新法的害处后,吕惠卿理屈而惭愧的情态;苏辙"肉多而浮,面赤而疮",虽意在说明苏辙身体不好,但也烘托出赵生善于养生的特点。赵生"生两目皆瞖,视物不能明,然时能脱瞖,见瞳子碧色。自脐以上,骨如龟壳,自心以下,骨如锋刃,两骨相值,其间不合如指"① 的奇特相貌,说明赵生善于养生,而苏辙比较推崇的心理。这样细致入微的描写,有利于展现人物的性格特点,对于故事情节的发展,也有推动作用。

《龙川略志》大量运用对比的手法来说理。"对比"是文学作品中常用的一种修辞手法,就是把两种对立的人或事放在一起进行比较,有利于突出事物的本质特征。譬如在卷四"契丹来议和亲"中,苏辙拿宋神宗、王安石与宋仁宗、吕夷简的外交策略做对比,以此来说明王安石处理外交事务的不妥,增强了文章的说服力。又如在"议卖官曲与榷酒事"中也用了对比的方法:

> 真宗皇帝自亳还,过宋,御楼宣赦,以宋为南都,仍弛其酒禁,使民卖官曲,十余家共之。更七八十年,官课不亏,有监曲院官。神宗立,监司建议罢卖曲而榷酒。时转运司方苦财赋不足,其判官章楶大喜,亲至南都集官吏议之。②

文中开头就拿真宗与神宗时期的酒令政策做对比,说真宗时期弛其酒禁,使民卖官曲,而神宗时期,监司建议罢卖曲而榷酒,两者形成了鲜明的对比,深化了文章的主题,说明苏辙为民生着想,对章楶榷酒非常不满。

《龙川略志》的文学性,还在于讲述了很多个性鲜明的人物,其中不乏北宋中后期政坛的风云人物,如陈升之、范纯仁、张方平、司马光、吕大防、宋仁宗、宋神宗、宋真宗、王安石、吕惠卿、高太后、宋哲宗

---

① [宋]苏辙撰,李郁校注:《龙川略志 龙川别志》,西安:三秦出版社,2003年,第25页。
② 同上书,第50页。

等人，有的人物形象描述很丰满，如不为亲徇私的太皇太后高氏。在《龙川略志》卷六中，苏辙通过"享祀明堂礼毕更不受贺""戚里仆隶不得改官""皇后外家皆当推恩"等几件事情，来展现太皇太后的性格。《龙川略志》把高氏的事迹分散在数篇之中，彼此互见，塑造了太皇太后英明贤德的形象，有借鉴司马迁《史记》创作方法的意味。苏辙年轻时就对司马迁的文章十分推崇，他曾说："太史公行天下，周览四海名山大川，与燕赵间豪俊交游，故其文疏荡，颇有奇气。"① 他对司马迁的作文之道大力颂扬，甚至在《龙川略志》的一些篇章末尾，苏辙仿司马迁发表议论，虽没有像《史记》篇章末尾有"太史公曰"字样的形式，但内容有相似之处，如卷二"赵生挟术而又知道"末尾有"予闻有道者恶人知之，多以恶行秽行自晦"评语，又如卷四"许遵议法虽妄而能活人以得福"文末有："予复叹曰：'遵之议妄甚矣，而子孙仕者若是其多也。一能活人，天理固不遗之也哉！'"这些议论，点明了主题，表达了苏辙对事件的看法。

总之，《龙川略志》作为笔记小品文的一种，在苏辙的著述中所占比重不大，但它真实地记录了苏辙的所见所闻及所感，是北宋文人日常生活的写照，在一定程度上反映了北宋中后期的历史与社会风貌，具有重要的史料价值。

---

① ［宋］苏辙著，曾枣庄、马德福校点：《上枢密韩太尉书》，《栾城集》卷二二，上海：上海古籍出版社，2009年，第477页。

第六章 苏辙在文化史上的地位和影响

"为天地立心,为生民立命,为往圣继绝学,为万世开太平。"① 这是宋代士大夫的襟怀世界,也是他们的器识与宏愿。这种道德品质和进取精神,不仅是张载的崇高愿望,也是北宋士大夫普遍的精神追求。具体而言,"为天地立心,为生民立命",体现了当时士人对生民百姓的仁爱之心,是他们对社会苍生命运的自觉关怀和担当;"为往圣继绝学",是他们在学术方面的卓越追求;而"为万世开太平",则是宋代士大夫共同的政治理想。处于北宋中晚期的苏辙(1039~1112),比张载(1020~1077)小十九岁,他的士人精神和文化品格,也是这种精神世界的真实写照和传承。他的一切文化活动及成就,最终都可归为士人精神和文化品格的印象,他之所以能在宋型文化中处于典型的主体地位,也是因为受到了这种精神和品格力量的强力支撑。

第一节 苏辙的士人精神

苏辙的士人精神,最主要体现在经世性和道德性方面。这种精神,既具有北宋中期历史潮流孕育出的时代特征,又具有中国传统知识分子的优秀品格。

一、苏辙士人精神的经世性

宋代的士大夫,往往集文学、政治、学术的主体于一身,但在这个"三位一体"的复合体上,每个士大夫体现出来的主体特色都有所偏重,如同为士大夫的寇准、范仲淹是以政治才能知名,张载、程颢、程颐等人以学术思想留名,而欧阳修、苏轼等人却是以文学著名。苏辙虽然在政治上颇有成就,在学术上也卓有成果,但在历史上,苏辙是以文学的才能扬名后世的。显而易见,在苏辙的士人精神中,文人精神占有重要

---

① [清]黄宗羲原著,[清]全祖望补修:《宋元学案》卷一七《横渠学案上》,北京:中华书局,1986年,第664页。

的地位，它像是一把"双刃剑"，既使苏辙在文学和学术中取得了非凡的成就，也使他在党争中意气用事，给党争的对方和自己都带来了痛苦。在北宋特殊的生存文化环境中，苏辙不但继承和发扬了古代传统的士人精神，还表现了宋代士大夫的文人精神。

苏辙的士人精神表现在他怀有强烈的历史责任感，有心忧天下、自觉参与社会现实政治的精神。从先秦开始，中国的士人就有积极入世的精神，曾子说："士不可以不弘毅，任重而道远。"（《论语·泰伯》）孟子说："如欲平治天下，当今之世，舍我其谁也？"（《孟子·公孙丑下》）葛荃先生说："士人作为君主政治及其文化的产物，政治性是他们的根本属性，可谓与生俱来，根深蒂固。"① 由此可见，积极参与社会政治历来是士人的一大传统。在宋代，皇帝优待士大夫的政策以及文人优越的社会境遇，使"士人"的传统精神得到复苏和高涨，面对宋初以来士风的低靡，士人之"道"的丧溃，欧阳修大声疾呼："学者不谋道久矣，然道固不荛废。而圣人之书如日月，卓乎其可求。苟不为刑祸禄利动其心者，则勉之皆可至也。"② 苏轼亦云："呜呼！士不以天下之重自任久矣。言语非不工也，政事、文学非不敏且博也，然至于临大事，鲜不忘其故，失其守者，其器小也。"③ 这是北宋中期士大夫对传统士人精神的召唤。苏辙所处的时代，正是士族阶层消亡殆尽，庶族阶层积极登上历史舞台的时期。此时赵宋王朝的崇文政策，为出身庶族家庭的苏辙带来了机遇。其时朝廷内有"三冗"问题，外有西夏、辽的威胁，苏辙与许多士大夫一样，心怀强烈的忧患意识和经世致用之心，他说："臣自少读书，好言治乱。"④ "其言语文章虽无以过人，而其所论说乃有矫拂切直之过。"⑤ 自谓《历代论一》"皆以古今成败得失为议论之要"⑥，甚至还对王旦的做事行为提出批评，《龙川别志》云："（王）旦事真宗，言听谏从，安

---

① 葛荃：《论中国传统"士人精神"的现代转换》，《华侨大学学报（人文社会科学版）》2001年第2期。
② ［宋］欧阳修著，李逸安点校：《答孙正之第一书》，《欧阳修全集》第三册，北京：中华书局，2001年，第994页。
③ ［宋］苏轼：《张文定公墓志铭》，曾枣庄、舒大刚主编：《三苏全书》第15册，北京：语文出版社，2001年，第399页。
④ ［宋］苏辙著，曾枣庄、马德福校点：《自齐州回论时事书》，《栾城集》卷三五，上海：上海古籍出版社，2009年，第770页。
⑤ ［宋］苏辙著，曾枣庄、马德福校点：《上曾参政书》，《栾城集》卷二二，上海：上海古籍出版社，2009年，第482页。
⑥ ［宋］苏辙著，曾枣庄、马德福校点：《栾城集》后集卷七，上海：上海古籍出版社，2009年，第1212页。

于势位，亦不能以正自终，与（冯）道何异！"① 苏辙的这些议论，都是他经世致用之心的真实流露，也是宋代士人"开口揽时事，议论争煌煌"② 风气的反映。苏辙登上政治舞台后，积极活跃于北宋中期的政坛，并成为元祐时期著名的政治人物，既不依附司马光等元老大臣，也不畏洛党诸人的攻讦，体现了宋代"士大夫以面折廷争为职"③ 的精神。他在元祐之后，即使不被人主所用，处于贬谪的悲惨境地，也要著一家之言，以求有用于当世，他说："士生于世，治气养心，无恶于身。推是以施之人，不为苟生也。不幸不用，犹当以其所知，著之翰墨，使人有闻焉。"④ 就是这种心态的体现。苏辙这样的行为，正是他自觉积极参与社会现实的真实写照。

二、苏辙士人精神的道德性

苏辙的士人精神还表现在他有强烈的道德自律精神和注重名节的意识。有宋一代，士大夫注重名节的道德意识很强烈。《宋史》言："士大夫忠义之气，至于五季，变化殆尽。宋之初兴，范质、王溥，犹有余憾，况其他哉！艺祖首褒韩通，次表卫融，足示意向。厥后西北疆场之臣，勇于死敌，往往无惧。真、仁之世，田锡、王禹偁、范仲淹、欧阳修、唐介诸贤，以直言谠论倡于朝，于是中外缙绅知以名节相高，廉耻相尚，尽去五季之陋矣。故靖康之变，志士投袂，起而勤王，临难不屈，所在有之，及宋之亡，忠节相望，班班可书。匡直辅翼之功，盖非一日之积也。"⑤ 宋代文化的繁盛也与士人的道德风尚有很大关系。陈寅恪先生在《赠蒋秉南序》中云："欧阳永叔……贬斥势力，尊崇气节，遂一匡五代之浇漓，返之醇正。故天水一朝之文化，竟为我民族遗留之瑰宝。"⑥ 陈寅恪一方面高度称扬了宋代文化，另一方面则认为宋代文化的思想价值很高。当然，这种民族遗留之瑰宝，离不开士大夫自身在道德、名节方面所起的作用。欧阳修说："陋巷之士，甘藜藿而修仁义，毁誉不干其

---

① [宋] 苏辙撰，俞宗宪点校：《龙川略志　龙川别志》，北京：中华书局，1982 年，第 82 页。
② [宋] 欧阳修著，李逸安点校：《镇阳读书》，《欧阳修全集》第一册，北京：中华书局，2001 年，第 35 页。
③ [宋] 朱熹撰，朱杰人、严佐之、刘永翔主编：《朱子全书》第 18 册，上海：上海古籍出版社；合肥：安徽教育出版社，2002 年，第 4281 页。
④ [宋] 苏辙著，曾枣庄、马德福校点：《历代论一》，《栾城集》后集卷七，上海：上海古籍出版社，2009 年，第 1212 页。
⑤ [元] 脱脱等：《宋史》卷四四六《忠义传》，北京：中华书局，1985 年，第 13149 页。
⑥ 陈寅恪：《寒柳堂集》，上海：上海古籍出版社，1982 年，第 162 页。

守，饥寒不累其心。"① 认为一个士人不论身处何境，都应该"安身立命"。宋代优待文人的政策，使士大夫基本没有"安身"的衣食之忧，因此保持士人的道德风范，思想上有所追求，能够"立命"，便成为士大夫追求的精神境界。士大夫在这种道德相尚、名节相高的士林风习中，往往注重自身的修养和人格的完美。他们推崇孔子的弟子颜回，并对其圣贤行为进行了探索，在宋代士大夫看来，颜子能够"一箪食，一瓢饮，在陋巷，人不堪其忧，回也不改其乐，贤哉回也"（《论语·雍也》），在艰苦的生活环境中感到精神上的快乐，是因为有崇高的圣贤精神在支撑着他，这种精神对于提高他们的"内圣"思想很有指导意义，于是纷纷效仿。苏辙在贬谪筠州期间，便以颜回的境遇激励自己说：

> 余昔少年读书，窃尝怪以颜子箪食瓢饮，居于陋巷，人不堪其忧，颜子不改其乐。私以为虽不欲仕，然抱关击柝尚可自养，而不害于学，何至困辱贫窭自苦如此？及来筠州，勤劳盐米之间，无一日之休。虽欲弃尘垢，解羁絷，自放于道德之场，而事每劫而留之。然后知颜子之所以甘心贫贱，不肯求斗升之禄以自给者，良以其害于学故也。②

在《寄题孔氏颜乐亭》中苏辙也说："嗟哉古君子，至此良独难。口腹不择味，四体不择安。遇物一皆可，孰为我忧患？……欲忘富贵乐，讬物仅自完。无讬中自得，嗟哉彼诚贤！"③苏辙在身处逆境之后，悟到了和颜子一样的精神境界，于是以一种安贫乐道的精神鼓励自己。苏辙的这种心态，以及包括苏轼在内的宋代士大夫的这种精神，常常为后人津津乐道，而比苏辙稍晚的蔡京也在文学、艺术领域颇有造诣，但留给后人的只是负面形象。这说明一个士人留给后人的文化印象中，人格精神在其中有非常重要的份量。

儒家的另一位圣贤孟子说："富贵不能淫，贫贱不能移，威武不能屈，此之谓大丈夫。"（《孟子·滕文公下》）这是孟子提倡做人的三个标准。孟子还说："我善养吾浩然之气。"（《孟子·公孙丑上》）苏辙推崇

---

① [宋]欧阳修著，李逸安点校：《送秘书丞宋君归太学序》，《欧阳修全集》第二册，北京：中华书局，2001年，第630页。
② [宋]苏辙著，曾枣庄、马德福校点：《东轩记》，《栾城集》卷二四，上海：上海古籍出版社，2009年，第507~508页。
③ [宋]苏辙著，曾枣庄、马德福校点：《栾城集》卷一三，上海：上海古籍出版社，2009年，第310页。

孟子,对其养成的"浩然之气"进行了自己的解释,他说:

> 古之君子,平居以养其心,足乎内无待乎外,其中潢漾,与天地相终始。止则物莫之测,行则物莫之御。富贵不能淫,贫贱不能忧。行乎夷狄患难而不屈,临乎死生得失而不惧,盖亦未有不浩然者也。故曰:"其为气也,至大至刚,以直养而无害,则塞乎天地。"①

在苏辙看来,作为君子,只有治心养气,加强自己的道德修养,养成至大至刚的浩然之气,才能达到"富贵不能淫,贫贱不能忧"的思想境界。苏辙的这种解释,与冯友兰先生阐释孟子"浩然之气"之意大体相同。冯友兰先生说浩然之气是"一种精神境界或精神状态。……有了这种境界的人,才能是至大至刚,无所畏惧,而独立于天地之间"②。如范仲淹"大忠伟节,充塞宇宙,照耀日月,前不愧于古人,后可师于来哲"③,周敦颐"人品甚高,胸中洒落,如光风霁月"④,又如苏轼"之道如日月星辰,经纬天地"⑤。在这些品论里面,包含着北宋士大夫的人格精神,也映照了苏辙的道德品质,他常常以"幽兰"来比喻自己高洁的品质,如:

> 兰生幽谷无人识,客种东轩遗我香。知有清芬能解秽,更怜细叶巧凌霜。根便密石秋芳早,丛倚修筠午荫凉。欲遣蘼芜共堂下,眼前长见楚辞章。⑥

还有如《次韵答人幽兰》:

---

① [宋] 苏辙著,曾枣庄、马德福校点:《吴氏浩然堂记》,《栾城集》卷二四,上海:上海古籍出版社,2009年,第511~512页。
② 冯友兰:《中国哲学史新编》,北京:人民出版社,1998年,第382~383页。
③ [宋] 司马光撰,李之亮笺注:《代韩魏公祭范希文文》,《司马温公集编年笺注》附录卷三,成都:巴蜀书社,2009年,第185页。
④ [宋] 黄庭坚著,[宋] 任渊、史容、史季温注:《濂溪诗》,《山谷诗集注》,上海:上海古籍出版社,2003年,第1063页。
⑤ [宋] 秦观撰,徐培均笺注:《答傅彬老简》,《淮海集笺注》卷三〇,上海:上海古籍出版社,1994年。
⑥ [宋] 苏辙著,曾枣庄、马德福校点:《种兰》,《栾城集》卷一三,上海:上海古籍出版社,2009年,第297页。

幽花耿耿意羞春，纫佩何人香满身？一寸芳心须自保，长松百尺有为薪。①

兰，品质高洁，超凡脱俗，有"花中君子"之称。在《楚辞》当中，兰还是高洁忠贞的象征。苏辙以兰自喻，说明是发自内心深处的名节情怀，是一种个体生命道德价值的安顿，在他尊崇颜回、孟子的言语中，我们可以明显感受到他的这种道德情怀。韩经太先生说："'宋型文化'的主体精神，是在庶族文士大量进入社会主流层的历史形势下，士人'以道自贵'而自觉改造'魏晋风度'和'晋宋雅韵'，从而实现'名教'与'自然'双重主题的人格精神塑造，并以此而在文化世俗化的历史走向中支撑起'高风绝尘'的高雅气象，集道德文章和诗情画意于一身，富有书卷涵养，兼通百家技艺，自觉建构起涵涉广泛而道通为一的文艺思想精神。"② 在这种高雅气象之下，不仅仅是苏辙，抑或是三苏父子，整个宋代文人都十分重视自身道德品质的建设，他们以德立身，以学经世，德学一统，其品格如"光风霁月"，正体现了这种道通为一的文艺思想精神。

总之，苏辙的士人精神，不仅具有强烈的历史使命感，同时还有崇高的人格精神。这种精神，不但是北宋中期的时代精神，也是宋代士大夫普遍追求的理想境界。

第二节　苏辙的文化品格

每一种文化都有他自己的特质，即文化的品格，文化品格影响到民族文化的特点、层次以及它的盛衰，也关系到个人文化的品味。在宋型文化的背景下，宋代文化以一种特有的方式造极于赵宋之世。而宋代士人作为一个社会阶层，其社会地位、精神风貌、文化品格都表现出与前代士人阶层不同的特质，在他们的努力下，宋代士人文化也呈现出绚烂多丽的色彩。就宋型士人文化的单个主体而言，他们在士大夫政治文化、宋学、文学方面取得的成就也有差异，譬如王安石、程颐、苏轼三人，他们都是北宋中期士大夫的代表人物，但是呈现给我们的文化形象不同，而且他们三人在宋文化中取得的成就、地位也不同。造成这种差异的原

---

① ［宋］苏辙著，曾枣庄、马德福校点：《栾城集》卷一三，上海：上海古籍出版社，2009年，第321页。
② 韩经太：《君子人格的文化生成》，《光明日报》2017年11月5日。

因是什么？是一个人的文化品格。文化品格可以决定一个人的文化表现；同时，一个人的文化表现又可以展现他的文化品格。不同时代的人，文化品格不同，同一时代的人，由于个体的差异，其文化品格也不同，这就是说不同的文化品格熔铸成不同的文化表现形式。由于文化品格是一种文化内在的、核心的、本质的东西，它相对于文化的表现形式比较稳定，是一种文化的特质属性。对于苏辙而言，他的文化活动及其表现，可以归结为文化品格的考察。

一、苏辙对白居易思想的接受

为了更好地凸显苏辙文化品格的特点，我们可以把苏氏兄弟放在一起做对比考察。

尽管苏氏兄弟都对陶渊明、白居易有浓厚的兴趣，但仔细考察，他们的偏好还是有些细微的区别。苏轼特别推崇陶渊明，他说："孔子不取微生高，孟子不取于陵仲子，恶其不情也。陶渊明欲仕则仕，不以求之为嫌；欲隐则隐，不以去之为高；饥则扣门而乞食，饱则鸡黍以迎客。古今贤之，贵其真也。"① 苏轼肯定了陶渊明进退自如的人生境界，又以陶渊明的精神为自乐；而苏辙晚年以白居易自比，以白氏为自己的精神导师，宋人叶寘《爱日斋丛钞》卷三说：

> 子由暮年赋诗，亦谓："时人莫作乐天看，燕望端能毕此身。"自注"乐天居洛阳日，正与予年相若。非斋居道场，辄携酒寻花，游赏泉石，略无暇日"。或当日又以乐天称子由。香山一老，而两苏公共之。②

从苏轼兄弟的精神渊源来讲，陶渊明和白居易的差异更能说明苏氏兄弟在文化品格上的差异；显而易见，陶渊明和白居易之间既有相同点，也有不同。陶渊明和白居易都曾经在仕宦后沉于闲适，但陶渊明的隐逸是自愿主动的，而白居易所谓的闲适是在中唐的党争中逃离的，是一种被动的行为；在隐逸的程度上，陶渊明是完全的隐逸，而白居易则是半隐半仕，即所谓的"中隐"，白居易自谓中隐的好处：

---

① ［宋］苏轼：《书李简夫诗集后》，曾枣庄、舒大刚主编：《三苏全书》第13册，北京：语文出版社，2001年，第578页。
② ［宋］叶寘：《爱日斋丛钞》卷三，程毅中主编：《宋人诗话外编》，北京：国际文化出版公司，1996年，第1530页。

大隐住朝市，小隐入丘樊。丘樊太冷落，朝市太嚣喧。不如作中隐，隐在留司官。似出复似处，非忙亦非闲。不劳心与力，又免饥与寒。终岁无公事，随月有俸钱。君若好登临，城南有秋山。君若爱游荡，城东有春园。君若欲一醉，时出赴宾筵。洛中多君子，可以恣欢言。君若欲高卧，但自深掩关。亦无车马客，造次到门前。人生处一世，其道难两全。贱即苦冻馁，贵则多忧患。唯此中隐士，致身吉且安。穷通与丰约，正在四者间。①

　　白居易是生活在中唐时期的士大夫，有的学者认为他是"宋型文化"的第一个代表人物②，他生活在李唐国势衰微之际，如果完全不出仕，生活有可能陷于困顿，而他的中隐思想，则给宋人以一种全新的启发。这就是说，处于"中隐"的生活方式，为宋代士人提供了一种新的人生模式，既可"居庙堂之高"兼济天下，又可"处江湖之远"独善其身，这就为他们的人生规划留下了很大的选择空间。苏辙在北宋中后期，面临着与当时许多士大夫一样的困惑，即他们的内心在现实政治与"处江湖之远"的矛盾中交织。在激烈的党争中，很多士大夫卷入其中，他们既想关怀现实政治，又想在党争的漩涡中保全自己生命的尊严，这种境况使他们内心十分矛盾。像他们的这种矛盾心理，也曾困惑了历史上无数文人士大夫，他们处在皇权之下，虽有积极担负天下的责任，但有时会走在生命的边缘，尽管如此，他们还是在努力寻找人生价值，探索生命的意义。从屈原的投江成仁到陶渊明的归园田居，再从命运悲舛的初唐四杰，晚年吃斋念佛的王维，到"一饭未尝忘君"③的杜甫，从他们痛苦探索的生命历程来看，他们要么太执着，要么消极于世，要么以悲剧收场，甚至有些士人刚刚在文坛崭露头角，还没来得及施展抱负，生命就戛然而止。而苏辙熟读并研究历史，还曾著《古史》一书，对这些文人的悲惨命运了然于胸。在这种情况下，他十分向往白居易的中隐生活，尤其在贬谪期间，他发愤著书，或寄情于山林，或探究养生之道，甚至与禅僧参禅论道。他虽然不得志，但没有完全选择隐逸的生活，这说明在苏辙的思想中，自始至终存在一种积极入世的精神，这种精神，

---

① [唐]白居易著，丁如明、聂世美校点：《中隐》，《白居易全集》，上海：上海古籍出版社，1999年，第331页。
② 张再林：《白居易是"宋型文化"的第一个代表性人物》，《中州学刊》2006年第1期。
③ [宋]苏轼撰，[明]茅坤编，孔凡礼点校：《王定国诗集叙》，《苏轼文集》卷一〇，北京：中华书局，1986年，第318页。

就是宋代士大夫自觉为社会现实服务的精神,这是他们的精神品格,也是时代精神。

二、苏辙与苏轼文化品格之比较

苏氏兄弟的仕宦经历大体相同,其贬谪的经历也差不多,如《宋史》所说:"辙与兄进退出处,无不相同。"① 不过苏轼每以陶渊明自比,以陶的精神安慰自己,苏辙晚年却是以白居易为精神导师,因此苏轼旷达于苏辙,而苏辙在现实和理想中徘徊,他的内心并不是完全的隐逸,而是时刻想着复出,出仕的心态要强于苏轼,这也就是苏辙为政强于苏轼的一个原因。在苏轼的身上,我们可以明显看到陶渊明的影子;在苏辙的身上,亦可以看到白居易的影子。在陶渊明与白居易的人格差异上,也可以窥见苏氏兄弟的一些不同。陶渊明、白居易是两种人格范型,陶渊明是全隐,白居易是半隐半仕,即他所谓的中隐,出仕的心态和意识还很强烈。相比较而言,苏轼是一种超然的人生态度,他发现了陶渊明的价值,在人生的进退中以陶氏的精神怡然自得;而苏辙是理性的,面对现实的残酷,他无法超越时代的限制,在受到贬谪以后,往往在现实与理想的冲突中徘徊,甚至晚年沉醉于闲适生活,常常以白居易自比,曾云:"乐天种竹自成园,我亦墙阴数百竿。不共伊家斗多少,也能不畏雪霜寒。"②

这就是说,在苏轼、苏辙的精神世界里,分别存在一个前人的精神典范在影响着他们的生活,如果说陶渊明的人格精神对苏轼的人生态度产生了重要影响,那么白居易的处世方式对苏辙的人生,尤其是晚年的隐逸生活产生了一定的影响。当然并不是说这个精神典范完全代表了他们的人格理想和精神品格,而是说在某一方面,这个典范给了他们一些特别的影响。因为在苏辙、苏轼的身上,有时都可以看到陶渊明、白居易的影子。这里只不过是从他们以之为师的身上,找到一些他们之间的细微区别,以此来突出苏辙的典型特征。

与陶氏不同是,苏氏兄弟的"隐逸"是无奈的,是被动的,是在党争中被迫离开朝廷的,他们虽然身处逆境,却仍然想着为国家效力,这

---

① [元] 脱脱等:《宋史》卷三三九《苏辙传》,北京:中华书局,1985年,第10837页。
② [宋] 苏辙著,曾枣庄、马德福校点:《读乐天集戏作五绝》,《栾城集》三集卷三,上海:上海古籍出版社,2009年,第1509页。

点像苏轼评价杜甫时说："子美在困穷之中，一饮一食，未尝忘君。"①当然，这个"君"，不单指君主皇帝，还有江山社稷的意思，苏氏兄弟的经世思想与杜甫的爱国之心相得益彰；又像范仲淹的"不以一心之戚，而忘天下之忧"②的高贵品质，这是宋代士大夫身上普遍存在的一个精神特点，即范仲淹《岳阳楼记》所说："居庙堂之高则忧其民，处江湖之远则忧其君。"③即使流落民间，也时刻想着如何为君主效力，这是士大夫自觉为社会政治服务的体现，即不管在朝野、蹭蹬、穷困时都表现出对现实的关注，这是宋代士大夫普遍拥有的一种政治态度和政治品格，也是苏氏兄弟不同于陶渊明的地方。

苏轼注重内在精神的超越，因此他的主体自觉精神超越了一般宋代士大夫的精神世界，甚至他的一些思想超越了时代，他对人生的态度成为宋以后很多士大夫仿效的对象，他的思想文化也成为他们精神栖息的家园；而苏辙在人格主体上也是自觉的，然而他性格是沉潜的，他的理想是现实的，在他身上更多了一些理性精神，因而，更具有一般宋代士大夫的特点。

苏氏兄弟虽然自小一起长大，而且天赋都很高，但是两人的性格却有不同。嘉祐元年，张方平称赞苏氏兄弟说："皆天才，长者明敏尤可爱，然少者谨重，成就或过之。"④苏轼比苏辙更多了一份文人气质，他寻求的是生命的旷达、精神意志的自由，其率性的气质和张扬的个性，使他很容易受到政敌的攻讦，因此元祐之后，苏轼被贬的悲惨境地远远甚于苏辙，而且"乌台诗案"的发生也与他的个性有很大的关系；而苏辙则是冷静的，在沉潜中理性，在理性中寻找着生命的方向和归宿。苏辙隐居颍昌，数十年闭门不出，他清楚地知道，自己的一言一行会招来严重的后果；而苏轼则不同，即使处于贬谪的境地，也是嬉笑怒骂皆成文章。苏辙在政治上的谨慎、老练和成熟，使其仕宦显达于苏轼，即使他后来隐居颍昌，也能使政敌蔡京产生敬畏之心，《朱子语类》载：

---

① ［宋］苏轼：《与王定国之八》，曾枣庄、舒大刚主编：《三苏全书》第12册，北京：语文出版社，2001年，第457页。
② ［宋］范仲淹著，李勇先、王蓉贵校点：《上执政书》，《范仲淹全集》，成都：四川大学出版社，2007年，第211页。
③ 同上书，第95页。
④ ［明］陶宗仪：《瑞桂堂暇录》，《说郛》卷四六，北京：中国书店，1986年，第360页。

子由可畏，谪居全不见人。一日，蔡京党中有一人来见子由，遂先寻得京旧常贺生日一诗，与诸小孙先去见人处嬉看。及请其人相见，诸孙曳之满地。子由急自取之，曰："某罪废，莫带累他元长去！"京自此甚畏之。①

《宋史》也称："辙寡言鲜欲，素有以得安石之敬心，故能尔也。"② 苏辙在政治上的成就，与其政治品格有很大关系，他在政治中敏于思、慎于行，使政敌很难抓住把柄。苏轼兄弟之间的个性差异可见一斑。

有人认为苏轼的清旷是"一种文学风格，更是心胸襟怀、人品个性的外观，只有超越了人生宠辱、生死、穷达，进入对人生哲理思辨层次和审美境界的人，才能达到清旷，终宋一代，苏轼一人而已"③。相对于苏辙的内敛，苏轼更洒脱，更旷达，更自由，有时候是清风明月，有时候是把酒临风，是一种超越了时空界限的洒脱，这已经超出了宋人的精神世界，终宋一代，只有苏轼一人而已。换句话说，苏轼在宋代士大夫中间，是一个"另类"，他的文化品格已经远远超出了一般士大夫的特征，因此不足以用"典型"来描述他的宋型士大夫的文化品格；与苏轼不同的是，苏辙的文化品格像是一种沉潜，是一种带有沉思的理性风格，是其性格和时代精神的完美结合，宋人的理性精神在苏辙身上表现得十分明显。苏辙在政治上比苏轼沉稳老练，其学术也是义理之学，其文学也带有浓厚的理性色彩。在宋代士大夫中间，苏辙无意作词，词仅流传四首，这一点与"醇儒"曾巩十分相似，而与苏轼的大量作词相反，这说明在一个宋词盛行的时代，苏辙的文化性格显得传统、内敛。"宋代文人与唐代文人最大的区别，是他们主体人格建构过程中对生命存在意义的体认和自我心性的反映。不管是受庄禅思想影响较深，还是受儒家和理学思想浸染较多的文人，大都能对人生的意义进行思考。"④ 这是宋代士人的理性精神，也是他们的文化品格。苏辙沉潜的文化品格，正好反映了宋人的理性精神，相对于苏轼，苏辙更理性，更现实一些。苏辙面对人生的荣辱、穷困、蹭蹬，往往是理性地寻找解决的办法，他的文化品质，代表了宋代士人的精神品格。从苏氏兄弟的文化品格看，虽然他

---

① ［宋］朱熹撰，朱杰人、严佐之、刘永翔主编：《朱子全书》第 18 册，上海：上海古籍出版社、合肥：安徽教育出版社，2002 年，第 4061 页。
② ［元］脱脱等：《宋史》卷三三九《苏辙传》，北京：中华书局，1985 年，第 10837 页。
③ 田耕宇：《中唐至北宋文学转型研究》，北京：中国社会科学出版社，2009 年，第 406 页。
④ 同上书，第 472 页。

们都是宋代士大夫的代表人物，但是苏辙更具有代表性，他的士人精神与文化品格反映了典型的宋型士大夫的精神世界。

总之，苏轼、苏辙兄弟之间的文化品格同中有异。他们都是宋代士大夫的代表人物，但是相对于苏轼的清旷、洒脱、散漫来说，苏辙更内敛、理性、现实一些。苏辙因为有了士人精神、时代精神和个人性格特征的坚强支撑，所以他的文化品格便有了宋型士人的特质类型，即经世性、道德性和沉潜性，典型地反映了宋代士大夫的精神世界。

第三节　苏辙在文化史上的地位和影响

平心而论，苏辙在文化上总的成就不如苏轼，在文化史上也没有像其兄一样对后世产生深远影响。这样看来，苏辙在其兄光芒四射的光辉之下，暗淡了许多，但尽管如此，我们还是给与其关注，这是因为，从宋型文化的视野中看，苏辙身上集中体现了宋代士大夫的一些普遍特点，代表了有宋一代士大夫的普遍心态，他在政治、文学、学术方面的诸多表现，也与宋型文人的特点相吻合。论文的前几章讨论了苏辙在文学、学术、政治方面的一些活动，那么有必要最后总结一下，苏辙在文化上的地位究竟如何？他的文化活动对后世有何影响？这既是本文研究的立足点，也是最后的落脚点。当然，这个评价具有一定的难度。笔者认为，从苏辙对后世的影响来看，影响最深的是作为文学家的苏辙，他在后世广为人知；而作为政治家的苏辙，由于是元祐名臣，又是蜀党党魁之一，也在历史上名不可湮；至于作为学者的苏辙，虽然在学术方面取得了显著的成就，但影响相对较小。因此我们依这个顺序，来总结一下苏辙的地位和影响。

一、文学史："其高处殆与兄轼相迫"

苏辙在诗文以及文论方面都取得了显著的成就，但是真正留给后世的文学盛名，却是他的散文创作，也就是说，真正奠定他在文学史上地位的，是他的古文创作，而且作为古文家的苏辙，是与父兄苏洵、苏轼并称于世的。关于苏辙在古文创作方面的作用和影响，要放在古代散文发展的历史中来看，《宋史》当中有两条资料值得注意，如《宋史·苏洵传》载：

> 至和、嘉祐间，与其二子轼、辙皆至京师，翰林学士欧阳修上

> 其所著书二十二篇，既出，士大夫争传之，一时学者竞效苏氏为文章。①

这是苏辙早年初到京师的情形，在欧阳修的大力提携下，三苏文章名动京师，时人仿效者甚多，说明在此时，苏辙与父兄的文章已在文人群体间有一定影响。之后，在欧阳修、王安石、曾巩、苏洵、苏轼、苏辙等古文家的推动下，古文取得了彻底的胜利，《宋史·文苑传》载：

> 国初，杨亿、刘筠犹袭唐人声律之体，柳开、穆修志欲变古而力弗逮。庐陵欧阳修出，以古文倡，临川王安石、眉山苏轼、南丰曾巩起而和之，宋文日趋于古矣。②

我们暂不论这条材料的前半句是否有违历史事实，即《宋史》所言柳开（947～1000）等人革新活动好像是针对杨亿（974～1020）等人的文风，但事实上是柳开的生活时代要早于杨亿。杨亿开始进入秘阁创作西昆体诗歌的时间是景德二年（1005），柳开已经于咸平三年（1000）离世了，也就是说，柳开和杨亿在文学上并没有交集，因此柳开的变古，并非针对杨亿而言，这一点学术界已成公论。但材料的后半句确实道出了北宋古文发展中的关键人物及其作用，就是在欧阳修的倡导下，王安石、曾巩、苏洵、苏轼、苏辙等人对古文的发展起了关键性作用。虽然只有苏轼之名，但也隐含了苏洵、苏辙，因为在三苏当中，苏轼的影响最大，故而代之。苏辙在宋代的"古文运动"中的作用，不仅表现在这场"运动"发展的高峰期间，而且还表现在完成阶段，此期正值苏辙的中晚年，又由于苏辙的年龄在宋代古文六家中是最小的，而且一直活到了宋徽宗政和二年，活了七十四岁，在人生七十古来稀的年代，他是长寿的，这给他带来了奇特的收获。在唐宋文学史上，长寿给文人带来声誉者不乏其例，譬如陆游，他负有盛名的田园诗就是在晚年闲居山阴时所作。而苏辙晚年大部分时间卜居颍昌，他不但创作了三百多篇优秀诗篇，而且对当时的文坛还产生了影响，苏轼第三子苏过曾服侍过苏辙，他在《叔父生日》中说："斯文有盟主，坐制狂澜漂。天实相我公，高卧不知招。手持文章柄，灿若北斗标。"③ 所谓"斯文有盟主"，就是说

---

① [元] 脱脱等：《宋史》卷四四三《文苑传》，北京：中华书局，1985年，第13093页。
② [元] 脱脱等：《宋史》卷四三九《文苑传》，北京：中华书局，1985年，第12999页。
③ [元] 苏过：《斜川集 附录 订误》卷一，北京：中华书局，1985年，第24页。

苏辙是文坛领袖人物,"手持文章柄",是说苏辙是评定文章的权威,因为在建中靖国元年七月以后,古文运动的主要人物欧阳修、王安石、曾巩、苏洵、苏轼等文坛宿将俱已谢世,只有苏辙还卜居汝南、许州、颍昌等地,由于苏辙之前位居中枢,盛名在外,而苏氏文章又风行天下,因此此时对文坛产生重要影响的人物只有苏辙,正如朱刚所说:"唐宋八大古文家中最晚去世的苏辙,在徽宗朝的'国是'环境下还生活了十余年,他的晚年创作,就颇能代表'古文运动'的这个终结阶段。"① 诚如斯言,苏辙晚年确实是北宋"古文运动"中后期的一位杰出代表人物。

由于三苏的创作观念基本一致,而且都擅长古文,他们在北宋古文发展史上,一起留下了重重的一笔,所以后人论及他们,多放在一起论说。那么在三苏当中,作为弟弟的苏辙,他的创作与苏轼究竟有什么不同?由于苏轼负有盛名,已为世人所公认,如果把苏辙与其兄作一比较,也可以对苏辙的创作有所了解。苏轼曾在《答张文潜书》言:"子由之文实胜仆,而世俗不知,乃以为不如。其为人深不愿人知之。其文如其为人。故汪洋澹泊,有一唱三叹之声。而其秀杰之气,终不可没。"② 作为哥哥的苏轼,道出了苏辙为文"汪洋澹泊,有一唱三叹之声"的特点,虽然符合实际,但他说苏辙为文胜过自己,难免让人生出谦让虚美之嫌。我们来看苏辙怎么说,他晚年评说:"子瞻之文奇,予文但稳耳。"③ 苏轼性格张扬,为文如行云流水;苏辙文如其人,平淡而有灵秀之气,因此苏辙的评语倒也符合两人的创作实际。而苏氏门人秦观却说:

> 阁下又谓三苏之中,所愿学者登州(苏轼)为最优。于此尤非也。老苏先生,仆不及识其人;今中书(苏轼)、补阙(苏辙)二公,则仆尝身事之矣。中书之道如日月星辰,经纬天地,有生之类,皆知仰其高明;补阙则不然,其道如元气,行于混沦之中,万物由之而不知之。故中书尝自谓"吾不及子由",仆窃以为知言。④

作为"苏门苏学士"之一的秦观,和苏氏兄弟交往密切,应该比较了解

---

① 朱刚:《唐宋"古文运动"与士大夫文学》,上海:复旦大学出版社,2013年,第335页。
② [宋]苏轼著:《答张文潜书》,《苏东坡全集》卷三〇,北京:中国书店,1986年,第376页。
③ [宋]苏籀撰:《栾城遗言》,影印文渊阁《四库全书》本。
④ [宋]秦观著,周义敢、程自信、周雷编注:《答傅彬老简》,《秦观集编年校注》卷三〇,北京:人民文学出版社,2001年,第672页。

两人的作文情况。苏辙曾言"文者气之所形。然文不可以学而能，气可以养而致"①。这就是苏辙著名的"文气说"，主张作家"养气"，加强自身的道德修养，因而秦观认为苏辙"其道如元气，行于混沦之中"，比较客观，同时，他也赞同苏轼说自己不如苏辙的言语。如此看来，在苏辙的时代，他的散文已经得到世人的好评，甚至有人认为超过了苏轼。

那事实究竟怎样，苏辙的散文创作真的超过了苏轼吗？历史人物最好由后人来评价，时间越久远，越能超越时代或情感的裁判，得出令人信服的结论，譬如元代脱脱等人编撰的《宋史》这样评价苏辙：

> 苏辙，字子由，年十九，与兄轼同登进士科。
> 辙性沉静简洁，为文汪洋澹泊，似其为人，不愿人知之，而秀杰之气终不可掩，其高处殆与兄轼相迫。②

《宋史》作为官修正史，评论相对客观，道出了苏辙为文"汪洋澹泊"的风格，所谓"汪洋"，就是说文如苍茫大海，气势磅礴；而"澹泊"，是说文章内涵蕴藉，意境澹泊，有内秀之美，苏辙《王氏清虚堂记》《武昌九曲亭记》《黄楼赋》等文章皆有此类特点，这确与苏辙内敛的性格相似，而《宋史》对于苏辙的创作水平，给予了"其高处殆与兄轼相迫"的评语，也颇为中肯。苏辙确有一些创作，如《六国论》《上枢密韩太尉书》《黄州快哉亭记》《超然台赋》等文章，笔力雄壮，文势汪洋，堪与东坡比肩。到了明清时期，人们对于苏辙的评价越来越高，一些古文选本，如明朱右的《八先生文集》、茅坤的《唐宋八大家文钞》及清代储欣的《唐宋十大家全集录》等都收入苏辙散文，茅坤把苏氏兄弟列入"唐宋八大家"之中，实际上是承认和明确了苏辙散文在文学史上的地位，他的散文可以与韩、柳、欧、曾、王、苏等七家并驾齐驱，他在评论苏辙《汉昭帝论》时甚至说："观栾城此等文字，其识见甚近理，当胜于曾巩。"③ 还曾论道："苏文定公之文，其巉削之思或不如父，雄杰之气或不如兄；然而冲和澹泊，遒逸疏宕，大者万言，小者千余

---

① [宋] 苏辙著，曾枣庄、马德福校点：《上枢密韩太尉书》，《栾城集》卷二二，上海：上海古籍出版社，2009年，第477页。
② [宋] 脱脱等：《宋史》卷三三九《苏辙传》，北京：中华书局，1985年，第10821~10835页。
③ [明] 茅坤编：《汉昭帝论》，《唐宋八大家文钞》卷一五二《颍滨文钞八》，上海：上海古籍出版社，1993年，第809页。

言……西汉以来别调也。"① 真是一言中的，不但肯定了苏辙平淡的文风，还认为是"西汉以来别调也"，则是承认了苏辙散文创作风格的独特性。清人也对苏辙赞誉有加，沈德潜评苏辙《齐州闵子庙记》言："平直纡徐中，自露风骨。颖滨文品，别于父兄以此。"② 当代学者对苏辙在文学史上的地位评价也很高，如郭预衡先生称："苏辙的文章，与父兄并称当代大家。与父兄相比，虽有所不及，但亦自有特点。"③ 曾枣庄先生评说："苏辙积极投入了欧阳修所领导的诗文革新运动，从文艺理论到诗文创作，都为这一运动的胜利作出了不可磨灭的贡献。"④

二、政治史："其齿爵优于兄"

第三章已经论述，宋代士大夫的政治活动处在同一个政治文化系统之内，从这个意义上讲，宋代士大夫的政治思想、政治态度以及政治活动等，尤其文人党争，是宋代政治文化的重要组成部分，正如余英时说："但宋代党争性质与东汉、中唐、晚明的党争都不相同，它很清楚地打上了士大夫政治文化的烙印。"⑤ 在这个政治文化中，作为主体的士大夫，主导了政治文化的发展及演进轨迹。而在北宋中后期的政治及其党争中，苏辙起了不可忽视的作用，尤其作为蜀党的重要成员，在文人党争中扮演了重要的角色，被人视为蜀党的党魁之一，从这个角度看苏辙，他在北宋政治文化史中也留下了重重的一笔。关于苏辙在宋代政治文化史上的地位和影响，可以从苏辙在"文人党争"中的作用和"元祐名臣"两个方面去理解。

北宋中后期的政治，既是士大夫政治，又是文人相争的政治。苏辙经历的党争，主要是熙丰、元祐、绍圣以后的党争。熙丰时期，主要是以王安石为首的新党执掌朝政，苏辙在条例司任职期间，曾反对王安石的一些变法措施，譬如他在熙宁二年的《制置三司条例司论事状》中言：

---

① [明]茅坤编：《颖滨文钞引》，《唐宋八大家文钞》，上海：上海古籍出版社，1993年，第719页。
② [清]沈德潜选评，[日]赖山阳增评，闵泽平点校：《增评唐宋八家文读本》，武汉：崇文书局，2010年，第604页。
③ 郭预衡：《中国散文史》，上海：上海古籍出版社，2011年，第514页。
④ 曾枣庄：《苏辙对北宋文学的贡献》，《四川师院学报（社会科学版）》1984年第4期。
⑤ 余英时：《朱熹的历史世界：宋代士大夫政治文化的研究》，北京：生活·读书·新知三联书店，2011年，第7页。

> 方今聚敛之臣，才智方略未见桑羊之比，而朝廷破坏规矩，解纵绳墨，使得驰骋自由，惟利是嗜。以辙观之，其害必有不可胜言者矣。①

在这个奏状里，苏辙反对王安石的变法措施，言辞非常犀利，招来了王安石的强烈不满。熙宁二年八月，苏辙被贬出朝廷，长期在地方任职，后受到"乌台诗案"的牵连，更是不得其志，尽管他有"忘身忧国之诚"②，反对新法。譬如熙宁九年，他在《自齐州回论时事书》中言："自顷岁以来，每有更张，民率不服。盖青苗行而农无余财，保甲行而农无余力，免役行而公私并困，市易行而商贾皆病。上则官吏劳苦，患其难行；下则众庶愁叹，愿其速改。凡此四者，岂陛下之圣明有所不知耶？臣以为非也。"③ 此时苏辙刚罢齐州掌书记，在京待命，所言并没有受到朝廷的重视，所以从熙宁二年八月至元祐期间，尽管苏辙反对新党的变法措施，但位卑言轻，在党争中并没有起到大的作用。

到了元祐期间，苏氏兄弟得到太皇太后高氏的眷顾，进入中枢，蜀党也在此期形成，一时，洛、朔、蜀三党开始争斗。邵伯温《邵氏闻见录》载：

> 哲宗即位，宣仁后垂帘同听政，群贤毕集于朝，专以忠厚不扰为治，和戎偃武，爱民重谷，庶几嘉祐之风矣。然虽贤者不免以类相从，故当时有洛党、川党、朔党之语。洛党者，以程正叔侍讲为领袖，朱光庭、贾易等为羽翼；川党者，以苏子瞻为领袖，吕陶等为羽翼；朔党者以刘挚、梁焘、王岩叟、刘安世为领袖，羽翼尤众。诸党相攻击不已。④

邵伯温年龄小苏轼近二十岁，两者相距时代不远，因而邵伯温所言可信度很高。南宋王应麟《小学绀珠》载：

---

① ［宋］苏辙著，曾枣庄、马德富校点：《栾城集》卷三五，上海：上海古籍出版社，2009年，第764页。
② ［宋］苏辙著，曾枣庄、马德富校点：《陈州为张安道论时事书》，《栾城集》卷三五，上海：上海古籍出版社，2009年，第770页。
③ ［宋］苏辙著，曾枣庄、马德富校点：《栾城集》卷三五，上海：上海古籍出版社，2009年，第771页。
④ ［宋］邵伯温撰，李剑雄、刘德权点校：《邵氏闻见录》卷一三，北京：中华书局，1983年，第146页。

洛党以程颐为领袖，朱光庭、贾易为羽翼。蜀党以苏轼为领袖，吕陶等为羽翼。朔党以刘挚为领袖。①

以上材料都是宋代人所作，都突出了苏轼是蜀党首领的地位，而没有提到苏辙，那么作为蜀党的重要成员，苏辙究竟在党争中充当了什么角色呢？这个问题，首先可以从洛、蜀、朔党争的根本原因谈起，三党的对立，根本在于思想的对立，正如与苏辙同时代的王岩叟指出："二党道不同，互相非毁。"② 王岩叟是朔党之一，作为当时党争中人物的言语，可信度非常高，这就是说，洛党宗奉洛学，蜀党宗蜀学为本，而作为蜀学的奠基者之一苏辙，不可能不在蜀党的主要成员之列。

其次，苏辙在元祐期间官至尚书右丞，位居宰执之列，成为元祐名臣。不是说某个人官位高，其政治方面的成就一定就高，而是说苏辙位居中枢，有了比较高的地位和权力，就可以更好地施展自己的政治抱负。在元祐期间，苏辙积极进言献策，对当时政局的稳定起了很大的作用，所以南宋章谦草拟《苏文定公谥议》，记载了朝廷为苏辙立谥号的事件，"同议命谥"，其中有云："公为元祐名臣，行事在国史，声名在天下，人其谁不知之？"③ 何万覆议："是以九年之间，朝廷尊，公路辟，忠贤相望，贵幸敛迹，边陲绥靖，百姓休息。君子谓公之力居多焉，信也。"④ 苏辙在元祐期间，由于政治地位较高，在洛、蜀、朔三党的纷争之中，苏辙成了蜀党的政治领袖⑤。苏轼虽是蜀党党魁之一，也曾在元祐间任翰林学士、知制诰，知礼部贡举等职，但因为自元祐四年到地方任职，不在朝廷，所以在实际的政治斗争中，起不了"职权"的大作用，在蜀党中更多地充当了精神领袖。而苏辙官至尚书右丞，位高权重，在党争中充当了实际的政治领导者，因此他在元祐期间积极参政议政，但也成了政敌攻击的主要对象之一，这正是苏辙在党争中的作用，所以元祐期间，苏辙不但是旧党的代表人物，又是蜀党的政治领袖。到了徽宗时期，蔡京擅权，在他书写的《元祐党籍碑》中，苏辙赫然名列其中，居元祐党人第十一位，可见苏辙在元祐党争中的地位和作用。

---

① ［宋］王应麟：《小学绀珠》卷六《名臣类》"元祐三党"，北京：中华书局，1987年，第143页。
② 顾宏义、李文整理标校：《宋代日记丛编》，上海：上海书店出版社，2013年，第580页。
③ 杨观、陈默、刘芳池编：《苏辙资料汇编》，北京：中华书局，2018年，第90页。
④ 同上书，第89页。
⑤ 李真真：《蜀党与北宋党争研究》，山东大学2010年博士论文，第29~30页。

在北宋后期的新旧党争中，可以从新旧党人的言谈中看出苏辙在旧党中的地位，如元祐党人陈次升记载："元祐更化，公乃还朝供职，二月，司马文正公当轴，登用正人，一时名流如刘挚、苏辙、范纯仁、王岩叟等并居言路。"① 刘挚、王岩叟是著名的朔党领袖，而范纯仁是范仲淹之子，曾在元祐年间拜相，且长苏辙十岁，而陈次升把苏辙与他们同列，且在范纯仁之前，可见苏辙在当时元祐党人心目中的地位。又有新党要人曾布言论：

> （曾布）又言："众人谋欲逐臣，聚其党与，复行元祐之政，则更不由陛下圣意不回也。"上曰："安有是理！若更用苏轼、辙为相，则神宗法度无可言者。"又言："岑象求辈扬言云：'轼、辙不相则不已。'当并逐之。"②

这则资料说明新党曾布把苏轼、苏辙并列当成元祐党人的代表，防范他们回朝，而旧党岑象求等人则放言要苏氏兄弟入朝参政，这说明在新旧党人的心目中，苏辙与苏轼都是当时政治斗争中的重要人物。元祐年间，左司谏杨康国上书言："若谓辙兄弟无文学则非也，蹈道则未也。其学乃学为仪、秦者也。其文率务驰骋，好作为纵横捭阖，无安静理致，亦类其为人也。比王安石则不及，当与章惇、蔡確、吕惠卿相上下。其所为美丽浮侈、艳歌小词则并过之，虽辙亦不逮其兄矣，兄弟由此故多得名于戚里、中贵人之家。……辙以文学自负，而刚狠好胜，则与安石无异矣。"③ 作为苏氏兄弟的政敌，杨康国的言论虽有过激之处，有失偏颇，但也反映出苏辙在当时的影响。

所以苏辙是北宋蜀党的领袖之一，是确定的历史事实，这也成为现代学人的共同认识，如胡昭曦等人称："蜀党以苏轼、苏辙为领袖，吕陶、顾临、胡宗愈、孔文仲、范百禄、黄庭坚、王巩、秦观等为羽翼。"④ 贾大泉等人编的《四川通史》也称："程颐及其门人贾易、朱光庭为首称为洛党，苏轼、吕陶、苏辙为首称为蜀党，刘挚、梁焘、王岩

---

① ［宋］陈次升撰：《谠论集》卷五，影印文渊阁《四库全书》本。
② ［清］黄以周著：《续资治通鉴长编拾补》卷一七，詹亚园、韩伟表主编：《黄以周全集》第七册，上海：上海古籍出版社，2014 年，第 551 页。
③ ［宋］李焘撰：《续资治通鉴长编》卷四五五，北京：中华书局，1995 年，第 10908 页。
④ 胡昭曦、刘复生、粟品孝：《宋代蜀学研究》，成都：巴蜀书社，1997 年，第 106 页。

叟、刘安世为首称为朔党，而辅之者众。"①

由此可见，苏辙和苏轼作为蜀党的领袖地位是确定的，这也决定了苏辙在北宋党争中的地位和作用，正如《宋史》所言：

> 王安石初议青苗，辙数语桤之，安石自是不复及此，后非王广廉傅会，则此议息矣。辙寡言鲜欲，素有以得安石之敬心，故能尔也。若是者，轼宜若不及，然至论轼英迈之气，闳肆之文，辙为轼弟，可谓难矣。元祐秉政，力斥章、蔡，不主调停；及议回河、雇役，与文彦博、司马光异同；西边之谋，又与吕大防、刘挚不合。君子不党，于辙见之。辙与兄进退出处，无不相同，患难之中，友爱弥笃，无少怨尤，近古罕见。独其齿爵皆优于兄，意者造物之所赋与，亦有乘除于其间哉！②

苏辙是元祐名臣，"其齿爵优于兄"，是对苏辙年寿及其政治地位的评价，而文人党争，是北宋政治文化中的重要内容，苏辙作为当时重要的政治人物之一，不可避免地参与了新旧党争和洛、蜀、朔三党的纷争，所以他在北宋中后期政治文化中占有重要地位。

三、学术史："颍滨经术，过其父兄"

关于苏辙的学术，北宋陈襄《熙宁经筵论荐》有言："兴国军节度掌书记苏辙其学与文，若不逮轼，而静厚过之。"③的确，要论苏氏兄弟在文学方面的成就，苏辙确实不如其兄，但陈襄论荐似乎给人的感觉是苏辙学术也不如其兄苏轼。实际上，陈襄经筵论荐之时，正是王安石变法的熙宁时期，而苏辙的学术著作，除了《孟子解》是早年所作，其他一些重要学术著作，如《诗集传》《春秋集解》《古史》《老子解》等，都是在苏辙的中晚年完成的，而陈襄卒于1080年，比苏辙离世早了30余年，故苏辙的许多重要著作，陈襄没有看到，故而有此论言。事实上，苏辙在经学、史学、老学方面取得了很大的成就，在学术史上占有一定的地位。

---

① 贾大泉、陈世松主编：《四川通史》卷四《五代两宋》，成都：四川人民出版社，2018年，第109页。
② [宋] 脱脱等：《宋史》卷三三九《苏辙传》，北京：中华书局，1985年，第10837页。
③ [宋] 陈襄：《熙宁经筵论荐》，曾枣庄、刘琳主编：《全宋文》卷一七八，成都：巴蜀书社，1992年，第334页。

首先，苏辙在经学史上占有重要地位。他学问渊博，著述颇丰，有《论语拾遗》《孟子解》《诗集传》《春秋集解》等经学专著。在学术思想上，苏辙顺应了当时的学术思潮，在经学上坚持创新，抛弃了传统的章句之学，探求义理，提出了自己的学术见解和主张。朱熹曾对《诗》学的发展作过回顾，他说："唐初诸儒为作疏义，因讹踵陋，百千万言而不能有以出乎二氏之区域。至于本朝刘侍读、欧阳公、王丞相、苏黄门、河南程氏、横渠张氏始用己意有所发明，虽其浅深得失有不能同，然自是之后，三百五篇之微词奥义，乃可得而寻绎。盖不待讲于齐、鲁、韩氏之传，而学者已知诗之不专于毛、郑矣。"① 朱熹评价了宋儒对于《诗》学的推动，把苏辙与欧阳修、王安石、苏轼、张载、程颢、程颐等诸儒并列，实际上肯定了苏辙在《诗经》学史上的地位。苏辙的这种学术创新精神也体现在《春秋集解》里，《四库全书总目》："孙复作《春秋尊王发微》，更舍《传》以求《经》。古说于是渐废。后王安石诋《春秋》为'断烂朝报'，废之不列于学官。辙以其时《经》《传》并荒，乃作此书以矫之。其说以《左氏》为主，《左氏》之说不可通，乃取《公》《谷》、啖、赵诸家以足之。"② 在苏辙的时代，"弃《传》从《经》"成风，而王安石视《春秋》为"断烂朝报"，而苏辙不从二者之为，另辟殊途，作《春秋集解》，这就是四库馆臣所谓的"矫"时之作。其说以《左传》为主，旁采他说，融为一炉，颇有新意，确与当时之学不同。戴维《春秋学史》评价："苏辙《春秋》学以《左传》为主，间采《公羊》《谷梁》及他儒之说，融会贯通，平正通达，在《春秋》学史上有重要影响。"③

苏辙对孟子十分尊崇，著有《孟子解》，是书不录原文，对《孟子》中的一些问题进行了发挥解说。比如他对《孟子》中的"浩然之气"进行了解读，认为孟子学于子思，两人思想贯通，孟子的"浩然之气"和"不动心"，就是子思所谓的"诚"，因此苏辙言："故不动心与浩然之气，'诚'之异名也。诚之为言，心之所谓诚然也。心以为诚然，则其行之也安。是故心不动，而其气浩然无屈于天下。此子思、孟子之所以为师弟子也。子思举其端而言之，故曰'诚'；孟子从其终而言之，故

---

① ［宋］吕祖谦撰：《吕氏家塾读诗记》朱熹序，《四部丛刊续编》影印常熟瞿氏铁琴铜剑楼藏宋刻本。
② ［清］永瑢等：《四库全书总目》卷二六《春秋集解》，北京：中华书局，1965年，第216页。
③ 戴维：《春秋学史》，长沙：湖南教育出版社，2004年，第347页。

谓之'浩然之气'。"① 苏辙对《孟子》体悟深刻，其著名的"文气"说，就深受孟子思想的影响，他曾言："文者气之所形。然文不可以学而能，气可以养而致。"② 此说强调文气在文章中的作用，显然发展了孟子的理论，在文论史上占有重要地位。

从以上看，苏辙的经学顺应了当时的学术思潮，取得了显著的成就，在经学史上占有重要地位。

其次，苏辙《老子解》在老学史也占有一席之地。受时代的影响，不同时期的老学有自己的特点，北宋时期，儒、释、道三家思想融合，苏辙《老子解》正体现了这一思想潮流，侯外庐说："苏辙以儒者身份注解《老子》，而自命为'佛说'。"③ 苏辙《老子解》体现了宋代儒、释、道三家融合的潮流，也引起了后世的注意，比如朱熹说："苏侍郎晚为是书，合吾儒于老子，以为未足。又并释氏而弥缝之，可谓舛矣。"④ 朱熹虽批评此书，但也反映了他对此书的重视。明代李贽却盛赞此书，称："解《老子》者众矣，而子由称最。"⑤ 可见苏辙《老子解》对后世也有一定的影响。

苏辙的史学也有成就，他著有《古史》一书。对于《古史》的写作，苏辙自序说："太史公始易编年之法为本纪、世家、列传，记五帝、三王以来，后世莫能易之。然其为人浅近而不学，疏略而轻信。……皆不得圣人之意。……故因迁之旧……为七本纪、十六世家、三十七列传，谓之《古史》。追录圣贤之遗意，以明示来世。"⑥ 从客观上讲，司马迁《史记》取得的成就是巨大的，然而苏辙受疑古思潮的影响，对《史记》有所不满而进行批评，表现出一种轻率而自信的态度，自然是受时代风气的影响。但苏辙对《史记》的态度和评价，却对后世产生了影响。朱熹曾评说："子由《古史》言马迁'浅陋而不学，疏略而轻信'此二句

---

① [宋] 苏辙著，曾枣庄、马德福校点：《孟子解》，《栾城集》后集卷六，上海：上海古籍出版社，2009年，第1200页。
② [宋] 苏辙著，曾枣庄、马德福校点：《上枢密韩太尉书》，《栾城集》卷二二，上海：上海古籍出版社，2009年，第477页。
③ 侯外庐主编：《中国思想通史》第四卷上册，北京：人民出版社，1959年，第586页。
④ [宋] 朱熹著：《苏黄门老子解》，《朱文公文集》卷七二，北京：商务印书馆，1960年，第1321页。
⑤ [明] 李贽著，陈仁仁校释：《焚书·续焚书校释》，长沙：岳麓书社，2011年，190～191页。
⑥ 曾枣庄、舒大刚主编：《三苏全书》第2册，北京：语文出版社，2001年，第351～352页。

最中马迁之失。"① 宋人讲义理，好议论，理学大师朱熹基于"理"的立场，赞同苏辙所论，有明显的时代烙印，但客观上也有利于《古史》的传播。《四库全书总目》谓："平心而论，史至于司马迁，犹诗至于李、杜，书至于钟、王，画至于顾、陆，非可以一支一节比拟其长短者也。辙乃欲点定其书，殆不免于轻妄。至其纠正补缀……又据《左氏传》为《柳下惠》《曹子臧》《吴季札》《范文子》《叔向》《子产》等传，以补《史记》所未及。《鲁连传》附以《虞卿》，《刺客传》不载《曹沫》。其去取之间，亦颇为不苟。存与迁书相参考，固亦无不可矣。"② 《四库全书总目》褒贬参半，评论较为公允。如此看来，苏辙《古史》还是有一定的价值。

总之，蜀学在北宋学术中占有重要地位，而论及蜀学，苏辙的学术成就不可小觑，南宋章谦草拟的《苏文定公谥议》言："尝传《诗》《春秋》，训释先儒之未达。又注《老子》，深穷道、德之旨，而发明佛、老之相类。其后作《古史》，所论益广，以删补子长杂乱残缺之失。书成，抚之而叹，自谓得圣贤处身临事之微意。末复论著《历代》，大抵以考古今成败得失为要，不务空言。"③ 苏辙在经学、史学、老学方面的实绩，均取得了突出的成就，甚至有超过其父兄之处，因此清初吕葆中说"颍滨经术，过其父兄"④，是有一定道理的。

---

① [宋]黎靖德编，王星贤点校：《朱子语类》卷一二二，北京：中华书局，2020年，第3601页。
② [清]永瑢等：《四库全书总目》卷五〇《古史》，北京：中华书局，1965年，第448页。
③ 杨观、陈默、刘芳池编：《苏辙资料汇编》，北京：中华书局，2018年，第90页。
④ [清]吕留良辑，[清]吕葆中批点：《晚村先生八家古文精选》卷五《周论》，《四库禁毁书丛刊集部》94册，北京：北京出版社，1997年，第502页。

参考文献

一、苏辙著作

《春秋集解》，影印文渊阁《四库全书》本。

《诗集传》，南宋孝宗淳熙七年苏诩筠州公使库刻本（爱如生中国基本古籍库）。

《古史》，影印文渊阁《四库全书》本。

《老子解》，影印文渊阁《四库全书》本。

俞宗宪点校：《龙川略志　龙川别志》，北京：中华书局，1982年。

李郁校注：《龙川志略　龙川别志》，西安：三秦出版社，2003年。

曾枣庄、马德富校点：《栾城集》，上海：上海古籍出版社，2009年。

陈宏天、高秀芳点校：《苏辙集》，北京：中华书局，1990年。

曾枣庄、舒大刚主编：《三苏全书》（苏辙著作部分），北京：语文出版社，2001年。

二、古代典籍

[宋]　邢昺：《十三经注疏》，北京：中华书局影印阮校本。

[宋]　欧阳修撰：《诗本义》，影印《四库全书》本。

[宋]　朱熹撰，金良年今译：《四书章句集注》，上海：上海古籍出版社，2006年。

[宋]　郑樵著，顾颉刚辑点：《诗辨妄》，上海：朴社，1933年。

[明]　焦竑辑：《两苏经解》，明万历二十五年毕三才刻本。

[汉]　司马迁：《史记》，北京：中华书局，1985年。

[东汉]　班固：《汉书》，北京：中华书局，1995年。

[五代]　刘昫：《旧唐书》：北京：中华书局，1975年。

[宋]　欧阳修：《新唐书》，北京：中华书局，1986年。

[宋]　司马光、[元]　胡三省音注：《资治通鉴》，北京：中华书局，

2005 年。

［宋］李焘：《续资治通鉴长编》，上海：上海古籍出版社，1985 年。

［宋］李焘著，［清］黄以周等辑补：《续资治通鉴长编拾补》，上海：上海古籍出版社，1986 年。

［宋］杨仲良：《续资治通鉴长编纪事本末》，北京：北京图书馆出版社，2003 年。

［宋］吕中撰：《宋大事记讲义》，影印文渊阁《四库全书》本。

［宋］曾巩撰：《隆平集》，影印文渊阁《四库全书》本。

［宋］晁公武：《郡斋读书志》，上海：上海古籍出版社，1990 年。

［宋］陈振孙：《直斋书录解题》，上海：上海古籍出版社，1987 年。

［宋］孙汝听编：《苏颍滨年表》，《藕香零拾》本。

［宋］李攸：《宋朝事实》，上海：商务印书馆，1936 年。

［元］脱脱等：《宋史》，北京：中华书局，1977 年。

［明］陈邦瞻编：《宋史纪事本末》，北京：中华书局，1977 年。

［清］毕沅：《续资治通鉴》，北京：中华书局，1957 年。

［清］徐松辑：《宋会要辑稿》，北京：中华书局，1957 年。

［清］赵翼著，王树民校证：《廿二史札记校证》，北京：中华书局，1984 年。

［清］章学诚撰，叶瑛校注：《文史通义校注》，北京：中华书局，2004 年。

［清］永瑢等：《四库全书总目》，北京：中华书局，1965 年。

［宋］欧阳修撰：《欧阳文忠公集》，《四部丛刊》影印元刻本。

［宋］张方平撰：《乐全集》，影印文渊阁《四库全书》本。

［宋］石介著，陈植锷点校：《徂徕石先生文集》，北京：中华书局，1984 年。

［宋］王安石撰：《临川先生文集》，《四部丛刊》影印明嘉靖刻本。

［宋］王安石著，唐武标校：《王文公文集》，上海：上海人民出版社，1974 年。

［宋］曾巩撰，陈杏珍、晁继周点校：《曾巩集》，北京：中华书局，1984 年。

［宋］蔡襄撰：《蔡忠惠公文集》，影印文渊阁《四库全书》本。

［宋］范仲淹撰：《范文正公文集》，《四部丛刊》影印明翻刻元刻本。

［宋］欧阳修著，李逸安点校：《欧阳修全集》，北京：中华书局，

2001 年。

［宋］王安石著，李之亮笺注：《王荆公文集》，成都：巴蜀书社，2005 年。

［宋］司马光撰：《温国文正公文集》，《四部丛刊》影印宋绍兴本。

［宋］苏洵著，曾枣庄、金成礼笺注：《嘉祐集笺注》，上海：上海古籍出版社，1993 年。

［宋］苏轼著，王文诰、孔凡礼校点：《苏轼诗集》，北京：中华书局，1982 年。

［宋］周必大撰：《文忠集》，影印文渊阁《四库全书》本。

［宋］苏轼著，孔凡礼校点：《苏轼文集》，北京：中华书局，1986 年。

［宋］黄庭坚撰：《豫章先生文集》，影印文渊阁《四库全书》本。

［宋］秦观著，徐培均笺注：《淮海集笺注》，上海：上海古籍出版社，1994 年。

［宋］程颢、程颐著，王孝鱼点校：《二程集》，北京：中华书局，1981 年。

［宋］朱熹著，郭齐、尹波校点：《朱熹集》，成都：四川教育出版社，1996 年。

［宋］杨时撰：《龟山集》，影印文渊阁《四库全书》本。

［宋］黎靖德编，王星贤点校：《朱子语类》，北京：中华书局，1986 年。

［宋］秦观著，徐培均笺注：《淮海集笺注》，上海：上海古籍出版社，1996 年。

［宋］叶适撰：《水心别集》，影印文渊阁《四库全书》本。

［宋］陈亮：《陈亮集》，北京：中华书局，1974 年。

［宋］陈傅良撰：《止斋文集》，影印文渊阁《四库全书》本。

［清］钱大昕撰，吕友仁校点：《潜研堂集》，上海：上海古籍出版社，1989 年。

［宋］欧阳修著，郑文校点：《六一诗话》，北京：人民文学出版社，1983 年。

［宋］陈师道：《后山诗话》，［清］何文焕辑：《历代诗话》，北京：中华书局，1981 年。

［宋］严羽著，郭绍虞校释：《沧浪诗话校释》，北京：人民文学出版社，1983 年。

［元］祝尧撰：《古赋辨体》，影印文渊阁《四库全书》本。

［清］赵翼著，霍松林、胡主佑校点：《瓯北诗话》，北京：人民文学出版社，1963年。

［清］刘熙载撰：《艺概》，上海：上海古籍出版社，1978年。

［宋］司马光撰，邓广铭、张希清点校：《涑水记闻》，北京：中华书局，1989年。

［宋］马永卿辑，［明］王崇庆解：《元城语录解》，《丛书集成初编》本。

［宋］蔡绦著，沈锡麟、冯惠民校点：《铁围山丛谈》，北京：中华书局，1983年。

［宋］王栐撰，诚刚点校：《燕翼诒谋录》，北京：中华书局，1981年。

［宋］邵伯温撰，李剑雄、刘德权点校：《邵氏闻见录》，北京：中华书局，1983年。

［宋］邵博撰，刘德权、李剑雄点校：《邵氏闻见后录》，北京：中华书局，1983年。

［宋］魏泰撰，李裕民点校：《东轩笔录》，北京：中华书局，1983年。

［宋］张邦基：《墨庄漫录》，《丛书集成初编》本。

［宋］王应麟著，孙通海校点：《困学纪闻》，沈阳：辽宁教育出版社，1998年。

［宋］叶梦得撰，侯忠义点校：《石林燕语》，北京：中华书局，1984年。

［宋］叶梦得：《避暑录话》，《丛书集成初编》本。

［宋］朱弁：《曲洧旧闻》，《丛书集成初编》本。

［宋］苏籀撰：《栾城遗言》，影印文渊阁《四库全书》本。

［宋］洪迈著：《容斋随笔》，郑州：中州古籍出版社，1993年。

［元］刘壎：《隐居通议》，《丛书集成初编》本。

［清］黄宗羲原著，［清］全祖望补修：《宋元学案》，北京：中华书局，1986年。

［清］全祖望撰：《鲒埼亭集》，《四部丛刊》影印清姚江借树山房刻本。

［清］章学诚著，叶瑛校注：《文史通义校注》，北京：中华书局，1985年。

［清］王夫之著，舒士彦点校：《宋论》，北京：中华书局，1964年。

［宋］吕祖谦编，齐治平点校：《宋文鉴》，北京：中华书局，1992年。

北京大学古文献研究所编：《全宋诗》，北京：北京大学出版社，1993年。

唐圭璋编：《全宋词》，北京：中华书局，1965年。

王水照编：《宋人所撰三苏年谱汇刊》影印本，北京：中华书局，2015年。

曾枣庄、刘琳主编：《全宋文》，成都：巴蜀书社，1994年。

曾枣庄主编：《中华大典·文学典·宋辽金元文学分典》，南京：江苏古籍出版社，1999年。

曾枣庄、李凯、彭君华编：《宋文纪事》，成都：四川大学出版社，1985年。

高海夫主编：《唐宋八大家文钞校注集评》，西安：三秦出版社，1998年。

三、近现代研究著作

[清]皮锡瑞著，周予同注释：《经学历史》，北京：中华书局，1959年。

侯外庐主编：《中国思想通史》，北京：人民出版社，1959年。

钱穆：《宋明理学概述》，台北：台湾学生书局，1979年。

陈寅恪：《寒柳堂集》，上海：上海古籍出版社，1980年。

缪钺：《诗词散论》，上海：上海古籍出版社，1982年。

王国维：《王国维遗书》，上海：上海古籍书店，1983年。

钱锺书：《谈艺录》，北京：中华书局，1984年。

曾枣庄：《苏辙年谱》，西安：陕西人民出版社，1986年。

刘复生：《北宋中期儒学复兴运动》，台北：文津出版社，1991年。

姚瀛艇：《宋代文化史》，开封：河南大学出版社，1992年。

陈植锷：《北宋文化史述论》，北京：中国社会科学出版社，1992年。

朱子彦、陈生民：《朋党政治研究》，上海：华东师范大学出版社，1992年。

洪本健：《宋文六大家活动编年》，上海：华东师范大学出版社，1993年。

曾枣庄：《苏辙评传》，台北：五南图书出版有限公司，1995年。

钱穆：《国史大纲》，北京：商务印书馆，1996年。

王水照主编：《宋代文学通论》，郑州：河南大学出版社，1997年。

胡昭曦、刘复生、粟品孝：《宋代蜀学研究》，成都：巴蜀书社，1997年。

粟品孝：《朱熹与宋代蜀学》，北京：高等教育出版社，1998年。

阎步克：《士大夫政治演生史稿》，北京：北京大学出版社，1996年。

沈松勤：《北宋文人与党争（增订本）》，北京：人民出版社，1998年。

李泽厚：《中国思想史论》，合肥：安徽文艺出版社，1999年。

蒋立文：《苏辙传》，长春：吉林文史出版社，1998年。

冯友兰：《中国哲学史新编》，北京：人民出版社，1999年。

程杰：《北宋诗文革新研究》，呼和浩特：内蒙古教育出版社，2000年。

陈正雄：《苏辙学术思想述评》，台北：文史哲出版社，2000年。

孔凡礼：《苏辙年谱》，北京：学苑出版社，2001年。

柳诒徵：《中国文化史》，上海：上海古籍出版社，2001年。

萧庆伟：《北宋新旧党争与文学》，北京：人民文学出版社，2001年。

刘固盛：《宋元老学研究》，成都：巴蜀书社，2001年。

张其凡、范立舟主编：《宋代历史文化研究》（续编），北京：人民出版社，2003年。

卢国龙：《宋儒微言》，北京：华夏出版社，2001年。

李春青：《宋学与宋代文学观念》，北京：北京师范大学出版社，2001年。

张国刚、乔治忠：《中国学术史》，上海：东方出版中心，2002年。

漆侠：《宋学的发展和演变》，石家庄：河北人民出版社，2002年。

罗家祥：《朋党之争与北宋政治》，武汉：华中师范大学出版社，2002年。

余英时：《士与中国文化》，上海：上海人民出版社，2003年。

葛荃：《权力宰制理性：士人、传统政治文化与中国社会》，天津：南开大学出版社，2003年。

余英时：《朱熹的历史世界：宋代士大夫政治文化的研究》，北京：生活·读书·新知三联书店，2004年。

刘方：《宋型文化与宋代美学精神》，成都：巴蜀书社，2004年。

王水照、朱刚：《苏轼评传》，南京：南京大学出版社，2004年。

牟宗三：《宋明儒学的问题与发展》，上海：华东师范大学出版社，2004年。

张毅：《宋代文学思想史》（修订本），北京：中华书局，2006 年。

冯天瑜、杨华、任放编著：《中国文化史》，北京：高等教育出版社，2007 年。

何忠礼：《宋代政治史》，杭州：浙江大学出版社，2007 年。

杨庆存：《宋代文学论稿》，上海：复旦大学出版社，2007 年。

余英时：《宋明理学与政治文化》，长春：吉林出版集团有限责任公司，2008 年。

郑师渠总主编、吴怀祺分册主编：《中国文化通史·两宋卷》，北京：北京师范大学出版社，2009 年。

田耕宇：《中唐至北宋文学转型研究》，北京：中国社会科学出版社，2009 年。

谷建：《苏辙学术研究》，北京：光明日报出版社，2009 年。

王水照：《苏轼研究》，北京：中华书局，2015 年。

朱刚：《唐宋"古文运动"与士大夫文学》，上海：复旦大学出版社，2013 年。

曾枣庄：《曾枣庄三苏研究丛刊》，成都：巴蜀书社，2018 年。

[宋]苏辙撰，胡先酉译注：《龙川略志译注》，成都：西南交通大学出版社，2018 年。

朱刚：《苏轼十讲》，上海：上海三联书店，2019 年。

四、论　文

李宝柱：《宋代人口统计问题研究》，《北京大学学报（哲学社会科学版）》1982 年第 4 期。

邓广铭：《谈谈有关宋史研究的几个问题》，《社会科学战线》1986 年第 2 期。

张希清：《论宋代科举取士之多与冗官问题》，《北京大学学报（哲学社会科学版）》1987 年第 5 期。

胡昭曦、张茂泽：《宋代蜀学刍论》，《四川大学学报（哲学社会科学版）》1993 年第 4 期。

张希清：《北宋贡举登科人数考》，《国学研究》第二卷，北京大学出版社，1994 年。

漆侠：《宋学的发展和演变》，《文史哲》1995 年第 1 期。

王水照：《论洛蜀党争的性质和意义》，《河北师范学院学报（社会科学版)》1995年第1期。

洪本健：《苏洵苏辙散文创作比较论》，《江海学刊》1996年第4期。

郭建勋：《骚体赋的界定及其在赋体文学中的地位》，《求索》2000年第5期。

李冬梅：《苏辙研究综述》，《许昌师专学报》2002年第3期。

郭英德：《光风霁月：宋型文学的审美风貌》，《求索》2003年第3期。

郭学信：《略论北宋后期士风的变化》，《东华理工学院学报（社会科学版）》2004年第4期。

郭学信：《士与官僚的合流：宋代士大夫文官政治的确立》，《安徽师范大学学报（人文社会科学版）》2005年第5期。

张再林：《白居易是"宋型文化"的第一个代表性人物》，《中州学刊》2006年第1期。

李建军：《宋代〈春秋〉学与宋型文化》，四川大学2007年博士论文。

五、外国学者研究著作

〔美〕T.S.库恩著，李宝恒、纪树立译：《科学革命的结构》，上海：上海科学技术出版社，1980年。

〔美〕格伦·蒂德著，潘世强译：《政治思维：永恒的困惑》，杭州：浙江人民出版社，1988年。

〔美〕加布里埃尔·A.阿尔蒙德、〔美〕小G.宾厄姆·鲍威尔著，曹沛霖、郑世平、公婷等译：《比较政治学：体系、过程和政策》，上海：上海译文出版社，1987年。

〔法〕丹纳著，傅雷译：《艺术哲学》，合肥：安徽文艺出版社，1991年。

〔日〕副岛一郎著，王宜瑗译：《气与士风——唐宋古文的进程与背景》，上海：上海古籍出版社，2005年。

〔英〕弗雷德·英格利斯著，韩启群、张鲁宁、樊淑英译：《文化》，南京：南京大学出版社，2008年。

后　　记

　　对于苏辙，儿时是耳熟之古人，同时觉得十分遥远，后来在攻读博士学位期间，把苏辙作为研究对象，才逐渐走进他的人生，为他的成就而喜悦，也为他的跌宕人生而悲哀。苏辙性格沉静，不爱张扬，但他立志高古，在政治上不偏不倚，因卷入北宋中后期的党争，致仕途坎坷。在他的晚年，政治失意，退居颍川，但他秉持的个人思想和教养，使他中正平和，宠辱不惊，其性格、修养、情操、风度，体现了宋代士人的优秀品质，在他身上，也可以看到古代文人的士人精神。本书是在我博士论文的基础上修改而成的，论文的部分章节，已在《人民日报》《海南大学学报》《贵州社会科学》《山东社会科学》《广西大学学报》等报刊发表。

　　在书稿即将付梓之际，回想过去，往事如烟消散，但也有一些珍贵的记忆铭记于心。2009年，承蒙尹占华先生不弃，得以受教于师。先生淡泊为人，超然处世，治学严谨，言传身教，足以让我受用终身。当我在问学道路上蹒跚前行时，他总是给我以同情和鼓励。他的每次教导，使我感受到宽容、平和和自制。这次先生又在百忙之中，拨冗写了序言，在此表示感谢。

　　同时，要感谢我的恩师——清华大学刘石教授。先生儒雅俊逸，大家风范，令人向往。2013年，我克服重重困难，立雪门下，最终进入清华大学中文系博士后流动站学习研究。在站期间，先生对我进行了有计划的指导，也给予了我许多无私的帮助。在为人与为学方面，先生诲我良多。在我离京之后，先生还是一如既往地关心着我的学习和生活。同时，师母刘娟老师在生活上给了我无微不至的关怀。借此机会，也向她表示衷心的感谢。

　　这本书能顺利出版，还要感谢北京大学出版社的周粟女士，她对书稿提出了许多启发性的建议，也为本书的顺利出版做了大量艰苦细致的工作，在此深表谢意。

　　苏辙在宋代政治、学术、文学方面均取得了非凡的成就，仰之弥高，钻之弥坚。然而本人学识和能力有限，在研究的过程中常有力不从心之感，今天奉献给读者的书稿，算是我研习苏辙的一些心得，不足和错漏之处，恳请方家批评指正。

李天保

二〇二一年六月十六日